14.2.98

Walter Görlitz

Geschichte des deutschen Generalstabes von 1650 - 1945

HEERESLEITUNG

Es gibt Feldherrn, die keines Rates bedürfen, die in sich selber wägen und beschließen; ihre Umgebung hat nur auszuführen. Aber das sind Sterne erster Ordnung, deren kaum jedes Jahrhundert aufzuweisen hat.

In den allermeisten Fällen wird der Führer eines Heeres des Beirats nicht entbehren wollen. Dieser kann sehr wohl das Resultat gemeinsamer Erwägung einer kleineren oder größeren Zahl von Männern sein, deren Bildung und Erfahrung sie vorzugsweise zu einer richtigen Beurteilung befähigt. Aber in dieser Zahl schon darf nur *eine* Meinung zur Geltung kommen. Die militärisch-hierarchische Gliederung muß der Unterordnung, auch des Gedankens, zur Hilfe kommen . . . Am unglücklichsten aber ist *der* Feldherr, der noch eine Kontrolle über sich hat, welcher er an jedem Tag, in jeder Stunde Rechenschaft von seinen Entwürfen, Plänen und Absichten legen soll, einen Delegaten der höchsten Gewalt im Hauptquartier oder doch einen Telegraphendraht im Rücken. Daran muß jede Selbständigkeit, jeder rasche Entschluß, jedes kühne Wagnis scheitern, ohne welche doch der Krieg nicht geführt werden kann.

Helmuth v. Moltke: *Über Kriegslehre*

Geschichte des deutschen Generalstabes von 1650 - 1945

von

Walter Görlitz

Mit einem Vorwort
von
Professor Dr. Michael Wolffsohn

Bechtermünz Verlag

Mit 38 Abbildungen

Genehmigte Lizenzausgabe für
Weltbild Verlag GmbH, Augsburg 1997

Umschlaggestaltung: Studio Höpfner-Thoma, München
Umschlagmotiv: „Im großen Hauptquartier in Versailles
im Jahre 1870“, Gemälde von Anton v. Werner,
1900 / Bildarchiv Preußischer Kulturbesitz, Berlin
Die dargestellten Personen von links: Blumenthal,
Kronprinz Friedrich, Verdy du Vernois, Wilhelm I.,
Moltke, Roon und Bismarck
Gesamtherstellung: Bercker Graphischer Betrieb GmbH, Kevelaer
Printed in Germany
ISBN 3-86047-918-0

INHALTSVERZEICHNIS

VORWORT

Das Vertraute und das ganz Andere zeigt uns Geschichte; auch und gerade diese „Geschichte des deutschen Generalstabes“ von Walter Görlitz. Wer erinnerte sich nicht gerne an seinen wöchentlichen „Griff in die Geschichte“, den er jahrelang in der Samstagsausgabe der Tageszeitung „Die Welt“ veröffentlichte.

Vertraut sind wir mit dem Militär an sich, auch dem deutschen, wenngleich der allgemein interessierte Leser in diesem Buch sicherlich eine Fülle neuer und auch sehr wichtiger Informationen findet. Vertraut sind wir auch mit der großen Tradition der preußischen Militärreformer, die Walter Görlitz zurecht als „Väter“ bezeichnet: Scharnhorst und Gneisenau.

Doch, wie so oft auch im nichtmilitärischen Bereich, wurde das Erbe der Väter vernachlässigt. Genauer, man ließ es auf das rein Militärische schrumpfen und übersah willentlich und wissentlich den politisch-gesellschaftlichen Kern. Das Geflecht aus Militär, Innen- und Außenpolitik, Gesellschaft und auch Kultur wurde außer Acht gelassen. Das führte durchaus zu professionellen Höchstleistungen des deutschen Militärs bis 1945. Sie waren jedoch politisch fatal und damit letztlich auch militärisch sinnlos.

Anschauungsunterricht liefert zum Beispiel der „Große Plan“ des Grafen von Schlieffen. Militärisch war er wirklich genial, politisch war er eine Katastrophe. Zwangsläufig zog er nämlich Großbritannien in den deutsch-französischen Krieg. Das Mißachten dieses politischen Faktors bedeutete für das deutsche Militär zugleich eine ungeheure, doch selbstverschuldete Zusatzbelastung, der es auf Dauer nicht standhalten konnte. Hätte man den Zusammenhang von Militär und Politik nicht aus den Augen verloren, wäre auch die militärische Belastung geringer geblieben.

Die gleiche Lehre wäre aus dem U-Boot-Krieg im Ersten Weltkrieg zu ziehen. Rein militärisch war er sicherlich sinnvoll, politisch jedoch töricht, denn er provozierte die USA in den Krieg gegen Deutschland. Mit anderen Worten: Durch die Fixierung auf das rein Militärische haben die führenden deutschen Militärs das selbstmörderische Kunststück vollbracht, zwei mächtige Staaten zu Kriegsfeinden zu machen. Ebenfalls höchst ungeschickt und unpolitisch war die Überlegung, Mexiko im Kampf gegen die USA Hilfe anzubieten (Zimmerman-Telegramm).

Die Dynamik war vorhersehbar: Die Verselbständigung des Militärs und dessen „stille Diktatur" unter Hindenburg und Ludendorff. Das Kaiserreich wurde ab 1916 ohne und teilweise gegen den Kaiser regiert, und nach dem Krieg beriefen sich ausgerechnet diese Herren auf den Kaiser, nach dem sie gerne riefen. Nur scheinbar unpolitisch verhielt sich die Reichswehr in der Weimarer Republik. Tatsächlich schwächte sie als „Staat im Staat" die demokratische deutsche Republik.

Der einzige für Hitler wirklich gefährliche Widerstand kam aus den Reihen des Militärs. Er kam zu spät. Doch besser spät, als gar nicht. Dies wäre die ruhmreiche Geschichte aus der Wehrmacht, nicht der Wehrmacht insgesamt, denn es gab auch eine andere Seite: Die Mitbeteiligung und vor allem Mitverantwortung am millionenfachen Judenmord. Man verschließe hiervor seine Augen nicht. Es ist zwecklos, an dieser Tatsache führt kein Weg vorbei.

Eine Trennung von Militär und Politik gab es natürlich auch im Dritten Reich nicht, denn für den kriegslüsternen Hitler war das Militär das wichtigste Instrument. Krieg war für ihn – sozusagen klassisch nach Clausewitz – Politik mit anderen Mitteln. Wie konnte dabei das Militär unpolitisch sein?

Die Bundeswehr als demokratische Streitmacht eines demokratischen Staates hat von Anfang das Neue mit dem Alten verbunden: den Neubeginn der Bundesrepublik mit dem Erbe der preußischen Reformer. Aber die Bundeswehr hat dieses Erbe eben nicht politisch entkernt. Grundlage, sozusagen Kern, ihres Selbstverständnisses ist der enge Zusammenhang von Militär, Politik, Gesellschaft und Kultur.

Der Bundeswehr-Soldat ist nicht nur Soldat, er bleibt, auch in Uniform, Bürger; ist wirklich (so das Programm) „Bürger in Uniform". Bundesdeutsche Selbstverteidigung war und ist daher auch nur im Verbund mit anderen denkbar, möglich und wünschenswert: mit unseren Partnern in der Allianz. Partner haben, Partner suchen, Feinde meiden wir.

Verteidigungspolitik im demokratischen Staat ist in erster Linie Politik. Das Militär sichert diese Politik ab, gegebenenfalls durch Abschreckung. Aber Abschreckung ist im bundesdeutschen Militär nicht Selbstzweck – und nie isolierter Faktor.

Manchmal lernt man ja doch aus der Geschichte. Es lohnt also, die Geschichte des deutschen Generalstabes zu kennen.

DIE VORLÄUFER

Generalquartiermeister-Stab und Generaladjutantur im friderizianischen Preußen

Das Bild der sonnenüberglühten, staubigen Ebene am Aufidus in Apulien, wo Hannibal am 2. August des Jahres 216 v. Chr. bei Cannae mit 50 000 Mann ein römisches Heer von 86 000 Mann vernichtete, oder der verschneite, frostkalte Dezembermorgen des Jahres 1757, an dem Friedrich der Große bei Leuthen in Schlesien ein weit überlegenes österreichisches Heer besiegte, oder der preußische Sieg von Königgrätz im Jahre 1866 in Böhmen, der das Gesicht Europas verwandelte, sind die gewöhnlichen Vorstellungen, die sich für uns mit dem Begriff der Kriegsgeschichte verknüpfen. Die landläufige Methode kriegsgeschichtlicher Betrachtung hatte im Grunde zum Ziel, die kriegerischen Taten der Vergangenheit zwecks patriotischer Erhebung zu verklären, oder, falls sie wissenschaftlich betrieben wurde, bei jedem Krieg aufzuhellen, welche Fehler begangen worden waren und wie man es künftig besser zu machen habe. Diese Methode kann uns hier schon aus dem Grunde nicht interessieren, weil wir noch immer die Überzeugung hegen, daß der Krieg in der zivilisierten Welt einmal gänzlich als Mittel der Politik außer Gebrauch kommen wird, so lang dieser Weg auch sein mag.

Die Betrachtung der Entwicklung einer nicht nur rein militärisch, sondern auch politisch und sozialgeschichtlich so bedeutsamen, von angeblichen Geheimnissen umwitterten Organisation, wie sie der preußisch-deutsche Generalstab in seiner rund anderthalb Jahrhunderte umfassenden Geschichte darstellt, führt zu einer anderen Form der Darstellung kriegsgeschichtlicher Vorgänge. Aufmarschpläne, Operationsentwürfe, Schlachten bilden dabei nur den Rahmen, der Schwerpunkt liegt in der Erfassung des politischen und soziologischen Elementes der Heeres- und Kriegsgeschichte.

Unzweifelhaft sind die verschiedenen Formen der Heeresverfassung, der Kampfweise wie der Kriegführung überhaupt Ausdruck verschiedener politischer Daseinsformen, Kulturzustände und sozialer Entwicklungsstufen. Heeresformen und Anschauungen vom Krieg wechseln mit den Zeitaltern, den großen bewegenden Ideen und den Wirtschaftsformen, welche die Geschichte der Völker und Staaten bestimmt haben.

Unter diesem Gesichtswinkel ist die Entstehung des preußischen Generalstabes, gerade was die Vorformen anbetrifft, an eine ganz bestimmte historische Entwicklung in Europa und an eine ganz bestimmte Bewußtseinslage geknüpft: an die mit dem Aufstieg der absoluten Monarchie Hand in Hand gehende Bildung stehender Heere am Ausgang des Dreißigjährigen Krieges (1618–1648). Nicht ohne Zufall fällt seine volle Ausformung, fällt die Blütezeit mit der Mitverantwortung für die Entschlüsse der Führung in die Ära liberaler Reform in Preußen, in die Zeit der langsamen und unvollkommenen Konstitutionalisierung der Monarchie.

Friedrich Wilhelm von Brandenburg, der „Große Kurfürst" (1640–1688), legte den Grund für ein stehendes Heer in Brandenburg und Preußen. Das Heer bildete die Klammer, die die so verschiedenartigen, durch Eroberung, Kauf oder Erbschaft zusammengebrachten Teile dieser buntscheckigen Monarchie, die Kurmark, Ostpreußen, die westdeutschen Lande Mark und Ravensberg, zusammenhielt. Eine preußische Nation hat es niemals gegeben, wohl aber eine preußische Armee und einen preußischen Staat.

Die preußische Armee und der preußische Generalstab – als deren geistig am schärfsten geprägte Erscheinungsform – sind nicht denkbar ohne das ostelbische Junkertum, den preußischen Land-, Dienst- und Schwertadel, der zwei Jahrhunderte hindurch den Großteil der Offiziere für die Armee gestellt hat. Die Geschichte einer zahlenmäßig begrenzten Gruppe von Adelsfamilien ist daher untrennbar mit der Geschichte des Generalstabes verbunden. Dieses Junkertum unterschied sich geistig und strukturell völlig beispielsweise von dem auf Rentbesitz ruhenden rheinisch-schwäbisch-fränkischem Reichsadel. Der kleine, wirtschaftlich meist nicht sehr starke preußische Landadel saß eng gedrängt auf den Gütern in der Mark Brandenburg, in Pommern und Ostpreußen. Die Söhne widmeten sich vorwiegend dem Militär- oder Beamtendienst. Den Ranglisten nach lassen sich ausgesprochene Generalsfamilien feststellen, die Borcke, Kleist, Goltz, Marwitz, Manteuffel, Schwerin oder Schulenburg, um nur einige zu nennen. In blutsmäßiger Hinsicht erscheint neben dem Anteil alt-slawischer Familien, dem Einstrom französisch-hugenottischer Familien die Assimilierung einer erheblichen Anzahl polnischer Kleinadelsfamilien im Lauf des 17. und 18. Jahrhunderts infolge des Niederganges des polnisch-litauischen Unionsreiches besonders bemerkenswert. Dazu kam die stete Erneuerung dieser Schicht durch die Nobilitierung verdienter Soldaten aus bürgerlichem oder auch bäuerlichem Milieu, ein Dienstadel, der sich meist sofort mit dem landgesessenen Junkertum durch Einheirat verband.

Auf der anderen Seite ist es nicht minder bezeichnend, daß keiner der großen Reformer der Armee dem einheimischen Landadel angehörte. Christian v. Massenbach, der Ur-Theoretiker des Generalstabes in Preußen ausgangs des 18. Jahrhunderts, stammte aus württembergisch-schwäbischem Geschlecht, die Familie führte den Reichsfreiherrntitel. Scharnhorst war ein hannoverscher, in Preußen nobilitierter Bauernsohn, Gneisenau stammte aus einer thüringischen Bürgerfamilie (die freilich für sich in Anspruch nahm und heute wieder nimmt, von vertriebenem oberösterreichischem Landadel abzustammen). Boyens Familie leitete sich von niederländischen Vorfahren her, Clausewitz aus dem Bürgertum (der Adel, den die Familie führte, war unsicher und wurde erst spät in Preußen anerkannt).

Die Jahre nach dem Regierungsantritt des Großen Kurfürsten anno 1640 kennen auch bereits die ersten Anfänge dessen, was später unter der Bezeichnung Generalstabsdienst zusammengefaßt wurde. Einen Generalstab in unserem Sinne kannte die Zeit freilich nicht, und man bedurfte dessen auch nicht. Der Große Kurfürst war, schon seinen persönlichen Gaben nach,

Feldherr und Staatsmann zugleich. Staatsführung, Heerführung und Heerverwaltung waren in der Person des Obersten Kriegsherrn zusammengefaßt. Und dieser Begriff der „Obersten Kriegsherrlichkeit" blieb für die Hohenzollern-Dynastie typisch bis in die letzten Wochen der Monarchie im Jahre 1918 hinein.

Der Große Kurfürst schuf sich als oberste militärische Zentralstelle für Frieden und Krieg das sogenannte „Generalfeldmarschallamt", mit einem „Kommandierenden Generalfeldmarschall" an der Spitze, dem mehrere, zwei oder drei „Generaladjutanten" zugeteilt waren. Die Heeresverwaltung, das „Generalkriegskommissariat" war zunächst dem Generalfeldmarschallamt untergeordnet, zeigte freilich bald Emanzipationsbestrebungen.

Der obersten Spitzenbehörde wurde, möglicherweise nach dem Vorbild der damals in ganz Nord- und Mitteleuropa berühmten schwedischen Armee, ein „Generalquartiermeisterstab" zugeteilt. Seine Aufgaben hatten noch gar keine Ähnlichkeit mit denjenigen des späteren Generalstabes. Sie bestanden in Ingenieurdiensten, Auswahl und Überwachung der Marschrouten, der Auswahl von Lagern und befestigten Stellungen, also in technischen Hilfsdiensten, wobei ein später so wichtiges Sondergebiet, das militärische Verkehrswesen, das gesamte Fuhrwesen wieder einer besonderen Instanz, dem Generalwagenmeister, unterstellt war.

Im Jahre 1657 erscheint in den Akten der Oberstleutnant und Ingenieur Gerhard v. Bellicum oder Belkum – die Schreibweise ist nicht eindeutig – als erster brandenburgischer Generalquartiermeister. Ihm waren einige Quartiermeisterleutnants zugeteilt. Bei diesem Dienstzweig handelte es sich jedoch noch keineswegs um eine feste militärische Einheit mit eigener Gliederung. Mit dem Wort „Generalstab" bezeichnete man damals etwas ganz anderes, nämlich die Gesamtheit der Generals- und Offizierspersonen, die nicht fest bei einem Regiment etatisiert waren, sondern dem Obersten Kriegsherrn direkt zur Verfügung standen.

Unter dem Nachfolger des Großen Kurfürsten, dem ersten König von Preußen, Friedrich I., büßte das Generalfeldmarschallamt gegenüber der Verwaltung an Bedeutung ein.

Der Enkel, Friedrich Wilhelm I. (1713–1740) vereinigte als Souverän wieder Staats- und Heerführung unmittelbar in seiner Person. Unter ihm gelangt das Prinzip der „Obersten Kriegsherrlichkeit" zur vollen Ausprägung. Der Offiziersdienst wird zum Privileg des Adels, die Uniform zum Staatskleid des Herrschers und damit zum vornehmsten Kleidungsstück im gesellschaftlichen Leben. Die Feudalisierung des Offizierskorps – Äquivalent für die alten ständischen Rechte des Junkertums, das sich lange nur widerstrebend der Entwicklung fügte – gelangt zum Abschluß. Der Fahneneid, den der Junker seinem königlichen Herrn leistete, erlangt als moralischer Faktor eine ungeheure Bedeutung. Der Offizier betrachtete sich als Diener des Monarchen, in dessen Person sich der Staat verkörperte. Auf diesem personalen Treuebegriff ruhte das sittliche Fundament der Armee. Die Denkweise des preußischen und später des deutschen Offiziers erhielt durch ihn ihre eigentümliche, bis weit ins 20. Jahrhundert hinein spürbare Formung.

Unter Friedrich Wilhelm I. vollendete sich das ungeschriebene Gesetz des preußischen Gehorsams in Freiheit. Der Gehorsam fand dort seine Grenze, wo er wider Gott oder die Ehre des einzelnen war. Noch stellte das Junkertum nicht eine Interessengemeinschaft von großen Landbesitzern dar, sondern eine Führungsschicht mit ausgesprochenem Standesbewußtsein und sehr empfindlichen, bisweilen sogar grotesk übersteigerten Ehrvorstellungen. Keinem geringeren als dem großen Historiker Leopold v. Ranke ist bereits die stete innere Spannung zwischen Ehr- und Gehorsamsbegriff im preußischen Junkertum aufgefallen. Im Zug der Auflösung aller ständischen Bindungen und Rangordnungen unter dem Einfluß der industriellen Revolution und des Massenzeitalters siegte dann freilich ein neuer Gehorsamsbegriff, der primär nicht von der Ehre, sondern von Abhängigkeitsverhältnissen bestimmt war.

Die alte brandenburgische Armee des Großen Kurfürsten hatte 31 000 Mann gezählt. Der Enkel, Friedrich Wilhelm I., brachte die Armee auf 80 000 Mann und führte mit dem Kantonalsystem – der Zuweisung bestimmter Kantone, Ergänzungsbezirke, an die einzelnen Regimenter – eine Synthese zwischen

Wehrpflicht und besoldeter Berufsarmee ein. Als Friedrich d. Gr. 1786 starb, zählte die Armee rund 200 000 Mann. Im Ansteigen der Heeresstärke spiegelte sich der Aufstieg Preußens zur Großmacht wider, durch die Eroberung Schlesiens und den Gewinn aus der ersten Teilung Polen-Litauens 1772.

Friedrich d. Gr., ein Feldherr von genialen Gaben, bedurfte keines Generalstabes. Unter ihm gelangte die „Oberste Kriegsherrlichkeit" zur vollsten Entfaltung. Gerade darum benötigte er freilich einen militärischen Gehilfen. Die Stellung des Generaladjutanten des Königs als ausführendes Hilfsorgan erlangte, institutionell unumschrieben, eine besondere Bedeutung. Der wohl begabteste unter diesen Generaladjutanten, der General Hans Karl v. Winterfeld, der 1757 im besten Mannesalter im Siebenjährigen Krieg fiel, führte im Auftrage des Königs 1756 auch eine typische Generalstabsarbeit aus, die Bearbeitung der Mobilmachung und des Aufmarsches vor Beginn des Siebenjährigen Krieges.

Die Organisation des Generalquartiermeisterstabes bestand auch weiterhin, ein Mittelding zwischen Ingenieur-Stab und technischer Adjutantur – ohne Anteil an Führungsentschlüssen oder -aufgaben. Die Zahl der hier verwendeten Offiziere belief sich auf etwa 25, die Zahl der Quartiermeister-Stabsoffiziere schwankte zwischen zwei und fünf.

Zur Vorform des „Generalstabes" im Sinne des 18. Jahrhunderts gehörten ferner das Feldjäger-Korps für Melde-, Kurier- und Aufsichtsdienst und die Institution der „Brigade-Majore". Die sogenannten „Kolonnen-Jäger" des Feldjäger-Korps hatten, beim Fehlen ausreichenden Kartenmaterials, die Aufgabe der Geländeerkundung und der Einweisung bei Marschbewegungen. Sie unterstanden einem „Capitaine des Guides". Die Brigade-Majore waren eine Art mobiler Platzoffiziere, die den einzelnen Generalen zur Berichterstattung und Listenführung beigegeben wurden.

Eine von Friedrich d. Gr. 1757 verfaßte Instruktion für den Quartiermeisterdienst sah als Hauptaufgabe die „Castramétrie", das heißt die Kunst des Feldlagerbaues, vor. Der Quartiermeisterstab sollte den Obersten Kriegsherrn von technischen Einzelheiten, der Auswahl von Marschrouten, Lagerplätzen, befestigten Feldstellungen entlasten. Zu seinen Aufgaben gehörte übrigens auch – soweit vorhanden – der Nachrichten- und Spionagedienst.

Vielfach überschritten sich diese Aufgabenbereiche mit denjenigen der Generaladjutantur, einer Einrichtung, die für die preußische Armee typisch werden sollte als Keimzelle des späteren Militärkabinettes der Könige, das wiederholt in scharfem Gegensatz zum Generalstab geriet. Ursprünglich hatte dem Generaladjutanten vorwiegend die Bearbeitung der Offiziers-Personalien obgelegen, bei denen jede Entscheidung freilich Reservatrecht des Monarchen war und blieb bis nahe an das Ende der Monarchie.

Friedrich d. Gr. dehnte diesen Bereich aus, ganz einfach, weil er bei der Alleinführung der Armee gewissermaßen einer Schaltstelle bedurfte, nicht jedoch eines selbständig planenden Beraters. Außerdem fallen in seine Ära die ersten Anfänge indirekter Führung im Rahmen des Gesamtbetrages. Der Siebenjährige Krieg mit seinen verschiedenen Kriegsschauplätzen in Schlesien, Böhmen, Ostpreußen, Vorpommern, Sachsen und Thüringen machte die Entsendung selbständiger Truppenkorps unter einzelnen Generalen unumgänglich. Ihnen gab der König außer Kolonnenjägern und Brigade-Majoren auch wohl einzelne General- oder Flügeladjutanten bei, gleichsam Generalstabsoffiziere noch ohne eigene Bezeichnung oder gar einen besonderen Ausbildungsweg.

Vom Jahre 1758 an existierte nurmehr ein einziger Generaladjutant, dem für den Schriftverkehr ein Kgl. Sekretär zur Verfügung stand. Der bedeutendste unter ihnen war Heinrich Wilhelm v. Anhalt (1734–1801), ein unehelicher Sohn des Erbprinzen Wilhelm Gustav von Anhalt-Dessau und einer schönen Predigertochter, mithin noch ein Enkel des Fürsten Leopold von Anhalt-Dessau, des großen Exerziermeisters der preußischen Armee zu Beginn des 18. Jahrhunderts.

Im Grunde entsprach der Generalquartiermeisterstab, eine technische Hilfsorganisation, den Bedingungen des Krieges im 18. Jahrhundert. Die politische wie die Volks- und Wirtschaftskraft und damit die Heeresstärken der dynastischen Mächte, die untereinander um begrenzte Ziele, um Gebietsteile oder Rangverhältnisse, Krieg führten, waren begrenzt. Die Berufsarmeen aus geworbenen Söldnern – auch das Kantonalsystem Preußens deckte nur einen Teil des Ersatzes – waren kostspielige Instrumente, die schwer zusammenzuhalten und noch schwerer aufzufüllen waren. Großräumige Planung verbot sich von selbst durch das an Magazine gebundene, schwerfällige Versorgungssystem.

Jede Armee mußte sich bei Nacht gegen Deserteure durch Postenketten und Kavalleriestreifen sichern, daher die große Sorgfalt, die man auf die Auswahl des Feldlagers, auf die Berechnung von Marschrouten legte. Die den Quartiermeisteroffizieren obliegende „Castramétrie“, die ausgangs des Jahrhunderts auch in Preußen auftretende Neigung, eine Wissenschaft der „militärischen Mathematik“ zu entwickeln, zeigen das Bild eines rational berechenbaren, als Mittel der Politik voll kalkulierbaren Krieges. Der Oberst v. Massenbach setzte an der Schwelle preußischer Generalstabslehren die schönen, kunstvollen Marschbewegungen, die Fähigkeit, den Gegner ohne blutige Verluste auszumanövrieren, höher als den Sieg in der Schlacht. Der Vernichtungssieg in einer einzigen, gewaltigen Schlacht oder gar die Idee der Vernichtung der feindlichen Nation lagen dem Denken der Zeit fern. Kriegführung war nicht die Sache der Nation, sondern der Fürsten und ihrer Armeen, auf die der gelehrte, handel- oder gewerbetreibende Bürger oft, auch in Preußen, mit Verachtung blickte. Das Soldatenhandwerk erschien ihm roh, die Soldaten, so hart sie gedrillt wurden, liederlich, der Offizierstand, Repräsentanz des Adels, aufgeblasen und ungebildet.

In dieser höfisch-aristokratisch orientierten, auf einem einheitlichen Ehren- und Sittenkodex beruhenden Welt vollzog sich seit der Mitte des 18. Jahrhunderts auf geistigem Gebiet der Einbruch der Aufklärung, auf wirtschaftlichem Gebiet der Aufstieg des Bürgertums, zunächst in Frankreich und England. Bürgerlicher Rechtssinn, bürgerliche Tüchtigkeit in Handel und Gewerbe stellen die auf Geburtsrechten beruhende feudale Ordnung in Frage. Militärisch gesehen wird die Artillerie, werden das Ingenieur- und Pionier-Korps, dem sich ausgangs des

1. Levin v. Geusau (1734–1808)
Chef des Generalquartiermeister-Stabes

2. Christian Freiherr v. Massenbach (1758–1827)
Oberst, 1806 Generalquartiermeister des Fürsten Hohenlohe

3. Gerhard Johann David v. Scharnhorst (1755–1813)
1813 Generalquartiermeister der Armee
(1808–13 Leiter der 2. Division/Generalstab)

4. August Graf Neithardt v. Gneisenau (1760–1831)
1813 Generalquartiermeister der Armee

Jahrhunderts im revolutionären Frankreich die ersten Luftschiffer-Kompanien mit Fesselballons zugesellen, die Waffe des „Dritten Standes“. Scharnhorst, der preußische Heeresreformer, begann als hannoverscher Artillerie-Offizier.

In Preußen spiegelt sich dieser stille „Klassenkampf“ im Eindringen bürgerlicher Offiziere beim Artillerie- und Ingenieur-Offizierkorps, in geistiger Hinsicht im Auftauchen einer ganzen Reihe militärischer „Journale“, Zeitschriften für „Militär- oder auch für militär- und „gelehrte Sachen“, in der Gründung von Vereinigungen wider, in denen sich Offiziere mit wissenschaftlich und allgemein geistig interessierten Bürgern zusammenfanden. Für die rauhe kur-brandenburgische Armee vor hundert Jahren wäre das alles noch undenkbar geweben. In solchen Zirkeln wurde auch bereits die Frage diskutiert, ob es genüge, daß der Offizier gut reiten, fechten und schießen und alle Strapazen ertragen könne, ob es richtig sei, die Manneszucht in der Armee allein auf der Furcht vor Strafe, vor dem Prügelstock, zu begründen. Ein neuer Geist meldete sich zu Wort.

Der Unabhängigkeitskrieg in Nordamerika von 1776 bis 1783 lieferte das erste Beispiel für einen Volkskrieg ganz neuen Stils. Sein Charakter unterschied sich grundlegend von der begrenzten, rational kalkulierbaren Kriegsform, wie sie etwa Friedrich d. Gr. als Maxime angesehen hatte. Der dynastische Erbfolge- oder Eroberungskrieg versank. Zum ersten Mal erschien das Volk auf dem Plan, siegten bäuerliche und bürgerliche, unausgebildete Milizen über die englischen Generale mit ihrer Manöverstrategie und ihren wohlgedrillten englischen oder hessischen Soldregimentern. Die Manöverstrategie erwies sich in den Riesenräumen der transatlantischen Welt als wirkungslos.

Zwei Verfechter der sich abzeichnenden großen Heeresreformen in Europa, der Marquis von Lafayette und August Neithardt v. Gneisenau, der eine als französischer Offizier auf Seiten der Amerikaner, der andere als Leutnant in dem Jäger-Korps, das der hohenzollernsche Markgraf von Ansbach-Bayreuth dem König von England vermietet hatte, erhielten hier zum ersten Mal Gelegenheit, die Form des neuen Schützengefechtes, die Manieren eines Volksheeres, zu studieren. Nicht nur eine politische, sondern auch eine Revolution in der Kriegführung kündigte sich an.

Unterdes sonnte sich das friderizianische Preußen im Abendschein des Ancien Régime. Die preußische Armee hielt sich selbst jedenfalls für unübertrefflich. Die herkömmliche Lineartaktik (mit der man drei Kriege gewonnen hatte!), die Welt erdachter, geometrischer Formen, Frucht eines Systems, das auf wohlgestufter Rangordnung und unabänderlich starren Verhaltensweisen beruhte, führte zu der Theorie, die Kriegskunst sei eine mathematisch zu berechnende Wissenschaft. In Preußen zählten der Artillerie-Oberst v. Tempelhoff (aus dessen Familie später die Mutter Ludendorffs hervorging), der sehr phantasievolle Militärschriftsteller Dietrich Heinrich v. Bülow und der Major Christian v. Massenbach vom Generalquartiermeister-Stab zu den vornehmlichsten Verfechtern der „Mathematischen Schule“. Bülow, wegen unordentlichen Lebenswandels als Offizier verabschiedet, erhoffte sich von seinem Buch über das mathematische Kriegssystem die Wiederanstellung – beim Generalquartiermeister-Stab. Der französisch-schweizerische Militär-Theoretiker Baron Jomini faßte damals den ganzen Generalstabsdienst unter der Bezeichnung „Logistik“ zusammen.

Die Erstarrung des friderizianischen Heeressystems, die persönliche Unzulänglichkeit des Nachfolgers Friedrich d. Gr., des Königs Friedrich Wilhelm II., sowie das Anwachsen der Armee auf rund 200 000 Mann, die in weit gedehnten Bereichen von Ostpreußen und Oberschlesien bis zum Niederrhein garnisonierten, führten zu einer Bürokratisierung in der Spitzengliederung, was stets das Kennzeichen alternder Systeme ohne frische Verantwortungsfreudigkeit ist.

Der neue König war eifersüchtig auf die Wahrung der höchsten Prärogative, der „Obersten Kriegsherrlichkeit“, bedacht. Andererseits reichten seine Fähigkeiten nicht aus, um tatsächlich die Alleinherrschaft – die auch eine ungeheure Arbeitslast einschloß – noch auszuüben. Daher wurde die Position der Generaladjutantur ausgebaut. Der „Expedierende Generaladjutant“ der Majestät, erster militärischer Gehilfe des Monarchen, erhielt, obwohl er meist nur Oberstenrang hatte, eine Schlüsselfunktion.

1787 wurde zudem zur Oberleitung aller Armee-Angelegenheiten, die seit Friedrich Wilhelm I. wie auch sämtliche Zivilsachen vom „Generaldirektorium“ verwaltet worden waren, neben dem König ein „Oberkriegskollegium“ geschaffen, eine kollegial zusammengesetzte Behörde ohne klare Befugnisse mit einem Ehrenvorsitzenden, einem Vorsitzenden, einem „Ersten“ und einem „Zweiten Kriegsminister“, die freilich beileibe keine echten Minister-Funktionen und keine eigenen Ressorts hatten. Auch blieb das bisherige „Militär-Departement“ im Generaldirektorium bestehen. Noch unter Friedrich d. Gr. waren obendrein, zwecks Kontrolle des Ausrüstungs- und Ausbildungsstandes, für jede Provinz General-Inspekteure für die Infanterie und Kavallerie, für die gesamte Monarchie ein Generalinspekteur für die Artillerie eingesetzt worden, wiederum reine Inspektionen ohne irgendwelche Befehls- oder Weisungsbefugnisse.

Das Oberkriegs-Kollegium sollte in drei Departements Truppen-Angelegenheiten, Mobilmachung und Verpflegung, Bekleidung und Bewaffnung und Invaliditätssachen bearbeiten. Theoretisch waren ihm Generaladjutantur und Generalquartiermeister-Stab unterstellt. Beim Generaladjutanten, der der Regel nach identisch mit dem Generaladjutanten der Infanterie war, wurden die Offizierspersonalien, Garnisons-, Rüstungs- und Reglementsfragen bearbeitet, Aufgaben, die in einer modernen Behördenorganisation späterer Zeit zum Teil dem Kriegsministerium, zum Teil dem Generalstab zufielen. Der Generalquartiermeister-Stab, dessen Stärke sich in diesen Jahren auf 20–24 Offiziere belief, bearbeitete die bislang üblichen Aufgaben auf dem Sektor der „Castramétrie“, erhielt jetzt jedoch zum erstenmal eine eigene Uniform und entwickelte, dem regeren geistigen Leben in manchen Kreisen des Offizierskorps entsprechend, auch eigenen Ehrgeiz.

Die Französische Revolution von 1789, der völlige Zusammenbruch des Ancien Régime in Frankreich, das Auftreten revolutionärer Volksarmeen, die über die stocksteifen Bataillone der alten Monarchien den Sieg davontrugen, führten auch in Preußen zu einer tiefgehenden seelischen Erschütterung, so sehr sich viel davon hinter dem Hochmut der herrschenden Kaste verbarg.

Die Große Revolution ist nicht nur die Geburtsstunde der weltbewegenden Ideen von der Freiheit und Gleichheit aller Menschen, sondern auch die Geburtsstunde des Nationalismus, des Gedankens vom „Volk in Waffen“, des Nationalkrieges, wenn man so will, auch die Geburtsstunde des modernen Militarismus – und des neuzeitlichen Generalstabes. Als sich 1792 die Souveräne Preußens, Österreichs, Englands und Spaniens gegen die Revolution verbündeten und ihre schwerfälligen Armeen ins Feld schickten, appellierten die neuen Herren Frankreichs bewußt an das nationale Empfinden der breiten Massen. Der Deputierte Dubois-Crancé brachte in der Pariser Nationalversammlung einen Antrag auf die Einführung der allgemeinen Wehrpflicht ein, die alsbald Gesetz wurde. Der Kreuzzug der Monarchen scheiterte kläglich.

Nicht nur die deutschen Philosophen und Dichter der Zeit, Kant, Herder, Schiller, Fichte, begrüßten anfangs die Umwälzung in Frankreich. Die Ereignisse in Paris ließen auch jüngere Offiziere nicht unberührt, so den Major v. d. Knesebeck vom Generalquartiermeister-Stab, Massenbach, oder einen noch unbekannten Infanterie-Leutnant im fernen Ostpreußen, Hermann v. Boyen. Dieser prägte damals das ketzerische Wort, für die preußischen Kantonal-Pflichtigen komme die Verteidigung des Vaterlandes einer gegen die Armut ausgeübten Gewalttat gleich. Einige Militärschriftsteller bemächtigten sich der neuen Gedanken, so der schon erwähnte Dietrich Heinrich v. Bülow und Georg Heinrich v. Behrenhorst, gleich dem Generaladjutanten v. Anhalt ein unehelicher Sproß der Dessauer Askanier. Behrenobst verlangte statt der Berufsarmee ein Rahmenheer mit einer Miliz als Ergänzung. Bülow erkannte die grundlegende Bedeutung der neuen französischen Kampfweise in Form des aufgelösten Schützengefechtes und verwarf mit der ihm eigenen Heftigkeit den Wust der bisher gepflegten Militärmathematik. Doch das „Evangelium der Bauchkriecherei“, wie der preußische General Prinz zu Hohenlohe-Ingelfingen verächtlich das Tirailleurgefecht nannte, fand vorläufig keine Anhänger im Oberkriegskollegium wie beim Generaladjutanten.

Immerhin begann man sich auch in Berlin angesichts der geringen Erfolge im Revolutionskrieg Gedanken über eine Heeresreform zu machen. Zu diesem Zweck wurde 1795 als neue höchste militärische Spitzenbehörde die „Immediat-Militär-Organisations-Kommission" geschaffen. An die Spitze trat der alte Generalfeldmarschall v. Moellendorf, der persönlich seine Zweifel an den Segnungen des bisherigen Systems hatte, aber viel zu umständlich und bedenklich war, um als Reformer zu wirken. Die Vielfalt der Behörden wurde komplett, an den bestehenden Verhältnissen änderte sich so gut wie nichts. Im Gewirr der Instanzen und Kompetenzen erlangte der Generaladjutant in praxi die Position des Chefs des Königlichen Militärkabinetts, sowie Friedrich Wilhelm II. und sein Sohn Friedrich Wilhelm III. es auch liebten, die Zivilangelegenheiten durch die Geheimsekretäre ihres Zivilkabinetts zu führen und dem Gemisch von Ressort- und Provinzialministern jede eigene Verantwortlichkeit zu bestreiten.

In diesem Jahr 1795 verfaßte der Major v. Massenbach die erste grundlegende Denkschrift, in der er für den Generalquartiermeister-Stab eine ganz neue Aufgabenstellung verlangte. Angesichts der Ausweitung der Kriegsformen mußten nach seiner Überzeugung Kriegführung, Politik und Wirtschaft in viel engere Beziehungen als bisher gesetzt werden. Schon im Frieden sollten regelrechte Kriegspläne aufgestellt werden. Ihre Bearbeitung mußte künftig Aufgabe des Generalquartiermeister-Stabes sein. Seine Offiziere sollten für diesen Zweck besonders ausgebildet werden, auch durch zeitweiligen Dienst in fremden Armeen und Auslands-Studienaufenthalte – Uridee der späteren Militärattachées. Massenbach war ein schlechter Anwalt der eigenen Sache, er drückte sich oft ungeschickt aus und versagte später im Feldzug von 1806 auch gründlich im Felde in der praktischen Führung. Ihm gebührt jedoch das Verdienst, daß er als erster die Grundidee des modernen Generalstabes in Preußen zu Papier gebracht hat – wenn auch damals ohne jeden Erfolg.

Immerhin erhielten die Quartiermeisterstabsoffiziere im folgenden Jahr, 1796, eine für die spätere Zeit typische Generalstabsarbeit zugewiesen, die Landesaufnahme, die Erstellung brauchbarer Kriegskarten. Da der Gebrauch des Meßtisches noch nicht üblich war, erfolgte die Aufnahme des Geländes allein im Wege des Krokierens. In jedem Fall kam dieser Arbeit auch für den zivilen Sektor eine große Bedeutung zu. Zum Generalquartiermeister-Stab wurden 13 „Ingénieur-Géographes“ kommandiert. Sitz des Stabes war damals das Königliche Schloß in Potsdam. Die Ingenieur-Geographen waren meist Leute bürgerlichen Standes, da die Beschäftigung mit Zirkel und Buntstiften für die Junker wenig standesgemäß erschien.

Die Revolutionskriege führten zu einer Erschütterung des gesamten Kriegsbildes, die auf die Dauer auch für die Entwicklung der preußischen Armee ihre Folgen haben mußte. Sie zeitigten eine bislang für unmöglich gehaltene Ausdehnung aller Kriegsräume und Kriegsziele und eine Brutalisierung des Krieges selbst. Eigenartigerweise fiel die Geburt der Massenheere nicht nur mit der politischen Revolution in Frankreich und der industriellen Revolution in England zusammen, sondern auch mit einem merkwürdigen biologischen Phänomen, der raschen Vermehrung der Volkszahl in fast allen europäischen Ländern, die um 1800 herum einsetzte und sich rasch steigerte.

Die revolutionären Massen, die nun militarisiert wurden, warfen alle konventionellen, kunstvollen Spielregeln des aristokratischen Krieges, wie ihn das 18. Jahrhundert gekannt hatte, über den Haufen. Napoleon, der erste geniale Feldherr, der die durch die Revolution freigesetzten Kräfte der französischen Nation in einem Massenheer zusammenfaßte, erließ bezeichnenderweise niemals ein neues formelles Reglement. Der Krieg entwickelte sich auf Grund von Erfahrungstatsachen weiter. Die neuen Riesenheere verlangten eine stärkere Untergliederung in feste taktische Einheiten aus gemischten Waffen und damit auch neue Führungsmedien. Im Revolutionszeitalter führte Frankreich Krieg am Rhein, in Süddeutschland, in Belgien, in Oberitalien, in Ägypten, Syrien, Westindien, in Süd- und Westfrankreich gegen preußische, österreichische, russische, spanische, sardinische, englische Kontingente, gegen die Mamelucken und das osmanische Heer und gegen die aufständischen Neger auf Haiti wie gegen konterrevolutionäre Formationen im eigenen Land.

Lazarre Carnot, der erste moderne Kriegsminister, der die

„Armeen des Sieges", das neue französische Volksheer, organisierte, war der Sohn einer bürgerlichen Advokatenfamilie in Burgund und hatte seine militärische Laufbahn als Ingenieur-Offizier begonnen. Im September des Jahres 1794 hatte Frankreich eine Million Mann unter Waffen. Die Lenkung solchen Massenheeres durch einen einzelnen Feldherrn wurde jetzt genauso unmöglich wie die direkte Führung auf all den verschiedenen Kriegsschauplätzen. Die mobilisierten Massen forderten die Gliederung in Korps, in Divisionen. Die neuzeitliche Division als feste taktische Einheit, die sich aus Truppen aller Waffengattungen zusammensetzte, hatte hier ihre Geburtsstunde. Zugleich wurde das Büro des Kriegsministers Carnot zur Keimzelle des ersten modernen Generalstabes. Das Element der Anonymität, das später der preußische Generalstab so geflissentlich betonte, das einen Mann wie Seeckt das Wort prägen ließ, Generalstabsoffiziere hätten keine Namen, war hier bereits in hohem Maß gegeben.

Die Kriegführung durch technisch und wissenschaftlich hervorragend geschulte Fachkräfte, wie sie im 19. Jahrhundert mit dem Aufschwung der Technik voll ausgebildet wurde, hat ihren Ursprung im Grunde in den Revolutionskriegen, ein Vorgang der Entpersönlichung, der dem heraufziehenden Massenzeitalter entsprach. Noch hatte das Büro Carnot keine Weisungsbefugnisse noch gar die Aufgabe strategischer Vorausplanung, es war im wesentlichen eine Erfassungs-, Ersatz- und Nachschubstelle. Aber die neue taktische Einheit der Division, die neuen Obereinheiten der Armee-Korps aus mehreren Divisionen und der Armeen bedurften bereits ähnlicher Fachleute zwecks Übermittlung und Überwachung aller Befehle, Organisation und Nachschub. Eine neue Klasse regulärer Stabsoffiziere formierte sich.

Der Krieg wurde zum Ringen der Nation um eingebildetes oder tatsächliches Recht, um Lebensraum, wie dies dann im 20. Jahrhundert Hitler formuliert hat. Aus dem adeligen Duell wird ein technischer von einer anonym bleibenden Organisation gelenkter Vorgang. Nicht mehr die Geburt entschied über die Zugehörigkeit zum Offiziersstand allein, sondern der Erwerb einer beträchtlichen Summe technisch-wissenschaftlicher Kenntnisse, die für jedermann erwerbbar war. Für keine Gruppe galt die im militärischen Gefüge stärker als für den neuen Typus des Generalstabsoffiziers.

Die Entwicklung der Generalstäbe ist in allen europäischen Nationen eingebettet in den Zusammenprall der alten dynastisch-ständischen Ordnung mit dem neuen liberal-demokratischen Nationalstaat. Scharnhorst, der militärische Reformator Preußens und der Schöpfer des preußischen Generalstabes, hat versucht, für den Bereich der Armee eine Synthese zwischen alter Welt und neuer Daseinsform zu finden, so wie dies sein Zeitgenosse, der Reichsfreiherr vom Stein, auf dem Gebiet der inneren Politik erstrebt hat.

DIE VÄTER

Scharnhorst und Gneisenau – Die Ära des Idealismus

Im Herbst des Jahres 1800 richtete der Oberstleutnant im kur-hannoverschen Artillerie-Korps Gerhard Johann David Scharnhorst, im Alter von 45 Jahren stehend, nach langen Überlegungen ein Gesuch an den König Friedrich Wilhelm III. von Preußen, in dem er um Einstellung in die preußische Armee bat. Preußische Freunde, vor allem der Generalquartiermeister-Leutnant Karl Ludwig v. Le Coq, einer jener jüngeren Offiziere, die sich mit dem Gedanken einer Heeresform befaßten, hatten ihm schon lange zu diesem Schritt geraten. Scharnhorst setzte Le Coq auch in einem langen Brief von seinem Entschluß in Kenntnis.

Die preußische Armee galt damals noch immer als die bedeutendste in Deutschland, sie bot weit mehr Aussichten auf Betätigung und Avancement als die hannoversche oder die dänische Armee, die ihm gleichfalls ein Angebot gemacht hatte. Der Antragsteller verknüpfte seine Bitte mit zwei Forderungen: Der Gewährung einer Stabsoffizierstelle und der Erhebung in den persönlichen Adelsstand – letzteres ganz einfach darum, weil er in dem sehr aristokratisch regierten Hannover erlebt hatte, wie stark die soziale Position des einzelnen, und des Offiziers allzumal, davon bestimmt wurde, ob dieser einen adeligen Namen führte oder nicht.

Unzweifelhaft ließ dieses Gesuch auf einen nicht gewöhnlichen Charakter, ja auch auf verborgenen Ehrgeiz und große Pläne schließen. Der Bewerber besaß keine der üblichen Voraussetzungen für einen Stabsoffizierposten in der preußischen Armee. Er war nicht von Adel, sondern hatte 1755 als Enkel eines Kleinbauern und Sohn eines hannoverschen Dragonerwachtmeisters, der den Bauernhof seines Schwiegervaters geerbt hatte, das Licht der Welt erblickt. Auf der Wachtparade machte er keine gute Figur. Antlitz und Erscheinung waren eher diejenigen eines versonnenen, ein wenig schwermütigen Gelehrten als die eines strammen Offiziers. Freilich hatte er sich bereits als Herausgeber einer viel beachteten Militär-Zeitschrift einen Namen gemacht. „Militärische Journale" waren auch in Berlin in Mode gekommen, selbst Verfechter der friderizianischen Schule wie der Generalmajor Christoph v. Diericke gaben solche Blätter heraus. Scharnhorst galt als ein äußerst gebildeter Offizier und besaß in Preußen etliche Freunde, nicht nur den Generalquartiermeister-Leutnant v. Le Coq, sondern auch so verschieden geartete Männer wie den Husaren-General v. Blücher und General Ernst Philipp v. Rüchel, einen Prototyp des junkerlichen Erzpreußentumes.

Als König Friedrich Wilhelm III. Scharnhorsts Gesuch bewilligte und seine Forderungen anstandslos erfüllte, fiel anno 1801 bereits der Schatten Napoleons auf Europa. Der Korse hatte seinen Siegeslauf begonnen, die Revolution fand ihr Ende in der Tyrannis einer gewaltigen Einzelpersönlichkeit. Das Preußen der Jahrhundertwende war nicht mehr dasjenige des genußsüchtigen, unordentlichen Friedrich Wilhelm II. mit seiner Maitressenwirtschaft, das sich noch am Abendschein des versinkenden Ancien Regime erfreut hatte. Den seit 1797 regierenden Friedrich Wilhelm III. erfüllte durchaus das Empfinden, daß die revolutionären Geschehnisse in Frankreich nicht ohne Rückwirkungen auf die preußische Heeres- und Sozialverfassung bleiben konnten. Nur war er ein sehr unpraktischer Mann von geringem Selbstvertrauen und flüchtete darüber in eine bis zur Bigotterie gehenden Frömmigkeit.

Bald nach seinem Dienstantritt – im 3. Artillerie-Regiment – wurde Scharnhorst in den Adelsstand erhoben und dem Generalquartiermeisterstab zugeteilt. Chef dieses Stabes war seit dem Jahr 1796 der dicke, phlegmatische Generalmajor Levin v. Geusau, als Sohn eines badischen Edelmannes und Landvogtes im Breisgau wiederum ein Wahlpreuße, freilich kein belebendes Element, sondern ein Methodiker alter Schule.

Geusau übertrug ihm die Leitung der Winter-Kurse für aus

der Provinz nach Berlin kommandierte Offiziere, die gemeinsamer Fortbildung dienen sollten, einer Vorform der späteren Kriegsschulen. Im Juli des Jahres 1801 rief Scharnhorst ferner in Berlin eine „Militärische Gesellschaft“ zu gemeinsamem Gedankenaustausch über eine zeitgemäße Armee und Kriegführung ins Leben. Hier fanden sich unter seiner Leitung reformerisch gesonnene Offiziere, der Leutnant v. Clausewitz, der Stabskapitän v. Boyen vom Generalquartiermeisterstab, der Adjutant der Berliner Infanterie-Inspektion Karl Wilhelm v. Grolman mit Verfechtern des alten Systems zusammen wie jenem General v. Rüchel, der zu sagen pflegte, Generale wie den „Herrn v. Buonaparte“ habe die preußische Armee mehrere.

Ziel der Vereinigung war es, die Reform der Armee herbeizuführen. Scharnhorst schwebte vor, durch die Schaffung einer National-Miliz als Reserve des stehenden Heeres den Übergang zur Volksarmee französischen Stiles einzuleiten. Unter anderen Voraussetzungen hätte er in diesen Jahren vor der preußischen Staatskrise der Carnot Preußens werden können. Freilich war er kein Revolutionär. Er dachte an einen organischen Übergang vom Alten zum Neuen, unter Wahrung der wertvollen Überlieferungen der Vergangenheit, in dieser Hinsicht eine Parallelerscheinung zu dem Handels- und Finanzminister Reichsfreiherrn vom Stein, der solche historisch-organische Reform in der Staatsverwaltung herbeiführen wollte. Scharnhorst war sich dabei völlig im klaren darüber, daß die Schaffung einer National-Miliz und die Einführung der allgemeinen Wehrpflicht eine Reform der schon rein wirtschaftlich unrentabel gewordenen Agrarverfassung mit der gebundenen Arbeitsordnung, der Erbuntertänigkeit des Landmannes unter der Gutsherrschaft, zur Voraussetzung hatte. Die vor allem in dem besonders rückständigen Schlesien nicht seltenen Bauernrevolten ließen jedoch der Mehrzahl des grundbesitzenden Adels die Idee der Volksbewaffnung als schlimmen „Jakobinismus“ erscheinen.

Als Vorsitzender der „Militärischen Gesellschaft“ und Leiter der Winter-Kurse wurde Scharnhorst indessen zum Erzieher einer Avantgarde im Offizierskorps, die in den nächsten Jahrzehnten eine führende Rolle spielen sollte, gerade im späteren

Generalstab. Das gilt für Clausewitz, die Stabskapitäne v. Boyen und v. Grolman und den jungen Leutnant August Rühle v. Lilienstern. Alle diese Offiziere stammten nicht aus dem alteingesessenen Landjunkertum, sondern kamen aus anderen deutschen Bereichen wie auch die zivilen Reformer Stein und Hardenberg. Aber erst die preußische Staatsgesinnung, das preußische Königtum gab ihnen Entfaltungsmöglichkeiten. Es war eine Schule des Geistes wie des Charakters.

Ohne es zu wollen, wurde Napoleon jetzt auf militärischem Gebiet zum Lehrmeister der deutschen Staatenwelt. In Bayern entstand 1803 nach französischem Vorbild ein „Geheimes Kriegsbureau", die Keimzelle des bis 1918 bestehenden bayerischen Kriegsministeriums und Generalstabes. Die Organisation des französischen Generalstabes beschränkte sich freilich auf einen Truppen-Generalstab ohne Zentralstelle zur Entlastung der kommandierenden Offiziere bei den Armeen, Korps und Divisionen von führungstechnischen Details. Napoleon entwarf seine Operationspläne selbst. Sein Stabschef Marschall Berthier war bei Licht besehen nicht mehr als der Leiter einer Kaiserlichen Militär-Kanzlei für die Ausfertigung, Ausgabe und Übermittlung von Befehlen. Eine Spezialausbildung von Generalstabsoffizieren war nicht üblich. Auch England kannte, vom Quartiermeister-Dienst abgesehen, noch keinen regelrechten Generalstab.

Auf diesem Gebiet wurde Preußen, noch vor der Umbildung des Generalquartiermeisterstabes zur Planungs- und Führungs-Institution, führend wenigstens in gedanklicher Hinsicht, einmal dank Scharnhorsts militär-pädagogischem Wirken, zum zweiten zunächst aber dank der organisatorischen Betriebsamkeit des Obersten Frhr. v. Massenbach. Der schwäbische Reichsfreiherr und der hannoversche Bauernsohn in preußischem Dienst begegneten sich in der Überzeugung, die Armee benötige jetzt als Hirn einen Generalstab – zum Zorn der beiden alten Generalfeldmarschälle Graf v. Kalckreuth und v. Moellendorf, die erklärten, gäbe es zuviel Generalstabsoffiziere, die Feldherr spielen wollten, ginge die ganze Subordination zum Teufel. Massenbach hatte seine Gedanken schon formuliert, bevor Scharnhorst in die preußische Armee eingetreten war. Im Jahr 1800 hatte der Generalquartiermeisterstabsoffizier Le Coq, Scharnhorsts Bewunderer, eine Instruktion für die Offiziere des Stabes ausgearbeitet. Massenbach, stets schreibselig, geschäftig und dazu von hohem pädagogischem Ehrgeiz erfüllt, folgte im nächsten Jahr Le Coqs Beispiel und reichte 1802 zwei Memoranden ein, mit denen er, was die Organisation anbelangte, zum Vater des preußischen Generalstabes als zentraler Planungsstelle und Beraterorganisation der obersten Führung wurde.

Seine Denkschriften enthielten die Forderung nach der Errichtung eines ständigen Generalstabes der Armee schon in Friedenszeiten. In Massenbachs Vorstellung sollte dieser „Generalstab" selbständig – inmitten der Vielfalt vorhandener Spitzenbehörden, Oberkriegs-Kollegium, Militär-Organisationskommission, Generalinspektionen, Generaladjutantur, Militär-Departement – Operationspläne für jede nur mögliche Kriegslage ausarbeiten. Das „Arbeitsfeld" sollte in drei „Kriegstheater" aufgeteilt werden: Österreich, Rußland, Frankreich. Dementsprechend sollte sich die neue Militärbehörde in drei Abteilungen, „Brigaden" genannt, gliedern. Ferner verlangte er ständige Übungsreisen im Frieden zur Erkundung des Terrains und zum Studium möglicher Gefechtssituationen, die Erkundung ausländischer Mächte durch zu Reisen abkommandierte Offiziere, einen regelmäßigen Wechsel zwischen Generalstabs- und Truppendienst, endlich als wichtigstes Recht des künftigen Generalstabschefs den „Immediat-Vortrag" bei der Majestät des Königs, das heißt den ungehinderten und unkontrollierten Zugang zum Obersten Kriegsherrn und damit die Möglichkeit zu direkter Einflußnahme auf die Heer- und Kriegsführung – indirekt damit auch auf die Politik. Das Immediatrecht sollte noch eine gewichtige Rolle spielen. Mehr als zwei Menschenalter vergingen, bis es dem Generalstabschef zugebilligt wurde.

Auf Grund der Massenbachschen Vorschläge befahl der König 1803 die Neuorganisation des Generalquartiermeisterstabes unter Aufsicht des von ihm sehr geschätzten Generalinspekteurs der Oberschlesischen Infanterie-Inspektion und des Mineurkorps Generalmajor Julius v. Grawert, wiederum eines Methodikers der alten Zeit. Chef blieb General v. Geusau. Ihm wurde gleichzeitig die Direktion des Kriegs-Departements im Oberkriegs-Kollegium und die Inspektion des Ingenieur-Korps übertragen, auf dem Papier eine beträchtliche Kompetenzerweiterung, allerdings ohne entscheidende Befehlsbefugnisse.

Im Generalquartiermeisterstab taten damals 21 Offiziere Dienst, mit Ausnahme Scharnhorsts sämtlich adeliger Herkunft. Dienstsitz war das Pagenhaus in Potsdam. Nach den Massenbachschen Vorschlägen wurde der Stab in drei „Brigaden" für je eins der drei „Kriegstheater" gegliedert, welche jeweils ein Generalquartiermeister-Leutnant befehligte. Die 1. (Österreichische) Brigade bearbeitete die Gebiete östlich der Weichsel, Leiter wurde der Generalmajor v. Phull, wieder ein gebürtiger Württemberger. Massenbach und Scharnhorst erhielten die 2. (Südliche) Brigade für Mittel- und Süddeutschland und die 3. (Westliche) Brigade für Westdeutschland. Für den zaghaften Geist des Chefs des Gesamtstabes, Geusau, wa es freilich bezeichnend, daß dieser im kritischen Jahr von 1805 dem Leiter der 3. Brigade, Scharnhorst, die Erlaubnis verweigerte, eine Übungsreise auf seinem „Kriegstheater" zu unternehmen. Er meinte, diese käme zu teuer, auch könne man leicht durch solch Unternehmen den Kaiser – Napoleon – verstimmen.

Immerhin verfügte Preußen jetzt zum ersten Mal über das Urbild eines regulären Generalstabes. Nur wußte niemand von dieser Institution rechten Gebrauch zu machen, und ihre Kompetenzen innerhalb des Kompetensgewirrs wurden nicht klar geregelt. Ruf und Arbeit des Generalquartiermeisterstabes beruhten zunächst, von den organisatorischen Meriten Massenbachs einmal abgesehen, auf der Erziehungsarbeit des Obersten v. Scharnhorst. Dieser wünschte im Generalstabsoffizier nicht nur einen militärisch gründlich geschulten und mit soliden „gelehrten", wie man damals sagte, das heißt allgemein wissenschaftlichen Kenntnissen ausgestatteten Offizier zu sehen, sondern auch einen Mann, der darüber hinaus politisch zu denken vermochte. Er predigte nicht einem festen System das Wort, sondern vertrat nur die Verwirklichung einiger unumgänglicher Neuerungen: Gliederung des stehenden Heeres schon im Frieden in reguläre taktische Unterkörper aus Einheiten aller Waffengattungen mit regelmäßigen Führungsstäben, Ergänzung des stehenden Berufsheeres durch eine National-Miliz als Reserve und die Anpassung der Gefechtsformen an die Erfordernisse der Zeit, den Übergang zum Schützengefecht, dem der Massenangriff der Infanterie in Kolonnenform folgte.

1805 kam die dritte österreichisch-russisch-englische Koalition gegen Napoleon zustande. Die Krise des preußischen Staates wurde offenbar. Scharnhorst hielt die gewaltsame Auseinandersetzung mit dem napoleonischen Frankreich für unvermeidbar und die Stunde für günstig. König Friedrich Wilhelm III. vermochte sich indes nicht zu einer Entscheidung durchzuringen. Der Generalquartiermeister-Leutnant Oberst v. Scharnhorst sandte dem Außenminister Graf Hardenberg eine Denkschrift, in der er die operativen Möglichkeiten eines Krieges gegen Frankreich darlegte. Zum ersten Mal versuchte jetzt einer der höchsten Offiziere des Stabes, sich als Berater aktiv in die Politik einzuschalten, eine Aufgabe, die auch Massenbach bei seiner Konzeption vorgeschwebt hatte. Doch der König mißtraute sowohl den eigenen Fähigkeiten wie der Tüchtigkeit seiner Armee. Er schloß zwar ein Bündnis mit dem Kaiser Alexander I. von Rußland, befahl die Mobilmachung, nahm aber dann den Status der bewaffneten Neutralität ein, in der Hoffnung, er könne zwischen den kriegführenden Parteien vermitteln und einen europäischen Friedenskongreß zustande bringen. Napoleons schneller und glänzender Sieg bei Austerlitz tief in Mähren im Dezember 1805 über die vereinigte österreichisch-russische Armee machte diese Hoffnungen zunichte.

„Preußen kann keinen Defensivkrieg führen, seine geographische Lage und der Mangel an künstlichen und natürlichen Verteidigungsmitteln leiden das nicht", schrieb Scharnhorst in einer neuen Denkschrift im April des Jahres 1806. Damit wies er auf das Kernproblem Deutschlands und seines preußischen Hauptstückes in Mitteleuropa hin – ein Problem, das künftig den preußischen Generalstab und die politische Führung immer wieder beschäftigen sollte, bis alles in einem verhängnisvollen explosiven Ausbruch 150 Jahre später sein Ende finden sollte.

1806: Generalstab ohne Kompetenz

Im August des Jahres 1806 machte Preußen abermals mobil. Der Krieg gegen Napoleon war unausweichlich geworden. In letzter Stunde wurde die taktische Gliederung der Armee in Divisionen eingeführt. Der Generalquartiermeisterstab besaß jedoch nicht die Funktion eines zentralen Führungsmittels, eine Führungstechnik des Truppengeneralstabes existierte nicht. Oberbefehlshaber im Felde wurde der alte Herzog Karl von Braunschweig, da sich jedoch auch der König selbst als Oberster Kriegsherr in Feld begab, ergab sich eine sehr hinderliche Zweigleisigkeit in der Führungsspitze, weil der Herzog nichts beschließen mochte, ohne bei der militärisch ganz unerfahrenen Majestät Rückfrage zu halten.

Die Generalquartiermeister-Leutnants, die bisherigen Brigade-Chefs, wurden als Stabschefs – deren sich niemand recht zu bedienen wußte – den einzelnen Armeen zugeteilt. Scharnhorst wurde dem Herzog von Braunschweig beigegeben, der neben dem Oberkommando auch die 2. preußische Armee befehligte, Massenbach kam zum Prinzen von Hohenlohe-Ingelfingen, der die 2. preußische Armee kommandierte. Spötter sagten von dem Prinzen, der an heftigem Podagra litt, sein Hauptquartier röche beständig nach Opodeldok, einem beliebten Einreibemittel gegen das lästige Leiden älterer Herren, die zu gut gelebt hatten.

Napoleon konnte mit Recht siegesgewiß sein. Sein meisterhaft angelegter, blitzschneller Aufmarsch gegen Thüringen warf alle Berechnungen der preußischen Generalität über den Haufen. Am 14. Oktober 1806 fiel in der Doppelschlacht von Jena und Auerstedt in Thüringen die Entscheidung. Napoleon errang – nach Austerlitz – einen der der glänzenndsten Siege seiner Feldherrnlaufbahn. Die preußischen Truppen – äußerte er nach der Schlacht – seien gut gewesen. Sie hätten nichts ausgerichtet, weil niemand verstanden habe, sie zu kommandieren. Der alte Herzog von Braunschweig, der bei Auerstedt tödlich verwundet wurde, hatte mit seinem so klugen Stabschef überhaupt nichts anzufangen gewußt und hatte ihn als einen besseren Adjutanten zur Befehlsübermittlung benutzt. Am Nachmittag des 14. Oktober beteiligte sich Scharnhorst selbst am Kampf und wurde verwundet. Der trüb einfallende Herbstabend sah das preußische

5. Karl Wilhelm Georg v. Grolman (1777–1843)
Direktor des 2. Departements (Generalstab)

6. Johann Jakob Otto August Rühle v. Lilienstern (1780–1847)
Generalmajor, 1819/21 ad interim Direktor des 2. Departements (Generalstab)

7. Karl Freiherr v. Müffling gen. Weiss (1775–1851)
1821 Chef des Generalstabes der Armee

8. Wilhelm Johann v. Krauseneck (1775–1850)
General der Infanterie, 1829 Chef des Generalstabes der Armee

Heer auf dem Rückzug, unter bedenklichen Auflösungserscheinungen bei den Regimentern aus den neuen polnischen Provinzen, in denen viele Polen dienten.

Scharnhorst schloß sich zunächst dem Gefolge des Königs an. Er ritt ein sehr störrisches Pferd. Infolgedessen verlor er in der Dunkelheit den Anschluß an das Kgl. Hauptquartier. Durch Zufall stieß er auf den General v. Blücher, der sich mit den Resten seiner Kavallerie mühte, die schwere Artillerie beim Rückzug zu decken. Blücher kannte Scharnhorst noch aus dessen hannoverscher Zeit. Er, der herzlich ungebildete, aber mit natürlichen Talenten ausgestattete Reiterführer, war der erste preußische General, der den richtigen Gebrauch von einem wissenschaftlich glänzend geschulten, gedankenreichen und charaktervollen Chef des Stabes zu machen verstand. Auf dem Rückzug des Blücherschen Korps über den Harz bis nach Mecklenburg wurde Scharnhorst – ohne jede formale Rang- und Dienststellung – der unentbehrliche Berater Blüchers und damit der erste der „großen Chefs" in der preußischen Generalstabsgeschichte.

Die militärische Ehe zwischen Blücher und Scharnhorst bot in der preußischen Heeresgeschichte das erste Beispiel für das erfolgreiche Zusammenwirken zwischen einem mit angeborenen soldatischen Talenten begabten, hohen militärischen Führer und einem wissenschaftlich geschulten, geistig hochstehendem Stabschef. Es sollte sich noch oft wiederholen. Blücher und Scharnhorsts Nachfolger Gneisenau, der preußische Kronprinz und Graf Blumenthal 1866 und 1870, Hindenburg und Ludendorff, Mackensen und Seeckt bilden die klassischen Beispiele für solche Kooperation, die dem Wesen nach auf menschlichen Qualitäten beruhte und ganz verschieden war von der heute in der amerikanischen oder sowjetrussischen Armee beliebten Team- oder Kollektivarbeit in den höchsten Stäben.

Mangel an Verpflegung und Schießbedarf nötigten Blücher und Scharnhorst schließlich nach langem hinhaltend-ausweichend geführtem Rückzugskampf, der erhebliche feindliche Kräfte gebunden hatte, in Ratkau bei Lübeck zur Waffenstreckung. Massenbach, der Theoretiker des Ur-Generalstabes, hatte längst vorher auf dem Rückzug der Armee Hohenlohe in gar nicht auswegloser Lage seinem prinzlichen Armee-Oberbefehlshaber die Kapitulation aufgeredet, weil er völlig die Übersicht verloren hatte. Der alte Blücher meinte von Massenbach, dieser müsse wohl „überstudiert" gewesen sein.

Das bislang so stolze, vielfach sich sehr überheblich gebende Altpreußentum brach kläglich zusammen, als im Moment der Katastrophe niemand mehr zu befehlen wußte. Neben Massenbach versagte auch ein anderer der frühen Reformer völlig, Karl Ludwig v. Le Coq, der als Generalmajor die Festung Hameln den Franzosen übergab und später gleich den anderen kopflos gewordenen oder feigen Gouverneuren der Festungen eine harte Strafe hinnehmen mußte. Verantwortungsfreudigkeit und Zivilcourage zählten nicht zu den Vorzügen des postfriderizianischen Systems. Die Staatskrise, die Scharnhorst hatte heraufziehen sehen, war da, ebenso aber auch damit die Stunde der Reform, die Scharnhorst ersehnte. Der Staatskrise sollte der preußische Generalstab seine Entstehung verdanken.

Als Scharnhorst nach dem Austausch aus der Gefangenschaft in Königsberg eintraf, wohin sich der preußische Hof geflüchtet hatte, war der Reichsfreiherr vom Stein, für kurze Zeit Prinzipalminister nach der Niederlage, bereits nach einem heftigen Zusammenstoß mit dem König entlassen. Er überbrachte Blüchers Bericht vom Zug nach Lübeck und Ratkau. Die Verhältnisse schienen trostlos. Die Unterstützung, die der russische Zar gewährte, war ungenügend. Die polnischen Provinzen befanden sich in vollem Aufruhr. Französische Truppen hatten fast die ganze Monarchie besetzt und schickten sich trotz des Winters, der sonst alle Operationen zu lähmen pflegte, an, auf Königsberg vorzustoßen. Nur wenige Festungen hielten sich noch, Kolberg, Danzig, Graudenz und die festen Plätze im schlesischen Gebirge.

Scharnhorst wurde mit der sonderbaren Bezeichnung „Assistent", eine zuvor unbekannte Dienststellung, die beileibe nicht einem Stabschef entsprach, dem 68jährigen, im Winter stets kränklichen General v. L'Estocq zugeteilt, der das preußische Hilfskorps bei der in Ostpreußen stehenden russischen Armee kommandierte. Immerhin war der alte L'Estocq klug genug, seinem „Assistenten“ freie Hand zu lassen. Als die Franzosen versuchten, bei Preußisch-Eylau die russische Deckungsarmee für Ostpreußen zu schlagen, führte Scharnhorst in grimmigem Schneegestöber beim Dorf Hussehnen das preußische Hilfskorps in die Flanke des Gegners, ein Mannöver, das den Tag entschied.

Der Krieg freilich war nicht mehr zu gewinnen. Im Sommer 1807 mußte der König den Frieden von Tilsit schließen. Die in den polnischen Teilungen erworbenen Ostprovinzen gingen zum großen Teil wieder verloren, der Großteil der Monarchie blieb unter französischer Besetzung, und die Dauer der Besatzungszeit wurde von der Zahlung einer Kriegsentschädigung abhängig gemacht, deren Höhe wiederum offen gelassen wurde.

Die Niederlage aber beflügelte auch die Kräfte der militärischen Reformer. Zu ihnen rechneten neben Scharnhorst, Boyen, Grolman und Clausewitz vor allem der Oberstleutnant Neithardt v. Gneisenau, der sich durch die erfolgreiche Verteidigung der pommerschen Festung Kolberg einen Namen gemacht hatte.

Im Juli des Jahres 1807, dem gleichen Monat, in dem der König auf das Drängen der Reformer in der hohen Bürokratie hin Stein wieder zurückrief und ihm die Gesamtleitung des Staatsministeriums übertrug, wurde unter dem Einfluß der Heeresreformer eine Militär-Reorganisationskommission eingesetzt. Ihre Leitung erhielt der Oberst v. Scharnhorst. Er berief seine Freunde in die Kommission, Gneisenau, Boyen, Grolman, und verstand es rasch, wenn auch unter heftigen Konflikten, sich in der Kommission gegen die retardierenden Elemente, vor allem den Kgl. Flügeladjutanten General v. Oppeln-Bronikowski und den sehr klugen, aber herrischen und aufbrausenden Obersten v. Borstell, durchzusetzen. Aufgabe der Kommission war die Säuberung des Offizierskorps von unwürdigen Elementen – die in einem großartig-strengen Akt der Selbstreinigung vollzogen wurde – und die Schaffung einer neuen Armee, die den Erfordernissen der neuartigen Kriegführung gewachsen war.

Vorläufig hatte Napoleon die Heeresstärke Preußens nicht irgendwie begrenzt. Er mochte damit rechnen, daß die finanziellen Nöte des besiegten Staates keine großen militärischen Anstrengungen erlaubten. Scharnhorst, der zum Generalmajor befördert wurde, war als Leiter der Reorganisationskommission zunächst inoffiziell Kriegsminister und Generalstabschef in einer Person. Die Stellung des Chefs des Generalquartiermeisterstabes, die General v. Geusau nach der Niederlage im Oktober 1806 abgegeben hatte und die darauf interimistisch dem Generalmajor Matthias Julius v. Laurens anvertraut worden war, der bei der Belagerung Danzigs eine tödliche Kopfverletzung erhielt, wurde nicht mehr besetzt.

Scharnhorsts Programm stand fest: Einführung der allgemeinen Wehrpflicht (vorläufig nur in der Theorie möglich!), Einteilung des Friedensheeres in Divisionen, Schaffung eines regulären Generalstabs, Organisation einer einheitlichen militärischen Oberbehörde, eines Kriegsministerium, dem sowohl der Generalquartiermeisterstab wie die Generaladjutantur unterstellt sein sollten, in sozialer Hinsicht die Abschaffung des Adelsprivilegs im Offizierskorps und der entehrenden Körperstrafen für die Mannschaften.

Aus den Jahren 1807/08 stammen zwei Denkschriften des Majors Gustav v. Rauch über die künftige Heeres- und Stabsorganisation. Rauch rechnete noch mit einer neuen Friedensarmee von drei Korps zu je zwei Divisionen. Er schlug vor, einen Zentralstab zu bilden, das „Hauptquartier“ unter dem Generalquartiermeister mit Ressorts für Marsch- und Unterkunftsdispositionen, Nachschub-, Karten- und Archivwesen. Dazu sollte der Truppengeneralstab für die Korps und Divisionen treten, bestehend aus jeweils einem Generalstabsoffizier und einem Adjutanten für jeden Korps- oder Divisionskommandeur. Damit war, auf dem Papier, eine Rationalisierung, eine Arbeitsteilung in der Führung gegeben, die Entlastung des höheren und höchsten Befehlshabers bei der Planung, Anordnung und Ausführung aller Maßnahmen, wie es dem immer komplizierter werdenden Heeresapparat entsprach. Der Tatsache, daß bestimmte Verantwortungsbereiche auf diese Weise delegiert wurden, mußte auf der anderen Seite im Grunde die Mitverantwortlichkeit des Generalstabsoffiziers an den Entschlüssen der Führung entsprechen. Jenes Prinzip, das Scharnhorst und vor allem dann als erster Gneisenau zur Geltung zu bringen suchten, war ein durchaus liberales Führungsprinzip, es lief den Bestrebungen Steins zur Schaffung eines dem König verantwortlichen Ministeriums als oberster Staatsbehörde parallel. Das Prinzip wurde durch fast anderthalb Jahrhunderte gewahrt und bis zur höchsten Verfeinerung entwickelt, bis es ganz zwangsläufig im 20. Jahrhunderts mit der totalitären Staatsführung unter Hitler kollidierte und – offiziell – auch außer Kraft gesetzt wurde.

Dem Bild des modernen Generalstabes noch näher kam der von Scharnhorst selbst entworfene Organisationsplan für den Generalstab. Er sah die Bildung eines „Generalstabes der Armee" vor, mit vier „Divisionen" (Abteilungen): 1. Strategie und Taktik – 2. Innere Angelegenheiten der Armee – 3. Nachschub und 4. Artillerie- und Munitionswesen. Die Divisions-Stäbe sollten sich nach dem gleichen Schema zusammensetzen, die Kgl. Plankammer, die die Karten verwaltete, dem Generalstab der Armee unterstellt werden, wie es später dann auch geschah. Diesem Generalstab hatte der große Erzieher Scharnhorst auch eine eminent pädagogische Aufgabe zugedacht. Der Generalstabsoffizier sollte eine Spezialausbildung erhalten, in stetem Wechsel mit dem Dienst bei der Truppe. Das Ideal wurde der gut militärisch geschulte, politisch beschlagene und allgemein gebildete Offizier, der ebensosehr jedweden blinden Gehorsam, jede „Gläubigkeit" wie jegliche geistreiche Skepsis verabscheute, sondern daran gewöhnt wurde, nüchtern und klar die jeweilige Situation zu beurteilen, mithin Teilhaber an der Verantwortung seines Kommandeurs sein konnte. Der Scharnhorstsche Generalstabsoffizier sollte auch gründliche kriegsgeschichtliche Studien betreiben. Die Kriegsgeschichte war nach Scharnhorst keine „Heldenbühne" der Geschichte, sondern das Mittel, um die Faktoren von Sieg und Niederlage in den jüngstverwichenen oder älteren Feldzügen sorgsam zu studieren.

Das Werk der preußischen Heeres- und Staatsreform vollzog sich freilich unter äußerst schwierigen Bedingungen. Die außenpolitische Lage des preußischen Reststaates, dem Napoleon jederzeit durch einen Federstrich ein Ende bereiten konnte, blieb höchst dubios. Die Finanzlage war mehr als kritisch, die Landwirtschaft, das Rückgrat der preußischen Volkswirtschaft, litt unter den Kriegsfolgen und sah sich einer schweren Agrar-Exportkrise gegenüber. Angesichts der Krise reagierte der grundbesitzende Landadel, das Junkertum, besonders heftig auf die vom Prinzipalmeister Stein verordnete – in praxi längst unumgänglich gewordene – Abschaffung der Erbuntertänigkeit der Gutsbauern mit Hand- und Spanndiensten, der alteingefahrenen und darum nicht besser gewordenen gebundenen agrarischen Arbeitsordnung. Die Reaktion entzündete sich noch heftiger an den Bestrebungen Scharnhorsts und seiner Freunde, die adeligen Geburts-Privilegien im Offizierkorps zu beseitigen und dem bürgerlich-liberalen Bildungssystem den Vorzug zu geben. Einer der typischsten, freilich geistig auch hervorragendsten und charakterlich völlig unabhängigen Repräsentanten des „armen Adels“, der General v. Yorck, wurde zum erbittertsten Gegner der Heeresreform. Yorck und trotzige Junker wie Friedrich August Ludwig v. d. Marwitz auf Friedersdorf oder die durch den Krieg wirtschaftlich besonders schwer getroffenen ostpreußischen und schlesischen Großgrundbesitzer erblickten in der Heeresreform, der Ablösung der Erbuntertänigkeit durch Lohnarbeit und der später durch den Staatskanzler Hardenberg eingeführten allgemeinen Steuerpflicht nur verderbliches „Jakobinertum“. Scharnhorst gelang es nicht, dem König die Zustimmung zur Einführung der allgemeinen Wehrpflicht abzuringen, wobei freilich auch außenpolitische Bedenken ihre Rolle spielten.

Die Vorstellung im Adel, man müsse die Geschlossenheit des ritterlichen Offizierskorps gegen das Andrängen der bürgerlichen „roture“ nun besonders streng verteidigen, der Kampf in der Armee zwischen den „Federbüschen“ und den „Federfuchsern“ sollte noch das ganze 19. Jahrhundert beherrschen, sollte zum Teil zu tollen Auswüchsen führen, wenn besonders markante Junkergestalten wie der Feldmarschall Graf Wrangel sich noch in der Moltkeschen Ära höhnisch darin gefielen, ihre angeblich totale Unbildung herauszustreichen. In diesem Sinne wurde der Generalstab Scharnhorsts und Gneisenaus für viele reaktionäre Offiziere adeliger Abkunft Ausdruck eines revolutionären Bildungsstrebens, das einem richtigen altpreußischen

Offizier nicht wohl anstand. Immerhin erreichte Scharnhorst eines: Das Bürgertum wurde im Offiziersstand gesellschaftsfähig. Die Beförderung zum Offizier wurde nicht mehr ausschließlich von der adeligen Geburt oder in Ausnahmefällen früherer Zeit (die es durchaus gegeben hatte!) von exzeptionellen soldatischen Leistungen im Felde abhängig gemacht, sondern vom Nachweis eines bestimmten Wissensstandes. Dies geschah zur gleichen Zeit, in der auch die Fortschritte in der Agrarwissenschaft vom Landjunker mehr verlangten als den Erbanspruch auf das Familiengut, in der die Landwirtschaft, ökonomische Basis der tragenden Schicht, sich vom Handwerk zur Wissenschaft entwickelte.

Diese militärische Emanzipation des Bürgertumes, dem politische Rechte noch verwehrt blieben, trotz aller Überlegungen Steins zur Schaffung einer ständischen „Nationalrepräsentation“ aus dem Adel und dem besitzenden und gebildeten Bürgertum, barg ein sehr bezeichnendes soziologisches Moment. Der Verbürgerlichung des Offizierskorps entsprach die Militarisierung des Bürgertumes, ein Vorgang, der freilich erst mit der Reichsgründung in der zweiten Hälfte des Jahrhunderts, dank den Waffenerfolgen der preußischen Armee, seinen Höhepunkt und Abschluß erreichte.

Scharnhorsts erste bedeutende organisatorische Maßnahme war die Gliederung des Friedensheeres in Divisionen, gemischte Verbände aus allen Waffengattungen. Da die Finanzlage des Staates zunächst nur die Neubildung einer verhältnismäßig schwachen Armee erlaubte, wurden die Divisionen vorläufig als „Brigaden“ bezeichnet. Jede Provinz erhielt eine Brigade. Ihr wurden auch Generalstabsoffiziere zugeteilt, es war der Beginn des Truppen-Generalstabes in Preußen.

Zum zweiten setzte Scharnhorst im Zuge der Umbildung der obersten Staatsbehörden die Schaffung einer einheitlichen militärischen Spitzenbehörde durch, eines Kriegsministeriums, zunächst offiziell als „Kriegs-Departement“ bezeichnet, der 5. Hauptabteilung im Rahmen des von Stein erstrebten Gesamt-Ministeriums. Der Kriegsminister sollte nur dem König verantwortlich sein, und zwar für alle Angelegenheiten der Armee einschließlich des Generalstabes und der bisherigen Generaladjutantur, dem heimlichen Militärkabinett. In der Theorie war diese Lösung, die mit einer Kabinettsorder vom Weihnachtstag des Jahres 1808 bekanntgegeben wurde, die klarste und einheitlichste militärische Spitzengliederung, die Preußen je erhalten hat. Das alte Oberkriegs-Kollegium und der Generalquartiermeisterstab verschwanden. Das neue Kriegsministerium begann seine Arbeit am 1. März 1809. Zu dieser Stunde war auf Drängen Napoleons der Reichsfreiherr vom Stein bereits entlassen worden, weil er eine Politik heimlichen Widerstandes befolgt hatte. Damit hatten die entschiedenen Reformer ihre Hauptstütze verloren. Nur die militärischen Reformer, Scharnhorst, Gneisenau, Boyen, Grolman, konnten ihre Arbeit noch fortsetzen. Steins Nachfolger, der Staatskanzler Graf Hardenberg, ein vollendeter Grandseigneur, verglichen mit dem poltrigen und oft unbedachten Reichsfreiherrn, liebte einen vorsichtigeren Kurs.

Zu den Halbheiten der Zeit gehörte es, daß vorläufig kein Kriegsminister ernannt wurde. Das neue Ministerium gliederte sich in zwei Hauptabteilungen: das Allgemeine Kriegsdepartement, dessen Leitung Scharnhorst erhielt, und das Militär-Ökonomie-Departement, dessen Leitung der dem König sehr nahestehende Oberst Graf v. Wylich u. Lottum übernahm. Da die erste Hauptabteilung indes für alle allgemeinen Richtlinien in der Armee verantwortlich sein sollte, erlangte sie eine gewisse Vorrangstellung gegenüber der zweiten, was sich für die Geschäftsführung nur wohltätig auswirken konnte. Der große Vorteil lag darin, daß jetzt eine einheitliche militärische Spitzenbehörde mit festem Ressort geschaffen war.

Das Allgemeine Kriegs-Departement bestand aus drei Abteilungen, „Divisionen" genannt, deren Chefs offiziell den Titel „Direktor" führten. Die 1. Division erhielt als Direktor im Mai 1809 der Oberst Albrecht v. Hake, wieder ein Vertrauensmann des Königs. Durch dieses Ressort, auch als Abteilung für die persönlichen Angelegenheiten bezeichnet, wurden die den König unmittelbar angehenden Offizierspersonalien und die Stellenbesetzung bearbeitet. Für den Abteilungs-Direktor brachte dies eine gewisse Doppelgleisigkeit mit sich. Einmal bearbeitete er Immediatsachen der Majestät, zum anderen war er in allgemeinen Dienstobliegenheiten wieder dem Kriegsminister unterstellt beziehungsweise vorläufig, da ein Minister nicht existent war, dem Departementschef. Aus dieser Abteilung, der 1. „Division", entwickelte sich bald von neuem wieder ein selbständiges Ressort, das Militärkabinett des Königs mit Immediatrechten.

Scharnhorst selbst behielt sich neben der Departementsleitung die 2. „Division" vor, den Generalstab. Die „Division" sollte die geistige Zentrale der Armee, das Erziehungsinstrument für den gesamten Nachwuchs an höheren Offizieren werden. Das Ideal war, daß der General ohne generalstabsmäßige Schulung allmählich verschwinden sollte. Welch Unterschied im intellektuellen Anspruch zu den nicht lange zurückliegenden Zeiten, in denen der General v. Zastrow, vertrauter Generaladjutant Friedrichs Wilhelms III., später für kurze Zeit nach der Niederlage von 1806 recht ungeschickter Außenminister, festgestellt hatte: Es stünde nicht gut um eine Armee, in der jeder Stabsoffizier mit Feldmarschallstalenten ausgerüstet sei.

Die 3. „Division" des neuen Departements, die Waffen-Inspektion, erhielt auf Scharnhorsts Betreiben der Oberst v. Gneisenau, dem auch das Ingenieurkorps unterstellt wurde. Wiederum war Scharnhorst, von seinem König stets nur halb verstanden, inoffiziell Kriegsminister, offiziell jedoch nur Hauptabteilungsleiter und Generalstabschef mit dem zivilen Titel eines Direktors. Die Bezeichnung „Generalstab der Armee" sollte erst in späterer Zeit eingeführt werden. Zu den Maßnahmen Napoleons bei Steins Entlassung gehörte auch die Festsetzung der Stärke des preußischen Heeres auf 42 000 Mann. Sehr bald erregte auch Scharnhorst den Argwohn des Kaisers. 1810 gab er das Allgemeine Kriegs-Departement an Oberst v. Hake ab und behielt nur die Direktion der 2. „Division". Auf ausdrücklichen Wunsch des Königs war Hake allerdings gehalten, in allen entscheidenden Fragen den Rat seines Divisions-Direktors einzuholen.

Zum Leiter seines Büros wählte sich Scharnhorst den Hauptmann v. Clausewitz. Die Verschmelzung von Armee und Staatsnation unter der Devise, daß Wehrdienst Ehrendienst sei, die Verwandlung der Untertanen in Bürger, die nicht nur die Pflicht erhielten, den Staat zu verteidigen, sondern auch das Recht, in gewählter Vertretung über dessen Geschick mitzubestimmen, blieb das große Ziel. Gneisenau und Boyen, der unter Scharnhorst in der 2. „Division“ Dienst tat, traten mit aller Leidenschaft, deren sie fähig waren, als „politische Offiziere“, für die Schaffung von „Reichsständen“ ein, einer preußischen Stände-Vertretung. In solchem Parlament erblickten sie das unentbehrliche Korrelat zur allgemeinen Wehrpflicht, die moralische Basis für die Erhebung der gesamten Nation gegen die napoleonische Gewaltherrschaft.

Während Gneisenau die große politische Linie betonte, in Gedanken selbst nicht vor einem revolutionären Akt gegen den ewig zaudernden Souverän zurückschrak, ging Scharnhorst sehr viel mehr in der militärischen Organisationstätigkeit auf, die rein sachlich auch eine erhebliche Arbeitslast nach sich zog. Der dritte große Akt der Reform war die Neuordnung des militärischen Erziehungs- und Bildungswesens. Durch die Zusammenfassung aller vor dem Unglücksjahre 1806 bestehenden militärischen und halb-militärischen, halb feudalen Bildungsanstalten, der adeligen Académie militaire, der verschiedenen Akademien für Infanterie, Kavallerie, Artillerie und Ingenieur-Korps, entstanden in Berlin, Königsberg und Breslau drei „Kriegs-Schulen“ zwecks einer einheitlichen wissenschaftlichen Bildung des neuen Offizierkorps. Erster Chef des militärischen Bildungswesens wurde der General v. Diericke, ein literarisch beschlagener Mann, der im Grunde freilich noch zur alten Schule zählte. Aber auch hier hatten sich schon 1806 Offiziere genug gefunden, die einsahen, daß mit der Bravour allein und ritterlichen Künsten, Reiten, Fechten und Pistoleschießen, ein Krieg nicht mehr zu gewinnen war. Im Jahre 1810 wurde die nachmals so berühmte Berliner Kriegsakademie eröffnet.

Gerade das Ringen aufrichtiger Liberaler wie Gneisenau und Boyen um den sozialethischen Gehalt der Heeresform, das brennende politische Interesse dieser militärischen Avantgarde im Generalstab führten alsbald zu Spannungen mit dem König, zumal dieser sehr nüchtern denkende, schwunglose Monarch den außenpolitischen Überlegungen der Reformer, dem Plan eines „Volkskrieges" gegen Napoleon, mit äußerstem Mißtrauen begegnete. Gneisenau und Boyen dachten ähnlich wie der Freiherr vom Stein weit mehr in deutschen, als in rein preußischen Kategorien. König Friedrich Wilhelm III. kannte indes nur eine Richtschnur, die Erhaltung seiner Dynastie und ihres Staates.

Als Österreich 1809 erneut gegen Napoleon zu den Waffen griff, meuterte in Berlin der Kommandeur des Brandenburgischen Husarenregiments, Major v. Schill, und führte seine Truppe auf eigene Faust in einen imaginären Krieg, die einzige politische Meuterei, die die preußische Armee vor dem Jahr 1918 erlebt hat, ein Zeichen, wie explosiv die Stimmung in weiten Teilen des Offizierkorps war. Schill schwebte vor, er könne den König durch sein Handeln mitreißen. Scharnhorst und Gneisenau dachten gleichfalls, die Stunde zum Handeln sei gekommen, nur verhielten sie sich disziplinierter. Grolman nahm den Abschied und ging in österreichischen Dienst. Auch Gneisenau legte sein militärisches Amt nieder, blieb allerdings in preußischem Dienst als politischer Agent, um die Stimmung in London und Petersburg zu sondieren.

Der König hegte die Überzeugung, jedes bewaffnete Eingreifen in den österreich-französischen Krieg käme für die Monarchie politischem wie militärischem Selbstmord gleich. Napoleon stand im Zenit seiner Macht. Und der vorurteilslose Betrachter konnte dem König nicht einmal Unrecht geben. Junkerliche Reaktionäre, die in einer Volkserhebung auch eine Gefahr für die alte Ordnung im Inneren witterten, streuten damals Gerüchte aus, Scharnhorst plane einen Umsturz. Ein Militärputsch gegen den Souverän gehörte allerdings in Bereiche, die dem Schöpfer des preußischen Generalstabes völlig fremd waren.

Die große Wendung setzte erst zwei Jahre später, 1811, ein, als Napoleon sich zum Angriff auf Rußland entschloß, weil dieses sich geweigert hatte, sich an der Absperrung des Kontinentes gegen englische Waren zu beteiligen. Der Imperator forderte auch von Preußen die Gestellung eines Hilfskorps für den großen Zug nach Osten. Der König und der Staatskanzler Graf

Hardenberg waren längere Zeit unschlüssig, wie sie sich verhalten sollten. Scharnhorst ging nach Petersburg, um über den Abschluß eines preußisch-russischen Bündnisses zu unterhandeln. Zum erstenmal ließ sich jetzt der König vernehmen, erlaube es die politische Situation, würde er die allgemeine Wehrpflicht einführen. Aber noch war Napoleons Macht völlig unerschüttert. Da auch Österreich den Forderungen des Imperators nachgab und Hilfstruppen stellte, beugte sich Preußen dem französischen Ersuchen. Als Scharnhorst aus Petersburg zurückkehrte, war die Entscheidung in Berlin bereits gefallen. Er legte das Generalstabsamt nieder und ging als Inspekteur der Festungen nach Schlesien. Boyen, Clausewitz und eine Reihe weiterer Offiziere nahmen den Abschied und traten in die russische Armee ein, weil sie es ablehnten, unter französischen Adlern zu kämpfen. Die Leitung der 2. „Division" im Allg. Kriegs-Departement übernahm an Scharnhorsts Stelle vorerst der Oberst v. Rauch, Verfasser der zitierten Denkschrift.

Die Führung des preußischen Hilfskorps erhielt anfangs der General v. Grawert, den der König überaus hoch schätzte, ihm folgte der grimmigste der altpreußischen Offiziere, General v. Yorck. Aber gerade in diesem Manne aus dem armen kleinen Adel lebte noch der junkerliche Unabhängigkeitssinn der alten Zeit. Als die napoleonischen Armeen im Winter 1812 geschlagen aus Rußland zurückfluteten, schloß Yorck auf eigene Verantwortung mit dem ihm gegenüber kommandierenden russischen General v. Diebitsch in den letzten Dezembertagen eine Übereinkunft. Er löste sein Korps aus der französischen Armee heraus, erklärte sich für neutral und stellte seinen Verband dann dem Zaren zur Verfügung.

Diese vielgerühmte „preußische Revolution" war jedoch in der Sicht Yorcks keineswegs als revolutionärer Akt oder als Meuterei im Stile Schills gedacht. Yorck übersah nur weit klarer als der König im fernen Berlin die Situation, dem Zerfall der buntgewürfelten französischen Invasionsarmee, und erkannte, daß Napoleons Macht den entscheidenden Stoß erhalten hatte. In dieser Stunde wollte er sein Korps für den König von Preußen intakt halten und seinem Souverän den Entschluß zum

Handeln erleichtern. Die in der Poscheruner Mühle bei Tauroggen geschlossene Konvention war weder ein Staatsstreich noch primär eine politische Aktion, sondern im Grunde ein Avantgarde-Unternehmen, bei dem der verantwortliche Befehlshaber bewiesen hatte, daß er auch ohne Befehl des Obersten Kriegsherrn bereit war, in eigener Verantwortung zu handeln, wie es die Stunde zu gebieten schien. Yorcks größte Sorge nach der Konvention von Tauroggen war es zunächst, die Einwilligung des Obersten Kriegsherrn für sein Vorgehen zu erlangen. Er schrieb dem König, sollte er gefehlt haben, wolle er jederzeit mit seinem Kopf dafür büßen. Die Konvention von Tauroggen wurde in ganz anderer Hinsicht noch für die Zukunft bedeutsam. Sie leitete eine jahrzehntelange preußisch-russische Zusammenarbeit nicht nur auf militärischem Gebiet ein. Und den Nachfahren wurde sie, zum meist falsch verstandenen, Symbol für eine deutsch-russische Entente in trüben Zeiten. Tauroggen bewegte noch die Reichswehrführung, als sie nach dem verlorenen Ersten Weltkrieg Beziehungen zur Roten Armee anknüpfte.

Yorcks eigenmächtiges Vorgehen fand, nach einigem Überlegen, die Billigung des Königs. Es erleichterte Patrioten wie Scharnhorst ihr Vorhaben, den schwerfälligen Monarchen für den Gedanken der Erhebung Preußens im Bunde mit Rußland zu gewinnen. Im März des Jahres 1813 begann der Befreiungskrieg, die allgemeine Wehrpflicht wurde proklamiert, und eine Landwehr aufgestellt, um die Volksaufgebote zu formieren.

Der Freiheitskrieg von 1813/14 war die erste Bewährungsprobe für den in aller Stille gebildeten neuen Scharnhorstschen Generalstab. Zum erstenmal erscheint jetzt bei den preußischen Armeen in Schlesien und Brandenburg ein Chef des Stabes als verantwortlicher Berater des Oberbefehlshabers. Die Inhaber dieser Dienststellung blieben im Hintergrund, solange die Armeeführung in den Händen starker eigenwüchsiger Persönlichkeiten lag, die selbst das Soldatenhandwerk beherrschten. Scharnhorst selbst beugte sich dem Gesetz der Anonymität. Obwohl er selbst sich das höchste Kommando im Krieg gewünscht hatte, empfahl er den weit volkstümlicheren Blücher als Oberbefehlshaber der Schlesischen Armee, der preußischen Hauptstreitmacht im Frühjahrsfeldzug. Er selbst begnügte sich mit der Position des höchsten Generalstabschefs der Armee, die dienstliche Bezeichnung „Chef des Generalstabes der Armee“ war indes noch nicht üblich. Scharnhorst, nunmehr Generalleutnant, wurde als „Generalquartiermeister der Armee“ geführt. Die Stellung des Ersten Generalstabsoffiziers (Ia) erhielt Gneisenau. Im Vergleich zu Blüchers urwüchsiger, mit natürlichem militärischem Talent ausgezeichneten Persönlichkeit erschien Scharnhorst wie das Urbild eines klassischen, hochgelehrten und sorgsam kritisch wägenden Generalstabschefs. Solche „Chef“-Qualitäten erforderten aber im Grunde genommen die Ergänzung durch den begnadeten großen Soldaten, der eine ganze Armee mit seiner Ausstrahlungskraft begeistern konnte. Diese Gabe wiederum war Scharnhorst versagt, während sie einem Manne wie Gneisenau sicher zu eigen war, nur daß dieser niemals in die Lage kam, als Feldherr im Kriege zu führen.

Scharnhorst und Gneisenau entwarfen den Operationsplan der preußisch-russischen Armeen für den Frühjahrsfeldzug des Jahres 1813. Zwei Flügelarmeen sollten von Pommern und der Kurmark und von Schlesien und der Lausitz aus vorgehen. Die Hauptarmee im Zentrum sollte sich demjenigen Flügel zuwenden, auf dem die Entscheidung heranreifte. Dieses Prinzip des getrennten Aufmarsches verschiedener Armeen zu gemeinsamem Handeln in der Entscheidung, das auch Gneisenaus Plan des Herbstfeldzuges kennzeichnete, war für die Zeit ein sehr kühnes Unterfangen. Noch waren die Verkehrs- und Nachrichtenmittel höchst unvollkommen, so daß die Teilung der eigenen Kräfte in ganz verschiedenen Räumen auch erhebliche Gefahren bergen konnte.

Die beiden ersten großen Schlachten des Frühjahrsfeldzuges bei Groß-Görschen und Bautzen, die unentschieden verliefen, zeigten, daß auch die vereinigte Heeresmacht Preußens und Rußlands noch nicht genügte, um den korsischen Imperator zu schlagen. Scharnhorst sah das entscheidende Problem in der Teilnahme Österreichs am Krieg. Einer bei Groß-Görschen erlittenen Fußverletzung nicht achtend begab er sich zu Verhandlungen über eine Militär-Allianz nach Wien. Auf der Reise wurde er in Prag auf Befehl des österreichischen Staatskanzlers Fürst Metternich aufgehalten.

Metternich, Anhänger einer europäischen Gleichgewichtspolitik, sah in einer möglichen preußisch-russischen Suprematie eine nicht minder große Gefahr für die Habsburgische Monarchie als im Herrschaftsanspruch Napoleons über ganz Europa. Er setzte auf eine bewaffnete Neutralität und einen Kompromiß zwischen Berlin, Petersburg, Wien und Paris. Napoleon kam dieser Politik insofern entgegen, als er nach der sehr blutigen Schlacht bei Bautzen sich auf einen Waffenstillstand einließ, um Zeit für neue Rüstungen zu gewinnen. Scharnhorsts Gesundheitszustand verschlimmerte sich während des erzwungenen Aufenthaltes in Prag. Am 28. Juni des Jahres 1813 erlag er einer Blutvergiftung. Den Sieg seiner Reformarbeit zu erleben, war ihm nicht beschieden, aber er blieb der große Wegbereiter und Lehrmeister.

Nachfolger als „Generalquartiermeister der Armee“ wurde August Wilhelm Neithardt v. Gneisenau. Er übernahm den Posten des Generalstabschefs bei der Schlesischen Armee Blüchers, bei der sich auch das Königliche Hauptquartier befand, am 21. Juli 1813, noch bevor die sich anbahnende neue Große Koalition zwischen Preußen, Rußland und Österreich mit England und Schweden Wirklichkeit wurde und die Feindseligkeiten im August wiederaufgenommen wurden. Gneisenau war eine ganz andere Natur als Scharnhorst mit seiner Gelehrsamkeit und leisen Melancholie. Von großer strategischer Begabung, herrisch, oft aufbrausend, begabt mit durchdringendem Verstand und felsenfestem Willen, war er der geborene Feldherr. Und wenn er auch schrieb, er sei nur Scharnhorsts Petrus, so wie Clausewitz dessen Johannes gewesen sei, so wußte er doch sehr wohl um die eigene Bedeutung und hat oft genug mit dem Schicksal des Generalstabsoffiziers, mit der Tatsache, daß er hinter Blücher, seinem Oberbefehlshaber, zurücktreten mußte, gehadert.

Gneisenau als Generalquartiermeister der Armee und damit höchster Generalstabsoffizier und erster, jetzt bewußt sich mitverantwortlich fühlender Berater des Oberbefehlshabers der preußischen Hauptarmee, Boyen als Chef des Stabes beim General v. Bülow, des Kommandeurs der preußischen Truppen bei der Nordarmee unter dem Kronprinzen von Schweden, des napoleonischen Exmarschalls Bernadotte, Grolman als Chef des Stabes beim General v. Kleist, dem Kommandeur des preußischen Korps bei der österreichischen Hauptarmee in Böhmen, verkörperten in überzeugender Weise den neuen Typus der Generalstabsoffiziere, die jetzt das geistige Gesicht der neuen Armee bestimmten als Planer, Berater, Befehlsbearbeiter und Befehlsübermittler. Gneisenau betonte mit Absicht das Prinzip der Mitverantwortlichkeit des Generalstabsoffiziers für die Entschlüsse der höheren Truppenführer, an deren Zustandekommen diese beteiligt waren, um die Einheitlichkeit des neuen Korps zu festigen. Bei Meinungsverschiedenheiten zwischen dem Oberbefehlshaber und dem Chef des Stabes wurde für den Generalstabsoffizier ein Sonderdienstweg eingerichtet, auf dem er seine abweichende Meinung direkt dem Generalstabschef der gesamten Armee unterbreiten konnte. Gerade weil das übergeordnete Zentralorgan des Generalstabs der Armee im Vergleich zu den Generalstabsoffizieren bei größeren Truppenverbänden noch nicht fest konstituiert war, kam dem Sonderdienstweg besondere Bedeutung zu – erster Ausdruck der sich langsam formierenden Eigengewichtigkeit dieser neuen militärischen Hierarchie innerhalb des Offizierkorps.

Gneisenau schuf auch die typisch preußische Befehlstechnik, die mustergültig klare Abfassung aller Befehle, die schnelle Befehlserteilung, die Methode, in Weisungen allgemeine Direktiven zu geben, die dem Unterführer im Rahmen des Gesamtauftrages Raum für eigene Initiative und selbständige Entschlußfassung beließen. Gerade die indirekte Führungsmethode mittels Weisungen verlangte künftig ein einheitlich erzogenes, in der gleichen Denkweise geschultes Offizierkorps – das damals noch längst nicht vorhanden war. Aber das Vorbild war gegeben. Auch Friedrich der Große hatte schon eine weisungsmäßige Führungsmethode hin und wieder angewendet, sofern es sich darum handelte, getrennt operierenden Armee-Abteilungen auf ver-

9. Karl v. Clausewitz (1780–1831)
1818 Direktor der Allgemeinen Kriegsschule in Berlin

10. Karl Friedrich Wilhelm v. Reyher (1786–1857)
1848 Chef des Generalstabes der Armee

schiedenen Kriegsschauplätzen Aufträge zu erteilen. Jetzt verlangte der komplizierter gewordene Apparat der nationalen Massen-Volksheere mit komplizierter Gliederung und vermehrten Führungseinrichtungen im Grunde sehr viel mehr Entscheidungsfreiheit innerhalb der Gesamtplanung als früher. Und diese Scharnhorst-Gneisenausche Lehre auftragsweiser Führung übte auch einen erheblichen Einfluß auf die Entwicklung des verbündeten russischen Offizierkorps aus.

Gneisenaus strategische wie militärpolitische Grundgedanken beruhten auf der Absage an den Manöverkrieg, der Ausschöpfung der Volkskraft – sein Prinzip bei der Aufstellung der schlesischen Landwehr während des Waffenstillstandes – und der Anwendung umfassenden Vorgehens zwecks Vernichtung der feindlichen Streitkräfte. Seine Operationsentwürfe lassen ihn als geistigen Überwinder der napoleonischen Massen-Offensiv-Strategie und als geistigen Vater des später so hochentwickelten Prinzips der Umfassungsschlacht erscheinen. Die Einkesselung des Gegners im freien Felde, die völlige Vernichtung der gegnerischen Armee traten im strategischen Denken des Generalstabes immer stärker hervor und mündeten schließlich im Cannae-Gedanken Schlieffens. Die Idee der Kesselschlacht spielte noch im Zweiten Weltkrieg eine erhebliche Rolle. Auch die sowjetische Oberste Führung machte sie sich zu eigen.

Aber weder Gneisenau, Boyen, Grolman oder Rauch waren einseitige technisch-hochqualifizierte Fachleute, Spezialisten der Führungskunst, die sich völlig von der militärischen Aufgabe, die ihnen die Staatsführung gestellt, absorbieren ließen. Dieser Typ war noch nicht vorhanden. Scharnhorst hatte das Ideal des „politischen Offiziers" entwickelt, des hochgestellten Soldaten, der voll im geistigen und öffentlichen Leben seiner Zeit stand. Ihre Stellung als mitverantwortlicher Berater verpflichtete sie freilich zu stiller Selbstentäußerung. Das beste Beispiel dafür bot das eigentümliche Verhältnis zwischen Blücher als tatendurstigem, waghalsigem und oft ungeduldigem Oberkommandierenden und Gneisenau, dem intellektuell überlegenen, ehrgeizigen, aber doch sich selbst in Zucht haltenden Berater. Einer war ohne den anderen nicht denkbar.

Gneisenau und Boyen besaßen sehr klare, wenn auch nach der Auffassung des Königs recht ungewöhnliche politische Vorstellungen. Der Freiheitskrieg war für sie nur denkbar im Rahmen der künftigen Gesamtpolitik. Wenn Clausewitz hernach lehrte, durch den Volkskrieg sei der Krieg sozusagen dem Volk wiedergegeben, das alte Berufsheer habe die Nation vom Krieg getrennt, so bedeutete das in Gneisenaus und Boyens Sicht auch, daß dem Volk Mitbestimmungsrecht im Leben der Monarchie, des preußischen Staates, zugestanden werden müsse. Gneisenau hat sehr bewußt betont, es handele sich nicht mehr um einen Kabinettskrieg vergangener Zeit unter absoluten Fürsten, sondern um ein Ringen der Nationen. Der Freiheitskrieg gegen die Tyrannis Napoleons mußte für alle europäischen Nationen auch Freiheit im Inneren erbringen.

Die strategischen Entwürfe für den Herbstfeldzug des Jahres 1813 und den Winterfeldzug 1813/14 waren zum größten Teil Gneisenaus Verdienst. Vor allem der Operationsplan für den Herbstfeldzug enthüllte seine Feldherrngaben. Die Grundidee basierte noch auf Scharnhorsts Planungen: Konzentrisches Vorgehen gegen die im thüringisch-sächsischen, mitteldeutschen Raum versammelte Hauptarmee des Imperators mit drei Armeen aus drei Aufmarschräumen heraus.

Dafür waren vorgesehen die Nord-Armee aus preußischen und schwedischen Verbänden unter dem Kronprinzen von Schweden in der Kurmark und in Pommern, zum zweiten die Schlesische Armee aus Preußen und Russen unter Blücher und Gneisenau selbst, die in Niederschlesien konzentriert war, und drittens die österreichische Hauptarmee und ein preußisches Korps in Böhmen unter dem sehr altmodischen Feldmarschall Fürsten Schwarzenberg. Griff Napoleon eine dieser Armeen an, so sollte diese ausweichen, während die beiden anderen Armeen den Kaiser in der Flanke oder im Rücken fassen sollten. Angesichts der Verschiedenheit der militärischen Schulung und der Ansichten der drei verbündeten Oberbefehlshaber, von denen der österreichische Feldmarschall ein Zauderer und Methodiker ältesten Schlages war, während der schwedische Kronprinz aus politischen Gründen den Krieg nur höchst behutsam führen wollte, sicherte Gneisenau der eigenen Schlesischen Armee trotz aller Bedenken der verbündeten Monarchen wohlweislich eine weitgehende Handlungsfreiheit, obwohl einmal der Fürst Schwarzenberg, dann aber auch Zar Alexander I. von Rußland die Oberleitung aller Operationen beanspruchten.

Ende September 1813 bewog Gneisenau Blücher zum entscheidenden Rechtsabmarsch zur Elbe hin und zum Übergang über den Strom. Dadurch zog er ganz bewußt Napoleons Hauptmacht auf sich, entlastete Schwarzenberg und lieh den Bewegungen der Nord-Armee Auftrieb. Damit waren die Voraussetzungen für die konzentrische Bewegung aller drei Armeen geschaffen, die Mitte Oktober 1813 zur Umschließung der Armee Napoleons im Raum von Leipzig führten. Das Gesetz des Handelns lag jetzt nicht mehr bei dem bislang so sieggewohnten genialen Imperator, sondern beim preußischen „Generalquartiermeister der Armee“ – bei Gneisenau.

Napoleons Versuch, sich durch einen Angriff auf die österreichische Hauptarmee südlich von Leipzig, am 16. Oktober 1813, der sich abzeichnenden Umklammerung zu entziehen, scheiterte infolge des rücksichtslosen Einsatzes der Schlesischen Armee von Norden her bei Möckern. Die Erringung des höchsten operativen Zieles, die Einschließung der französischen Hauptarmee und die Erzwingung der Kapitulation im freien Felde, gelang indes nicht. Gneisenau besaß keine autoritative Gewalt bei der Leitung aller drei verbündeten Armeen, die Grundidee wurde im Hauptquartier Schwarzenbergs auch nur unvollkommen begriffen. Und die Vernichtungsschlacht, die der Auslöschung der Großmacht Frankreich nahekam, lag dem Denken der Monarchen im Großen Hauptquartier, dem österreichischen Kaiser Franz I., König Friedrich Wilhelm III. und dem vom Weltfrieden träumenden Zaren ganz fern. Der preußische König meinte, es genüge vollkommen, wenn Napoleon Deutschland bis zum Rhein wieder freigäbe. Der Lenker der Geschicke des österreichischen Kaiserstaates, Fürst Metternich, hielt am Gedanken des europäischen Gleichgewichtes fest und wünschte überhaupt keine allzutiefe Schwächung Frankreichs.

In dieser Stunde wurde Gneisenau, dessen Gedanken der alte

Blücher mit dem ihm eigenen jugendfrischen Temperament verfocht, zum Apostel des Vernichtungskrieges gegen das napoleonische Frankreich. Der Tyrann mußte von der Bühne verschwinden, man mußte in Frankreich einmarschieren und Paris besetzen, um ein für allemal klare Verhältnisse zu schaffen. Blücher und Gneisenau setzten sich durch. An der Jahreswende gingen die preußischen Truppen über den Rhein. Trotz schwerer Rückschläge beim Kampf auf französischem Boden marschierten im März des Jahres 1814 zum erstenmal in der neueren Geschichte die preußischen Regimenter in die französische Hauptstadt ein. Wie sehr Gneisenau in der Vorstellung lebte, dieser Krieg komme einem Weltgericht gleich, lehrt seine Idee, man müsse Napoleon vor ein internationales Gericht stellen. Blücher regte an, man solle ihn als „Menschheitsverbrecher" erschießen lassen.

Während die Vormächte des alten Europa auf dem Wiener Kongreß über die Neuordnung der deutschen und europäischen Staatenwelt und die Sicherstellung des Gleichgewichtes in Europa berieten, unternahm Napoleon, der auf die Insel Elba verbannt worden war, noch einmal den Versuch, die Macht zurückzugewinnen. Das Verdienst, daß dieser Handstreich nach hundert Tagen sein Ende fand, gebührte zu einem beträchtlichen Teil Gneisenau, der wiederum als Generalquartiermeister der Armee Blücher beriet, nicht ohne hernach sich bitter zu beklagen, daß man ihm nicht den Oberbefehl im Felde zugestanden hatte.

Der Zweite Pariser Frieden, der die Ära der napoleonischen Kriege abschloß, brachte für ihn eine neue herbe Enttäuschung. Ähnlich wie Stein hatte er gehofft, aus dem Krieg würde ein starker deutscher Bundesstaat mit einer zentralistischen Führung, möglichst durch Preußen, hervorgehen. Auf dem Wiener Kongreß wurde dagegen nur ein lockerer „Deutscher Bund" mit Österreich als Primarmacht proklamiert. Gneisenau hatte ferner eine entschiedene Schwächung Frankreichs für gut befunden. Elsaß-Lothringen sollte an süddeutsche Bundesstaaten abgetreten, im Norden sollte ein kräftiges Belgien als Pufferstaat gebildet werden. Alle diese Hoffnungen trogen. Es waren Vorschläge aus der Geisteswelt der Soldaten, die mit Besorgnis auf die geographische Mittellage Preußens blickten.

Nicht minder blieben seine Hoffnungen auf eine konstitutionelle Neuordnung der inneren Verhältnisse der preußischen Monarchie unerfüllt Der Freiheitskrieg von 1813, die Versöhnung des Bürgertums mit den Soldaten, die Einführung der Wehrpflicht als Ehrendienst für Volk und Staat, das heißt den König, blieben ohne politische Frucht. Der König versprach zwar 1815 feierlich die Verkündung einer Verfassung, die Errichtung einer ständischen Vertretung der Nation, aber das Versprechen blieb uneingelöst.

Als sich im Sommer 1814 ein Friede von Dauer abzuzeichnen schien, vollzog der König einen sehr bedeutsamen Akt. Zum erstenmal wurde für das theoretisch seit 1809 bestehende Kgl. Kriegsministerium ein Minister ernannt, General v. Boyen. Damit wurde dies Ressort als militärische Spitzenbehörde unter dem Obersten Kriegsherrn voll funktionsfähig. Der Kriegsminister war fortan zwar dem König verantwortlich, aber dessen oberster militärischer Ratgeber und der höchste Übermittler königlicher Befehle, Weisungen und Verordnungen. Die Schaffung eines militärischen Oberbefehls im Frieden erfolgte nicht, sie wäre dem Begriff der „Obersten Kriegsherrlichkeit", dem traditionellen Vorrecht der Hohenzollern, zuwider gewesen. Die Kommandierenden Generale der in den Provinzen jetzt neu formierten Armee-Korps blieben mit Immediatrecht dem Monarchen unmittelbar unterstellt. Ein teilweises Immediatrecht kam auch dem Leiter der Abteilung für die persönlichen Angelegenheiten (A. f. d. p. A.), in praxi dem im Kriegsministerium verankerten Militärkabinett, zu. Der Generalstab war dem Kriegsminister unterstellt, er fungierte unter der Bezeichnung der „2. Division" im Allgemeinen Kriegs-Departement. Direktor der 2. Division wurde der General v. Grolman.

Gneisenau, dem Hof unbequem als ein potentieller „Jakobiner", wurde nach dem Zweiten Pariser Frieden Kommandierender General des Armeekorps, das in der neugewonnenen Rheinprovinz formiert wurde. Dienstsitz war Koblenz. Aus dem benachbarten Nassau erschien dort bisweilen der grollende, ganz in den Hintergrund getretene Reichsfreiherr vom Stein zu Besuch. Der Berliner Hof sprach halb spöttisch, halb besorgt von

„Wallensteins Lager“ am Rhein. Man wußte, wie unzufrieden der alternde Staatsmann und der geniale General mit der innerpolitischen Entwicklung Preußens waren.

Gneisenau nahm bereits 1816 verbittert den Abschied. Gleich Bülow, Yorck und Kleist war er seiner Verdienste halber in den Grafenstand erhoben worden und hatte auch gleich diesen eine Dotation, die Herrschaft Sommerschenburg in der Provinz Sachsen, erhalten. Am 10. Jahrestag der Schlacht von Waterloo beförderte ihn der König zum Generalfeldmarschall. Im Dienst hatte man jedoch keine Verwendung mehr für ihn. Die Reformer hatten ihre Pflicht getan ... Erst als 1831 die Revolution in Polen gegen die russische Oberherrschaft auch die zum Teil von Polen bewohnte Provinz Posen in Gefahr brachte, entsann man sich seiner wieder und ernannte ihn zum Oberbefehlshaber der preußischen Armee, die die Ostgrenze decken sollte. Er wählte sich Clausewitz als Chef des Stabes und schlug sein Hauptquartier in Posen auf. Dort erlag er am 23. August des Jahres 1831 der Cholera, die damals in Rußland und Polen wütete.

Infolge der überragenden soldatischen Fähigkeiten Gneisenaus hatte der Generalstab seine erste große Bewährungsprobe im Ernstfall mit Auszeichnung bestanden. Man tut gut daran, festzuhalten, daß an seiner Wiege Gneisenausche Selbständigkeit des Denkens und der Mut zur eigenen Verantwortlichkeit gestanden haben. Für die Armee war er zu einer Führungspotenz ersten Ranges geworden – solange Krieg gewesen war. Aber noch waren seine Aufgaben in der Beratung der obersten militärischen Führer nicht fest umrissen, war seine Position im Ressort-Gefüge bescheiden. Der Direktor der 2. „Division“ im Allgemeinen Kriegsdepartement stand an dritter Stelle als ein Abteilungschef neben anderen unter dem Kriegsminister. Grolman führte als Leiter der Institution auf erzieherischem Gebiet eine höchst bezeichnende und bedeutsame Neuerung ein. Er rief innerhalb seiner „Division“ eine besondere Kriegsgeschichtliche Abteilung ins Leben, zur Prüfung aller neueren und älteren Feldzüge, um Lehren aus der Geschichte für die Gegenwart ziehen zu können. Der Abteilungschef sollte dabei nicht zum abseitigen Stubengelehrten und Archivar herabsinken. Er hatte bei allen Vorträgen anwesend zu sein und führte auch das Tagebuch des Generalstabes, der fortan die Zentralstelle auch für den Truppen-Generalstab blieb.

Es liegt im Wesen jeder menschlichen Organisation, daß sie nach Ausdehnung und Kompetenzerweiterung strebt. Die Friedensarbeit des neuen Korps, Erziehung und einheitliche geistige Schulung wie wissenschaftliche Ausbildung des eigenen wie des Nachwuchses für das höhere Offizierskorps, die kartographische Aufnahme des Gebietes der gesamten Monarchie zur Herstellung brauchbarer Kriegskarten, das Studium der Heere der Nachbarstaaten, die Bearbeitung von Defensiv- oder Offensivplanungen für jede denkbare Kriegslage, beinhaltete im Grund die Pflicht, sich auf den nächsten Krieg vorzubereiten. Das war kein Spezifikum des preußischen Generalstabes, es gehörte und gehört zur Pflicht aller Generalstäbe in allen Ländern der Welt.

Für das Denken der Zeitgenossen nach den Freiheitskriegen war der Krieg das letzte Auskunftsmittel der Politik, eben die ultima ratio regis. Erst das Ansteigen der Spannungen zwischen den europäischen Nationalstaaten, die aus der französischen Revolution hervorgegangen waren oder die noch nach nationaler Geschlossenheit strebten, erhöhte die unleugbaren Gefahren jeder Generalstabsarbeit. Dieses Element fehlte jedoch noch weitgehend in den ersten Jahrzehnten nach der stürmischen Ära der Revolution und Tyrannis. In Preußen verwandelte sich die ursprüngliche nationalstaatlich gerichtete Gesinnung der Reformer in ein preußisches Staatsgefühl, das schließlich in einem rein preußischen Machtstreben mündete. Infolgedessen trat in der Arbeit des Generalstabes nach den Freiheitskriegen der große Operationsentwurf zunächst weitgehend in den Hintergrund gegenüber Fragen der Ausbildung, Erziehung, der Konsolidierung des eigenen Ressorts in einem sich rasch wieder bürokratisierenden Ministerialapparat, und der Ausbau der eigenen Stellung in der Arbeit für die Armee und den Obersten Kriegsherrn, jenseits politischer Überlegungen, wie sie das vergangene höchst explosive Zeitalter erlebt hatte.

DER PHILOSOPH DES KRIEGES

Clausewitz und der Generalstab im Zeitalter der Reaktion und der Revolution

Die letzte Hoffnung auf eine Reform in Preußen verkörperte sich im Jahre 1814 nach der Besiegung Napoleons im Grunde nicht mehr in Stein oder Gneisenau, sondern in einem Manne, der in der späteren preußischen Geschichte ein Schattendasein geführt hat, in dem damals ernannten ersten regelrechten Kriegsminister Preußens, in dem Generalmajor Leopold Hermann v. Boyen. Boyen, der als junger Infanterie-Offizier in Königsberg noch Kants Vorlesungen besucht hatte, vertrat ein für preußische Verhältnisse revolutionäres Programm. Der Aufbau des Heeres sollte sich in Ehrfurcht vor den ideellen, menschlichen Werten der Persönlichkeit vollziehen, im Einklang mit den Forderungen der Zeit, der Freiheit, Gleichheit und Menschenwürde, im Rahmen einer großen Reform politisch-sozialer Natur, der Beteiligung der Bürger am politischen Leben der Monarchie.

Wenn eine Generation später die allgemeine Wehrpflicht bereits geradezu als Symbol des preußischen Pflicht-Staates empfunden wurde, so hatte man ganz vergessen, daß diese Institution im Jahre 1814 noch heftig umstritten war. Die Hofkreise und der Großteil des landgesessenen Junkertums sahen in einer allgemeinen Bewaffnung der Untertanen auf dem platten Lande ein revolutionäres Moment, das gefährliche Auswirkungen haben konnte. Im wohlhabenden und gebildeten Bürgertum war durchaus noch nicht die alte Abneigung gegen den Soldatenstand überwunden. In der Armee vor 1806 hatten nicht immer nur die besten Elemente gedient. Boyen hatte gegen erhebliche Widerstände zu kämpfen, bis der König das neue Wehrgesetz vom 2. September 1814 erließ, das die Beibehaltung der allgemeinen

Wehrpflicht mit Landwehr und Landsturm für die älteren Jahrgänge – Sinnbild des Volkes in Waffen – auch über die Kriegszeit hinaus festlegte. Eben die Landwehr, mit der man die Masse der gedienten älteren Jahrgänge als Reserve des stehenden Heeres erfassen wollte, war Boyens Lieblingskind. Die Landwehr war jedoch der Hof- und der altmodisch denkenden Militärpartei ein Dorn im Auge. Weder war sie scharf diszipliniert noch war sie den Stimmungen der Zeit völlig entzogen. Ihr großenteils bürgerliches Offizierskorps bestand oft aus Männern, die liberalen Ideen anhingen.

Blieb so das Schicksal der Landwehr umstritten, so blieb nicht minder auch die Zusammenfassung aller Militär-Ressorts, des Generalstabes und der Generaladjutantur, im Kriegsministerium umstritten. Der Generalstab war vorläufig als 2. Division, meist jetzt II. Departement genannt, im Allgemeinen Kriegsdepartement des Ministeriums eingefügt. Die Geschäfte der alten Generaladjutantur nahm das III. Departement wahr, das bald wieder als Militärkabinett, oder als „Abteilung für die persönlichen Angelegenheiten" (A. f. d. p. A.) bezeichnet wurde. Der König hegte nach wie vor die Überzeugung, die Armee sei sein persönliches Instrument. Boyen erlitt die erste Niederlage im Ressort- und Kompetenzkonflikt, als der König wieder die Stellung eines Generaladjutanten schuf und die Aufstellung einer Garde-Brigade verfügte, die rasch auf Korps-Stärke gebracht wurde. Die Kgl. Generaladjutantur und das Garde-Korps waren charakteristische Ausdrucksformen dynastischen Selbstbehauptungswillens, in einer Zeit, in der das liberale Bürgertum in breiter Front die künftige Heeresform erörterte, in der die politisch engagierten deutschen Liberalen in allen Staaten Front machten gegen die stehende Armee, Ausdruck und Handwerkszeug der „Fürstenwillkür". Von dem Versprechen des Königs, nach dem Krieg eine Verfassung zu gewähren, war ohnehin kaum mehr die Rede. Boyen, der es obendrein gar nicht verstand, dem seelisch gehemmten Souverän in der richtigen Weise zu behandeln, stand als Reformer auf verlorenen Posten.

In den übrigen europäischen Staaten ging die Entwicklung meist andere Wege. Tiefere Verwandtschaft bestand nur zwischen

Preußen und Rußland, beide prononcierte Vertreter des unerschütterlichen Absolutismus. Die Waffenbrüderschaft von 1813/1814 setzte sich fort. Der preußische König und der russische Zar ernannten wechselseitig besondere Militärbevollmächtigte an ihren Höfen, eine Sitte, die formal bis 1914 beibehalten wurde. Unter dem höchst autokratischen Zar Nikolaus I., einem Bewunderer des preußischen Heeres, wurde das preußische Generalstabs-System übernommen. Der General Gustav v. Rauch, einer der Mitarbeiter und Schüler Scharnhorsts, später Inspekteur der Pioniere und der Festungen, beriet auf Ersuchen des Zaren die russische Generalität beim Ausbau ihres Festungswesens.

Was den preußischen Generalstab anbetraf, so vertrat zunächst im Boyenschen Kriegsministerium noch General v. Grolman als Direktor des II. Departements (2. Division) das Scharnhorstsche Ideal, daß die militärische Führung eng mit der politischen zusammengehen sollte und dabei dem Generalstab die führende Rolle zukäme. Dahinter stand der im Grunde genommen nur logische Gedanke, daß dem strategischen Planer im Frieden, der den Aufmarsch bearbeitete, im Krieg auch der Oberbefehl zufallen müsse, womit sich die Notwendigkeit unmittelbarer Einflußnahme auf den Obersten Kriegsherrn verband. Grolman war ähnlich wie Boyen, wie ihre Lehrmeister Scharnhorst und Gneisenau, eine kraftvolle und weitblickende Persönlichkeit. Mit Boyen war er von der Unumgänglichkeit der Reform der Monarchie überzeugt. Noch verkörperte sich in diesen überragenden Offizieren inmitten des archaisch-feudalen Preußen, angesichts des sehr bildungsfeindlichen älteren Offizierskorps, auch eine politisch reagierende Avantgarde.

Grolman regte nicht umsonst die planmäßige Pflege der Kriegsgeschichte an. Auch im Studium der Fehler vergangener Zeiten lag ein Politikum, zog man die notwendigen Konsequenzen. Der Generalstab mußte die Führungsschule für die künftigen Generale werden. Es mußten wissenschaftlich wie kriegstechnisch erstklassig qualifizierte, politisch versierte und charakterlich unabhängige Persönlichkeiten herangebildet werden. Um die Entwicklung eines quasi frontfremden Dünkels zu verhindern und dem Generalstabsoffizier die stete Fühlung mit dem Leben und den Sorgen der Truppe zu erhalten, setzte er einen steten Wechsel zwischen Truppen- und Generalstabsdienst, zwischen dem Dienst in der Berliner Departementszentrale und bei den Korps- und Divisionsstäben in der Provinz durch.

Eine der hauptsächlichsten Grundlagen des Friedens-Generalstabsdienstes wurde eine höchst unaristokratische Beschäftigung, die Landesvermessung. 1816 gliederte Grolman das II. Departement in drei „Kriegstheater" und die Kriegsgeschichtliche Abteilung. Dem „Westlichen Kriegstheater" fiel die Bearbeitung Westdeutschlands und Frankreichs zu, dem Mittleren diejenige Süddeutschlands und Österreichs, dem Östlichen Rußland. Für trigonometrische und kartographische Arbeiten wurden ferner die Trigonometrische und die Topographische Abteilung eingerichtet. Das Ziel war im Frieden die Gewinnung einer genauen Landeskunde zwecks Studien über mögliche militärische Bewegungen und das Studium der Armeen der Nachbarstaaten. Ohne erstklassiges Kartenmaterial war die Aufstellung von Mobilmachungs- und Aufmarschplänen für den Ernstfall nicht zu bewerkstelligen. Im Ressort-Gefüge blieb freilich das II. Departement, für das sich mehr und mehr auch die Bezeichnung „Generalstab" einbürgerte, auch in der Ära Boyen–Grolman nicht mehr als ein Spezial-Büro des Kriegsministeriums.

In Berlin taten damals 16 Offiziere Dienst im II. Departement. Für jedes der acht Armee-Korps des neuen Friedensheeres waren drei Generalstabsoffiziere vorgesehen für Operations-, Nachschub- und Nachrichtendienst. Jeder Division wurde ein Generalstabsoffizier zugeteilt. Sechs Offiziere wurden zu Dienstleistungen bei Gesandtschaften im Ausland kommandiert, Beginn der Einrichtung des Militär-Attachés, eine Maßnahme, die aus Sparsamkeitsgründen nach einiger Zeit wieder aufgehoben, dann jedoch bald wieder eingeführt wurde, da sie sich als höchst vorteilhaft erwiesen hatte.

Die Zeichen der Zeit für eine mehr als äußerliche Kompetenzänderung in der Stellung des Generalstabes waren jedoch nicht günstig. Grolman schied aus dem Dienst, ebenso Boyen. 1819 erhielt der Generalmajor Rühle v. Lilienstern zunächst die Direktion des II. Departements ad interim. Doch die Generation der Scharnhorstschüler war außer Mode gekommen. Kriegsminister wurde der General d. Inf. v. Hake, ein märkischer Junker aus dem Osthavelland und Vertrauensmann des Königs. Die liberalen Elemente verloren die Schlacht. Die Armee mußte abseits vom Denken der Zeit gehalten werden, mit dem König, wie es in späterer Zeit einmal der Generaladjutant v. Manteuffel ausdrückte, als „ihrem ersten Generalfeldmarschall" an der Spitze. Für preußische Verhältnisse wäre es darum auch undenkbar gewesen, daß ein Zivilist, ein Bürger, Kriegsminister geworden wäre. Die Armee konnte nur von Soldaten geführt und verwaltet werden. Dieser Glaubenssatz wurde noch über das Jahr 1918 hinaus zäh verteidigt.

Das preußische Offizierskorps ging trotz wachsenden Zustroms an bürgerlichen Elementen in der Zeit nach der Heeresreform wieder seinen eigenen Weg. Auch die bürgerlichen Offiziere paßten sich dem feudalen Ideal an. Die Armee, die seit der Einführung der Wehrpflicht mehr und mehr zur Schule der Nation wurde, blieb die Armee des Königs, das sicherste Bollwerk gegen den Umsturz, gegen jede liberale Kritik. Die „Schule der Nation" geriet im Grunde sehr bald in die fatale Situation, daß sie ihre Kinder abseits aller Strömungen der Zeit, ja unter Umständen gleichsam gegen den Zeitgeist, erziehen sollte. Für die Liberalen, von den bald auftretenden Sozialisten ganz zu schweigen, wurde sie zum Feind des Fortschrittes, zum Inbegriff der Macht, die man als böse empfand und mit der man dann schließlich auch schlecht umzugehen vermochte, als man selbst in den Besitz der Macht gelangte.

Die „Oberste Kriegsherrlichkeit" des Monarchen überstand auch die Stürme des Revolutionsjahres 1848/49. Die preußische Verfassung von 1848, die der König Friedrich Wilhelm IV. hatte hinnehmen müssen, sah ursprünglich vor, daß die Armee künftig den Fahneneid auf die Verfassung, nicht mehr auf den König, schwören sollte. Der König erreichte bereits im August 1849 die Abänderung dieser Bestimmung. Der Eid wurde weiterhin auf den Souverän geleistet. Der Kriegsminister blieb als erster Ratgeber in militärischen Dingen in erster Linie dem König verantwortlich, mitsamt der Maßgabe, daß er, nächst dem

Monarchen seinem Gewissen verantwortlich damit auch das Recht zum Rücktritt hatte, wenn der König Befehle gab, die der Minister nicht zu billigen vermochte. In der Kompetenzverteilung zwischen Höchster Befehlsgewalt, unmittelbarer Kommandogewalt über die Armee und der neuen parlamentarischen Kontrolle war der Volksvertretung, dem Abgeordneten- und dem Herrenhaus, nur die Möglichkeit belassen, Einfluß auf die Heeresverwaltung, einschließlich des immer bedeutsamer werdenden Etats, zu nehmen – woraus diese immer wieder den Anspruch ableitete, die volle Kontrolle über das Heer zu gewinnen. Dies schlechthin unausgewogene Verhältnis zwischen monarchischer Prärogative, Ministerverantwortlichkeit in doppelter Form gegenüber König und Parlament und parlamentarischer Kontrolle hatte Bestand bis zur Revolution von 1918, zum Schaden des Ganzen.

Für die Entwicklung des Offizierskorps spielte noch ein anderer Faktor eine große Rolle: die bald akute, bald latente, niemals mehr völlig zum Stillstand gekommene wirtschaftliche Krise der ostdeutschen Landwirtschaft, verbunden mit der Verlagerung des ökonomischen Schwergewichtes vom Osten nach Westen infolge des Aufkommens der Großindustrie, der Entstehung großstädtischer Zentren. Der Gutsbesitz, Vermögensbasis der führenden Schicht, verlor an Wert. Sehr viele Familien des kleinen, wirtschaftlich nie sehr kräftigen und gewandten preußischen Adels büßten überhaupt jeden Landbesitz ein. Ihnen blieb nur der Königsdienst, des Königs Rock als Standesvorrecht. Die meisten führenden Offiziere des Generalstabes im 19. und 20. Jahrhundert stammen aus güterlosen oder aus Familien mit stark verfallendem Besitz, von Clausewitz und Moltke bis zu Goltz, Schlieffen und Seeckt. Nicht selten brachte erst die Bewährung im Dienst durch Schenkung von seiten des Monarchen, durch Dotation, einer Familie wieder Besitz auf dem Lande, wie dies bei Gneisenau oder Moltke der Fall gewesen ist. In jedem Falle dachte dieser junkerliche Adel oft aggressiver als der große, grandseigneural-liberal empfindende Grundbesitz. Und in jedem Fall wirkte der Besitzverlust schwächend auf das seelische Unabhängigkeitsbewußtsein des einzelnen, eine gewichtige

Etappe auf dem Weg vom junkerlichen Offizier zum militärischen Fachmann, der nur noch die Richtschnur des Dienstes mit Befehl und Gehorsam kannte.

Der Kampf zwischen den Liberalen und dem Monarchen um die Armee, die heftige geistige Auseinandersetzung im Vormärz und März von 1848 ließen seltsamerweise den Generalstab unberührt, obwohl dieser in Scharnhorsts Vorstellung das „Hirn“ der Armee hatte werden sollen. Äußerlich gesehen vollzog sich in der Rangstellung innerhalb der Spitzengliederung eine gewisse Emanzipation. Im geistigen Sinne erfolgte die Hinwendung zum unpolitischen Techniker der Kriegskunst. Und die fast fünfzig Friedensjahre, die auf das Jahr der Schlacht von Waterloo folgten, waren kaum dazu angetan, Gebrauch von einem Zentrum der Kriegskunst zu machen oder sich überhaupt des praktischen Nutzens solcher Einrichtung bewußt zu werden.

Nach dem Ausscheiden Grolmans hatte der General Rühle v. Lilienstern die Geschäfte des II. Departements weitergeführt. Endgültiger Nachfolger wurde nach einem Jahr ein Vertrauter Friedrich Wilhelms III., der Generalleutnant Friedrich Karl Frh. v. Müffling gen. Weiss. Müffling besaß ein höheres Dienstalter als Rühle v. Lilienstern. Da der König den nach seiner Ansicht hochverdienten Offizier nicht gegenüber einem jüngeren Kameraden zurücksetzen wollte, verlieh er ihm 1821 zum ersten Mal den neuen Titel „Chef des Generalstabes der Armee“ – der der sich künftig weiter erhielt – und stellte ihn neben den Kriegsminister. Es war der erste und für Jahrzehnte der einzige Schritt auf dem Wege zur Sonderstellung des Generalstabes, und er erfolgte nicht aus militärischen, sondern aus personalpolitischen Rücksichten, um Härten der Rangordnung auszugleichen. Abgesehen von dem Vertrauensverhältnis zwischen Müffling und dem Monarchen änderte sich freilich mit der Nebenordnung des Generalstabschefs zum Kriegsminister nichts. Er blieb diesem unterstellt. Der dienstliche Verkehr zwischen Chef und Minister erfolgte weiter nicht direkt, sondern über den Chef des Allgemeinen Kriegsdepartements im Ministerium. Immerhin wurde nach Schaffung der eigenen Chef-Stelle vier Jahre darauf das II. Departement im Ministerium aufgelöst. Der Generalstab bestand künftig aus dem „Großen Generalstab der Armee“ in Berlin und dem „Armeegeneralstab“ bei den Großverbänden in der Provinz. Und noch eine Äußerlichkeit fällt in die Müfflingsche Zeit: 1823 verfügte der König, die Offiziere des Kriegsministeriums und Generalstabes sollten künftig Schoß- und Reithosenbesatz in karmesinroter Farbe tragen, Die karmesinroten Hosenstreifen wurden das äußere Abzeichen der Generalstabsoffiziere für mehr als ein Jahrhundert.

Friedrich Karl v. Müffling, einer thüringischen Familie entstammend, Sohn eines preußischen Generals, der bei Jena die Todeswunde empfangen hatte, hatte noch die alte Schule des Generalquartiermeisterstabes durchlaufen, hatte 1813 im Rang eines Generalquartiermeisters zum Stab Blüchers und Gneisenaus gehört und war für den ja niemals im Generalquartiermeisterdienst geschulten Gneisenau als I. Generalstabsoffizier sozusagen der ideale Mann am Kartentisch gewesen, ein ruhiger Methodiker, fern allen Schwunges, der seinen Chef und seinen Oberbefehlshaber erfüllt hatte. Später hatte er die preußischen Besatzungstruppen in Frankreich kommandiert. Bedeutsamer als die Entwicklung der Spitzengliederung war zunächst nicht die neue Einstufung des Chefs des Generalstabes als strategischen Beraters neben dem Kriegsminister, sondern die parallel, doch ohne ursächlichen Zusammenhang mit dieser Maßnahme 1824 erfolgende Neubildung des Militärkabinettes als „Abteilung für die persönlichen Angelegenheiten“. Unter dem Generalleutnant Job v. Witzleben, wieder einem engen Vertrauensmann des Königs, erlangte sie steigenden Einfluß. Und wenn auch zunächst seit dem Tod des Staatskanzlers Hardenberg 1823, mit dem die Gesamtleitung des preußischen Staatsministeriums erlosch, der Kriegsminister eine sehr starke Position erhielt, so war nun doch bereits das Kräftedreieck gegeben, das für die Zukunft charakteristisch werden sollte – Kriegsministerium, Militärkabinett und Generalstab. Dem Kriegsministerium als oberster Verwaltungsbehörde war eine allmähliche Minderung seines Einflusses beschieden, je mehr im Zuge der Zeit die beiden anderen Institutionen an Bedeutung gewannen.

Müffling, ganz Methodiker und Experte der alten Schule,

gab dem Generalstab eine neue Organisation, die in erster Linie auf die Friedenszeit und kriegstechnischen Aufgaben des Amtes zugeschnitten war. Er gliederte sich nun in drei „Haupt-Divisionen“. Die 1. Haupt-Division bearbeitete als Vorläuferin der späteren Zentralabteilung Personalfragen, die 2. Organisation, Ausbildung, Manöver-, Mobilmachungs- und Aufmarschpläne, die 3. technische und artilleristische Fragen.

Die von Scharnhorst eingeführte Sitte der Übungsreisen wurde ausgebaut. Müffling führte den Gebrauch des Meßtisches bei der Gelände-Aufnahme ein. Auf ihn, einen technisch sehr ideenreichen Mann, geht auch die Gepflogenheit zurück, auf der Karte oder am Modell, im Sandkasten, operative Lagen als „Kriegsspiel“ durchzuspielen, um die Generalstabsoffiziere in der Erfassung strategischer und taktischer Einzelfragen, unter Vermeidung kostspieliger Geländereisen, zu schulen. Für seine Zeit war das etwas ganz Neues.

All dies wies in die Richtung der Ausbildung von Spezialisten. Das Ideal des „politischen Offiziers“ hielt Müffling nur für schädlich. Dagegen erfuhr die Vermittlung allgemeiner Bildung – gedacht als Gegengewicht gegen allzu große Einseitigkeit – eine beträchtliche Ausdehnung. Die Lehrpläne der Kriegsakademie zwischen 1818 und 1872 legen Zeugnis dafür ab, wie sehr man bestrebt war, die Allgemeinbildung der Generalstabsoffiziere und der höheren Führer zu steigern. Die Zahl der Unterrichtsstunden in Sprachen und sämtlichen Wissensgebieten von der Philosophie und Geschichte bis zur Mathematik und Naturwissenschaften übertraf bei weitem die der spezifisch kriegstechnischen Fächer. Die Hinwendung zu „gelehrter Bildung“, wie man damals sagte, konnte jedoch den Verlust an politischer Schulung keineswegs ersetzen. In der strikt unpolitischen Haltung des Korps deutete sich eine Einstellung an, die sehr viel später einmal verhängnisvolle Folgen zeitigen sollte.

Unter der Ägide Müfflings schrieb Clausewitz, 1815 vom König wieder aus dem russischen Quartiermeisterstabsdienst in den preußischen Generalstab übernommen, sein klassisches Werk „Vom Kriege“, das noch vom Geist Scharnhorsts inspiriert und das dem generalstabsmäßig gebildeten höheren preußischen und

11. Helmuth Karl Bernhard Graf v. Moltke (1800–1891)
1857 Chef des Generalstabes der Armee

12. Nach der Proklamierung des deutschen Kaiserreiches im Schloß zu Versailles am 18. 1. 1871: Moltke und der Generalstab: (von links nach rechts) Oberst Meydam, Generalleutnant v. Stosch, Leutnant v. Stosch, Major de Claer, Moltke, Hauptmann v. Burt, Major Krause, Generalleutnant v. Podbielsky, Oberstleutnant Bronsart v. Schellendorf, Hauptmann Zingler, Oberstleutnant v. Verdy du Vernois

13. „Die große Bude" – das Generalstabsgebäude in Berlin

14. Moltke in seinem Arbeitszimmer im Generalstab in Berlin

deutschen Offizierskorps für die nächsten hundert Jahre die entscheidenden Impulse lieh. Obwohl Clausewitz nur kurze Zeit unter Scharnhorst und dann 1815 als Chef des Stabes beim III. Korps aktiver Generalstabsoffizier gewesen war und sich seither als Direktor der Kriegsakademie in Berlin ganz andere Meriten erworben hatte, rechnet er auf Grund seines Buches doch unter die maßgebenden Männer des alten Generalstabes.

Clausewitz' Kriegslehre, die übrigens ebenso wie die Institution des Generalstabes die Bewunderung ganz anders gearteter Geister erregte, diejenige von Karl Marx und Friedrich Engels und später diejenige Lenins, war die Philosophie des Krieges im Zeitalter der Nationalstaaten. Der Krieg, einst das Werkzeug der Despoten und Tyrannen, war dem Volk zurückgegeben. In der Ausweitung der Mittel, des Raumes und der Ausschöpfung der Volkskraft näherte er sich der absoluten Vollkommenheit dieses Teils menschlicher Beziehungen. Die Völker kämpfen jetzt um ihre Lebensrechte. Das setzte nach Meinung von Clausewitz voraus, daß man rücksichtslos, unter Einsatz aller Kräfte, die schnelle Entscheidung, den Einbruch in das staatliche Gefüge des Gegners erzwang. Das war die „preußische Revolution" der Kriegführung, die Lehre von der Entscheidungs-, der Vernichtungsschlacht.

Der Clausewitzsche Gedanke der schnellen Entscheidung entsprang der Einsicht in die ungünstige strategische Mittellage Preußens und später des Deutschen Reiches. Er bewegte alle strategischen Denker von Moltke bis Schlieffen und Ludendorff. Noch Hitler war von dieser Lehre fasziniert. In einem Punkt unterschied sich Clausewitz allerdings grundlegend von seinem großen militärischen Antipoden im 20. Jahrhundert, dem General Ludendorff. Der Krieg durfte niemals Selbstzweck sein oder gar die Politik beherrschen. Clausewitz schrieb im I. Kapitel des I. Buches seines Werkes. „Der Krieg ist eine bloße Fortsetzung der Politik mit anderen Mitteln." Den Grundzug beider Formen menschlicher und nationaler Auseinandersetzung sah er im Kampf. Aber der Mensch mußte Herr des letzten Mittels, des Krieges bleiben. Politik wie Krieg und Kriegführung sind in erster Linie für ihn Sache der Staatsmänner, wir würden heute sagen, der Politiker. Daher war ihm auch der Gedanke, daß der Krieg als Mittel der Politik einmal in späteren Zeitaltern gänzlich überflüssig werden könne, nicht fremd, wenn er auch solchen Überlegungen für seine Zeit die Daseinsberechtigung aberkannte.

Da aber Kriegführung und Politik eng miteinander verknüpft waren, hat niemand eindringlicher als Clausewitz, hier ganz Schüler Scharnhorsts, gepredigt, der Soldat, zumal der Feldherr, dürfe die militärischen Belange nicht einseitig als militärischer Fachmann sehen, Feldherrn- und Staatsmannskunst gehörten zusammen, waren nicht zu trennen. Mithin wurde hier noch das Ideal des „politischen Offiziers" postuliert.

Einige Züge der Clausewitzschen Philosophie tragen typisch preußischen Charakter. In Notzeiten, so Clausewitz, war die Existenz der Armee – Rückgrat der preußischen Monarchie – höher zu stellen als diejenige des Staates. Der Staat wiederum schafft erst die Nation, das Volk. Daraus ergab sich später in anderer Zeit der Gedanke, daß nur der preußische Staat mit seiner starken Armee die deutsche Einigung vollenden könne. Der nationalsozialistische Gedanke des Volksstaates im 20. Jahrhundert war das genaue Gegenteil der Clausewitzschen preußischen Staatsanschauung.

Clausewitz' Lehren, niedergeschrieben in einer Zeit, in der Preußen fern von großen Konflikten lebte, erhielten ihre Bedeutung erst nach seinem Tode – er starb im gleichen Jahre wie Gneisenau –, in Zeitläufen, die er nicht hatte ahnen können. Durch den Aufschwung der Technik mit gezogenen Geschützen, Hinterlade- und Mehrladewaffen für die Infanterie, die Erfindung des elektrischen Telegraphs und der dampfgetriebenen Eisenbahnen, endlich durch die Entwicklung des Verbrennungsmotors, erlangte die Kriegführung eine gewaltige Ausdehnung in Mitteln und Raum. Die Heeresmassen steigerten sich. Neben Clausewitz als Philosoph des Krieges wurden Alfred Krupp als Rüstungsindustrieller oder Werner v. Siemens als Telegraphenbauer die Väter einer modernen Kriegführung.

Noch zu Lebzeiten von Clausewitz hatte man bei der preußischen Armee den noch unbeholfenen optischen Telegraphen zur

Nachrichtenübermittlung eingeführt. Anderthalb Jahrzehnte später beschäftigte man sich ernsthaft mit dessen Ersetzung durch den Siemensschen elektrischen Telegraphen. 1840 wurde – zunächst bei den Füsilier-Bataillonen – in der preußischen Armee das Dreysesche Zündnadelgewehr eingeführt, eine Hinterladewaffe, die die Feuerkraft und -geschwindigkeit erhöhte. Die Technik verwandelte gerade die Welt des Soldaten. Sie begünstigte den Typus des Fachmannes, des Spezialisten. Auf dem militärischen Gebiet bedeutete dies auf die Länge der Zeit den Triumph des anonym bleibenden Experten militärischer Natur, des Generalstabsoffiziers. Das rasche Anwachsen der Großindustrie, die Entstehung großstädtischer Arbeitermassen, das Phänomen der Landflucht bedeuteten zugleich einen Wandel im Mannschaftsersatz des auf der Wehrpflicht basierenden Heeres, ein Vorgang, der dem Generalstab Jahrzehnte hindurch infolge seiner unpolitischen Haltung überhaupt nicht deutlich wurde und ihn schließlich zu spät vor fast unlösbare Aufgaben stellte.

Noch besaß der preußische Generalstab in der Ära Müfflingscher Reaktion keinerlei maßgeblichen Einfluß auf Bewaffnung und Ausrüstung der Armee. Aber er wurde dann doch zum Nutznießer all der sich anbahnenden technischen Neuerungen. Moltkes Aufmarschpläne und Operationsentwürfe in den Jahren 1866 und 1870 waren nur denkbar durch die Auswertung der technischen Erfindungen von Eisenbahn und Telegraph. Und an kriegstechnischen Neuerungen war man damals in diesem „Studien-Büro“ beim Kriegsminister durchaus interessiert, während die Masse des Offizierkorps lange überhaupt kein rechtes Verhältnis zur industriellen Welt zu gewinnen verstand.

Müffling schied 1829 aus dem Amt. Es sollte als preußischer Sondergesandter im russisch-türkischen Krieg die Vermittlung übernehmen. Er war, nicht frei von persönlicher Eitelkeit dank seiner nahen Beziehungen zum König, im ganzen genommen ein guter Sachwalter gewesen. Bemerkenswert war sein Interesse für technische Neuerungen wie den optischen Telegraphen. Der Nachfolger, der Generalleutnant Wilhelm v. Krauseneck, Sohn eines bürgerlichen Forstsekretärs in Bayreuth, der später in preußischen Diensten Hofgerichts-Prokurator wurde, war eine weit stillere, ganz dem Dienst hingegebene Natur, in militärischen Dingen zeitgemäßer denkend als der Vorgänger. Krauseneck hatte seine Laufbahn im Ingenieurkorps begonnen und nur ganz kurze Zeit 1813 als Generalstabsoffizier Dienst getan. In den fast zwei Jahrzehnten, in denen Krauseneck Chef des Großen Generalstabes war, änderte sich wenig, ja kaum etwas an der Abgeschiedenheit des Amtes. Wie unter Müffling wurde der Generalstab bei der Beurteilung von Ausbildungsvorschriften, bei Truppenübungen konsultiert und befaßte sich im übrigen mit der Ausbildung des eigenen Nachwuchses und der Schulung der höheren Truppenführer.

Die Revolution von 1848 vollendete die Scheidung der Geister. Als im März auch in Berlin, nach Paris und Wien, der Volksaufstand ausbrach, gelang es der Armee, sich in schweren Straßenkämpfen zu behaupten. Als sie den Sieg über das „Volk" in der Hand hatte, wurde der König Friedrich Wilhelm IV. unsicher und gab den Truppen Befehl, die Hauptstadt zu räumen. Für die nach politischer und sozialer Gleichberechtigung verlangenden Schichten, das Bürgertum und die neu entstandene Industriearbeiterschaft, war die Armee jedoch endgültig zum Bollwerk der Reaktion geworden. Kein einziger Truppenteil hatte gemeutert. Nur die Landwehr erwies sich in der Folgezeit als anfällig für die Volksstimmung. Die Armeee nahm die Verfemung mit Stolz und Verachtung auf. Selbstverständlich stand man treu zum König, was immer dieser befahl. Selbstverständlich verurteilte man die Revolution. Der Generalstab verharrte geschlossen in dieser Haltung. Allerdings war das Korps, war dessen Chef seiner Stellung nach auch kaum imstande, selbst wenn man dies angestrebt hätte, sich an der leidenschaftlichen Auseinandersetzung über die Rolle der Armee führend zu beteiligen.

Das war der Hintergrund, vor dem der nach der Märzrevolution mit der Führung der Geschäfte des Kriegsministers beauftragte Generalleutnant Karl Wilhelm v. Reyher im Mai den Posten des Chefs des Großen Generalstabes in Berlin übernahm. Seine Laufbahn schien den neuen demokratischen Idealen zu entsprechen. Er war der Sohn eines Kantors und Schullehrers in einer kleinen märkischen Dorfgemeinde, und man sagte, er habe in der Jugend die Schafe gehütet. Als Gemeiner in einem preußischen Infanterieregiment hatte er seine Laufbahn begonnen und war schließlich seiner ungewöhnlichen soldatischen Fähigkeiten wegen im Jahre 1810 zum Offizier in einem Ulanenregiment aufgestiegen. Im Generalstab hatte er noch die Schule Grolmans durchlaufen. Als Chef des Generalstabes beim Garde-Korps hatte er sich das besondere Vertrauen des Prinzen Wilhelm von Preußen erworben, des Bruders des Königs, des gleichen Prinzen, der nach den Märztagen vor dem Zorn des Volkes zunächst in England Zuflucht suchen mußte.

Reyher war ein aufrechter gerader Mann, Soldat vom Scheitel bis zur Sohle, in den Adelsstand erhoben auf Grund seiner militärischen Haltung, und hatte zunächst alle Hände voll zu tun, um die Institution überhaupt am Leben zu erhalten. Die Revolution lehnte er selbstverständlich ab, die Einmischung der Offiziere seines Koprs in den Tagesstreit schien ihm nicht angemessen. Die Reaktion in Preußen, die auf die Revolution folgte, hatte zunächst eine erhebliche Aufwertung des Militärkabinettes zur Folge. Es bestand die Tendenz, den Generalstab überhaupt mit diesem zu vereinigen und einen sogenannten „Armeestab“ zu schaffen. Reyher setzte es durch, daß der Generalstab erhalten blieb, er verlangte auch eine besondere Uniform für die Generalstabsoffiziere, um die Eigenständigkeit des Korps zu unterstreichen. Aber wie wenig man im Grunde mit diesem militärischen Amt bei großen Krisen in Preußen zu beginnen wußte, zeigte die Mobilmachung im Jahre 1850, als über der deutschen Frage zum ersten Mal der Krieg gegen Österreich drohte. Mobilmachung und Bereitstellung der Truppen entschied der Kriegsminister, ohne überhaupt den Generalstab anzuhören.

Die Jahre von 1848 bis 1851 waren gekennzeichnet durch den erbitterten Kompetenzstreit zwischen dem König und dem Kriegsministerium in der Frage der Prärogative der „Abteilung für die persönlichen Angelegenheiten“, des Militärkabinetts und die Kontrollbefugnisse der neuen Volksvertretung. Nicht weniger als sechs Kriegsminister scheiterten an diesem Streit. Schließlich ging die A.f.d.p.A. unter Leitung des Generaladjutanten

Edwin v. Manteuffel gestärkt aus diesem Ringen hervor. Manteuffel war eng befreundet mit dem General Leopold v. Gerlach, dem persönlichen militärischen Begleiter und Vertrauten des Königs, und beide waren Anhänger des Gedankens der Zusammenlegung von Generalstab und Generaladjutantur, um möglichst viele Kompetenzen unmittelbar in der Hand des Monarchen zu vereinigen. Reyher hatte zeitweilig keinen leichten Stand in diesem Machtkampf hinter den Kulissen.

Die Hauptbedeutung dieses Mannes an der Spitze des Generalstabes liegt in seinem Wirken als militärischer Erzieher, und zwar auf rein militärischem Gebiet, abseits der Zeitströmungen. Der Kampf um das Heer zwischen König, Kabinett und Abgeordnetemhaus interessierte ihn nicht. Das mochten andere ausfechten. Seltsamerweise änderte auch der Umstand, daß in den Jahren nach der Revolution bis zum Jahr 1866 allen Angehörigen der Armee das aktive und passive Wahlrecht zustand, nichts an der unpolitischen Reservathaltung des Offizierkorps. Da das Wahlalter sehr hoch lag, spielte seine Ausübung bei der Mannschaft eine geringe Rolle .Und im übrigen sorgten die Kompaniechefs dafür, daß nur eine „staatstreue" Partei, die Konservative, gewählt wurde.

Was Reyher, der zeitweilig auch Generalinspekteur des Bildungswesens war, am Herzen lag, war die sorgfältige Schulung des Offiziernachwuches. Bei der Auswahl für den Generalstab wurden drei Jahre allgemeine Kriegsschule und drei Jahre Dienst beim Topographischen Büro obgligatorisch, dazu Kommandos zu den verschiedenen Waffengattungen. Die Generalstabsreisen wurden ausgebaut, die Arbeit der Kriegsgeschichtlichen Abteilung verstärkt, im Bemühen, aus der Vergangenheit für die Zukunft zu lernen.

Im Jahre 1857, als General v. Reyher im Alter von 71 Jahren starb, zählte der Große Generalstab in Berlin 18 Offiziere. Dazu kam die Trigonometrische Abteilung mit sechs Offizieren. An ihrer Spitze stand jetzt zum ersten Mal ein Offizier mit bürgerlichem Namen, der Generalmajor Baeyer, der sich auf kartographischem Gebiet als Begründer der mitteleuropäischen Gradmessung bleibenden Ruhm erwarb. Das Topographische Büro umfaßte neun Offiziere. Kommandiert zur Ausbildung beim Großen Generalstab waren 25 Offiziere. Die Plankammer und das neueingerichtete Lithographische Institut zum Druck von Kriegskarten waren mit zwei Offizieren besetzt. Auffallend war, wie unter den mit trigonometrischen und topographischen Arbeiten befaßten Offizieren jetzt bereits das bürgerliche Element die Oberhand hatte.

Die Revolution von 1848, die in Deutschland wie in Österreich im wesentlichen eine bürgerliche Revolution gewesen war, die Bildung eines neuen, wirtschaftlich rasch erstarkenden Großbürgertums, die Entstehung großer industrieller Vermögen beschleunigten die Auflösung der auf dem Grundbesitz ruhenden feudalen Autoritätsbasis. Die Verbürgerlichung des Generalstabes spiegelte die fortschreitende Verbürgerlichung des Offizierkorps wider, nur vollzog sich damit nicht eine Liberalisierung des Offizierkorps, sondern die Militarisierung der neuen bürgerlichen Schichten.

Immerhin bot der Generalstab Reyherscher Zeit bereits das Bild eines kriegswissenschaftlichen Büros, in dem der Fachmann über den Aristokraten der alten Zeit, der in der Kriegführung sozusagen eine ihm von Geburt zugeschriebene und angemessene Betätigung erblickt hatte, triumphierte.

Die erzieherische Arbeit Reyhers, die freilich weit enger gefaßt war als diejenige Scharnhorsts vor einem halben Jahrhundert, sollte reiche Früchte tragen. Die großen Generale und Stabschefs der Einigungskriege, der Prinz Friedrich Karl von Preußen, Roon, Blumenthal, Bronsart v. Schellendorf und viele andere, sind aus seiner Schule hervorgegangen. Sein Nachfolger Moltke konnte ein wohlgeordnetes Erbe antreten.

Reyher starb zu einem Zeitpunkt, an dem die Kriegführung infolge des Einbruchs der Technik in die moderne Welt vor einer Wende stand, deren Ausmaß noch niemand voraussehen konnte, an dem die politische Entwicklung dem Generalstab eine ganz neue Rolle zumaß. Vor dieser Bühne erschien die Gestalt Moltkes, der noch ganz vom Geist der deutschen Klassik geformt war und noch völlig von der Lehre Clausewitz' geleitet wurde, derzufolge der Krieg nur das letzte Mittel der Politik sei.

DER GROSSE SCHWEIGER

Helmuth v. Moltke

Es ist ein eigenartiges Zusammentreffen in der Geschichte der preußischen Militär-Hierarchie, daß der im Jahre 1857 ernannte Leiter der A.f.d.p.A., Generalmajor v. Manteuffel, vorschlug, Moltke als Nachfolger Reyhers zum Chef des Großen Generalstabes zu ernennen, und damit jener Persönlichkeit den Weg ebnete, die schließlich dank ihrer Bedeutung den Rivalitätsstreit zwischen Militärkabinett und Generalstab zu Gunsten des letzten entschied.

Der Mann, der auf Manteuffels Vorschlag hin am 19. Oktober des Jahres 1857, wenige Wochen, nachdem der alte General Reyher gestorben war, zunächst interimistisch, vom Jahre 1858 ab auch offiziell mit der Leitung des Generalstabes beauftragt wurde, war der Armee nahezu unbekannt (etwas, was Edwin v. Manteuffel vielleicht bei seinem Vorschlag sehr wohl berechnet hatte). Er hatte niemals ein Bataillon, ein Regiment oder eine Division kommandiert, und niemand konnte in dieser Stunde ahnen, daß er einmal die wenig beachtete Stellung des Generalstabschefs zu einer der wichtigsten Positionen in der Spitzengliederung der Armee machen würde.

Der bereits 57 Jahre zählende Generalmajor war eine ganz andere Persönlichkeit als der allmächtige Generaladjutant. Die dünnen, fein profilierten, fast zerbrechlich wirkenden Züge seines Antlitzes mit der hohen Stirn, der gebogenen Nase und dem schmallippigen Mund schienen eine nicht sehr feste Konstitution anzudeuten, die stille Gemessenheit und Abgewogenheit seines Wesens wirkten nicht preußisch, sondern klassisch schlechthin. Man hat wohl gesagt, für den Charakter eines Mannes sei es bezeichnend, welche Musik und welche Art des Tabakgenusses er bevorzuge. Moltke schätzte Mozart und rauchte gern in aller

Ruhe eine gute Zigarre. Er war ungewöhnlich belesen, hatte sich selbst in literarischen Arbeiten versucht und verkörperte in bester Form den Typus des gelehrten Offiziers mit vielseitigen geistigen Interessen, wie ihn in letzter Prägung im 20. Jahrhundert noch Hans v. Seeckt und Ludwig Beck darstellten.

Helmuth Karl Bernhard v. Moltke war am 26. Oktober des Jahres 1800 in Parchim in Mecklenburg geboren worden. Die Familie zählte zum mecklenburgischen Uradel. Der Vater, der seinen Landbesitz verlor, brachte es bis zum dänischen General, die Mutter stammte aus einer Lübecker Patrizierfamilie. Der junge Moltke wurde im Kgl. Dänischen Kadettenkorps erzogen und wurde Leutnant in einem dänischen Infanterieregiment. Alle Moltkes hatten keine spezifisch preußischen Züge. Erst Helmuth v. Moltke sollte Preußen um einen neuen Typus bereichern. Während Moltkes Brüder meist im dänischen Dienst blieben, vertauschte er nach einem Besuch Berlins den roten Spenzer der dänischen Infanterie mit dem blauen preußischen Offiziersfrack, weil der Dienst in der preußischen Armee besseres Avancement zu versprechen schien. Er trat als Leutnant beim Leib-Grenadier-Regiment in Frankfurt an der Oder ein. Als Prinz Wilhelm von Preußen, der spätere König und Deutsche Kaiser, den hageren, langen dänischen Offizier zum erstenmal bei einer Parade sah, soll er gesagt haben, „der Däne sei keine gute Acquisition".

Nach einem mehrjährigen Kommando zum Topographischen Büro, das ihn mit einer der Grundlagen allen Generalstabsdienstes vertraut machte – wobei ihm sein Zeichentalent zustatten kam –, wurde Moltke 1833 in den Generalstab versetzt und zwei Jahre darauf zu einer Studienreise in die Türkei geschickt, wo man schon damals preußische Offiziere als Lehrmeister schätzte. Nach seiner Rückkehr tat er Dienst im Großen Generalstab, zeitweilig auch in der Kriegsgeschichtlichen Abteilung, der er später so große Aufmerksamkeit zuwandte.

Die Revolution von 1848 fand ihn zunächst als Generalstabsoffizier des rheinländischen Armeekorps in Koblenz. Reyher berief ihn in den Großen Generalstab, im August 1848 wurde er Chef des Stabes des IV. Armeekorps in Magdeburg. 1841 hatte er in Cottas „Deutscher Vierteljahresschrift" einen Aufsatz veröffentlicht, der sich mit den westlichen Grenzproblemen beschäftigte. Darin hatte er sich für eine Einigung aller deutschen Stämme ausgesprochen, und zwar aus einem rein militärischen Gedankengang heraus. Selbst mitten im Frieden, so hatte er dargelegt, müsse sich Preußen stets wie ein großes Heer im Feldlager betrachten, das sich einem mächtigen Feind gegenüber befände. Solche Überlegungen waren das Ergebnis der militärisch so ungünstigen geographischen Mittellage des preußischen Staates, der rings von stärkeren Mächten umgeben war, die seinen Aufstieg mit gemischten Gefühlen oder mit haßerfülltem Ressentiment verfolgten.

Die Revolution gefährdete jetzt die stete kriegerische Bereitschaft, brachte die Armee in Konflikt mit der Mehrheit der Nation. Moltke betrachtete die erregenden Geschehnisse als Offizier. Sein politisches Credo war die „Ordnung“. So spiegelt sich das Revolutionsjahr mit seinen leidenschaftlichen und oft törichten Hoffnungen in seinen Briefen nur in dem Ruf nach Ordnung, nach dem „starken Mann“, nach kräftigen Maßnahmen. Ganz ähnlich war viel später die gelassene, aber entschieden auf die Disziplin pochende Reaktion dieses so außerordentlich hochgebildeten, aber im Grunde unpolitischen Soldaten auf die sozialdemokratische Bewegung in den 70er und 80er Jahren. Die geistige Auseinandersetzung schien ihm ganz überflüssig zu sein.

Moltke, der sich rasch Reyhers unbedingtes Vertrauen erworben hatte, wurde in der Reaktions-Ära mit der Bearbeitung der Mobilmachungspläne betraut. 1854 leitete er als Vertreter des erkrankten Reyher auch die große Jahresübungsreise. Reyher hielt ihn für hochbefähigt, meinte allerdings, Moltke nähere sich der Invalidität und verfüge auch nicht über die notwendige Autorität, um seinen Befehlen Nachdruck zu verleihen, falls er je in eine verantwortliche Position gelangte.

Am 18. September 1858 wurde General v. Moltke offiziell zum Chef des Großen Generalstabes ernannt. Einschließlich der bei den acht Generalkommandos und 18 Divisions-Stäben diensttuenden Offiziere zählte das Generalstabskorps in diesem Augenblick 64 Offiziere, zuzüglich 30 zum Generalstab kommandierte Offiziere, die meist im Rahmen der Landesaufnahme eingesetzt waren. Als Etat standen pro Jahr 26 000 Taler zur Verfügung sowie ein Reise-Fonds von 10 000 Talern.

Im Gegensatz zur A.f.d.p.A., die seit 1858 – bis zum Ende der Monarchie – amtlich nun als Militärkabinett bezeichnet wurde und deren Leiter General v. Manteuffel die Kontrolle über die Armee angestrebt hatte, hatte der Generalstab unter Krauseneck und Reyher ständig an Geltung verloren. Es lag nicht in Moltkes Wesen, hier durch höfische oder politische Intrigen Manteuffelscher Konvenienz eine Änderung anzustreben. Auch späterhin, als sein Amt bereits bedeutenden Rang erlangt hatte, kümmerten ihn formale Sicherungen dieser Position wenig. In seiner philosophischen Art meinte er, wenn ihn Seine Majestät sprechen wolle, werde sie es schon befehlen. Er ging in schlichter Selbstbeschränkung an die Erledigung seiner dienstlichen Aufgaben, überzeugt, daß sachliche Arbeit am ehesten Anerkennung finden würde. Der Generalstab sollte auf diesem Wege wieder zum geistigen Zentrum der Armee werden.

Als Moltke sein Amt übernahm, war der Aufschwung des Handels und der Industrie bereits in vollem Zuge begriffen. Die Industrie ermöglichte nicht nur die Vervollkommnung der Ausrüstung großer Heeresmassen, sondern lieh diesen durch die Revolutionierung des Verkehrswesens auch eine erhöhte Beweglichkeit. Die Steigerung der Reichweite und Wirkungskraft der gezogenen Feuerwaffen mußte zu einer Umwälzung in der Taktik und Gefechtsform führen. Moltkes Bedeutung lag zunächst darin, daß er in der Theorie diese Umwälzungen klar erkannte und in den künftigen Mobilmachungs- und Aufmarsch-Plänen auszuwerten suchte. Der Krieg, einst die Domäne des Adels, wurde zur Domäne der Fachwissenschaft. Die andere sich anbahnende große Umwälzung, die Tatsache, daß sich mit der steigenden Industrialisierung und Verstädterung der Ersatz für das Wehrpflichtheer grundlegend wandelte, daß die Rekruten in zunehmendem Maße aus dem unzufriedenen Industrie-Proletariat, nicht mehr aus agrarisch-patriarchalischen Verhältnissen kamen, hat er nicht gesehen. Die Armee mit ihrer Disziplin schien ihm stark genug, um als „Schule der Nation“ alle Elemente im gleichen Geist zu erziehen.

„Getrennt marschieren . . .“

Je stärker die Spannungen in der europäischen Politik ausgangs der 50er Jahre des Jahrhunderts wurden, desto größer mußte im Hintergrund die Bedeutung einer zentralen militärischen Planungsstelle wie der des Generalstabes werden. Der preußisch-österreichische Konflikt in der deutschen Frage, das Problem der Einigung Italiens, die unruhige ehrgeizige Politik des franzöisschen Kaisers Napoleon III. beschäftigten in zunehmendem Maße die Kabinette in den europäischen Hauptstädten. Moltke selbst stand in seinem strategischen Denken durchaus im Bann der Mittellage Preußens zwischen Rußland, Österreich, Dänemark und Frankreich. Angesichts des Anschwellens der Heeresstärken und der neuen Nachrichten- und Transportmittel, Telegraph und Eisenbahn, entwickelte er eine neue Form des Aufmarsches aus weit getrennten Räumen unter Versammlung der verschiedenen Armeen auf dem Schauplatz der Entscheidung, auf dem Schlachtfeld. Napoleon hatte angesichts der Dürftigkeit des Straßennetzes und der Nachrichten-Übermittlung die Versammlung geballter Massen zum Angriff vor der Schlacht bevorzugt. Gneisenaus Ideen des getrennten Aufmarsches waren aus den gekennzeichneten Gründen gleichfalls Grenzen gesetzt. Jomini, der Theoretiker des napoleonischen Zeitalters, hielt die Bewegung auf der inneren Linie für die empfehlenswerteste. Moltkes neuartiges Konzept bestand jetzt im weitauseinandergezogenen Aufmarsch verschiedener Armeen auf der äußeren Linie, die im Zuge der Schlacht selbst zum Zusammenwirken gebracht werden sollten.

Ein solches Verfahren forderte Unterführer von einheitlicher gedanklicher Schulung, selbständigem Denken im Rahmen des Gesamtauftrages und Verantwortungsfreudigkeit. Noch war nicht daran zu denken, daß der Planer solcher Operationen gleichzeitig zu ihrem Lenker werden würde. In jedem Fall kam den Chefs des Stabes bei den verschiedenen Armeen damit künftig eine neue Bedeutung zu. Der Generalfeldmarschall Prinz Friedrich Karl von Preußen, einer der leider nie recht zum Zug gekommenen Reformer der preußischen Armee, hat damals einmal den klassischen preußischen Gehorsamsbegriff gegenüber einem allzu beflissenen Major in die Worte gekleidet: Der König habe ihn deshalb zum Stabsoffizier gemacht, damit er wisse, wann er nicht zu gehorchen habe.

Der Moltkesche Generalstab wurde allmählich zu einer Gemeinschaft von Offizieren, die Charakter mit nüchternem Tatsachensinn, Zurückhaltung in bezug auf die eigene Stellung neben dem Oberbefehlshaber, größter Exaktheit in der Methode, sorgfältiger Kalkulation des Erreichbaren, Kenntnis des technischen Fortschrittes und Verantwortungsbewußtsein für die in ihre Hand gegebenen Soldaten zu verbinden verstanden. Da die Mehrzahl der höheren Führer auch die Schule des Generalstabes und der Kriegsakademie durchlief, gewann diese Geisteshaltung großen Einfluß auf die Armee. Moltke entwickelte die Methode „direktiver Befehlsführung“ zur höchsten Vollendung. Der Preis, der dafür bezahlt wurde, war in der Erziehung die Abkehr vom Ideal des „politischen“ Offiziers Scharnhorsts, von der Vermittlung breiter Allgemeinbildung auf der Kriegsakademie – die Hinwendung zum Ideal des erstklassig qualifizierten militärischen Fachmannes.

In organisatorischer Hinsicht traten unter Moltke an die Stelle der „Haupt-Divisionen“ im Großen Generalstab wieder „Abteilungen“. Die 1. Abteilung bearbeitete Schweden, Rußland, die Türken und Österreich, die 2., später oft als „Deutsche“ Abteilung bezeichnet, die deutschen Staaten, Dänemark, Italien und die Schweiz, die 3., auch „Französische“ Abteilung genannt, Westeuropa, vor allem Frankreich. Auf Moltkes Betreiben wurde ferner eine besondere Eisenbahn-Abteilung eingerichtet, zwecks gründlicher Ausnutzung dieses neuen, für Mobilmachung wie Aufmarsch gleich wichtigen Transportmittels.

Diese Neuorganisation, zu der sich Moltkes Forderung nach einer Verstärkung der Feldartillerie gesellte, gehört bereits zum Kapitel der Heeresreform, die seit dem Jahr 1858 die Gemüter in Preußen bewegte. Die geplante Reform, die Einführung der dreijährigen Dienstzeit, die stärkere Ausschöpfung der angewachsenen Volkskraft im Rahmen der Wehrpflicht durch die Neuaufstellung von 39 Infanterie- und 10 Kavallerie-Regimentern, führten in den Jahren 1858 bis 1862 zum entscheidenden Konflikt zwischen dem Abgeordnetenhaus und dem Souverän.

Das Parlament hatte die Gelder für die Neurüstungen zu bewilligen, es leitete daraus sein Recht ab, auch in politischer Hinsicht die Armee zu kontrollieren. Der seit 1858 für den unheilbar erkrankten König Friedrich Wilhelm IV. die Geschäfte führende Regent Prinz Wilhelm, der 1861 König wurde, sah in der Armee die Domäne des Monarchen. Dem 1858 ausscheidenden Kriegsminister General v. Bonin gegenüber hatte er recht brüsk bedeutet, die Armee kommandiere der König, nicht der Kriegsminister.

Es war die Sternenstunde des preußischen Konstitutionalismus, sie fand im Abgeordnetenhaus auf der Seite des Fortschritts keinen politisch überragenden Kopf. Moltke hielt den Generalstab aus diesen Auseinandersetzungen, bei denen der alte König Wilhelm I. zeitweilig infolge der Parlamentsobstruktion sogar an Abdankung dachte, völlig heraus. Er wäre nach seiner damaligen Stellung auch gar nicht in der Lage gewesen, sich hier in irgendeiner Form maßgeblich einzuschalten. Den Kampf gegen das Parlament führten der Kriegsminister General v. Roon, dessen Ansicht, man müsse die Armee vor dem Parlament schützen, sich freilich mit derjenigen Moltkes deckte, und der Leiter des Militärkabinetts General v. Manteuffel. Moltke hegte die Überzeugung, eine gewählte Volksvertretung läge wohl im Zuge der Zeit, sie dürfe jedoch niemals die Grundfeste des Staates, die Armee, antasten. Der Konflikt nahm solche Formen an, daß der Kriegsminister und der Chef des Militärkabinetts für den Fall von Unruhen einen militärischen Einsatzplan, sozusagen eine Art von Staatsstreich der Armee gegen das Parlament, vorbereiteten und den Generalkommandos versiegelte Ordres zukommen ließen, die nur auf ein besonderes Stichwort hin geöffnet werden sollten. Das Stichwort blieb aus. Die Berufung Otto v. Bismarcks zum Ministerpräsidenten durch den König im Herbst des Jahres 1862 entschied den Kampf auf unblutige Weise. Bismarck regierte einstweilen über den Kopf des rebellierenden Parlaments hinweg.

In den Jahren des Konfliktes hatte Moltke als Chef des Generalstabes sämtliche möglichen Kriegslagen neu überprüfen lassen. Seine Aufmarschpläne in diesen Jahren beschäftigten sich in erster Linie mit dem traditionellen Gegner, Frankreich, mit Österreich, Dänemark, den deutschen Mittelstaaten und Rußland. Die Planungen aus den Jahren 1857/58 für den Fall eines kriegerischen Konfliktes mit Frankreich kannten noch kein offensives Vorgehen um jeden Preis. Moltke dachte an eine Auffangstellung am Rhein. Der österreichisch-französisch-sardinische Krieg in Italien im Jahre 1859 bot einmal Gelegenheit zu theoretischen Studien sozusagen am lebenden Objekt – Moltke ließ den beiderseitigen Eisenbahnaufmarsch genau bearbeiten! –, zum anderen beschwor er die Gefahr, daß Preußen in den Konflikt verwickelt wurde. Frankreich als Gegner eines neuen „germanischen Machtzentrums“ in Mitteleuropa blieb der Alptraum. Potentielle Verbündete sah Moltke damals in England oder Rußland. Für die Zukunft befürchtete er noch ganz andere Gefahren. Prophetischen Blickes entwarf er in einer Denkschrift um die Jahreswende 1859/60 das Bild eines möglichen Zusammenschlusses von Romanen und Slawen gegen die germanische Mitte Europas. Solchen Titanenkampf, schrieb er, könne Preußen nur im Bunde mit Österreich bestehen. Für diesen Fall empfahl er, im Osten die Offensive zu ergreifen. Die strategische Mittellage blieb der zweite Alptraum.

Wenn der Krieg, wie Moltke es formuliert hat, wirklich ein unlösbares Glied in Gottes Weltordnung war und wenn er, wie Clausewitz dies gelehrt hatte, das letzte Mittel der Politik darstellte, ja überhaupt nur im Rahmen der Politik Gültigkeit hatte und rechtens war, so bedurfte der Generalstab als zentrale Planungsstelle für alle Verteidigungsmaßnahmen jeweils der Hand eines Staatsmannes, der seinen Überlegungen den Rahmen lieh, die Richtung wies und rein strategische Wünsche auf das richtige, politisch notwendige und zu verantwortende Maß beschränkte. Dieser Staatsmann war seit der Berufung Bismarcks zum Ministerpräsidenten in einzigartiger Form gegeben. Seinem Gebot hat sich Moltke – so kühl er ihm menschlich immer gegenübergestanden hat, so verächtlich die viel geradliniger denkenden Abteilungschefs des Moltkeschen Generalstabes auch oft über die Winkel- und Schachzüge des „Diplomaten“ Bismarck dachten – stets gefügt, in einigen Fällen nach schwerem seelischem

Kampf. Im Grunde erkannte der Soldat Moltke durchaus an, daß der Krieg als politische Angelegenheit des Primates des führenden Staatsmannes bedurfte. Dazu kam die unnachahmliche Manier, in der der alte König Wilhelm die Oberhoheit des Souveräns über die politische und militärische Führung, bei aller Delegierung von Befugnissen und Entscheidungen, zu wahren verstand, seinerseits wieder oft nach hartem Ringen mit Bismarck. Später legte man ihm die Bemerkung in den Mund, es sei nicht leicht, unter Bismarck Kaiser zu sein. Die in der preußischen Geschichte einmalige Kombination des genialen Staatslenkers und des genialen Feldherrn, Bismarck und Moltke, sollte sich niemals wiederholen. Sie war Schicksal in der Stunde des Aufstiegs Preußens zur Vormacht eines neuen Deutschen Reiches.

Zu Beginn des Jahres 1864 brach infolge der Frage dänischer Erbfolge und dänischer nationalstaatlicher Bestrebungen in den Herzogtümern Schleswig und Holstein der schon lange drohende Krieg des Deutschen Bundes mit Preußen und Österreich an der Spitze gegen das Königreich Dänemark aus, mit dem bislang die Herzogtümer in Personalunion vereinigt gewesen waren. Die Rolle des Generalstabes in Berlin glich in dieser Stunde anfangs noch einmal derjenigen des Generalquartiermeisters anno 1806. Niemand konnte sich seiner oder wollte sich seiner richtig bedienen. Moltke entwarf zwar den Operationsplan, blieb jedoch in Berlin. Die Anweisungen für die Kriegführung gingen namens des Königs über den Kriegsminister den Generalkommandos zu. Das Kriegsministerium informierte den Chef des Generalstabes auch keineswegs in ausreichendem Maße über den Ablauf der Operationen. Um sich ein Bild zu verschaffen, war Moltke auf die private Korrespondenz mit einem der Stabschefs angewiesen.

Die Erstürmung der Düppeler Schanzen bildete den ersten der großen preußischen Siege in der Ära des Aufstiegs zur beherrschenden Macht in Mitteleuropa. Während zunächst infolge englischer und schwedischer Vermittlungsversuche ein Waffenstillstand zustande kam, wurde der Prinz Friedrich Karl von Preußen, ein Vetter des Königs und ein Soldat mit hochfliegenden Ideen, Oberbefehlshaber auf dem Kriegsschauplatz in Nordschleswig und Jütland. Der Prinz erbat sich Moltke als Chef des

Stabes. Die Kombination eines fürstlichen Oberbefehlshabers und eines überragenden, aber naturgemäß in zweiter Linie bleibenden Chefs des Stabes sollte sich fortan in der Geschichte der Armee noch oft wiederholen. Als die Feindseligkeiten wieder aufgenommen wurden, waren der erfolgreiche kühne Übergang der preußischen Truppen auf die Insel Alsen und die Besetzung ganz Jütlands in praxi Moltkes Werk. Damit war die Widerstandskraft der an sich guten dänischen Armee gebrochen. Im Herbst folgte der Friede mit der Lostrennung der Herzogtümer aus dem dänischen Staats- und Kronverband.

Diese Erfolge machten zum erstenmal die Persönlichkeit des Chefs des Großen Generalstabes wie die Institution selbst in weiteren Kreisen bekannt und erregten die Aufmerksamkeit des Königs. Dazu kam der Umstand, daß im nächsten Jahre im Militärkabinett ein Wechsel eintrat. An die Stelle Manteuffels trat der Generalmajor Hermann v. Treschow, ein Mann, der von Moltkes großen Fähigkeiten überzeugt und ohne eigenen Ressortehrgeiz war. In aller Gelassenheit hatte Moltke die Stunde abgewartet, in der ihn sein König, sein Herr, wie er zu sagen pflegte, rufen würde. Moltke selbst dachte in diesen Jahren daran, mit 65 Jahren aus Altersgründen seinen Abschied zu nehmen. Treschow wie auch der Kriegsminister v. Roon bewogen den König, den seltenen Mann im Amt zu belassen. Treschow setzte auch durch, daß Moltke künftig zu Besprechungen des Ministerrates zugezogen wurde, bei denen Dinge erörtert wurden, die den Generalstab betrafen oder dessen Urteil wünschenswert erscheinen ließen.

Im Jahre 1865 entzündete sich der alte Streit zwischen Preußen und Österreichs aufs neue an der Frage des endgültigen Schicksals der „Kriegsbeute“, der beiden schleswig-holsteinischen Herzogtümer. Bismarck erblickte nicht à tout prix im Krieg zwischen Preußen und Österreich die einzig mögliche und erstrebenswerte Lösung, war aber auch entschlossen, den Krieg, unter damaligen Voraussetzungen ein durchaus kalkulierbares Mittel der Politik, die bewaffnete Auseinandersetzung nicht zu scheuen. Es kam nur darauf an, die politisch günstigste Ausgangslage zu schaffen. Moltke hielt den Waffengang für unvermeidbar und begrüßte diese Aussicht. Der preußische Ministerpräsident sicherte den Militärs das Bündnis mit Italien, durch das erhebliche Teile der österreichischen Armee an einer zweiten Front gebunden wurden. Der Chef des Generalstabes wurde dazu bestimmt, nach Florenz zu gehen, der damaligen Hauptstadt des neugeeinten Königreiches, um die Einzelheiten des Militärbündnisses mit den Italienern zu erörtern, eine Mission, die dadurch überflüssig wurde, weil die Italiener selbst ihren Generalstabschef nach Berlin schickten.

Ungeachtet der Protektion Treskows war die Position des Chefs des Generalstabes als Berater des Königs wie des Kriegsministers noch immer unsicher. Sie hing nicht nur von der Persönlichkeit des Inhabers ab, sondern auch von den Imponderabilien der politischen Entwicklung. Der König holte in militärischen Fragen auch gern den Rat des 2. Generaladjutanten, General v. Alvensleben, ein. Der Aufmarschplan gegen Österreich, den Moltke im Sinne seines so oft zitierten Prinzips „Getrennt marschieren, vereint schlagen“ entwarf, bereits gestützt auf ein im Gegensatz zu Österreich viel besser ausgebautes Eisenbahnsystem, zeigte jedoch die neue Operationskunst und Führungstechnik des von ihm geformten Generalstabes in glänzendstem Licht.

Moltke spannte den Bogen des Aufmarsches der vorgesehenen „Ostarmee“, in praxi einer Heeresgruppe mit vier Armeen, unter eindeutiger Schwerpunktbildung gegen die österreichische Position in Böhmen, über nahezu 300 Kilometer von der Provinz Sachsen bis nach Niederschlesien und bestimmte, daß die in diesem Bogen bereitgestellten Armeen sich erst auf dem – ja nicht sicher vorauszubestimmenden – Schauplatz der Entscheidung, dem Schlachtfeld, in Böhmen zu gemeinsamem Handeln vereinigen sollten. Ziel war die Flankierung des Gegners, Endziel die Umfassung der feindlichen Armee in der Schlacht. Sechs Siebentel der preußischen Armee waren für diese kühne Operation vorgesehen, ohne Rücksicht auf mehr oder weniger ungedeckte Provinzen, das Rheinland oder Schlesien. Vor allem hier befürchteten die ohnehin dem Krieg abgeneigten Berliner Hofkreise eine österreichische Offensive. Moltke verfocht jedoch das

Ziel einheitlicher Schwerpunktbildung, um am Ort der prognostizierten Entscheidung, in Böhmen, so stark wie möglich auftreten zu können.

Der Operationsplan stieß auf vielfältige Opposition. Sie führte zu einer Abwandlung. Die Zahl der Angriffsarmeen gegen Böhmen wurde auf drei verringert, für den Westen und Süden Deutschlands eine Deckungsarmee, die offensiv vorgehen sollte, vorgesehen. Und die kühn und gedankenreich angelegte Operation, Produkt einer neuen Großraumstrategie, litt an einer Schwäche, die in Zukunft immer wieder zu Tage treten sollte: Die gesamte Organisation des Nachschubs, vor allem an Verpflegung, für die über weite Bereiche verteilten Heeresmassen, die unmöglich allein aus dem Lande versorgt werden konnten, hielt mit den strategischen Plänen nicht Schritt. Sie oblag dem Kriegsministerium, in dem man sich keinesfalls den Inhalt der operativen Planung in genügendem Maße zu eigen machte. Die Heeresverwaltung versagte gegenüber der neuen Zeit, ein Problem, das Jahrzehnt um Jahrzehnt ungelöst blieb, einmal wegen der Ineffektivität, die jeder Bürokratie innewohnt, zum zweiten infolge ungenügender wechselseitiger Information zwischen Generalstab und Kriegsministerium – Stigma auch kommender Zeiten – und zum dritten, weil im alten Preußen nun einmal alles, was mit dem „Train", dem Nachschub, zu tun hatte, als nicht ganz standesgemäß betrachtet wurde. Zwischen der immer höher gezüchteten operativen Kunst und der Kunst, den Nachschub für stetig komplizierter und umfangreicher werdende Heeresverbände im technischen Zeitalter richtig zu organisieren, hat immer eine tiefe Kluft bestanden. Die Verpflegungsschwierigkeiten vor allem bei der 1. Armee gefährdeten schließlich zeitweilig das Gelingen des ganzen Moltkeschen Operationsplanes.

Dafür geschah etwas sehr Entscheidendes. Auf Betreiben Treschkows verlieh der König mit der Kabinettsordre vom 2. Juni 1866 „für die Dauer des Krieges" dem Chef des Großen Generalstabes zum erstenmal eine klar umrissene Stellung. Der Planer der Operationen erhielt jetzt auch deren Leitung. Diese Delegierung der Kommandogewalt bedeutete keine Beschränkung der obersten Befehlsgewalt des Souveräns. Der „Oberste

Kriegsherr" ging selbst mit ins Feld, in seinem Namen gab der Chef des Generalstabes seine Befehle, fortan nurmehr unter Benachrichtigung des Kriegsministers, der damit um gut zwei Schritte in der Spitzengliederung zurückgesetzt wurde. Moltke selbst hat das eigentümliche Verhältnis zwischen dem Inhaber der Kommandogewalt im Krieg und dem Inhaber der allerhöchsten Befehlsgewalt bei Meinungsverschiedenheiten zwischen ihm und dem König folgendermaßen beschrieben: In solchem Fall habe er gesagt, Seine Majestät müßten nun selbst befehlen, er wisse keinen anderen Rat mehr. Der König gab darauf nach.

Die neue Befehlsregelung im Oberkommando, die Hervorhebung des Chefs des Generalstabes, lieh den Chefs des Stabes bei den drei auf Böhmen angesetzten Armeen, dem Generalleutnant v. Voigts-Rhetz bei der 1. Armee unter dem Prinzen Friedrich Karl, dem Generalmajor Leonhard v. Blumenthal bei der 2. Armee des Kronprinzen Friedrich und dem Obersten v. Schlotheim bei der Elb-Armee des Generals Herwarth v. Bittenfeld, eine bislang ungewöhnliche Bedeutung. Gedanklich an dem Operationsplan geschult, waren sie auf ungeschriebenem Dienstweg dem Lenker der Operationen unmittelbar verbunden und auch verantwortlich für das Gelingen. Der Aufstieg des „Chefs", der einmal im Generalstabsdenken der Dritten Obersten Heeresleitung Hindenburg–Ludendorff nach 50 Jahren wichtiger werden sollte als der Oberbefehlshaber, begann damals. Zu seiner Stärkung trug wesentlich der Umstand bei, daß deutsche Fürstlichkeiten es für ihre Pflicht hielten, im Krieg selbst zu führen, ohne stets Feldherrngaben mitzubringen, was im immer komplizierter werdenden, immer mehr der Technik verfallenden Kriegswesen den fachlich geschulten und dabei mehr oder weniger anonym bleibenden, ja zur Anonymität verpflichteten Militär-Experten, der praktisch alles entschied, unentbehrlich machte. Mit dem „Chef"-System stieg und fiel der Generalstab. Anno 1866 erwarb sich vor allem der „Chef" des Kronprinzen, eines weder militärisch noch politisch sonderlich begabten Fürsten, General v. Blumenthal, der spätere Generalfeldmarschall, stillen Lorbeer, denn der Armee des Kronprinzen (der klug genug war, sich Blumenthal anzupassen) fiel in der

Entscheidung der entscheidende Stoß in Flanke und Rücken des Gegners bei Königgrätz zu. Vom Funktionieren seiner Armee, von ihrem plangemäßen Handeln, hing alles ab.

Am 12. Mai des Jahres 1866 hatte Preußen vorsorglich mobil gemacht. Mitte Juni wurde der Krieg unvermeidlich. Trotz Eigenmächtigkeiten einzelner Unterführer, trotz Nachschubschwierigkeiten rollte der Aufmarsch im großen und ganzen planmäßig ab, wie Moltke es vorgesehen hatte. Von drei Seiten, mit Gitschin als Drehpunkt, brachen die preußischen Heeressäulen in Böhmen ein. In den Anfangsgefechten siegte mit einer Ausnahme überall die preußische Infanterie mit dem neuen Zündnadelgewehr und einer neuen Gefechtstaktik. Der österreichische Oberbefehlshaber, Feldzeugmeister v. Benedek, ein braver Troupier der alten Schule, nahm auf dem westlichen Elb-Ufer bei Königgrätz in günstigem Höhengelände eine Verteidigungsstellung ein. Am 3. Juli 1866 fand hier, durch die Vereinigung der preußischen Armeen auf dem Schlachtfeld, wie Moltke sie geplant hatte, die bislang größte Umfassungsschlacht der Kriegsgeschichte neuerer Zeit statt, bei der auf beiden Seiten fast eine halbe Million Mann ins Feuer gebracht wurden. Das Endziel, die völlige Umschließung des Gegners auf dem Schlachtfeld, wurde freilich nicht erreicht, aber die militärische Kraft des österreichischen Kaiserstaates war nach wenig mehr denn zwei Kriegswochen an einem einzigen Tag in einer einzigen Schlacht gebrochen worden, ein Erfolg der preußischen Kriegsmaschine, der ganz Europa erschütterte, der dem Generalstab einen bis dahin unbekannten, unheimlichen Nimbus lieh – und der sich niemals in dieser singulären Form wiederholen sollte.

Es war der zweite der großen preußischen Siege des Jahrhunderts. Die kombinatorische Kraft und willensstarke Beharrlichkeit eines wissenschaftlich exakt arbeitenden Generalstabes hatten sich mit dem Genie eines Staatsmannes vereinigt, der alle Künste und Schliche der Diplomatie beherrschte. Moltke selbst hat Königgrätz seine beste Schlacht genannt. Von dem Operationsplan meinte er freilich, dieser sei keine besonders geistreiche Idee gewesen, sondern habe sich als Abhilfe ergeben, die durch die Situation geboten gewesen sei. Im übrigen würde man im

Kriege nie sein Ziel erreichen, wenn man völlig sicher gehen wolle. Es war der erste große Sieg in der europäischen Kriegsgeschichte, der nicht mehr von einem Feldherrn, einem Oberbefehlshaber herkömmlichen Stiles, errungen worden war, sondern von dem Chef eines Planungs- und Operationsstabes, der der Natur seiner Stellung nach eigentlich an zweiter Stelle zu bleiben hatte.

Wien, die Hauptstadt des Kaiserstaates, war jetzt dem Zugriff preußischer Truppen preisgegeben. Wien selbst hielt Moltke für militärisch uninteressant. Angesichts des Umstandes, daß der französische Kaiser Napoleon III., der im Angesicht des deutschen Bruderkrieges eine höchst zwielichtige Politik verfolgt hatte, Ansprüche auf das Saargebiet, die Rheinpfalz und Mainz durchsetzen wollte, erklärte Moltke jetzt, man sei auch einem Dreifrontenkrieg gegen Frankreich, Österreich und die mit diesem verbündeten süddeutschen Staaten gewachsen. Er wollte die Hauptmacht aus Böhmen an den Rhein werfen. Der Generalstab und vor allem der König selbst, der vor Beginn des Krieges äußerst pessimistisch gestimmt gewesen war, hatten auch für den Fall des Friedensschlusses mit Österreich weitgehende Gebietswünsche. Das mit Österreich verbündete Königreich Sachsen sollte zu Preußen geschlagen werden. Der König dachte auch an eine Abtretung Österreichisch-Schlesiens. Schließlich hatte man in Wien die Rückgewinnung des preußischen Schlesiens im Fall des Sieges proklamiert.

Bismarck setzte jedoch in sehr hartem Ringen gegen den Generalstab, gegen den Monarchen, durch, daß die österreichische Monarchie, in der er den künftigen Bundesgenossen in Mitteleuropa sah, einen milden Frieden erhielt. Ihm genügte es, daß sie auf den Führungsanspruch im deutschen Raum verzichtete. Dafür verschwand, im Grunde mehr oder weniger aus strategischen Gründen, eine Reihe deutscher Bundesstaaten von der Landkarte, die bislang sich zwischen das preußische Zentralterritorium und die westlichen Gebiete geschoben hatten: Hannover, Hessen-Kassel, Nassau und die alte Reichsstadt Frankfurt, als besonders hartnäckige Gegner jeglicher Neuordnung im deutschen Bereich. Aber niemand, weder Bismarck noch Moltke

– vom alten König abgesehen – begriff recht, wie sehr diese Annexionen im Grunde das Prinzip der Unantastbarkeit der Dynastien in Frage stellten. Und der Konflikt zwischen der außerverfassungsmäßigen Macht des Generalstabes und der verfassungsmäßigen politischen Führung bei den Waffenstillstandsverhandlungen mit Österreich in Nikolsburg deutete bereits an, welche Möglichkeiten die Zukunft barg, wenn einmal ein Generalstabschef auftauchte, der sich nicht mehr der politischen Führung beugte und wenn diese selbst in der Hand schwächerer Persönlichkeiten lag, die sich gegenüber Wünschen der Militärs nicht durchzusetzen vermochten.

Der Sieg von Königgrätz machte Moltkes Namen in Europa bekannt. Die Generalstäbe süddeutscher Staaten, Badens und Württembergs, suchten infolge der Umgestaltung der Verhältnisse im deutschen Raum, jetzt Fühlung mit dem preußischen Generalstab in Berlin. Dieser war mit einem Schlage zu einer Potenz in der internationalen Politik geworden, obwohl mit dem Ende des Krieges Moltkes Kommandogewalt wieder erlosch. Je stiller und zurückgezogener das Korps in Berlin arbeitete, desto mehr traute man ihm allmählich die merkwürdigsten und geheimnisvollsten Einflußmöglichkeiten und einen unbändigen Ehrgeiz, eine fanatische Machtbesessenheit zu, ähnlich wie es in anderer Form den Freimaurern ergangen war und schließlich dem Judentum ergehen sollte.

Der Sieg brachte Moltke auch materielle Ehrungen. Die preußischen Könige hatten nie mit Dotationen in Geld oder Landbesitz geknausert, wenn es galt, kriegerische Erfolge zu belohnen. Moltke erhielt vom König ein reiches Geldgeschenk, das ihn instand setzte, die Herrschaft Kreisau in Schlesien zu erwerben. Einer seiner ältesten stillen Träume erfüllte sich, die Rückkehr aufs Land, der Erwerb von Grundbesitz, den der unordentliche Vater einst vergeudet hatte. Adel war in seinen Augen ohne Landbesitz nicht denkbar und nicht dauerhaft. Und noch galt Grundbesitz für die vornehmste Besitzform, auch im industriellen Zeitalter.

Die Jahre zwischen 1866 und 1870 standen im Zeichen neuer Spannungen. Die Frage, wie Frankreich sich mit der Bildung eines neuen deutschen Machtzentrums in Mitteleuropa, des von Bismarck geschaffenen Norddeutschen Bundes, abfinden würde, beschäftigte alle Gemüter. Bismarck wollte die Entscheidung mit den Waffen, die er im Grunde für unvermeidlich hielt, nicht leichtfertig heraufbeschwören. Er verstand die Kunst des Wartenkönnens. Frankreich suchte ein Bündnis mit dem besiegten Österreich. Moltke empfahl bereits 1867 angesichts der preußisch-französischen Auseinandersetzungen in der Luxemburger Frage zu marschieren. Aber Bismarck war kein Freund von Präventivkriegen. Moltke bekam zu hören, ein Krieg sei nur dann gerechtfertigt, wenn die vitalsten Interessen der Völker berührt würden.

Bismarck wünschte sich für den Fall des Falles eine Ausgangsposition, die den französischen Kaiser vor aller Welt ins Unrecht setzte, um die widerstrebenden großen süddeutschen Staaten, Württemberg und Bayern, die den Gedanken einer preußischen Hegemonie ablehnten, an die Seite des Norddeutschen Bundes zu bringen. Diese Stunde kam, als man in Paris mit unvernünftiger Heftigkeit auf die spanische Thronkandidatur eines Hohenzollern aus dem Sigmaringer Seitenzweig reagierte.

Bismarck nutzte den Zeitpunkt, in dem Frankreich nicht mehr ausweichen konnte, vor allem aber, voller Siegeszuversicht, auch gar nicht mehr ausweichen wollte. Als meisterhafter Kabinettspolitiker und Diplomat hatte er die Stunde so gewählt, daß sich Frankreich in den Augen der Weltöffentlichkeit selbst ins Unrecht setzte, da zuvor der König von Preußen sich von allen spanischen Interessen distanziert und der Thronkandidat selbst auf die spanische Krone verzichtet hatte. In der Nacht zum 16. Juli 1870 machte Preußen zum drittenmal in einem Jahrzehnt mobil. Mit einer Kabinettsordre vom 18. Juli wurde dem Chef des Großen Generalstabes wieder die Leitung der Operationen im Felde für die Kriegsdauer übertragen. Der Akt vom Juni 1866 wiederholte sich. Die Delegierung der Ausübung des Kommandos im Krieg erlosch offiziell wieder mit dem Ende der Kampfhandlungen. Für die Zukunft wurde es jedoch zur ungeschriebenen Regel, daß der Oberste Kriegsherr, bei dem die höchste Befehlsgewalt verblieb, im Ernstfall dem Generalstabschef die Operationsleitung übertrug. Dem Obersten Kriegsherrn war es vorbehalten, die Weisungen seines Generalstabschefs zu billigen, dem Kriegsminister wurde nur das Recht belassen, über alle Entschlüsse der obersten Führung informiert zu werden.

Moltke hatte seine Vorbereitungen gut getroffen. In der Nacht der Mobilmachung meinte er zufrieden, er habe nie weniger zu tun gehabt als in diesem Moment. Der Krieg, der nun begann, bildete den ersten Höhepunkt in der Entwicklung des preußischen Generalstabs-Systems. Mit drei mobilen Abteilungen, der Operationsabteilung unter dem 38jährigen, hervorragend begabten Oberstleutnant Paul Bronsart v. Schellendorf, der Politischen Abteilung unter dem Oberstleutnant v. Verdy du Vernois und der Eisenbahn- und Telegraphen-Abteilung unter Oberstleutnant v. Brandenstein, rückte der Große Generalstab mit dem Königlichen Hauptquartier, dem König und dem Ministerpräsidenten Graf Bismarck ins Feld, wobei es der Oberstleutnant v. Bronsart in seinem Tagebuch nicht an bissigen Bemerkungen über dieses – wie auch schon 1866 – unsinnig aufgeblähte Hauptquartier fehlen ließ.

Außer dem Chef und dessen beiden Adjutanten bestand der Generalstab in dieser Stunde aus dem Stellvertreter Moltkes, dem Generalquartiermeister General v. Podbielski, drei Abteilungs-Chefs und neun weiteren Offizieren, drei Majoren, sechs Hauptleuten oder Rittmeistern. In Anbetracht der neuen Bedeutung des Führungsinstrumentes war dessen Kopfstärke außerordentlich gering, was der sachlichen Arbeit nur förderlich war.

Moltkes Aufmarschplan gründete sich auf die Rückständigkeit des französischen Eisenbahnsystems und die Überalterung der französischen Armee, deren Kern aus langdienenden Berufssoldaten bestand. Sie war zwar mit modernen Schnellfeuergeschützen, den Mitrailleusen, ausgestattet, ihrer Führung fehlte jedoch die notwendige geistige Schulung und Beweglichkeit. Moltkes Konzept lief ursprünglich darauf hinaus, mit drei getrennt aufmarschierenden Armeen aus engem Raum in der Rheinpfalz zwischen Speyer, Mainz und Trier heraus den Gegner an der Saar in doppelter Umfassungsschlacht zu schlagen. Obwohl der französische Aufmarsch sich mit der von Moltke berechneten Langsamkeit entwickelte, scheiterte der schöne Plan am eigenmächtigen Vorpreschen eines der beteiligten Armeeführer, des Generals v. Steinmetz – zugleich ein Zeichen dafür, daß auch das „Chef"-System seine Grenzen hatte.

Moltke sah sich infolgedessen gezwungen, den Plan abzuwandeln. Aus der Linie Wittrich–Landau sollten die preußischen und verbündeten deutschen Armeen nun nach rechts über die Mosel hinweg einschwenken, mit dem Ziel, die französischen Armeen von Paris gegen die Grenze des neutralen Belgien hin abzudrängen. Auch dieser Plan gelang nur halb. Die Abfolge der großen August-Schlachten von Metz–Colombey–Nouilly, Vionville und Mars-la-Tour, Gravelotte und St. Privat führte zu nicht vorhersehbaren Teilergebnissen. Die eine der beiden französischen Armeen unter dem Marschall Bazaine wurde in Metz eingeschlossen, wo sie nach längerer Belagerung kapitulierte. Die andere unter Marschall MacMahon, bei der sich der Kaiser Napoleon III. befand, wurde bei Sedan in freiem Felde eingekesselt und zur Waffenstreckung gezwungen – der größte Triumph der preußischen Generalstabs-Schule. Der Einklang von Gehorsam und Handlungsfreiheit, die notwendige Einfühlung in den großen Gesamtauftrag, waren nicht immer in dem von Moltke angestrebten Sinn vorhanden gewesen, aber das Prinzip bildete doch die Grundlage dieses großen Sieges, der freilich – ganz unähnlich dem Tag von Königgrätz – dem Krieg keineswegs ein Ende setzte.

Moltke und die verhältnismäßig jungen, soldatisch glänzend befähigten Abteilungs-Chefs mit ihrem messerscharfen und politisch laienhaften Urteil erwarben sich indes jetzt ein ungewöhnliches Prestige in der Armee wie im Hauptquartier. Bismarck selbst, mit dem Moltke keineswegs stets übereinstimmte und der in Bronsart einen unbarmherzigen Tadler fand, prägte das boshafte Wort von den „Halbgöttern". Es blieb am Generalstab hängen.

Für den Generalstab bildete nach dem Sieg von Sedan Paris, die Hauptstadt des Gegners, das strategische Ziel. Es war die Lebensbasis des Feindes. Frankreich gab nicht auf. Das Kaisertum wurde beseitigt und die Republik proklamiert. Der Krieg wurde zum Volkskrieg. Das Jahr 1866 wiederholte sich nicht mehr. Damals hatte der Kronprinz, der spätere so unglückliche Kaiser Friedrich III., eine Unterredung mit Moltke über den weiteren Verlauf des Krieges, die für das Denken der Generalstabsschule charakteristisch war.

Der Kronprinz, Schwiegersohn der britischen Königin Victoria, im Grunde seines Wesens bei allem fürstlichen Selbstgefühl ein liberaler Mann, erkundigte sich, was geschehen würde, wenn man Paris erobert habe? Moltke: Dann würde man nach Südfrankreich vorstoßen, um die Kraft des Gegners endgültig zu brechen. Der Kronprinz: Was aber wenn die eigenen Kräfte sich erschöpften? Wenn man nicht immer siegen würde? Moltke erwiderte kühl: „Wir müssen stets siegen.“ Man müsse Frankreich völlig niederwerfen. Der Kronprinz: „Und was dann?“ Moltke: „Dann können wir den Frieden diktieren, wie wir wollen.“ Der Kronprinz: „Und wenn wir uns selbst verbluten?“ Moltke: „Das werden wir nicht, und wenn doch, so haben wir uns den Frieden erkämpft.“ Der Kronprinz: Ob Moltke die gegenwärtige politische Lage kenne und wisse, ob solch Verfahren ratsam sei? Moltke: „Nein, denn ich habe mich nur um die militärischen Dinge zu kümmern ...“

Einstweilen verkörperte sich in Bismarck – aller Kritik im Generalstab zum Trotz – die Macht jener Politik, die nach der Clausewitzschen Philosophie dem Krieg in der Hand des Menschen Grenzen und Ziel wies. Der König, in der Weisheit des Alters und in seiner Würde jetzt der ausschlaggebende, ausgleichende Faktor zwischen militärischer und ziviler, politischer Führung, gab im Endeffekt Bismarck recht, und Moltke wiederum war viel zu tief im Gesetz des Gehorsams gegenüber „seinem Herrn“ verwurzelt, als daß er sich nicht dem Entschluß der Majestät gebeugt hätte.

In Léon Gambetta, dem 32jährigen jüdischen Advokaten aus genuesischer Familie, der in der französischen Kammer auf der äußersten Linken gesessen hatte, trat Moltke jedoch jetzt ein neues Element der neuzeitlichen Politik entgegen, das Phänomen der Masse und der Demokratie. Gambetta, ein Volkstribun von gewaltiger Kraft, übernahm in der neuen Regierung der „Nationalen Verteidigung" die Ressorts des Krieges, des Inneren und der Finanzen und stampfte mit fanatischer Energie im nördlichen und westlichen Frankreich neue Miliz-Armeen aus dem Boden. Bewußt entfachte er den Volkskrieg, die „Levée en masse", und den Partisanenkrieg mit Franktireurs (Freischützen) gegen die preußischen Eindringlinge. Die Millionenstadt Paris wurde zur Festung erklärt, die mit wilder Leidenschaft verteidigt wurde. Der Krieg trat in ein neues Stadium.

Die Belagerung der Riesenstadt an der Seine, die mit ihrem Gürtel von Forts und Feldbefestigungen nicht einer Festung alten Stiles, sondern einem verschanzten Großraum glich, der Volkskrieg mit Mobilgarden und Heckenschützen erschütterten Moltkes Kriegsbild zutiefst. Der Krieg mußte eine Auseinandersetzung zwischen regulären Armeen bleiben. Mit Bismarck, der die „Halbgötter" mit Mißtrauen betrachtete, während die Generalstabsoffiziere ihm Indiskretion in Privatbriefen vorwarfen, entstanden heftige Meinungsverschiedenheiten über die Methode, mit der man dem neuen Volkskrieg begegnen sollte.

Um das Problem, ob man Paris durch rücksichtsloses Bombardement mit schwerer Artillerie zur Übergabe zwingen solle und könne, wurde wochenlang gerungen, zumal man schwere Artillerie erst nachführen mußte, worüber sich wieder die Schwerfälligkeit des ganzen militärischen Verwaltungsapparates enthüllte. Bismarck fürchtete mit Recht die Einmischung Englands und Österreichs. Sein Bestreben ging dahin, ähnlich wie im Jahre 1866 so rasch wie möglich einen auch für Frankreich tragbaren Frieden zu schließen. Es kam soweit, daß Moltke, der für entschiedenes militärisches Vorgehen und die militärische Lösung des Konfliktes eintrat, sich entschloß, den König vor die Alternative zu stellen, zwischen ihm und Bismarck zu wählen. In einer Denkschrift faßte er seine Beweggründe für diesen Schritt zusammen – und legte diese dann zu den Akten. Sie schien eher den Zweck gehabt zu haben, sich den Groll von der Seele zu schreiben. Später hat er einmal geäußert, er würde nie im Krieg seinem Herrn den Stuhl vor die Tür gesetzt haben, das schiene ihm mit der Ehre eines Offiziers unvereinbar zu sein. Diese Denkweise des preußischen Offiziers sollte später in ganz anderen Zeiten noch unverändert weiterbestehen und eine unglückliche Rolle spielen.

Zum zweitenmal wurde der Konflikt zwischen Generalstab und Staatsführung zu Gunsten des Primates der Politik entschieden, nicht zuletzt im Grunde auch deshalb, weil sich die politische Führung wirklich in der Hand eines überlegenen Staatsmannes befand und in der Person des Obersten Kriegsherrn ein ausgleichender Faktor an der Spitze des Staates vorhanden war.

Noch während des heimlichen Konfliktes schuf Bismarck in Versailles, dem Hauptquartier der preußisch-deutschen Armee, das neue Deutsche Reich, den Bund der deutschen Fürsten und Freien Städte mit dem König von Preußen als Deutschem Kaiser – als primus inter pares – an der Spitze. Am 18. Januar 1871 wurde König Wilhelm I. von Preußen im Spiegelsaal des Versailler Schlosses von den deutschen Fürsten oder ihren Delegaten, gleichsam im Feldlager auf feindlichem Boden, zum Deutschen Kaiser proklamiert. Am 27. Januar kapitulierte Paris nach wochenlanger Beschießung. Am 1. März marschierten zum drittenmal in diesem Jahrhundert mit dröhnendem Schritt und klingendem Spiel preußische Bataillone über die Avenuen der Seine-Stadt, in der der Hunger und das Gespenst der roten, der kommunistischen Revolution umgingen.

Innerhalb von sechs Monaten waren vier französische Armeen zur Waffenstreckung und 20 französische Festungen zur Übergabe gezwungen worden. Rund eine Million Mann preußischer und anderer deutscher Truppen waren an diesem Feldzug beteiligt gewesen. Das gemeinsame Kriegserlebnis, der Eindruck des gemeinsam errungenen, raschen Sieges erzeugte ein neues Nationalempfinden und beflügelte ein ganz neues nationales Kraftbewußtsein. Frankreich hatte einen unauslöschlichen Eindruck von der germanischen Urkraft und Gewalt empfangen, der bis in die Zeiten des Zweiten Weltkrieges hinein fortwirken sollte.

Die Friedensbedingungen, welche Moltke empfahl, entsprachen dem Vollgefühl des Siegers. Die einstigen Reichslande Elsaß und Lothringen sollten zum Deutschen Reich zurückkehren, im

Westen mußte man sich ein strategisches Vorfeld sichern. Er dachte bereits an die Sicherung des errungenen Sieges. Ein möglicher neuer deutsch-französischer Krieg sollte Frankreich von vornherein in ungünstiger Ausgangsposition finden. Bismarck indes hielt das Reich für saturiert und wünschte einen Frieden, der Frankreich nicht in seiner Existenz für immer in unzumutbarer Form beeinträchtigte. Elsaß-Lothringen sollte zwar zum Reich geschlagen werden, von der „Vorfeld-Idee“ des Generalstabes wollte er jedoch nichts hören. Moltke setzte nur die Angliederung der großen Festung Metz durch.

Auch Moltke, der nun fast 71 Jahre alt war, war im Grunde genommen der Friede lieber als der Krieg. Für sich und sein Volk, schrieb er seinem Bruder Adolf, ersehne er sich als alter Mann jenen Frieden, der höher sei als alle irdische Vernunft, den Frieden Gottes. Einen ewigen Frieden in der Welt konnte er sich als alter Soldat nicht vorstellen. Die beste Garantie für den Frieden in einer von macht- und nationalpolitischen Vorstellungen und Bündnis-Systemen bestimmten Welt war ein waffenstarrendes Deutsches Reich im Herzen Europas, daß jederzeit bereit war, den Frieden mit „gepanzerter Faust“ zu verteidigen.

Das neue Deutsche Reich war, betrachtet man die Gliederung der obersten Reichsbehörden – zu denen in einstweilen unumschriebener Form auch der Große Generalstab zählte –, ein merkwürdiges Gebilde. Reichsoberhaupt war der König von Preußen als erblicher Deutscher Kaiser, in einmaliger Akklamation durch die Fürsten gewählt. In seiner Eigenschaft als „Bundesfeldherr“ war er im Frieden, Bayern ausgenommen, und im Krieg Oberster Kriegsherr aller deutschen Kontingente, die auch, in verschiedenen Formen, sämtlich im Fahneneid dem Kaiser Gehorsam schworen, ein gewichtiges Moment für die Moral dieses Heeres, das beileibe noch kein Reichsheer war. Die höchste politische Gewalt war in der Hand des Reichskanzlers vereint, dem kein Reichsministerium, sondern nur eine Anzahl von Staatssekretären für Reichsämter zur Seite standen. Marine, Post, die später erworbenen Kolonien wurden Reichssache, nicht dagegen das dem Generalstab so wichtige Eisenbahnwesen, auf dessen Ausbau und Funktion künftig alle Aufmarschpläne beruhten.

Ein Reichskriegsministerium wurde nicht gebildet. In Bayern, Sachsen und Württemberg bestanden neben dem preußischen eigene Kriegsministerien weiter, bis zum Ende der Monarchie, ebenso in der Theorie eigene Generalstäbe, in Bayern auch eine eigene Kgl. Kriegsakademie. In der Praxis fiel dem Kgl. Preußischen Kriegsminister, da auch kein Staatssekretär für das Reichsheerwesen vorhanden war, die Vertretung sämtlicher Belange der verschiedenen Bundeskontingente gegenüber dem Reichstag zu. Militärgesetzgebung und Militäretat waren wiederum Reichssache und unterlagen der Kontrolle durch das Parlament. Dem Großen Generalstab in Berlin, dessen Führungsbefugnisse mit dem Ende des Krieges amtlich wieder erloschen, fiel beim Fehlen eines besonderen „Reichsgeneralstabes" in der Praxis jetzt die Rolle und die Aufgaben der höchsten Planungszentrale für die Reichsverteidigung zu. Das Verhältnis zwischen dem preußischen und dem sächsischen und württembergischen, zahlenmäßig schwachen Generalstab gestaltete sich rasch durch gemeinsame Ausbildung und regelmäßigen Austausch von Offizieren sehr eng. Mit dem bayrischen Generalstab hielt man Tuchfühlung durch wechselseitige Kommandierungen. Die Beziehungen waren frei von sonst beliebter preußisch-bayrischer Eifersüchtelei. In puncto des künftigen Bildungsideals des Generalstabsoffiziers, von dem noch zu reden sein wird, bestanden zwischen dem preußischen Generalstab und dem bayrischen Kriegsministerium, dem der Generalstab unterstellt blieb, Unterschiede. In München war man gegen eine zu einseitig militärische Fachausbildung.

Der zeitweilig auftauchende Plan, ein besonderes „Bundesfeldherrnamt" zu schaffen, der unter Umständen zu der dringend notwendigen führungstechnischen Zusammenfassung von Heer und Marine, den beiden vorhandenen Wehrmachtteilen, hätte führen können und auch einen übergeordneten Reichsgeneralstab zur Folge haben mußte, wurde rasch wiedr ad acta gelegt. Er lief der preußischen Vorstellung von der Obersten Kriegsherrlichkeit der Hohenzollern-Dynastie zuwider, die jetzt im neuen Reich vor ihrem Ende die größte Ausdehnung erlangte. Ebenso wollte Bismarck mit der dem preußischen Kriegsminister zugemessenen Doppelstellung in aller Stille die preußische Vormachtstellung sichern. Im Grunde war die ganze Reichsverfassung von 1871 mit ihren reichlich unausgewogenen Kompetenzen auf die Person des Reichskanzlers zugeschnitten. Die Frage, was geschehen würde, wenn ein weniger starker Mann an der Spitze stand, blieb offen.

In dieser Situation gewann der Generalstab, umstrahlt vom Nimbus der Unwiderstehlichkeit seit den Siegen von 1866 und 1870, einen legendären Ruf, welcher durch die strikte Zurückhaltung in allen Tagesfragen, die Moltke liebte, noch erhöht wurde. Dem preußischen Generalstab, dem im Frieden keine einzige größere Truppe direkt unterstand, traute die Welt jetzt nicht nur vieles, sondern alles zu. Gegenüber dem Reichstag hinter dem Brandenburger Tor entstand am Tiergarten ein neues Dienstgebäude aus rotem Backstein, das in der Armee als „rote Bude" bekannt wurde. Das Personal des Generalstabes erfuhr eine fortlaufende Vermehrung. 1857 hatte Moltke 64 Generalstabsoffiziere vorgefunden, 1871 betrug die Kopfstärke 135 Offiziere. Bei Moltkes Abgang im Jahre 1888 hatte sich diese Zahl auf 239 Offiziere erhöht. Von diesen gehörten 197 der preußischen Armee an, 25 der bayerischen, 10 der sächsischen und 7 der württembergischen Armee. In der sozialen Herkunft der Generalstabsoffiziere spiegelte sich die fortschreitende Verbürgerlichung des gesamten Offizierskorps wie der Oberschicht. 1872 waren bereits rund ein Drittel aller preußischen Generalstabsoffiziere bürgerlicher Abkunft, was keineswegs bedeutete, daß damit ein anderer Geist Einzug hielt. Im Gegenteil, die bürgerliche Offiziersschicht feudalisierte sich im Denken und in der Haltung überraschend schnell, und innerhalb des ganzen Korps gewann nun der Generalstabsoffizier, zum Ärger manch alten Adels, den Ruf des Angehörigen einer ausgesprochenen Elite. Der Generalstabsoffizier war einfach in allen Sätteln gerecht, er war sozusagen unschlagbar.

In organisatorischer Hinsicht wurden nach dem Krieg 1870/71 eine Reihe von Veränderungen vorgenommen. Dem großen Generalstab in Berlin, der höchsten Planungsstelle militärischer Natur im Reich, unterstanden an sich keine Truppen. Er besaß kein Befehls- oder Inspektionsrecht. Bis 1899 wurde in puncto der Verkehrstruppen, Eisenbahn-, Telegraphen- und dann auch der neuen Luftschiffertruppe hier eine Ausnahme gemacht. Vom Jahre 1872 an wurde ferner die Kriegsakademie, die höchste Bildungsstätte der Armee, dem Chef des Generalstabes direkt unterstellt. Die Eisenbahn-Abteilung wurde mit der 2. (Deutschen) Abteilung, welche Mobilmachung und Aufmarsch bearbeitete, unter einem Oberquartiermeister zusammengelegt als die wichtigste Unterorganisation des Korps. Die trigonometrischen und topographischen Sektionen wurden 1875 unter einem „Chef der Landesaufnahme“ zusammengefaßt. In dem Leiter des kartographischen Ressorts, Generalleutnant Oskar Schreiber, verfügte der Generalstab damals über einen der bedeutendsten Vertreter der deutschen Geodäsie, so wie er in dem Major Hermann Budde, dem späteren preußischen Minister für Öffentliche Arbeiten und Leiter des Reichsamtes für die Verwaltung der Eisenbahnen, über einen der versiertesten Eisenbahnexperten verfügte. Für die Bearbeitung sämtlicher Generalstabspersonalien wurde eine besondere, direkt dem Chef unterstellte „Zentralabteilung“ gebildet. Die Bearbeitung der verschiedenen Aufgabenbereiche in verschiedenen Abteilungen – Aufmarsch und Mobilmachung – Fremde Festungen – Fremde Heere – führten zur Zusammenfassung jeweils mehrerer beteiligter Abteilungen unter einem Oberquartiermeister, deren Zahl zunächst drei betrug.

Den von Moltke nie bewußt erstrebten Abschluß des Aufstieges des Korps zur geistigen Führungszentrale der Armee bildete die Kabinettsordre vom 20. Mai des Jahres 1883, mit der dem Chef des Generalstabes das Immediatrecht verliehen wurde, das Recht zum regelmäßigen, pro Woche einmal stattfindenden Vortrag und zum unmittelbaren Zugang zur Majestät. Damit hatte die Emanzipation des Generalstabes ihren Abschluß gefunden. Das Immediatrecht, das in Zeiten eines heftigen Konfliktes mit dem damaligen Kriegsminister General v. Kameke gewährt wurde, der sich gegen die Eigenständigkeit des Militärkabinetts zur Wehr gesetzt hatte, sicherte künftig dem Generalstabschef, nutzte er seine Möglichkeiten, erhebliche Einflußnahme auch auf ganz andere als rein militärische Gebiete, die Außenpolitik oder die Wirtschaft, obwohl er in allen Dingen, die Ausrüstung und Bewaffnung der Armee betrafen, nach wie vor auf die Zusammenarbeit mit dem Kriegsministerium angewiesen war. Diese war selten sehr befriedigend, zumal der Generalstab es nunmehr für überflüssig hielt, seinerseits den Kriegsminister über seine Aufmarschpläne und Operationsentwürfe eingehend ins Bild zu setzen.

Die erfolgreiche Absolvierung der Kriegsakademie und ein zweijähriges Kommando zum Generalstab in Berlin bildeten die Mittel für die Auswahl des Nachwuchses. Bewußt wurde die Möglichkeit freiwilliger Meldung zur Generalstabslaufbahn abgelehnt. In Preußen bestand jedoch im Gegensatz zum bayrischen Generalstab die Möglichkeit, daß Offiziere aus der höheren Adjutantur-Laufbahn direkt in den Generalstab übernommen werden konnten. Entscheidend für die fernere Entwicklung wurde die einschneidende Abänderung der Lehrpläne der Kriegsakademie. Das in der Ära nach Scharnhorst so reich gepflegte Ideal guter, ausgedehnter Allgemeinbildung wurde von Moltke verworfen. Der neuzeitliche Krieg schien ihm den erstklassigen Spezialisten, den militärisch und nur rein militärisch perfekt geschulten Generalstabsoffizier zu verlangen. Selbst die Pflege gründlicher allgemeiner Geschichtskenntnisse trat hinter militärischen Fachfragen zurück. Dies alles geschah in einer Zeit, in der in Deutschland die große geistige Auseinandersetzung mit dem sozialistischen Gedankengut anhob, die auch den Offizier bei der Truppe, in den Stäben, in hohen Kommandostellen mit der sozialen Frage konfrontierte. Der Ersatz aus den großen Städten war mehr und mehr von sozialistischem Geist erfüllt, der alte Staat suchte sich mit dem Verbot sozialdemokratischer Betätigung und der Gewährung umfangreicher sozialer Sicherungsmaßnahmen zu wehren. Der Generalstab verharrte in Reserve. Die Moltkesche Schule hielt es nicht für notwendig, sich mit solchen Problemen zu befassen. Die Armee mit ihrer Disziplin, die Armee als Erziehungsanstalt, Schule und Kirche, sämtlich fest in der Hand des Staates, würden mit solchen Dingen schon fertig werden. Man darf nicht vergessen, daß Moltke damals schon ein sehr alter Mann war, und daß in geistiger

Hinsicht nach dem großen Aufschwung der Einigungskriege vielfach ein gewisser Stillstand eintrat.

Ausschlaggebend für die Kommandierung in den Generalstab war das Urteil der Vorgesetzten über die Tüchtigkeit und persönliche Eignung des betreffenden Offiziers. Das erste Probejahr brachte die Einführung in die großen militärischen Zusammenhänge sowohl wie den Dienst als Hilfsarbeiter in der Praxis, um die Grundlagen für die mit Recht so berühmte minuziöse Genauigkeit in der Generalstabsarbeit zu schaffen. Die Ausbildungsmittel für den jungen Generalstäbler waren im Winterhalbjahr schriftliche Aufgaben taktischer Natur, um den Anwärter in der Führung kleiner, dann größerer gemischter Verbände zu schulen, Planaufgaben an Hand der Generalstabskarten, Kriegsspiele am Sandkasten und Vorträge, im Sommer Übungen und Generalstabsreisen mit der Durchprobung größerer Führungsaufgaben im Gelände. Den Höhepunkt bildete die alljährliche große Generalstabsreise unter Moltkes persönlicher Leitung. Sein besonderes Interesse galt der kriegsgeschichtlichen Forschung als Lehrmittel für die Zukunft.

Moltke hinterließ kein festes System, wohl aber eine Schule außerordentlich präziser militärischer Gedankenarbeit. Im Kriege, schrieb er, sei alles unsicher, außer dem Kapital des Feldherrn an Willen und Tatkraft. Die Strategie sei nichts als ein System von Aushilfen. Ihr Sinn bestünde darin, im niemals sicher vorauszubestimmenden Einzelfall das Zweckmäßige zu tun.

Dazu hinterließ er eine moralische Schule. Sein Leitsatz „Mehr sein als scheinen“ entsprach der strikten Zurückhaltung, gerade auch im öffentlichen Leben, der sittlichen Pflichterfüllung, die er von jedem einzelnen Generalstabsoffizier erwartete. Aber dies Ideal schweigsamer, ganz militärischer, zeitabgekehrter Pflichterfüllung barg auch in Zeiten der Aufsplitterung aller Wissensbereiche in Spezialgebiete, in Zeiten gärender neuer sozialer Ideen, seine Gefahren. Es konnte zur Entstehung jenes Typs militärischer Fachleute führen, der außerhalb des eigenen Bereiches unsicher und hilflos wurde, trotz aller sittlich richtigen Anschauungen, oder der sich so sehr dem Dienst anheimgab, daß er nicht mehr fragte, wem der Dienst galt und darum auch ganz zufrieden war, wenn andere über andere Dinge urteilten und befanden, die außerhalb des militärischen Horizontes lagen. Scharnhorst hatte sich das einst alles anders gedacht. Und Clausewitz hatte Ausflüge in das Gebiet allgemeiner politischer Philosophie unternommen, die jetzt viele Gemüter recht „unmilitärisch dünkten, weil sie direkt nichts mit dem Militär zu tun hatten.

Moltkescher Geist prägte die Schule führender deutscher Militärschriftsteller der Zeit, Bronsart v. Schellendorf, Graf Wartensleben, Blume, Verdy du Vernois, Scherff, Sigismund v. Schlichting, Graf Yorck v. Wartenburg und Colmar Frhr. v. d. Goltz. Der frühere Chef der 2. (Deutschen) Abteilung, Paul Bronsart v. Schellendorf, der bis zum Kriegsminister aufstieg (und darüber wieder die Präponderanz des Generalstabes und des Militärkabinetts einzuschränken suchte!) schrieb das klassische Werk über den Kriegs- und Friedensdienst des Generalstabes.

Der französische und der russische Generalstab wurden nach preußischem Muster reorganisiert. Im anderen Jahrhundert folgte England spät diesem Beispiel. Türkische, rumänische, griechische Offiziere studierten jetzt Generalstabslehre in Berlin. Die Türkei, das sinkende Osmanenreich, bevorzugte deutsche Militärberater. Im Fernen Osten holte sich das aufstrebende kaiserliche Japan deutsche Instrukteure. China schloß sich später dem japanischen Beispiel an. Chile, Bolivien und Argentinien organisierten ihre Armeen nach preußischem Muster. Politische Bedeutung erlangte von dieser meist sehr uneigennützig geführten, in Moltkes Sinn unpolitischen militärischen Lehrtätigkeit, nachdem die Berliner Politik die höchst preußenfreundlichen Japaner ohne vernünftigen Grund vor den Kopf gestoßen hatte, nur die Arbeit des Inspekteurs der kaiserlich osmanischen Kriegsschulen in der Türkei, Colmar v. d. Goltz, dessen Erfolge die deutsche Orientpolitik einleiteten.

Die politische Entwicklung, so hatte schon 1875 Bronsart v. Schellendorf festgestellt, verlange einfach die direkte Unterstellung des Chefs des Großen Generalstabes unter den Obersten

Kriegsherrn. Sie erfolgte formal erst Jahre später. In den Augen der Armee war dies nur die logische Konsequenz aus der Rolle, die das Instrument in den letzten Kriegen gespielt hatte. Mit der Erlangung des Immediatrechtes, des regelmäßigen Vortrags beim Souverän, den kein Kriegsminister mehr kontrollieren konnte, war allerdings im Gefüge der Spitzengliederung mit ihren mannigfachen Immediatstellen, dem Chef des Militärkabinetts, den Kommandierenden Generalen, den Waffen-Inspekteuren, den Armee-Inspekteuren, noch lange nicht die allein maßgebliche Position verbunden. Der Oberbefehl wie die Koordinierung aller Immediat-Interessen oblag allein dem Monarchen. Solange der uralte Kaiser und König lebte, stand hier wenigstens ein Soldat mit jahrzehntelanger eigener Diensterfahrung zur Verfügung.

Das Denken des Generalstabes in der Spät-Moltkeschen Ära war beherrscht von der Besorgnis über die Gefahren, die dem neu entstandenen Machtzentrum in der Mitte Europas drohten, seitdem die anderen Großmächte sich mühten, mit den Fortschritten der preußischen Heeresverfassung und Führungstechnik Schritt zu halten. Bismarcks kompliziertes System wechselseitiger Bündnisverträge galt der Sicherung des Erreichten. In der Außenpolitik besaß er einen untrüglichen Instinkt für die Grenzen dessen, was möglich war.

Aufgabe des Generalstabes war jedoch nun einmal die umfassende Vorbereitung für den Fall, daß die politische Führung es nicht mehr vermochte, den Frieden zu bewahren. Der Wandel der Technik, die Konstruktion neuer weittragender Geschütze, die Einführung von Mehrladewaffen bei der Infanterie, die zunehmende Dichte des Eisenbahnnetzes machten eine ständige Bereitschaft nicht nur unumgänglich, sondern auch möglich. Seit 1871 rang Moltke mit dem „cauchemar des coalitions“, mit dem Alpdruck, daß sich alle Nachbarstaaten gegen das neue Deutsche Reich mit seinem so beunruhigenden Aufstieg zusammenschließen könnten. Die erste Denkschrift, die sich mit dieser militärischen Frage beschäftigte, stammt aus dem April des Jahres 1871. Der Horizont verdüsterte sich für ihn, die militärpolitische Lage des Reiches verschlechterte sich. Macht erzeugt nun einmal stets

Gegendruck. 1879 brach eine weitere Denkschrift Moltkes über die russische Heeresverstärkung an der deutschen Ostgrenze den Widerstand des alten Kaisers gegen das von Bismarck gewünschte Bündnis mit Österreich, in dem der Monarch eine Verletzung des traditionellen Treueverhältnisses zwischen den Hohenzollern und dem Hause Romanow in St. Petersburg erblickte.

Die Pflicht des Chefs des Generalstabes bestand in Moltkes Sicht darin, in einer Zeit wachsender internationaler Spannungen jede nur mögliche Kriegslage sorgsam zu prüfen und sich gedanklich auf jede Eventualität einzustellen. Pflicht der politischen Führung war es, die Entscheidung zu treffen, ob sie vom Schwert, das stets scharf geschliffen sein mußte, Gebrauch machen wollte oder nicht. Den Hintergrund für diese ständige Bereitschaft – ständig steigende Machtansprüche aller europäischen Großnationen, ständig steigende Rüstungen bei sich mehrender Volks- und Wirtschaftskraft, die große innerpolitische, soziale Auseinandersetzung in den neuen Industriemächten zwischen der an der Wirtschaft verdienenden großkapitalistischen neuen Oberschicht und den ausgebeuteten, um ihr Lebensrecht ringenden Arbeitermassen – sah er zu einem erheblichen Teil gar nicht. Der Generalstabsoffizier tat schweigend seine Pflicht. Mehr als dies war ihm nach Moltkes Überzeugung nicht aufgegeben. Daß er seine rein militärisch so vorzüglich ausgebildeten Offiziere für den Kampf der Geister in Deutschland unausgebildet hinausschickte, begriff er nicht. Innenpolitik war nicht die Sache des Militärs oder sollte es wenigstens nicht sein.

Seit dem Jahre 1879 wurden jährlich zwei große Aufmarschpläne im Generalstab bearbeitet, gegen Frankreich und gegen Rußland. Angesichts des wachsenden Ausbaues des französischen Ostfestungs-Gürtels schwand hier die Aussicht auf einen raschen Erfolg im Westen, nahm man als schlimmsten Fall einen Zweifrontenkrieg an. Die rasche Entscheidung, der kurze Krieg, aber machte Moltkes Idealvorstellung vom Krieg aus. Der Aufmarschplan von 1879 sah daher im Westen defensives Verhalten vor, nötigenfalls unter zeitweiligem Ausweichen auf rechtsrheinisches Gebiet bis in den Raum Mainz–Frankfurt, während im Osten, gemeinsam mit Österreich, rund eine halbe Million Mann zum

Angriff auf Rußland antreten sollten. Dieser Ostaufmarsch blieb für lange Zeit die große Lösung, bis zu Moltkes Ausscheiden aus dem Amt und noch darüber hinaus.

In einer Denkschrift aus dem Jahr 1887 empfahl der nunmehr 87jährige Generalstabschef ein angriffsweises Vorgehen gegen Rußland, in praxi den Präventivkrieg. „Meo voto verfrüht" lautete Bismarcks knapper Kommentar. Bismarck schrieb in seinen „Gedanken und Erinnerungen" über die Wünsche des Generalstabes nach einem Präventivkrieg, diese lägen begründet in dem notwendigen Geist solcher Institution, den er nicht missen möchte. Sie würden aber gefährlich unter einem Monarchen, dessen Politik das Augenmaß und die Fähigkeit des Widerstandes gegen einseitige und verfassungsmäßig unberechtigte Einflußnahme fehlten. Darin war sozusagen die klassische Wechselbeziehung zwischen Generalstab mit Immediatrecht und politischer Führung ausgedrückt. Die Frage blieb, was geschehen würde, wenn ein aggressiver Generalstabschef es mit einem zerfahrenen, willensschwachen Monarchen ohne Augenmaß und einem Reichskanzler zu tun bekam, dem es an politischer Eigenständigkeit mangelte?

Der Grund zu solcher Fehlentwicklung war bereits gelegt, als Bismarck diese Gedanken niederschrieb. Seit dem Jahr 1882 war dem greisen Moltke, der wiederholt um seinen Abschied eingekommen war, als Stellvertreter und Generalquartiermeister der General Graf v. Waldersee zugeteilt worden, der die Hauptlast praktischer Arbeit trug und dessen manchmal hintergründiger Betriebsamkeit auch zum Teil die Kabinettsordre vom Mai 1883 bezüglich der Immediatstellung zu danken war. Noch bestimmte freilich der fast neunzigjährige Mann mit dem feinen, faltenreichen Altherrenantlitz den Kurs im roten Backsteinbau am Königsplatz in Berlin. Wer ihn im langen dunklen Generalsmantel, eine einfache Feldmütze auf dem Kopf, im Tiergarten spazieren gehen sah, konnte fast meinen, einen antiken Philosophen vor sich zu haben.

Jeder Krieg, auch der siegreiche, sei ein Unglück, hatte er in der Weisheit des Alters geschrieben. Nach den Siegen des 70er Jahres war das Wort gefallen, Gott sei nur im Schwachen groß.

Er war schon lange innerlich einsam geworden. 1868 hatte der Tod seine über alles geliebte Frau hinweggenommen. In den letzten Jahrzehnten seines Lebens war dem Kinderlosen ein Neffe, Helmuth v. Moltke, der Sohn seines Bruders Adolf, als Adjutant zugeteilt worden und ihm fast wie ein Sohn ans Herz gewachsen. 1888 sah er zwei Kaiser dahingehen, den alten König Wilhelm, seinen „Herrn“, dem er sich tief verbunden gefühlt hatte, im März des Jahres, und dessen Sohn, des unheilbar krebskranken Kaiser Friedrich, in dem viele Zeitgenossen den Platzhalter des deutschen Liberalismus erblickt hatten, im Juni des gleichen Jahres.

Am 10. August des Jahres 1888 gewährte ihm der neue junge Herr, Kaiser Wilhelm II., den lang ersehnten Abschied. Im Frühjahr des Jahres 1891 weilte er zu Besuch in Berlin, aus Kreisau kommend. Am Vormittag des 24. April nahm er an einer Sitzung des preußischen Herrenhauses teil. Am Abend hörte er im Kreise seiner Hausgenossen Musik. Er fühlte sich müde und ging still ins Nebenzimmer, um die Andächtigen nicht zu stören. Da er nicht zurückkehrte, erhob sich nach einer Weile sein Neffe Helmuth, um zu sehen, wo der Onkel geblieben war. Er fand ihn stumm, vornübergeneigt, auf einem Stuhl sitzend, auf Fragen gab er keine Antwort mehr, doch atmete er noch. Man trug ihn ins Schlafzimmer und legte ihn auf dem Bett nieder. Wenige Minuten später tat er den letzten Atemzug. Sein Blick blieb bis zuletzt auf ein Bild seiner Frau gerichtet, das gegenüber dem Bett an der Wand hing.

PRÄVENTIVKRIEG ODER STAATSSTREICH

Alfred Graf v. Waldersee

Um die Jahrhundertwende erschien aus der Feder eines jungen, wenig bekannten Schriftstellers, Franz Adam Beyerlein, ein Roman mit dem Titel „Jena oder Sedan“, der weniger auf Grund literarischer Qualitäten Aufsehen erregte als auf Grund seines militärischen Themas. Er erlebte rasch eine beträchtliche Zahl von Auflagen.

Der Roman warf ein grelles Schlaglicht auf die sich unaufhaltsam vollziehende Unterhöhlung des inneren Gefüges der preußisch-deutschen Armeen. Die beiden Säulen, auf denen die preußische Monarchie ruhte, die Armee und die protestantische Orthodoxie, standen in der Zeit, die den siegreichen Einigungskriegen folgte, auf einem Boden, an dem die Sturmfluten neuer Ideologien nagten. Die industrielle Revolution, die auch in Deutschland die Auflösung der agrarischen, feudal-patriarchalischen Ordnung, die Bildung einer neuen industriellen Gesellschaft zur Folge hatte, führte zu einer tiefen Erschütterung der ökonomischen wie der Autoritätsbasis des ostelbischen Adels, an dessen Anschauungen sich das Offizierkorps auch in seinen bürgerlichen Teilen orientiert hatte. Die bis dahin festgeschlossenen Lebenskreise des grundbesitzenden Adels, des Bauernstandes, des Handwerker- und Kleinbürgertums lösten sich auf. Eine völlig neue Lebensform, die proletarische Haltung, bildete sich heraus. Die Industriearbeiterschaft, die sich mit Recht ausgebeutet sah, wuchs an Zahl, und damit verwandelte sich ein immer größerer Teil des Ersatzes der auf der allgemeinen Wehrpflicht basierenden Armee. Ein erheblicher Teil der Nation, deren „Schule“ die Armee sein sollte, die nur dem Obersten Kriegsherrn den Fahneneid schwor, wandte sich vom Christentum ab und suchte das Heil im internationalen Sozialismus.

Auf diese Wunde legte Franz Adam Beyerlein mit seinem Roman „Jena oder Sedan“ den Finger. Dem Strukturwandel in Wirtschaft und Gesellschaft entsprach keinerlei Strukturwandel in der Armee, im Offizierkorps. Als anno 1905 einer der klügsten ehemaligen Generalstäbler und ausgezeichnetsten Kommandierenden Generale, General v. Eichhorn, bei seinem XVIII. Armee-Korps in Frankfurt am Main einen „politisch-sozialen Unterricht“ einführte und wieder die Idee vertrat, der moderne Offizier müsse ein politischer Offizier sein, erhob sich ein Sturm der Entrüstung im Offizierkorps, der Kaiser verbot das ganze Unternehmen. Die Armee, hieß es, dürfe niemals politisiert werden.

Der Generalstab zumal glaubte, die Auseinandersetzung mit den Ideen der Zeit, ja auch die Schulung in der Abwehr gegen den Sozialismus, läge außerhalb des militärischen Bereichs. Moltkes Altersjahre waren nun einmal in gewisser Weise auch Jahre des Stillstandes, selbst auf rein militärischem Gebiet. Ein Militärschriftsteller wie der ehemalige Hauptmann i. G. Hoenig, ein geistvoller, wenn auch schließlich etwas querulatorischer Mann, der sich zum erstenmal unterfing, Militär-Psychologie zu treiben und die Wechselwirkung zwischen Moral und gesteigerter Wirkung der Feuerwaffen bei der Truppe zu untersuchen, scheiterte am starren Geist der Kaste. Dem Großteil der Generalität wie der Generalstabsoffiziere schienen selbst Verbesserungen in der Armee recht überflüssig. Als einer der Reformer, General v. Schlichting, 1888 in der Einführung zum neuen Exerzierreglement feststellte, mit dem alten Reglement habe man drei Kriege gewonnen, hielt ihm der Kommandierende General des Garde-Korps, General v. Pape, in schöner Naivität entgegen, wozu man dann ein neues brauche?

Dies war die Stunde Waldersees, der als führender Kopf des Großen Generalstabes wohl die Gefahr des Umsturzes spürte, die Antwort jedoch als Soldat in rein militärischem Sinne zu finden suchte.

Wie Friedrich des Großen Generaladjutant v. Anhalt, wie der Militärschriftsteller v. Behrenhorst entstammten auch die Grafen Waldersee einer Mesalliance des fürstlichen Hauses Anhalt-

Dessau, der Askanier. Alfred Graf v. Waldersee hatte am 8. April des Jahres 1832 als Sohn eines preußischen Generals das Licht der Welt erblickt. Auch die Mutter war eine Generalstochter. Kadettenkorps, Adjutantenstellungen, Generalstabsarbeit und der diplomatische Dienst als Militärattaché in Paris unmittelbar vor Ausbruch des 70er Krieges bezeichneten die Stufen einer erfreulichen Karriere, die ihn früh in Bereiche brachte, welche dem durchschnittlichen preußischen Offizier meist verschlossen blieben und die ihm das erfrischende Bewußtsein lieh, als gewandter Generalstäbler sei er in allen Sätteln gerecht. Dazu kam die Ehe mit einer für einen damaligen preußischen Offizier sehr ungewöhnlichen Frau, Mary Esther Lee, der Tochter eines millionenschweren amerikanischen Lebensmittelgroßhändlers in New York. Der alte Kaiser meinte lächelnd von Waldersee, dieser sei ja wohl „ein Mädchen für alles“. Im Generalstab erhielt er allerdings den Beinamen „der Fuchs“.

Waldersee war ein viel zu heller Kopf, um nicht die Gefahr einer sozialen Revolution zu erkennen, die die alten Dynastien in Deutschland und mehr noch in Rußland bedrohte. Noch lebten Bismarck und Moltke. Sehr nüchtern legte er sich jedoch die Frage vor, was einmal geschehen würde, wenn sie aus dieser Welt abberufen würden? Was Moltke betraf, so sah Waldersee, wie er 1878 seinem Tagebuch anvertraute, keinen ebenbürtigen Nachfolger. Bismarcks vergeblicher Kampf gegen die katholische Kirche und gegen die Sozialdemokratie, die Partei der Arbeiterklasse, warf seine düsteren Schatten. Waldersee huldigte einem orthodoxen Protestantismus, der den Wert der Kirche weniger in der Botschaft der Liebe als in der Disziplinierung der Massen sah. Die Massen aber hörten immer weniger auf die Predigt der Pastoren.

Bismarck beurteilte Waldersee ursprünglich sehr günstig. Moltke hielt ihn für glänzend beanlagt. Der vorzüglich aussehende, liebenswürdige Mann mit den Umgangsformen eines Grandseigneurs, den blitzenden Augen, dem eleganten, schneidigen Schnurrbart und dem unerschütterlichen Selbstvertrauen strahlte in einer skeptisch und alt gewordenen Umwelt eine

Welle der Zuversicht aus. Zuversicht verraten auch die Eintragungen in seinem Tagebuch, obwohl er sich, in oft betontem Gottvertrauen, nicht verhehlte, daß die Zeiten ernst und die Aufgaben schwer seien. Waldersee wünschte als Soldat den offenen Kampf gegen die Teufelsmächte der Zeit, den Liberalismus und die Sozialdemokratie. Sein Kurs war patriarchalisch, orthodox und feudal. Er hielt auch in der Außenpolitik den Krieg gegen Rußland und vor allem gegen Frankreich für unvermeidlich und wollte ihn provozieren, solange das Reich noch mächtig und stark war. Im Grunde hielt er sich selbst für den Mann der Stunde, der fähig war, auch den schwersten Konflikt zu meistern.

Im Jahre 1881 äußerte der alte Moltke den Wunsch nach einem Gehilfen, der ihm die Last der Tagesgeschäfte abnahm und erbat sich für diese Stellung Waldersee, dessen Frische und dessen von keines Gedankens Blässe angekränkelte Entschlußfreudigkeit er wohl als belebendes Element empfand. Das Jahr darauf wurde Waldersee daher zum Generalquartiermeister im Großen Generalstab ernannt. Da Moltke ihm freie Hand ließ, ging die Führung des Amtes praktisch auf Waldersee über.

Binnen Kürze stürzte sich Waldersee als stellvertretender Generalstabschef nun in politische Machenschaften, die Moltke stets verabscheut hatte. wobei zu beachten ist, daß die sachliche militärische Arbeit des Korps davon ganz unberührt blieb. Waldersee handelte zunächst in engem Einvernehmen mit dem seit 1871 amtierenden Vortragenden Generaladjutanten und Chef des Militärkabinetts General v. Albedyll. Ohne das Militärkabinett, dem die Bearbeitung der gesamten Stellenbesetzung im Offizierkorps zukam, war nichts zu erreichen. Waldersee und Albedyll strebten nach der völligen Autonomie ihrer Ämter gegenüber dem Kriegsministerium. Nicht zuletzt dank Waldersees Betriebsamkeit erlangte der Generalstabschef 1883 das Immediatrecht. Der Kriegsminister General v. Kameke, der sich gegen die Präponderanz des Militärkabinetts gesträubt hatte, mußte gehen. Nachfolger wurde einer der großen Abteilungschefs von 1870, General Bronsart v. Schellendorf, auf den Waldersee große Stücke hielt, obwohl Bronsart nun die Rechte des eigenen Ressorts nicht nur zu wahren, sondern wieder zu erweitern suchte.

Das Immediatrecht, nach dem Moltke nie gefragt hatte, war das rechte Mittel für einen Mann wie Waldersee, um seine Ansichten auf allen möglichen Gebieten zur Geltung zu bringen. Militärische Politik dieser Art konnte nur Intrigenpolitik sein. Auf diesem Felde besaß Waldersee, beflügelt von seiner ungemein charmanten, intriganten und ehrgeizigen amerikanischen Frau, beträchtliche Fähigkeiten. Mit der Ära Waldersee begann eine Zeit des Kampfes aller gegen alle hinter den Kulissen. Der Generalquartiermeister hatte sehr wohl die neupreußische Macht der Presse erkannt. Er suchte hier Beziehungen anzuknüpfen. Unter der Leitung des der 3. (Französischen) Abteilung angegliederten Nachrichtendienstes (später als III b bezeichnet) unter Major i. G. Zahn, wurde ein Pressebüro des Generalstabes eingerichtet. Zahn huldigte der Überzeugung, Waldersee müsse eines Tages Reichskanzler werden. Etliche verabschiedete, als Militärschriftsteller tätige Offiziere wurden als „Pressehusaren" – wie man zynisch sagte – eingesetzt, um Walderseesche Weisheiten zu propagieren. Meist schrieben sie für die ultrakonservative „Kreuz-Zeitung". Deren Leiter, dem sehr lebenslustigen, verschwenderischen und ewig verschuldeten Freiherrn Wilhelm v. Hammerstein, verschaffte Waldersee mit Hilfe seiner reichen Frau eine Art Darlehen in Höhe von 100 000 Mark.

In rein militärischer Hinsicht blieb Waldersee bei dem Moltkeschen Plan des Ost-Aufmarsches. Er ließ jedoch sofort alle Mobilmachungsvorbereitungen neu überprüfen, forderte verstärkte Rüstungsanstrengungen und entwickelte die These, alle europäischen Staaten könnten eine Niederlage überdauern, nur das Reich nicht. Jede Niederlage bedeute die Auflösung Preußens und damit den Zerfall des Reichsgebildes. Moltke bereitete das Problem eines Zweifrontenkrieges Kopfzerbrechen. Bismarck suchte dieser Gefahr durch ein kompliziertes System von Bündnis- und Freundschaftsverträgen zu begegnen. Waldersee ging jedoch sehr bald dazu über, die Bismarcksche Diplomatie als „Schaukelpolitik" zu verdammen. Wie so manche Soldaten erlag er der Verführung, in kritischer Lage die Flucht nach vorn zu ergreifen und den Gordischen Knoten mit dem Schwert zu durchschlagen.

Entscheidend war bei allen Rüstungsgelüsten die Haltung des Reichstages, dem die Kontrolle des Wehr-Etats zustand. Der siegreiche Deutsch-Französische Krieg hatte in weiten Kreisen ein Gefühl der Sicherheit erzeugt, das zu den Wünschen des Generalstabes Walderseescher Provenienz in starkem Gegensatz stand. Neue Rüstungen erschienen als eine unnötige Belastung. Die vorhandene Armee hatte ja das ihrige geleistet. Sie genügte vollkommen. Auf der anderen Seite ging aus dem Generalstab damals eine Reihe bedeutender Militärschriftsteller hervor, die energisch für die Rüstungsvermehrung eintraten.

Bereits 1877 hatte der Hauptmann im Generalstab Colmar Frhr. v. d. Goltz sein aufsehenerregendes Buch „Léon Gambetta und seine Armeen“ veröffentlicht. Goltz legte dar, ein neuer Krieg werde ein „Volks-Krieg“ sein, der die totale Mobilmachung der Massen verlange. Dem greisen Moltke waren diese Thesen zu kühn (Gambetta war ihm ohnehin widerwärtig gewesen). Goltz wurde erst einmal strafversetzt.

In zwei neuen Büchern „Roßbach und Jena“ und „Volk in Waffen“ verfocht er jedoch seine Thesen weiter – und wurde damit, ohne dies zu ahnen, zu einem der geistigen Väter des deutschen Militarismus im 20. Jahrhundert, demzufolge schließlich alle staatlichen und menschlichen Beziehungen auf die Kriegsführung abzustellen waren. Auch Goltz bewegte wie den Schriftsteller Beyerlein die Furcht vor einem neuen „Jena“. Solche Besorgnisse waren in der zeitgenössischen französischen Militärliteratur keineswegs zu konstatieren. Während Goltz aus tiefer sittlicher Überzeugung die Anschauung vertrat, man dürfe nur im alleräußersten Notfall Krieg führen – dann freilich mit aller Gewalt –, waren Waldersee derartige Erwägungen fremd. Er glaubte durchaus an den „frisch-fröhlichen Krieg“.

Seine große Hoffnung war der Enkel des alten Kaisers, der in der Mitte der Zwanziger stehende Prinz Wilhelm von Preußen, den er 1884 zu einem Besuch am Zarenhof begleitete. Seine Frau, die Spötter die „preußische Maintenon“ nannten, fand den Prinzen bezaubernd. Dieser wiederum war nicht unempfänglich für die Reize und mystisch verdrehten Anschauungen der amerikanischen Gräfin mit ihren Thesen, daß der christliche Monarch ein Werkzeug des Allmächtigen auf Erden sei. Waldersee konnte jedenfalls zu Recht schon 1881 seinem Tagebuch anvertrauen, mit dem Prinzen verbände ihn eine enge Freundschaft. Dessen nervöse Launenhaftigkeit bekam er erst später zu spüren. Er schilderte ihn als einen offenen Kopf, frisch, arbeitslustig, liebenswürdig, sehr preußisch denkend, mit harten, konservativen Anschauungen. Waldersee fügte hinzu, sicherlich besäße dieser Hohenzoller nicht viel Herz, aber das war ihm gerade für die harten Zeiten recht. Der Prinz, so schrieb er im Tagebuch, sei ganz der Mann, dem er noch gute Dienste werde leisten können.

Zu Beginn des Jahres 1886 ereigneten sich im belgischen Industrierevier ausgedehnte Streiks mit schweren Unruhen, die den Einsatz von Militär erforderlich machten. Waldersee beschäftigte dies außerordentlich. Er befürchtete, ähnliche Dinge könnten sich auch im Reich ereignen. Zu dem von ihm gewünschten Präventivkrieg gesellte sich der Glaube, in der Innenpolitik könne nur ein „scharfer Kurs" helfen. 1887 machten sich bei dem Kronprinzen Friedrich, auf den die deutschen Liberalen damals so große Hoffnungen setzten, die ersten Anzeichen jenes unheilvollen Krebsleidens bemerkbar, dem er ein Jahr später erliegen sollte. Im gleichen Jahr schloß Waldersee, unterstützt von seiner bigotten Frau, das Bündnis mit dem Hofprediger und Leiter der Berliner Stadtmission Adolf Stoecker, der sich mühte, die Arbeitermassen wieder dem Sozialismus abspenstig zu machen und zu einem sozialen Tatchristentum zurückzuführen. Der Salon der Waldersees in der Herwarthstraße im roten Backsteinbau des Generalstabsgebäudes, sarkastisch auch die „Stoeckerei" genannt, wurde Mittelpunkt einer wunderlichen und in ihrer Mischung von reaktionärem Geist, übertriebener Wohltätigkeit und emsiger Frömmelei manchmal etwas widerwärtig erscheinenden, jedenfalls ganz unmilitärischen und unpreußischen Betriebsamkeit. Die Allianz Waldersee–Stoecker wandte sich gegen die Mächte der modernen Zeit, Kapitalismus, Sozialismus und Liberalismus. Stoecker predigte obendrein auch einen rabiaten Antisemitismus.

Bismarck beurteilte Stoeckers Aktivitäten mit nicht geringerem Mißtrauen als Waldersees Ideen eines Präventivkrieges. Waldersee erblickte jedoch in Stoeckers Bestrebungen das Mittel, um die Arbeitermassen wieder in strenger christlicher Zucht zu binden und konnte mit Genugtuung verbuchen, daß der Prinz Wilhelm und Teile der ultrakonservativen Aristokratie ihn unterstützten und im Salon in der Herwarthstraße verkehrten. In einer Versammlung bei Waldersees am 28. November 1887 bekannte sich der Prinz, der einmal die Krone Preußens und des Reiches tragen sollte, offen zu den Gedanken des Hofpredigers.

Bismarck wurde hellhörig. Der Prinz als Thronerbe müsse über den Parteien stehen, äußerte er gegenüber Waldersee. Dieser widersprach nicht, betrieb nun aber heimlich Bismarcks Entlassung, weil dieser seinen Plänen im Wege stand. Ende 1887 glaubte Waldersee mit Sicherheit zu wissen, daß der ihm unangenehme Kronprinz Friedrich ein todgeweihter Mann war. Ging der alte Kaiser dahin, würde der Prinz Wilhelm in Kürze Kaiser werden. Bei der Selbstherrlichkeit und Unausgeglichenheit des jungen Herrn war ein Konflikt mit dem herrischen, alten Reichskanzler unschwer vorauszusehen. Auf diesen Konflikt setzte Waldersee. Des Militärkabinetts war er sicher, denn dort saß sein Gönner Albedyll. Mit dem souveränen Kriegsminister Bronsart v. Schellendorf stand er schon weniger gut.

Im März des Jahres 1888 schloß der greise Kaiser Wilhelm I. die Augen, der letzte König des alten Preußen. Der todkranke Kronprinz regierte für einige Monate als Kaiser Friedrich III. Wäre er noch fähig zu eigenen Entschlüssen gewesen, so hätte das wohl Waldersees Sturz bedeutet. So aber brauchte dieser nichts zu fürchten.

Im Frühjahr des Jahres 1888 hielten die Mittelparteien im Reichstag den Krieg für sicher, wenn Prinz Wilhelm Kaiser und Waldersee sein Generalstabschef würde. Auch Bismarck hatte damals den Eindruck, der Prinz wolle den Krieg. Noch erkannten weder die Parlamentarier noch Bismarck oder Waldersee, daß der Prinz sich im Grunde nur in eine alt-hohenzollernsche Rolle einlebte, diejenige des Obersten Kriegsherrn, daß er sich selbst gern Theater vorspielte.

15. Alfred Graf v. Waldersee (1832–1904)
1888 Chef des Generalstabes der Armee

16. Alfred Graf v. Schlieffen (1833–1913)
1891 Chef des Generalstabes

17. Der „große Chef“ bei einer Übungsreise
Schlieffen (Mitte) mit seinen beiden Adjutanten,
Hauptmann i. G. v. Hahnke und Hauptmann i. G. v. Meiss

Im Tagebuch tröstete sich Waldersee mit der illustren Feststellung, seine Position sei gerettet, weil der neue Kaiser im Sterben läge. Im Juni war es soweit – der Kaiser starb. Waldersee notierte am 5. Juli 1888: „Kurz, es geht mir so gut wie wenigen Sterblichen, vielleicht stehe ich jetzt im Zenit meines Lebens." Eine Reihe alter Generale wurde verabschiedet. Ein neuer Wind wehte.

Im Vorjahr war der neue Herr, Kaiser Wilhelm II., bei den Manövern zum Stab des III. Armee-Korps in der Kurmark kommandiert gewesen. Der Kommandierende General, General d. Inf. Graf v. Wartensleben, einer der besten Stabschefs von 1870, hatte Kritik gehalten. Der Prinz hatte ihn unterbrochen. Der General sagte sehr kühl: „Einen Augenblick, Kgl. Hoheit, jetzt spricht der Kommandierende General." Der Prinz vergaß so etwas nicht. Jetzt, als er die Zügel in die Hand genommen hatte, bestellte er den Kommandierenden General ins Berliner Schloß und ließ ihn darauf endlos warten. Nach einer guten Stunde über die festgesetzte Uhrzeit sagte der General zu dem diensttuenden Flügeladjutanten: „Melden Sie Seiner Majestät, der Kommandierende General wartet, solange es der Oberste Kriegsherr befiehlt. Graf Wartensleben wartet nicht." Auch er, ein Junker und Generalstabsoffizier altpreußischen Schlages, erhielt darauf den Abschied. Die Zeit verlangte andere Naturen.

Am 10. August erhielt Moltke seinen lange ersehnten Abschied. Graf Waldersee wurde Chef des Großen Generalstabes. „Die Ernennung war für mich keine Überraschung", vermerkte er im Tagebuch, „ich habe eine der glänzendsten Laufbahnen hinter mir, und die ganze Welt sieht auf mich."

Waldersees erste Tat war ein Dolchstoß gegen seine Kamarilla. Als der junge Kaiser den Wunsch äußerte, der Kommandeur der 1. Garde-Infanterie-Brigade, Generalmajor v. Hahnke, solle Chef des Militärkabinettes werden, legte Waldersee kein Wort zu Gunsten seines Gönners Albedyll ein, der dies Amt immerhin 17 Jahre bekleidet hatte. Er riet auch zu einem Wechsel im Kriegsministerium. Bronsart v. Schellendorf war ihm zu eigenständig, auch paßte er dem Kaiser nicht, der unabhängig denkende Männer unbequem fand. An Bronsarts Stelle trat dessen Kamerad aus dem Moltkeschen Stab von 1870, der Generalleutnant v. Verdy du Vernois, ein Verfechter entschiedener Rüstungsverstärkungen. Mehrfach wurde Waldersee aufgefordert, auch das Kriegsministerium zu übernehmen. Er lehnte ab, auch hätte der Reichskanzler Fürst Bismarck wohl kaum einer Ministerrolle Waldersees zugestimmt. Dieser hatte höheren Ehrgeiz, glaubte aber, auf seine Stunde warten zu können.

Der neue Chef des Großen Generalstabes hatte ein umfangreiches Programm. Er strebte nach einer Heeresreform, die freilich nicht innerer Umgestaltung galt, sondern der Erhöhung der Stärke. Was er weniger besaß – im Gegensatz zu seinem Nachfolger Schlieffen – war das Verständnis für die militärtechnischen Neuerungen der Zeit, Maschinengewehre, Fernsprecher, Luftschiffahrt und die Erfindung des Verbrennungsmotors, die damals die Militärs in vielen Ländern lebhaft beschäftigten. Gemeinsam mit Verdy du Vernois entwarf er einen Plan zur rücksichtslosen Ausschöpfung der Volkskraft durch die allgemeine Wehrpflicht.

Gleichzeitig schloß er die organisatorische Neugliederung des Generalstabes ab, die Zusammenfassung der verschiedenen Abteilungen unter drei Oberquartiermeistern, ähnlich den „Brigaden" des einstigen Generalquartiermeisterstabes. Dem Oberquartiermeister I wurden die Eisenbahn-Abteilung und die 2. (Deutsche) Abteilung unterstellt, die sogenannte Aufmarsch-Abteilung, welche alle Probleme der Mobilmachung bearbeitete. Unter dem Oberquartiermeister III wurden die 1. (Russische) und die 3. (Französische) Abteilung vereinigt, die sich mit dem östlichen und westlichen möglichen Kriegsschauplatz zu befassen hatten. Zentral-Abteilung, Kriegsgeschichtliche Abteilung und Landesaufnahme blieben direkt dem Chef unterstellt. Das Ganze war nun ein vorzüglich organisiertes Büro für die Planung des Ernstfalles, die geistige Zentrale der Reichsverteidigung geworden. Der Aufschwung der Industrie und imperialistische Zielsetzungen waren Korrelate geworden. Die Kolonialfrage und der Flottenbau, beide von Bismarck, dem ostelbischen Junker, sehr zögernd aufgenommen, weckten Vorstellungen von

Machterwerb und Handelsstützpunkten in Afrika, Ostasien und Ozeanien.

Das Bürgertum gewann neue Positionen. Es war kein Zufall, daß das Offizierkorps des Großen wie des Truppen-Generalstabes jetzt bereits zu fast 50 Prozent aus Leuten bürgerlicher Abkunft bestand. Das Bürgertum bestimmte die neuen Wirtschaftsmächte, deren Schwerpunkt die west- und mitteldeutschen Industriereviere bildeten. Das agrarische Ostelbien verlor seine ursprüngliche Bedeutung. Die Söhne der neuen Oberschicht trugen die Uniform und die Epauletten, noch immer das vornehmste Staatskleid, das dem Träger unbedingte soziale Anerkennung lieh. Aus diesem Neubürgertum kamen die Verfechter alldeutschen Gedankengutes. Bürgerliche Generalstabsoffiziere, Hauptmann Keim und Major Liebert, schlugen in diesen Jahren die ersten Brücken zu Kolonial- und Flottenvereinen, Verfechtern der deutschen „Weltgeltung“. Der ostelbische Adel hatte mit einer Flotte stets wenig zu beginnen gewußt. Handel und industrieller Export ließen jetzt jedoch die Schaffung einer mächtigen Flotte als wünschenswert erscheinen.

Der junge Kaiser ging dazu über, beflügelt durch das englische Vorbild, dem Reich eine starke Kriegsflotte zu schaffen. Die Marine erhielt ein eigenes Oberkommando, das vom Reichsmarine-Amt abgetrennt wurde, der Kaiser schuf sich ein eigenes Marine-Kabinett. Eine Zeitlang tauchte der Plan auf, für beide Wehrmachtteile einen „Stab des Oberkommandos“ zu errichten, eine Art „Reichsgeneralstab“, im Grunde eine Notwendigkeit, um Heer und Marine unter einheitlicher Führung leiten zu können. Für solche Gedanken war die Zeit längst nicht reif. Sie wurden auch nie Wirklichkeit, trotz einiger Ansätze dazu im Dritten Reich Hitlers. Die Zusammenarbeit zwischen Heer und Marine, die einander wechselseitig mit Verachtung betrachteten, blieb rudimentär. Die Marine verzichtete bewußt darauf, sich ein besonderes Admiralstabs-Korps zu schaffen. Das Verständnis für die beiderseitigen Belange, die Planung für das Zusammenwirken im Kriegsfall gediehen nicht über Ansätze hinaus, die Kommandierung von Offizieren zu Übungen und Lehrgängen, die Veranstaltung von Kursen über Seekriegstaktik auch für Landoffiziere bei der Kriegsakademie, die im ersten Jahr obgligatorisch wurden.

In jedem Fall sah sich Walderseee jetzt mit einer neuen, ihm unerwarteten Entwicklung konfrontiert. Deutschland, Preußen zumal, war in seinen Augen eine Kontinentalmacht, ausschlaggebend für seine Verteidigung war eine starke Armee. Schon im August des Jahres 1888 kamen ihm Bedenken über den Kurs des bislang von ihm so bewunderten, allzu brillanten, neuen kaiserlichen Herrn. Er war zu klug, um nicht zu sehen, daß sich Deutschland neben einem starken Landheer auch noch eine riesige Schlachtflotte leisten konnte. Noch dachte niemand an einen Konflikt mit England; um Rußland oder Frankreich zu schlagen, mußte man zu Lande so stark wie möglich sein. Waldersee, flankiert von politischen Freunden wie dem Freiherrn Wilhelm v. Hammerstein, sah sich damals selbst als den Kanzler der Zukunft, der das Reich mit Hilfe einer Eisenbartkur zu neuer Blüte führen würde. Am 15. April des Jahres 1889 vertraute er seinem Tagebuch an, man müsse Bismarcks Ansehen und Geschicklichkeit noch solange ausnutzen, bis das Reich stark genug sei. Waren die Rüstungen abgeschlossen, müsse man den großen Kampf gegen Rußland und Frankreich riskieren: „Bis dahin mit dem Kanzler; wenn es ernst wird, aber ohne ihn; wenn es sein muß, auch gegen ihn.“ Beim Kaiser liefen dem ehrgeizigen, kriegsentschlossenen Generalstabschef indes neue Günstlinge den Rang ab, voran der romantische, geschmeidige und sentimental schwärmerische Graf Philipp zu Eulenburg.

Im März 1890 kam die Kanzlerkrise zum offenen Ausbruch. Unter dem 15. März heißt es in Waldersees Tagebuch: „Der große Krach ist da.“ Rücksichtslos zog er jetzt beim Kaiser gegen Bismarck vom Leder. Dessen ganze Außenpolitik, behauptete er, sei ein einziger Fehlschlag gewesen. Bismarck habe nur bewirkt, daß Frankreich wie Rußland zu Gegnern des Reiches geworden seien. Scheinheilig bemerkt er im Tagebuch: „Die Eitelkeit, Kanzler zu sein, plagt mich wirklich nicht.“ Lieber, schrieb er, wolle er warten, bis sich noch zwei oder drei Leute „abgenutzt“ hätten. Würde ihn jedoch der Kaiser jetzt berufen, würde er als Soldat gehorchen.

Am 20. März 1890 ging der größte Staatsmann des neuen Deutschen Reiches aus dem Amt. Waldersee, ganz aalglatter und frömmlerischer Hofmann, sagte in dieser Stunde salbungsvoll dem Kaiser, Gott möge Seine Majestät den richtigen Nachfolger wählen lassen. Der Kaiser erwiderte, sozusagen zwischen Tür und Angel: „Ich denke, es wird schon gehen. Weidmannsheil!"

Waldersee auf der einen, Eulenburg auf der anderen Seite hatten dem jungen Herrn eingeredet, in dieser ersten Stunde könne nur ein General Nachfolger Bismarcks werden (womit Waldersee wohl auch an sich selbst gedacht hat!). Neuer Kanzler wurde der ehemalige Staatssekretär des Reichsmarine-Amtes und derzeitige Kommandierende General des X. Korps, General d. Inf. Leo v. Caprivi, aus einer ursprünglich italienischen Familie stammend, die preußische Dienste genommen hatte. In den 60er Jahren hatte er unter Moltke im Generalstab gearbeitet und galt seitdem als ein sehr tüchtiger Offizier. Bismarck äußerte trocken, es sei schade, daß ein so guter Offizier in die Politik gehe.

Caprivi gab das Kernstück Bismarckscher Sicherungspolitik, den sogenannten Rückversicherungsvertrag mit Rußland, preis. Solchen diplomatischen Kunststücken fühlte er sich nicht gewachsen. 1891 kam eine französisch-russische Militärkonvention zustande, die ebensogut gegen Deutschland wie gegen England gerichtet sein konnte, mit dem Frankreich und Rußland damals ernsthafte Rivalitätsstreitigkeiten in Mittelafrika wie in Mittelasien hatten. Waldersee hatte bereits früher geraten, England gegen Rußland auszuspielen. Doch der Geheimrat v. Holstein, seit Bismarcks Abgang der maßgebende Mann im Auswärtigen Amt, mochte sich nicht festlegen.

Waldersee bewegten sehr bald ganz andere Sorgen. Anfangs hatte er Caprivis Reichskanzlerschaft begrüßt. Er mußte jedoch konstatieren, daß dieser „Biedermann", wie er ihn nun höhnisch im Tagebuch nannte, eine eigene Politik trieb. Waldersees unruhige und ehrgeizige Pläne gerieten in Mißkredit. Die Situation wurde unheimlich. Das Landheer war nicht mehr der alleinige Schild des Reiches, des Kaisers Marinepassion wuchs. Bei einer Manöverkritik riskierte Waldersee es, eine andere Meinung als der junge Kaiser zu vertreten. Das war falsch.

Waldersee befielen Zweifel, ob er den Kaiser nicht ganz falsch eingeschätzt habe. Eitelkeit und Großmannssucht, die ihm selbst in so hohem Maße eigneten, waren ihm bei anderen Menschen ein Greuel. Im Herbst des Jahres 1890 unternahm der Kaiser, gedrängt von Caprivi, in dessen Augen dieser Generalstabschef recht peinlich wirkte, den ersten Versuch, den unbequem gewordenen Günstling los zu werden. Er bot ihm die Stellung des Kommandierenden Generals des XIII. (Württembergischen) Armee-Korps in Stuttgart an, das auf Grund einer Militärkonvention zum Verband der preußischen Armee gehörte. Dabei entwickelte er, um Waldersee die Ablösung schmackhaft zu machen, höchst seltsame Ideen von der Bedeutung der Kommandierenden Generale in den Bundesstaaten, die er als eine Art preußischer Vizekönige im Reich hinstellte. Waldersee witterte die drohende Kaltstellung und lehnte ab. Der greise Moltke, der noch immer die größten Stücke auf seinen einstigen Generalquartiermeister hielt, suchte den Kaiser auf, um ihm klarzumachen, man könne den Generalstabschef nicht beliebig alle paar Jahre wechseln.

Am 15. Januar 1891 notierte Waldersee voll böser Ahnungen, er würde nicht mehr zu Diners im Berliner Schloß geladen. An Kaisers Geburtstag, dem 27. Januar, erhielt er das Groß-Komtur-Kreuz des Hohenzollernschen Hausordens – und erfuhr gleichzeitig, Seine Majestät wolle dem also Ausgezeichneten ein Armee-Korps geben. Es war das Todesurteil. Nach dem Kaiser-Geburtstag-Essen des Großen Generalstabes ging Waldersee, nachdem er mit den Oberquartiermeistern Graf Schlieffen und General v. Oberhoffer gesprochen hatte, zum Kaiser und bat um seine Verabschiedung.

Der Kaiser befand sich in vortrefflicher Laune. „Der Chef des Generalstabes soll bei Mir nur eine Art von Amanuensis sein, und dazu brauche ich einen Jüngeren“, sagte er zu Waldersee. Er gedenke ihm das IX. Korps in Altona zu geben. Das sei ein sehr wichtiger Posten. Von dort aus müsse man den gestürzten Fürsten Bismarck in Friedrichsruh im Sachsenwald überwachen, Hamburg mit seinen Zehntausenden von Proletariern läge in nächster Nähe, auch gelte es, auf die mecklenburgischen Herzöge ein wachsames Auge zu haben. Waldersee ging auf diese Tiraden nicht ein und beharrte auf seiner Bitte, ihm den Abschied zu gewähren. Tief erschüttert vermerkte er am 28. Januar in seinem Tagebuch: „Er will sein eigener Chef des Generalstabes sein. Gott schütze das Vaterland."

Hartnäckig lehnte der Kaiser Waldersees Abschiedsgesuch ab. Am 31. Januar 1891 empfing er ihn erneut. Die Armee sei schlechter geworden, sagte Waldersee offen. Das habe ihm noch niemand gesagt, erwiderte der junge Herrscher. Das Ergebnis dieser Unterredung bestand darin, daß Waldersee als Kommandierender General nach Altona ging. Nachfolger wurde der bisherige Oberquartiermeister I General Graf Schlieffen. Waldersee meinte, er habe sich letzten Endes der Gehorsamspflicht des Soldaten beugen müssen. Seine Hoffnung war die Wiederberufung in kritischer Zeit. Im Generalstab war man indes im Grunde erleichtert über sein Ausscheiden. Der Salon in der Herwarthstraße hatte allzuschlecht zum Bild strenger Pflichterfüllung und der alleinigen Hingabe an den Dienst gepaßt, die die Richtschnur für das ganze Korps darstellten.

Rüstung, die starke Außenpolitik, Welthandel, Flottenmacht und Kolonialerwerb waren die Kennzeichen der Stunde, in der Waldersee die Geschäfte des Generalstabes abgab. Im „Alldeutschen Verband", dem auch einige wenige Generalstabsoffiziere angehörten, sammelten sich alle Verfechter einer entschiedenen deutschen Großmachtpolitik in Mitteleuropa wie in der Welt, Professoren, Admirale, Großkaufleute, Industrielle und ein paar Großagrarier. Das Ausland zog aus den marktschreierischen Reden und utopischen Broschüren der „Alldeutschen" – denen beispielsweise die Panslawisten an heißen Träumen keineswegs nachstanden – übertriebene und falsche Schlüsse. Schon unter Moltke hatten junge Generalstabsoffiziere die Idee aufgebracht, man müsse aus strategischen Gründen Holland wieder mit dem Reich vereinigen und müsse ferner im Kriegsfall sofort Dänemark besetzen. Moltke und Bismark hatten solche Erwägungen nicht ernst genommen. Doch Moltke war nun tot und Bismarck entmachtet. Die Erben verloren den Sinn für die Realität.

Auch Waldersee befreundete sich mit dem Gedanken der „Alldeutschen“, einen mitteleuropäischen Großstaat zwischen Ostsee, Ärmelkanal und Adria zu schaffen, beurteilte die Anglophobie der „Alldeutschen“ jedoch skeptisch. Zu seinen militärischen Grundgedanken gehörte immer die Hoffnung, den Flottenbau zu verlangsamen und eine deutsch-englische Entente gegen Rußland zustande zu bringen.

1894 scheiterte der Reichskanzler Caprivi am Protest ostelbischer Agrarier gegen die freihändlerische Zollpolitik des Reiches. Durch ganz Europa ging damals eine Welle anarchistischer Attentate, überall wuchs die Furcht vor einer proletarischen Revolution. Waldersee wähnte noch einmal, jetzt sei seine Stunde gekommen. Es gab Stimmen in der Öffentlichkeit, die nach einer Militärdiktatur verlangten. Waldersees angebliche Pläne eines „Reichsstreiches“ bereiteten dem Geheimrat v Holstein im Auswärtigen Amt schlaflose Nächte. Caprivi warnte vor dem „prophylaktischen Krieg“ gegen die Sozialdemokratie und dem Irrglauben, man könne das soziale Problem dadurch lösen, daß man die Arbeitermassen niederkartäschen lasse.

Am 26. Oktober 1894 entließ der Kaiser Caprivi. Der Nachfolger, Fürst Chlodwig zu Hohenlohe-Schillingfürst, ein milder Grandseigneur, war jeder gewaltsamen Lösung im Inneren wie nach Außen abgeneigt. Noch war Waldersee im Kriegsfall als Armee-Oberbefehlshaber vorgesehen, er sollte dann im Osten führen. Die neuen Theorien Schlieffens, daß man zuerst mit geballter Kraft im Westen angreifen und den Gegner schlagen müsse, lehnte er ab. 1897 richtete er noch einmal eine Denkschrift an den Kaiser, in der er forderte, die soziale Frage mit Gewalt zu lösen, solange man der Armee sicher sei. Der Kaiser reagierte nicht. Waldersee ergab sich der Resignation.

Als er beim Neujahrsempfang anno 1900 im Berliner Schloß der Defiliercour beigewohnt hatte, legte er sich in seinem Tagebuch die Frage vor, ob wohl auch noch nach den nächsten hundert Jahren im Schloß die gleiche Defiliercour stattfinden würde. Er kam zu dem Schluß, dies würde nicht der Fall sein.

Als im Jahre 1900 der Boxeraufstand in China ausbrach und der deutsche Gesandte in Peking, Frhr. v. Ketteler, ermordet wurde, ernannte der Kaiser den zum Generalfeldmarschall beförderten Grafen Waldersee zum Oberbefehlshaber des Expeditionskorps, das für den Straffeldzug nach Ostasien ging, und erreichte es auch, daß die anderen Mächte, die Truppen nach China schickten. England, Frankreich, Italien, Rußland, die Vereinigten Staaten und Japan, den deutschen Feldmarschall als gemeinsamen obersten Befehlshaber anerkannten. Als jedoch der „Weltmarschall", wie ihn die Spötter nannten, endlich in China eintraf, war der Feldzug bereits entschieden. Landungskorps der vereinten europäischen Flottengeschwader hatten Peking genommen. Kriegerischen Ruhm zu ernten, blieb Waldersee verwehrt. Es blieb nur die Tatsache, daß er oberster Befehlshaber einer vereinigten europäischen Armee in Asien geworden war, wie sie die Welt nie vorher gesehen hatte und bisher nie mehr erlebt hat. Deutsche und französische Verbände stießen bis zur „Großen Mauer" vor.

Bis zu seinem Tode im Jahre 1904 bekleidete er dann den Posten des Inspekteurs der 3. Armee-Inspektion in Hannover. Solche Stellung galt als Anwartschaft auf den Posten des Oberbefehlshabers an einer der Fronten eines etwaigen Krieges. Eines der letzten Worte vor seinem Tode lautete: „Ich bitte Gott, daß ich das nicht zu erleben brauche, was ich kommen sehe . . ."

DER GROSSE PLAN

Alfred Graf v. Schlieffen

Der Schöpfer der Reichswehr, General v. Seeckt, der 1897 als Oberleutnant zur Aufmarschabteilung des Großen Generalstabes kommandiert wurde, hat später wiederholt betont, die Aufgabe des Generalstabes habe nicht darin bestanden, Genies zu züchten, sondern das gesunde und tüchtige Mittelmaß zu pflegen. Er erachtete es als Ideal, daß jederzeit jeder Generalstabsoffizier die Arbeit eines Kameraden übernehmen und in gleichem Geist fortführen könne, daß der gleichen Schule der gleiche Typ entsprach. Dieses Ideal bedingte strikte Beschränkung auf das Fach und damit eine gewisse Einseitigkeit. Es erzog nicht mehr originelle, urwüchsige Charaktere, sondern hervorragend ausgebildete, militärisch vielseitige Fachleute, Funktionäre in einem großen wohlfunktionierenden Apparat.

Man hatte Waldersee vielerlei vorwerfen können, von Ehrgeiz und Eitelkeit bis zu unaufrichtiger Frömmelei und Intrigensucht. Eines konnte man ihm nicht abstreiten, daß er ein ungewöhnlich eigenständiger Kopf mit einem breiten Interessenfeld gewesen war. Jetzt setzte die Reaktion auf so viel Betriebsamkeit ein: Die Hinwendung zum Fachmann, der sich in der „Großen Bude", dem Generalstabsgebäude, bewußt nichtmilitärischen Problemen verschloß, um sich um so intensiver der Lösung der ihm gestellten militärischen Aufgaben widmen zu können. Mit der Ernennung des Generalleutnants Graf Schlieffen zum Chef des Großen Generalstabes siegte die Tendenz zum Fachdenken auf militärischem Gebiet. Schlieffen war ein völlig anders gearteter Mann als sein so beunruhigend brillanter und einfallsreicher Vorgänger mit dem brennenden politischen Ehrgeiz. Die Familie entstammte auch nicht dem Umkreis der kleinen deutschen Fürstenhöfe mit ihrer Neigung zur Intrige, sondern führte sich auf ehrenfeste Kolberger Salzherren und Ratmannen zurück.

Alfred Graf v. Schlieffen wurde am 28. Februar 1833 als Sohn eines Majors in Berlin geboren. Der Vater sah sich bald genötigt, aus gesundheitlichen Gründen den Abschied zu nehmen, und bewirtschaftete mit wenig Geschick und Glück das schlesische Rittergut Gr. Krausche. Das Bild des Sohnes, das so hochmütig abweisende Antlitz mit dem sich lichtenden Haupthaar, dem müden, von einem dichten Schnauzbart verhüllten Mund und dem verschleierten Blick, zeigte Züge eines nicht nur hochgezüchteten, sondern auch zur Neige gehenden Adels. Der trübe Blick ging auf eine ungewöhnliche Kurzsichtigkeit zurück. Sie ließ es anfangs auch fraglich erscheinen, ob der Sohn sich dem Militärdienst zuwenden könne. Nachdem er bei den Herrenhutern in Niesky und dann auf dem berühmten Joachimsthalschen Gymnasium in Berlin erzogen worden war, studierte er kurze Zeit die Rechte. Viel von der pietistischen Frömmigkeit der Herrenhuter blieb ihm sein Leben lang zu eigen, das Empfinden, der Mensch habe sein Kreuz zu tragen, der Christ müsse sich in Demut in Gottes Willen fügen. Gepaart mit einem sehr starken adeligen Selbstgefühl erzeugte dieser pietistische Glaube in ihm eine seltsame Lebensstimmung. Die Demut verbarg sich in zur Schau getragenem aristokratischen Hochmut, in Sarkasmus. Die sorgsam verhohlene Herzensgüte gegenüber Untergebenen, die ihm eignete, gab er selten zu erkennen. Der „Große Chef" der späteren Jahre wurde von seinen Generalstabsoffizieren ebensosehr verehrt wie gefürchtet. So hat es einer von ihnen, der Generalleutnant v. Lenski, in seinen Erinnerungen ausgedrückt. Graf Schlieffen erschien stets als Herr, und er war tatsächlich noch ein Herr der versinkenden Zeit, sogar im Negativen, in der ihm wie so vielen Standesgenossen fehlenden Fähigkeit, mit Geld umgehen zu können.

Trotz Schulden und ewigen Geldsorgen sah der Vater darauf, daß seine drei Söhne – alle drei wurden Generale – teueren Regimentern dienten. 1854 trat Alfred Schlieffen bei den 2. Garde-Ulanen ein. Eine Zeitlang hieß er bei den Kameraden „der tolle Schlieffen". Auch er machte Schulden. Später bereitete es der Familie große Schwierigkeiten, den hochverschuldeten ältesten Bruder Theodor, General d. Kav., zu sanieren. Und in seinen Briefen meinte der spätere Generalstabschef melancholisch, Schulden seien bei ihnen wohl ein Familienübel. Das Geheimnis, wie man den Rotwein spare, um Champagner trinken zu können, habe auch der Vater nie gelöst. Schlieffen wurde 1865 zum Generalstab kommandiert, und der „Chef" der späteren Jahre erschien nun in seiner Lebensführung nicht gerade wie ein Asket, eher wie ein Gentleman, der peinlich auf Selbstzucht hielt, jenen Charakterzug, den er unerbittlich neben absolutem Arbeitswillen von seinen Offizieren verlangte.

Das erste Kriegserlebnis bildete, unvergeßlich für immer, Königgrätz, das er als Generalstabsoffizier beim Kavallerie-Korps des Prinzen Albrecht von Preußen mitmachte. Nach dem Deutsch-Französischen Krieg wurde er 1884 Chef der Kriegsgeschichtlichen Abteilung im Großen Generalstab, in welcher damals auch Hindenburg als Hauptmann Dienst tat. 1889 wurde er Generalleutnant, Oberquartiermeister I und Stellvertreter Waldersees. Im Vergleich zu diesem ging er völlig in fachlich-militärischer Arbeit auf, teilte freilich im Stillen dessen Ideen vom Krieg gegen Rußland in enger Zusammenarbeit mit dem seit 1879 verbündeten Österreich-Ungarn gar nicht. Für diesen sich hochmütig abweisend gebenden Mann wurde der Generalstab die Welt. Der Krieg, den Waldersee herbeizuführen trachtete, schien ihm nicht eo ipso erstrebenswert. Man mußte sich auf ihn vorbereiten, um siegen zu können. Aber dem Pietisten war er ein schweres Geschick. Das Geheimnis des möglichen Krieges bestand für ihn darin, zu ergründen, wie eine Minderheit über die als wahrscheinlich anzunehmende Mehrheit siegen könne.

Einer der begabtesten Offiziere der jüngeren Generation im Moltke-Walderseeschem Generalstab, Oberst Maximilian Graf Yorck v. Wartenburg, Chef der 1. (russischen) Abteilung, ließ 1897, vorerst anonym, bei dem berühmten Militärverlag Mittler & Sohn in Berlin unter dem Titel „Weltgeschichte in Umrissen" ein damals vielbeachtetes Buch erscheinen, das ein gutes Bild von der Gedankenwelt des hochgebildeten Generalstabsoffiziers um die Jahrhundertwende vermittelt. In einigen wesentlichen Fragen ging Yorck allerdings weit über die üblichen Vorstellungen hinaus. Wie die meisten militärischen Denker der Zeit, von Colmar v. d. Goltz bis Waldersee, nahm er den schon von Moltke vorhergesagten Weltkrieg der Romanen und Slawen gegen die germanische Mitte Europas als unausweichliches Geschick hin, als tragische Gegebenheit: ein Zeichen wiederum für die Dekadenz in der politischen Vorstellungswelt, die seit Bismarcks Abgang um sich griff.

Aber der preußische Konservative, der gläubige protestantische Christ, sah als geistvoller, ja vielleicht überragender Kopf, dem vielleicht einmal die Stellung des Chefs zuteil geworden wäre, hätte ihn nicht ein Brandunglück während des China-Feldzuges weit vor der Zeit hinweggenommen, auch weiter als seine Kameraden mit den karmesinroten Hosenstreifen. Über dem Tagesstreit entwarf er für das 20. Jahrhundert das Bild einer befriedeten europäischen Staatenwelt, eines vereinten Europa unter Deutschlands Führung. Rußland und Amerika waren in seinen Augen die kommenden großen Weltmächte außerhalb des Vereinten Europa.

Auch in Yorck, diesem weitschauenden politischen Philosophen, lebte einiges von der Furcht aller deutschen Machtpolitiker vor einer möglichen Einkreisung Deutschlands durch seine großen Nachbarn in Ost und West, die den Aufstieg des neuen Kräftezentrums mit seiner furchterweckenden Militärmaschinerie in Beunruhigung gestürzt hatte. Als Soldat hielt er unter Umständen auch einen Präventivkrieg für gerechtfertigt. Aber darüber hinaus sah er doch die Gefahren, die der moderne Militarismus für Geist und Kultur barg. Er hoffte auf die Verwirklichung höherer Ideale als diejenigen des Krieges in der kommenden geeinten europäischen Staatengemeinschaft. Und darin unterschied er sich kraß von all jenen Verfechtern deutscher Macht- und Weltpolitik, den Anhängern der Schaffung eines Großraumes Mitteleuropa bis nach West- und Südrußland im „Alldeutschen Verband“ oder in den Flotten-Vereinen. Im Ausland, das an sich, wie Schlieffen später einmal nachdrücklich hervorgehoben hat, am Generalstab als Fach-Institution nichts zu bemängeln wußte, entstand allmählich das Bild von einer monströsen Weltverschwörung deutscher Imperialisten mit dem Generalstab als Mittelpunkt. Das Bild war falsch. Im „Alldeutschen Verband" gab es weit mehr Großindustrielle, Großkaufleute und Professoren als Generalstabsoffiziere. Bedeutsam wurde hier nur für die Zukunft angesichts der fehlenden politischen Führung des Reiches die Anbahnung einiger Querverbindungen, die im Ersten Weltkrieg zur Auswirkung kamen. Die weitaus überwiegende Mehrzahl aller Generalstabsoffiziere sah die Beschäftigung mit solchen Dingen, mit Politik überhaupt, für unmilitärisch, ja ganz einfach als Verstoß gegen das ungeschriebene Gesetz des Offizierkorps an.

Am 7. Februar des Jahres 1891 eröffnete Kaiser Wilhelm II. dem Oberquartiermeister Graf Schlieffen, er habe ihn zum Nachfolger Waldersees ausersehen. Schlieffens Reaktion war sehr merkwürdig, aber für seine verschlungene Wesensart, den ewigen Zwist zwischen Hoch- und Demut charakteristisch. Er meldete Waldersee am gleichen Tag das Ereignis mit den Worten: „Ich weiß einmal, daß ich diese große Ehre nur Euer Exzellenz gnädigen Empfehlungen und Beurteilungen verdanke, und dann, daß ich einem Posten, den Euere Exzellenz und der Herr Generalfeldmarschall bekleidet haben, schwerlich gewachsen bin." Vier Tage später schrieb er seiner Schwägerin und seinem Schwager, Graf Friedrich Egloffstein auf Arklitten, ihm sei „bange zu Mut". Er habe sich nie nach einer Stelle gedrängt, um Gunst geworben: „Wenn sie mich nun doch zu etwas machen, so tragen sie die Verantwortung ..." Welch ein Mann im Vergleich zu Waldersee, dem die Ernennung zum Generalstabschef als höchstes Ereignis seiner Karriere als Soldat, als Stufe zur höchsten Macht erschienen war. Welch Gegensatz zum alten Moltke, der in stiller Gelassenheit 1857 festgestellt hatte, er habe einen „blauen Brief" bekommen. Schlieffen schob gleichsam die Verantwortung von sich auf andere, als fürchte er, er könne die große Probe nie bestehen.

Schlieffen lebte – seit dem frühen Tod seiner Frau, einer Kusine, auch persönlich sehr einsam geworden – bewußt in dem abgeschlossenen Zirkel des Generalstabes. Die Welt war außer

Belang, soweit sie nicht militärische Neuerungen brachte, für die er, der Herr der alten Zeit, sehr aufgeschlossen war. Neue Schnellfeuerwaffen wie das Maschinengewehr mit ganz neuer erweiterter Waffenwirkung, die Erfindung und die militärische Nutzung des Automobils, verbesserte Gefechtsformen fanden sofort Interesse. Bei aller Züchtung der operativen Gedankenschule im Generalstab erkannte er bei den modernen Massenheeren die Bedeutung der Versorgung. Der einstige Gardekavallerist führte auf Anregung einer der Korps-Chefs die ersten großen „Intendantur-Reisen" zum Studium der Nachschubfragen ein, was viele Generalstäbler mit Mißvergnügen aufnahmen. Der Train war in Preußen eine drittklassige Angelegenheit.

Der alte Moltke war im Umgang mit seinem Stab die Güte in Person gewesen. Schlieffen gab sich gern sarkastisch, im Tadel formvollendet barg gerade die geschliffene Form manchmal eine verletzende Schärfe. Er verlangte ungeheuer viel, für ihn galt der Spruch, der Tag habe 24 Dienststunden, und wenn diese nicht ausreichten, müsse der betreffende Herr die Nacht dazunehmen. Führte er selbst beim Kriegsspiel, schätzte er es nicht, wenn ihm die Niederlage drohte. Beim Vortrag waren seine plötzlichen Querfragen der Schrecken selbst bei sehr gut vorbereiteten Mitarbeitern, Kurzum: er war zweifelsohne das, was man einen schwierigen Vorgesetzten nannte, und wußte eher unbegrenzten Respekt als Zuneigung einzuflößen. Er selbst umgab sich mit der Aura eines Geheimnisses, und wenn später, längst nach seinem Tode, nach dem Scheitern seines großen Plans, sich der Schlieffen-Mythos vom großen Feldherrn herausbildete, so hat er selbst doch schon den Grund dafür gelegt in seiner Unnahbarkeit, hinter der sich eine melancholische Natur verbarg. Der General der Infanterie Sigismund v. Schlichting, der Apostel Moltkeschen Gedankengutes und geistiger Freiheit in der Armee, schrieb über Schlieffen, dieser sei ein strategisches Talent, aber kein Charakter. Das Urteil war zu hart; denn die Probe des Charakters, die Führung im Feld, hat ihm das Schicksal versagt. Immerhin ist eines sicher: Originelle Köpfe mit allzu unabhängigen Ideen, die von den seinigen abwichen, schätzte Schlieffen so wenig wie der Kaiser.

Schlieffen vermied auch den Einsatz seiner Persönlichkeit, seines und des Generalstabes Ansehen bei Fragen, die ihm entweder nicht relevant genug schienen oder die die unmittelbare Kompetenz des Ressorts überschritten. Obwohl er vollkommen richtig einsah und bei allen Reisen und Kriegsspielen auch berücksichtigte, daß die Rolle der Kavallerie als schlachtentscheidender Waffe, als der Königin des Schlachtfeldes, im Zeitalter der Schnellfeuerwaffen vorüber war, daß man sie in größeren Verbänden zur Fernaufklärung einsetzen mußte, erlaubte er sich keinen Einspruch gegen die Vorliebe des Souveräns für glanzvolle Kavallerieattacken als Höhe- und Schlußpunkt der Kaiser-Manöver, bei denen der Monarch gern selbst die eine Partei führte (welche natürlich niemals verlieren konnte). Dabei mochte auch die anerzogene Loyalität des preußischen Edelmannes gegenüber dem Willen der Majestät eine Rolle spielen. Bedenklicher stimmte, daß er alles unterließ, um auf eine rechtzeitige erhebliche Heeresverstärkung zu dringen, obwohl der von ihm in langen Jahren ausgearbeitete Angriffsplan gewaltige Heeresmassen forderte und einstweilen mit Stärken rechnete, die im Ernstfall gar nicht vorhanden waren. Ebenso fehlt, soweit wir heute sehen können, jeglicher Protest gegen die vermehrte Flottenrüstung, den Aufbau einer kostspieligen Schlachtflotte, der schon rein finanziell auf Kosten etwaiger Heeresverstärkungen ging. Gewiß: In solchen Fällen konnte der Chef des Generalstabes nur Empfehlungen geben oder Warnungen äußern, hier bedurfte es des Zusammenwirkens mit dem Kriegsminister, der Zustimmung des Reichstages, vom Kaiser ganz abgesehen. Aber das Prestige des Generalstabes war seit Moltke ungeheuer gestiegen. Schlieffen nutzte es nicht, sondern hüllte sich in unnahbares Schweigen. Die neue Kaiserliche Marine wurde sowieso in seinen rein kontinental gerichteten Operationsplänen nicht eingesetzt.

Der militärischen Welt des In- und Auslandes war Schlieffen bei seinem Dienstantritt im Jahre 1891 ein Unbekannter. Noch ahnte niemand, daß der neue Chef des Generalstabes für fast anderthalb Jahrzehnte das deutsche militärische Denken bestimmen, daß sein Name einmal nur auf Grund eines großen,

18. Helmuth v. Moltke d. J. (1848–1916)
1906 Chef des Generalstabes

19. Erich v. Falkenhayn (1861–1922)
1914 Chef des Generalstabes

20. Paul v. Beneckendorff und v. Hindenburg (1847–1934)
1916 Chef des Generalstabes

genial ersonnenen Planes, nicht mehr durch einen großen Sieg, Weltruhm erlangen, daß seine Erscheinung zum Mythos werden würde. Sein Gedankengut überstrahlte das Clausewitzsche Erbe. Durch Schlieffens Geist wurden die meisten der führenden deutschen Soldaten in den beiden Weltkriegen des 20. Jahrhunderts geprägt, für sie alle war er kein „Halbgott" mehr, sondern nahezu ein Gott.

Nahm man nunmehr, wie dies für das Denken des preußisch-deutschen Generalstabes bestimmend wurde, den kommenden Zweifrontenkrieg gegen Frankreich und Rußland als Faktum hin, so stand alles weitere Planen unter einem furchtbaren Alpdruck. Schlieffen sah als höchster Generalstabsoffizier des Reiches nur das militärische Bild. Der Zweifrontenkrieg zwang zur Nutzung der inneren Linie bei der Disposition über Defensive und Offensive in der „Einkreisung". Die geographische Trennung der beiden voraussichtlichen französischen und russischen Hauptkriegsschauplätze bot auch verführerische Überlegungen an. Die Grundidee war einfach, wie alle großen Ideen in der Strategie nach Moltke dies waren: Es galt den einen Gegner so rasch und so vernichtend wie irgend möglich in einer gewaltigen Schlacht oder Schlachtenfolge zu schlagen, um sich dann gegen den anderen wenden zu können. Moltke hatte die Eisenbahn zum klassischen Transportmittel des neuzeitlichen Krieges gemacht, im Zeitalter vor dem Triumph des Motors waren alle Aufmärsche Eisenbahnaufmärsche, abhängig vom Ausbau und reibungslosen Funktionieren eines möglichst dichten Schienennetzes, dem die Eisenbahn-Abteilung des Generalstabes die höchste Aufmerksamkeit schenkte und das schon im Frieden besonderen „Linien-Kommandanturen" unterstellt war.

Im Zuge der noch von Waldersee und Verdy du Vernois eingeleiteten Heeresvermehrung wurden zwischen 1893 und 1905 drei neue Armee-Korps aufgestellt, eine Zahl, die Schlieffen offensichtlich genügt hat, die aber längst nicht die volle Ausschöpfung des Reservoirs an Wehrpflichtigen bedeutete, ein Sektor, auf dem Frankreich dem Reich weit voraus war. Die große Neuerung, die auf Schlieffens Betreiben erfolgte, war die Aufstellung der beweglichen schweren Artillerie des Feldheeres mit

Kalibern von 15 bis zu 21 Zentimetern. Die Maßnahme erfolgte im Hinblick auf den starken Ausbau des französischen Ost- und des russischen Westfestungsystems gegen mögliche deutsche beziehungsweise deutsch-österreichische Offensiven. Auch die schwere Feldartillerie wurde im Pferdezug bewegt. Die Entwicklung des Automobils stak noch in den Anfängen. Immerhin empfahl der 1904 Schlieffen als Adlatus und künftiger Nachfolger zugeteilte Generalquartiermeister v. Moltke, der Neffe des Siegers von Königgrätz und Sedan, bereits mit Nachdruck die staatliche Subventionierung des Baues von Lastkraftwagen – ebenso wie die Vermehrung der Eisenbahntruppe.

Schlieffens Hauptsorge galt dem Ausbau und der Vervollkommnung des Bestehenden. Von 1896 an erhielt der Große Generalstab, später dann im Frieden schlicht „Generalstab der Armee" genannt, eine neue Gliederung mit einem ständigen Generalquartiermeister als Stellvertreter des Chefs und vier Oberquartiermeistern für die Leitung der verschiedenen Arbeitsbereiche, zu denen damals auch besondere Abteilungen für das Studium des französischen und russischen Festungssystems rechneten. Nur ein Feldherr mit klarem Blick, größter Entschlußkraft und unerschütterlicher Energie könne sich der inneren Linie mit Erfolg bedienen, schrieb Schlieffen später einmal. Diese Gaben sollten sich auf einen in einheitlichem Geist durchgebildeten Führungsapparat stützen können, dessen Nachwuchs, sorgsam ausgesiebt aus der Armee, Schlieffen gleich an den größten Aufgaben der Armeeführung zu schulen liebte. Die wichtigsten Aufgaben, Mobilmachung und Aufmarsch, fielen der 2. (Deutschen) Abteilung zu, die gemeinsam mit der Eisenbahnabteilung dem Oberquartiermeister I, dem Operationschef, unterstellt waren. Generalquartiermeister der ersten Jahre von 1896 bis 1902, zugleich vertrautester Mitarbeiter des „großen Chefs" beim großen Plan, war ein heute ganz vergessener, aber sehr verdienstvoller Mann, der General d. Inf. Franz Xaver v. Oberhoffer, zugleich Chef der Landesaufnahme, früher Chef der Eisenbahn-Abteilung, aus einem für preußische Offiziere ungewöhnlichem Haus. Der Vater war badischer Kammersänger gewesen.

Da der Oberste Kriegsherr, bei dem an sich alle Stränge der Vielzahl von Immediatstellen, der Oberbefehl über die preußische Armee und die ihr angeschlossenen Kontingente wie über die Marine zusammenliefen, sich, von Kaiser-Manövern mit Theaterszenarium abgesehen, gar nicht in die eigentliche Arbeit des Generalstabes einmischte, was seine Vorteile und auch, was die Koordinierung aller Instanzen anbelangte, Nachteile hatte, vollzog sich Schlieffens Arbeit in einer residuären Abgeschiedenheit, was wiederum den Eindruck in der Öffentlichkeit verstärkte, hier sei eine wundervolle Organisation ganz geheim am Werk, die alles vermochte.

Die größte Bedeutung kam der 2. (Deutschen) Abteilung, der Operationsabteilung zu. Stellten die Generalstabsoffiziere in Berlin wie bei der Truppe an sich schon eine Elite des Offizierkorps dar, so hielten sich die Mitarbeiter der 2. Abteilung wiederum für eine extraordinäre Elite. Das Wort „Operation" wurde gleichsam großgeschrieben. Das führte zu einer Überschätzung des operativen Denkens, zur Züchtung rein operativer Fähigkeiten, auf Kosten aller übrigen Sparten, vor allem aber zu einer Unterschätzung des gesamten Nachschubwesens, Schlieffens Neueinführung von „Intendantur-Reisen", Nachschubübungen, zum Trotz. Sie sollte bis in den Zweiten Weltkrieg hinein eine Rolle spielen, zum Schaden des stetig wachsenden Versorgungsapparates hochtechnisierter Armeen mit Riesenmengen allein von Kraftfahrzeugen, von denen Schlieffen noch keine Vorstellung haben konnte.

Schlieffens Leitgedanken gingen dahin, auf Grund des bereits von Clausewitz entwickelten Vernichtungsgedankens das Netz der Gegner dadurch zu zerreißen, daß man den einen möglichst sofort durch einen Riesenschlag ausschaltete. In seiner Sicht würde der kommende, mit Millionenarmeen geführte Krieg von kurzer Dauer sein, weil der Unterhalt und die Versorgung der mobilisierten Millionen die wirtschaftliche Kraft aller beteiligten Mächte bei längerer Dauer übersteige. Daß die Mobilisierung von Millionenheeren, der Einsatz der gesamten Volks- und Wirtschaftskraft in den alten Großstaaten ganz neue wirtschaftliche und soziale, ja revolutionäre Energien freisetzen würde, das hat er nicht erkannt, dazu stand der Aristokrat im Grunde genommen dem Massenzeitalter, der ganzen schwelenden Auseinandersetzung der alten Ordnung mit der sozialistischen Weltidee, zu fremd, zu ahnungslos gegenüber. Aber welcher führende Soldat in Wien, St. Petersburg, Paris oder London hat ihn darin vor dem Ersten Weltkrieg übertroffen? Eine Sektion für den Wirtschaftskrieg besaß damals kein Generalstab der Welt. Nur im französischen Generalstab begann man sich wenigstens mit der Psychologie der Massen zu beschäftigen, auf Grund des berühmten Buches des Psychiaters Le Bon. Dazu kam bei hochgezüchtetem operativem Denken eine gewisse Verachtung für technische Fragen. Außenseiter – mit Einschränkungen Schlieffen selbst – der jüngere Moltke, Ludendorff, Max Bauer und Wilhelm Groener, schon Männer einer jüngeren Generation im Generalstabsoffizierkorps, bestätigen die Regel.

Dabei verriet schon das Bild der zeitgenössischen Kriege der Schlieffenschen Ära, des Buren-Krieges in Südafrika, des Russisch-Japanischen Krieges in Ostasien 1904/05, eine ganz neue Tendenz zur Verschleppung, zur Verzögerung aller Entscheidungen. Das Antlitz der Schlacht verwandelte sich. Schlieffen, der in den 90er Jahren durchaus richtig angesichts enorm gesteigerter Waffenwirkung für die Verbreiterung der Gefechtsfronten pro Division und Korps eingetreten war – mit Erfolg –, begriff im Grunde nur das taktische Moment, weniger das seelische, kaum das technische. Er vertraute ganz schlicht auf die – angeblich – vollkommen unerschütterliche Manneszucht der Armee, und in der Verfeinerung und Vervollkommnung der Nachrichtentechnik sah er nur ein willkommenes Instrument für die direktive Führungskunst auch bei den weitesten Entfernungen.

Die große Frage war, an welcher der beiden anzunehmenden Fronten die erste Hauptentscheidung fallen konnte, wo man diese einfach um des kurzen Krieges willen suchen mußte und auch aller Voraussicht nach erreichen konnte. Moltke hatte auf den Osten gesetzt. Aber das russische Zarenreich war der schwerfälligere Gegner, der zwar sein Westfestungsnetz ausbaute, dessen Eisenbahnnetz aber in den Riesenräumen viel weitmaschiger war als das französische. Schon in den ersten Monaten machte sich Schlieffen 1891 Gedanken, die von denjenigen Waldersees und des greisen Moltke sehr verschieden waren. Mußte man nicht gegen Frankreich offensiv werden? Konnte man unter Umständen erwägen, das sehr starke System der französischen Ostfestungen zu umgehen, indem man durch das – neutrale – Belgien vorging, wenistens im Südteil? Am 23. und 24. April 1891 sprach der uralte Moltke mit Waldersee über diese neuartigen Überlegungen. Er war zutiefst beunruhigt. Doch der 24. April, an dem er am Vormittag noch mit seinem gestürzten Nachfolger beriet, wurde sein Todestag.

Schlieffens Blick wandte sich nach Westen. Logischerweise war die Idee, rein militärisch genommen, richtig, das französische Ostfestungssystem zu umgehen. Dafür bot sich einmal die Schweiz an, als Hochgebirgsland ungünstig für große, schnelle Operationen, zum anderen Belgien, dessen Neutralität die Großmächte garantiert hatten, Preußen 1839 und dann wiederum über den Norddeutschen Bund 1870. Strategie und Außenpolitik kollidierten bei solchen Überlegungen. Schlieffen hatte die Vorstellung, als Soldat müsse er überdenken, was militärisch das Beste sei, den Rest müßten die Diplomaten besorgen, gegebenenfalls müßten sie ein Veto einlegen. Die Grundlage für die Beurteilung fremder Armeen und ihrer möglichen oder tatsächlichen Planungen bildeten für die damit beauftragten sogenannten „Sprachen-Abteilungen" des Generalstabes, in denen jeder Offizier mindestens eine, besser mehrere Fremdsprachen beherrschen mußte, die Berichte der Militärattachés in den fremden Hauptstädten. Entgegen allen phantasievollen Geschichten spielte Spionage dabei keine ausschlaggebende Rolle. Dagegen existiert das merkwürdige Faktum, das in den Grundzügen sowohl die deutschen Pläne (das gilt vor allem für den 1905 fertiggestellten Schlieffenplan) dem französischen Generalstab, die französischen wiederum den deutschen Stellen nicht unbekannt blieben – ohne daß dies nun zur Revidierung der Planungen geführt hätte. Die offiziösen französischen Verlautbarungen und das, was über die verschiedenen französischen Operationsentwürfe X bis XV durchsickerte, ließen keinerlei Offensivabsichten erkennen. Tatsächlich änderte sich an den französischen Überlegungen für den Kriegsfall nichts bis zum Jahre 1911.

Wollte man also nicht frontal von Lothringen aus einen Durchbruch durch den französischen Festungsgürtel etwa im Raum des Plateaus von Nancy erzwingen – auch diese Möglichkeit hat Schlieffen sehr sorgfältig prüfen lassen ebenso wie einen Durchbruch zwischen dem Raum Verdun und der belgischen Grenze –, blieb nur der Marsch durch das gleich Belgien neutrale Großherzogtum Luxemburg oder durch Belgien selbst. Seit 1892 wuchs langsam, in Denkschriften und Vorentwürfen, von denen wir sieben kennen, in Generalstabsreisen und Kriegsspielen der große Plan, bei Verhalten auf dem Südflügel in Lothringen und im Elsaß mit der Hauptmasse der Armee im Westen durch Belgien hindurch weit um Paris ausholend die französische Armee im Rücken zu fassen und gleichsam gegen ihre eigenen Festungen zu drücken. Alle anderen Möglichkeiten schienen Schlieffen unbefriedigend, auch der Stoß auf Verdun durch das „Luxemburger Loch“, das heißt durch die Ardennen, die ihm als Gebirgshindernis zu schwer passierbar für große Truppenmassen erschienen, obwohl der Gegner hier nur veraltete schwache Festungen besaß, da man sich auf das Naturhindernis verließ – bis zum Jahr 1939/40, als der letzte Meister der Nach-Schlieffenschule, der spätere Feldmarschall v. Manstein, die Ardennen-Offensive entwarf.

Wie gesagt, der Schlieffen-Plan gedieh langsam, in Jahren, bis zur abschließenden Gestalt, die ihm der „große Chef“ 1905 lieh, in dem Jahr, in dem Frankreich, wäre Krieg ausgebrochen, allein gestanden hätte. Rußland war durch die Niederlage gegen Japan und die erste Revolution gelähmt. Schlieffen wußte sehr wohl, daß sein Operationsentwurf schwerwiegende politische Handicaps nach sich ziehen konnte, daß er auf einem Neutralitätsbruch basierte. Durch den Hauptmann v. Schmerfeld vom Generalstab ließ er das Problem der Neutralität Belgiens studieren. Sehr vorsichtig, vermutlich durch einen Freund des Kaisers, den polnisch-posenschen Magnaten Graf Hutten-Czapski, ließ er um die Jahrhundertwende beim greisen Reichskanzler Fürst Hohenlohe-Schillingsfürst sondieren, wie man in der Wilhelmstraße, im Auswärtigen Amt und in der Reichskanzlei, über derartige militärische Pläne denke. Es erfolgte keinerlei Einspruch. Man fügte sich, unter dem Prätext, der Chef des Großen Generalstabes halte solchen Schritt für notwendig. Schlieffen selbst war aus alter Berliner Zeit bei den Garde-Ulanen mit dem maßgeblichen Mann des Auswärtigen Amtes, Geheimrat v. Holstein, gut bekannt, frühstückte manchmal mit ihm bei Borchardt, dem Lokal der vornehmen Welt, oder besuchte in kritischen Zeiten den schrulligen, versponnenen alten Diplomaten in dessen Wohnung. Auch Holstein hatte keine Einwände. Ebenso waren die späteren Reichskanzler, Fürst Bülow wie Bethmann Hollweg sehr wohl im Bilde, im Kriegsfall würde man durch Belgien marschieren. Schlieffen hatte ganz korrekt die Diplomatie, die Reichsführung auf seine verstohlene Manier informiert. Aber die Diplomatie beugte sich jetzt dem Strategen. Ihre Passivität ging soweit, daß man weder daran dachte, den Generalstab in Zaum zu halten noch daran, wenigstens für den Fall des Falles eine Sommation vorzubereiten, um vor der Weltöffentlichkeit den Neutralitätsbruch als unumgänglich hinzustellen, weil Belgien inzwischen tatsächlich sich selbst nicht stets korrekt verhalten hatte, sondern sein Ostfestungsystem gegen einen deutschen Angriff ausgebaut und weil der belgische Generalstab in späteren Jahren auch zeitweilig engere Fühlung mit dem britischen Generalstab gesucht hatte. Wie denn überhaupt die belgische Neutralität in praxi ob des Streites unter den Garantiemächten immer fadenscheiniger wurde. Der Schlieffen-Plan blieb jedoch ohne diplomatische Sekundanten. Schlieffen dagegen hegte die Überzeugung, als Soldat habe er seine Pflicht getan, indem er die Diplomaten informiert hatte über das, was um des schnellen Sieges willen der Soldat tuen müsse. Alles andere war nicht mehr Sache des Soldaten. In diesem Falle erwies sich die deutsche Diplomatie in der Unterwerfung unter die Strategie erheblich militaristischer als der Generalstab.

Auch Schlieffen war dabei klar, daß die Verletzung der belgischen Neutralität sehr wahrscheinlich England auf den Plan rufen würde. Dessen kontinental-militärische Leistungsfähigkeit schien ihm freilich nicht sehr beeindruckend. Das perfekte Gegenbeispiel für die Behandlung militärpolitischer Probleme dieser Art bot Frankreich im Jahre 1911. Damals schlug der im Kriegsfall als Generalissimus vorgesehene General Michel, Vizepräsident des Obersten Kriegsrates, vor, bei Kriegsausbruch sofort ohne Rücksicht mit der Masse der Armee durch Belgien in die rechte Flanke der Deutschen vorzugehen. Hier hatten jedoch die politischen Instanzen, der Kriegsminister und der Ministerpräsident, das letzte Wort. Solch Bruch der Neutralität, befürchteten sie, würde sehr ungünstige Wirkungen in England haben. Michel scheiterte über seinem Offensivplan, der eine Schlieffen verwandte ähnlich großzügige Konzeption darstellte.

Um die Jahrhundertwende sah der Aufmarschplan Schlieffens noch die Versammlung von 6 Armeen in der Linie Straßburg–St. Vith vor, mit einer Flügelarmee, die mit der Masse aus dem Raum Düren–Aachen vorgehen sollte. Schlieffen überlegte sehr gründlich, ob man nicht bei etwaiger Verletzung der belgisch-luxemburgischen Neutralität dem Gegner die Vorhand lassen könne. Eben dies war die Maxime, welche die französischen Politiker dem Plan General Michels von 1911 entgegenhielten: Man müsse den Deutschen in Belgien das Prävenire lassen. Sehr lange hegte Schlieffen auch die Überzeugung, man dürfe bei der Umgehung des Gegners in dessen linker Flanke nicht zu weit ausholen, da man stets die Möglichkeit einer kraftvollen Offensive der Franzosen in Lothringen aus ihrem Festungsgürtel einrechnen und dann zum Gegenstoß abschwenken müsse. Man kann nicht sagen, daß er die möglicherweise notwendige Verletzung der Neutralität Belgiens auf die leichte Schulter genommen hat. Aber es ging um den raschen großen Sieg. Die Diplomaten nahmen seine Entschlüsse zur Kenntnis. Sie billigten sie nicht, noch widersprachen sie ihnen. Es war eine merkwürdige Situation für den Generalstabschef, Moltke hatte stets mit Bismarck rechnen und rechten müssen. Schlieffen wähnte, seine Konzeption berge den Sieg. Die andere Frage lautete – ihm wahrscheinlich unbegreiflich –, ob der militärische Sieg allein politische Entscheidungen herbeiführen konnte, wenn die politische Führung sich weiterhin perfekt passiv verhielt.

Schließlich entstand so im Jahre 1905 das Bild des „Schlieffen-

Planes“, den der Urheber in diesem für ihn persönlich unglücklichem Jahr als sein soldatisches Vermächtnis betrachtete, das Bild jenes Planes, bei dem der „große Chef“ alles auf eine Karte setzte, und das in die Geschichte einging. Das Gros der Westarmee sollte als Armee-Oberkommando 1, nach Versammlung im Raum Köln–Düsseldorf–Aachen durch Belgien gehen, weit um Paris – das als Gürtelfestung eingeschlossen werden sollte – herumschwenken und die Masse der französischen Armee gegen den eigenen Festungsraum an deren Ostgrenze drücken. Sieben schwächere Armeen sollten gestaffelt bis Straßburg im Elsaß die Deckung der Südflanke übernehmen. Den Oberrhein sollten italienische Verbände übernehmen, mit denen Schlieffen damals, 1905, noch ernsthaft glaubte rechnen zu können. Der Osten blieb damit ungedeckt, nur schwach gesichert. Theoretisch-pflichtgemäß ließ Schlieffen indes noch immer den „Großen Ost-Aufmarsch“ bearbeiten, für den mit Recht als unwahrscheinlich betrachteten Fall, daß Frankreich bei einem etwaigen deutsch-österreichisch-russischen Konflikt zunächst Gewehr bei Fuß stehen würde. Den österreichisch-ungarischen Generalstab und seinen Chef, den Feldzeugmeister Grafen Beck-Rzikowsky, informierte er nur dürftig, ein krasser Gegensatz zu den Gepflogenheiten Waldersees.

Rund 35 deutsche Armee-Korps und 8 Kavallerie-Divisionen sollten nach Schlieffens letztem, großartig ausgefeiltem Konzept, mit Diedenhofen–Metz als Schwenkungspunkt, nach ihrer Stärke gestaffelt durch Belgien hindurch ins Seinebecken vorstoßen, wie in einer riesigen Drehtürbewegung. Die französische Armee sollte mit verkehrter Front zur letzten entscheidenden Schlacht gezwungen werden. Im Osten nahm Schlieffen ganz richtig an, die Österreicher, deren militärischer Leistungsfähigkeit er nicht traute, würden zunächst durch eine Offensive in Galizien die russischen Kräfte binden. Aber irgendwelche konkreten Abreden mit dem k. u. k. Generalstab wurden mit peinlicher Genauigkeit vermieden. Und ob man der italienischen Bündnishilfe noch sicher sein konnte, wurde Schlieffen bald nach seinem Rücktritt selbst dubios. Was ihn ferner ständig beschäftigte, war die Frage, ob die vorgesehenen Kräfte, die sich in solchem Eroberungsfeldzug rasch verschleißen würden, für die weit ausholende Umfassung ausreichten, verbunden mit der Einschließung von Paris? Konsequenzen, wie erwähnt, zog er nicht aus diesen Sorgen.

Der „große Plan", bei dem nun auch kühn eine mögliche Offensive der Franzosen am Oberrhein quasi als „Liebesdienst" in Rechnung gestellt wurde, verlangte, das hat Schlieffen selbst betont, daß sich die Armee-Oberbefehlshaber die strategische Grundidee vollkommen zu eigen machten. Sollte der Plan mit der erwünschten Rasanz gelingen, mußten Armeen, so erscheint es dem flüchtigen Beurteiler, sich gleichsam wie Bataillone auf dem Exerzierplatz ganz mechanisch wie bei einem Riesenmanöver bewegen. Schlieffen selbst ist es nicht vergönnt gewesen, im Felde selbst zu führen und die Ausführung des Planes zu leiten. Als der Krieg endlich kam, den er nicht wünschte, für den er jedoch das Rezept des Sieges ausgestellt hatte, wäre er 81 Jahre alt gewesen. Seine Bewunderer im Generalstab meinten freilich, Radetzky habe in noch weit höherem Alter selbst geführt, sie hielten sein Ausscheiden 1905, wie es Lenski ausdrückt, für eine „Katastrophe". Daß dem Chef des Generalstabes im Kriegsfalle die Lenkung der Operationen zufiel, war seit Moltke ungeschriebendes Gesetz, bei allem fürstlichen Hoheitsbewußtsein des Obersten Kriegsherrn, Kaiser Wilhelm II. Wir wissen nicht, wie Schlieffen geführt haben würde. In jedem Fall war er sich mit Moltke dessen bewußt, daß der Chef des Generalstabes nur mit Mobilmachung und Aufmarsch die Ausgangslage vorbereiten konnte. Dann entließ er seine Armeen, wie es Moltke einmal formuliert hat, in das Dunkel der Ungewißheit. Der Wille des Gegners, nicht sicher zu kalkulieren, kam zum Zug. Zufälle, die Clausewitzschen „Friktionen", konnten eintreten. Immerhin läßt eine Bemerkung aus den Altersjahren, nach seinem Rücktritt, in einem Brief an seinen Schwiegersohn, den Flügeladjutanten des Kaisers Generalmajor v. Hahnke, Moltke hätte die Sache allein mit Direktiven machen wollen, das könne man den „Blumenthals" nicht überlassen, darauf schließen, daß er wahrscheinlich aktiver sich in den Ablauf der Operationen eingeschaltet hätte – vor allem dann, wenn diese nicht glatt liefen – als es sein Nachfolger, der jüngere Moltke, schließlich getan hat.

Außer Zweifel steht, daß der „Schlieffen-Plan“, rein militärisch gesehen, den Sieg über Frankreich hätte erbringen können, wenn sich 1914 an Stelle von Schlieffen etwa ein Mann von der strategischen Begabung und der brutalen Kraft des Generals Ludendorff an der Spitze des Generalstabes befunden hätte. Die andere Frage war, was nach dem „Großen Sieg“ im Westen geschehen wäre? Weder England noch Rußland hätten vermutlich die Fahne gestrichen. Schlieffen hat jedoch im Grunde wohl geglaubt, der militärische Sieg könne allein politische Entscheidungen erzwingen. Und für die Struktur des Wilhelminischen Reiches und seiner Hof-Gesellschaft war es bezeichnend, daß ein energischer, überragender Mann nicht mehr an die Spitze des Generalstabes gelangte.

Für Schlieffens Denkweise ist es wiederum bezeichnend, daß er im Jahre 1905, als sein Plan vollendet vorlag und Frankreich für den Moment allein stand, infolge tödlicher Schwächung Rußlands, den Gedanken eines Präventivkrieges, wie er damals empfohlen wurde, ablehnte, ebenso wie übrigens der Kaiser selbst. Kriege bedeuteten nicht Glück, sondern waren Schicksal, das man zu meistern hatte, soweit der Herrgott einem die Kraft dazu gab.

Schlieffen hatte immer wieder gelehrt, der Flankenangriff durchzöge die gesamte Kriegsgeschichte, das Ideal sei die Umfassung auf beiden Flanken. Er hat davor gewarnt, seinen Plan als Schema zu betrachten, und doch hat er ihn nie mehr abgeändert, auch nicht in theoretischen Überlegungen der letzten Jahre, als er kein Amt mehr bekleidete, versehen mit dem Rang eines Generalfeldmarschalls, was nach preußischer Sitte bedeutete, daß er stets im Dienst zur Verfügung stand. Sein Plan war das Ergebnis einer originalen Gedankenarbeit, er basierte nicht auf irgendwelchen kriegshistorischen Vorbildern. Die Entwicklung der Transport- und Nachrichtenmittel, die hochgezüchtete operative Kunst des Generalstabes gaben ihm die Hoffnung, man könne auch mit sicherer Hand Millionenarmeen in einer Riesen-Bewegung zum raschen, großen, entscheidenden Siege führen. Das erste Beispiel einer geglückten Umfassung sozusagen im freien Felde war für ihn bei seinen Altersstudien nicht der dann von ihm behandelte Umfassungssieg Hannibals bei Cannae, sondern Napoleons Sieg über den österreichischen Feldzeugmeister v. Mack im Jahre 1805 bei Ulm, Ergebnis eines gut angelegten Aufmarschplans.

Im Grunde konnte Schlieffen eines nicht verborgen bleiben: längst nicht alle führenden Mitarbeiter im Generalstab machten sich die Idee des Plans voll zu eigen. Oberhoffers Nachfolger als Generalquartiermeister, General v. Bülow – 1914 Oberbefehlshaber der schließlich ausschlaggebenden 2. Armee – war ein Verfechter des Frontal-Durchbruches. Ähnlich dachte der Militärschriftsteller General v. Bernhardi, zuvor Leiter der Kriegsgeschichtlichen Abteilung. Völlig anders, defensiv im Westen, argumentierte ein moderner Denker wie Colmar v. d. Goltz, Verfechter des zweidimensionalen Land-Seekrieges bis weit nach Asien hinein, wollte man England treffen, den stärksten aller potentiellen Gegner. Unter den „Kronprinzen“, die einmal Schlieffen im Generalstab ersetzen könnten, wurde auch Goltz, neben Hindenburg, genannt. Schlieffen lehnte beide ab. Goltz war ihm zu defensiv, Hindenburg wurde zu alt. Im Grunde haßte er die Erörterung des „Kronprinzen“-Problems. Aber diesen menschlich so einsamen Denker verließ auch niemals die quälende Frage, ob sein Aufmarschplan richtig sei, ob er tatsächlich den schnellen Sieg berge, zumal als er erfuhr, daß dem französischen Generalstab (wahrscheinlich seit 1907) sein eigener Plan in Umrissen bekannt geworden und daß man nun entgegen den einstigen Defensivtaktikern, den Generalen Bonnal und Miribel, auf der anderen Seite die Offensive plante.

Das Jahr 1905, in dem der Plan vollendet wurde, war für den alten Herrn ein Unheilsjahr. Beim Morgenritt im Tiergarten keilte das Pferd eines vorbeigaloppierenden Leutnants aus und zerschlug ihm das Schienbein. Für Monate wurde es still um ihn. Im September 1905 schrieb er in trüber Stimmung seinem Schwager Graf Ernst Schlieffen, er sei bald 73 Jahre, fast blind und halb taub und habe nun noch ein zerbrochenes Bein: „Es ist die höchste Zeit, daß ich abgehe ...“

Ausgangs des Dezember 1903 hatte ihm der Kaiser eröffnet, er gedenke ihm als Adlatus und Generalquartiermeister einen persönlichen und vertrauten Freund, den Kommandeur der 1. Garde-Infanterie-Division Generalleutnant v. Moltke, beizugeben. In seiner überschwänglichen Manier rühmte der Kaiser dessen „verwegenen Schneid" und Verantwortungsfreudigkeit. Schlieffen erhob keine Einwände, diese wären auch kaum denkbar gewesen. Vom 1. Januar 1904 an übernahm der jüngere Helmuth v. Moltke, Neffe und langjähriger Adjutant des Feldmarschalls, den Dienst als Generalquartiermeister. In seiner Beurteilung von 1905 hob Schlieffen vor allem das „praktische Denken" seines neuen Gehilfen hervor. Zweifel an dessen Nervenstärke ob seiner großen Empfindlichkeit behielt er für sich. Ein Augenzeuge sah mit an, wie dem Generalquartiermeister bei der letzten großen Übungsreise 1904 nach einer sehr höflich kühlen Korrektur durch Schlieffen die hellen Tränen kamen, als er das Zimmer verlassen hatte.

Der neue Generalquartiermeister war auch kein vollkommen überzeugter Anhänger der Schlieffenschen Ideen, bei aller persönlichen Verehrung für den seltenen Mann an der Spitze des Stabes. In seinen Erinnerungen erzählt er, Schlieffen habe ihn ab und zu auf Generalstabsreisen nach seiner Ansicht befragt, doch habe sich diese fast nie mit derjenigen Schlieffens gedeckt. Schlieffen in seiner altmodischen Vornehmheit fügte sich indes dem Willen des Königs und Kaisers, der auf seinen Freund Moltke setzte, auf „Julius", wie er ihn mit einem Spitznamen zu nennen pflegte.

Zunächst übernahm Schlieffen zur Einweihung des Denkmals für den älteren Moltke am 26. Oktober 1905 noch einmal voll die Dienstgeschäfte. Ohne sein Wissen hatte sein Stellvertreter inzwischen bereits eine Ordre erlassen, welche den Kommandierenden Generalen die Abhaltung von Übungen für Frontalangriffe in großem Verband empfahl, eine Reaktion auf die einseitige Empfehlung des Flankenangriffes durch Schlieffen. Einseitigkeit mußte nach Moltkes Ansicht beim Generalstabsoffizier und bei Kommandostellen vermieden werden.

In einer Denkschrift vom 20. Dezemberg des Jahres 1905 faßte Schlieffen noch einmal seinen Plan zusammen. Frankreich war nur durch einen Flankenangriff quer durch Belgien zu schlagen, mit dem man die französische Armee im Rücken fassen konnte. Das Stärkeverhältnis zwischen dem rechten und dem linken deutschen Flügel müsse etwa sieben zu eins betragen. Am Jahresende gab er das Amt ab. Er sprach nun von sich selbst, ganz herrenhuterisch, als von dem unnützen Knecht, von dessen Schultern eine Bürde genommen sei. Dem Pietismus der Brüdergemeinde entsprach auch ein düsterer Fatalismus. Den Mehrfrontenkrieg beispielsweise hatte der Soldat Schlieffen hingenommen, einzig in dem Streben, ihn zu meistern, ohne jeden Versuch, die politische Führung darauf hinzuweisen, daß man solchen Krieg besser vermeiden würde.

Als Schlieffen ausschied, bestand der Generalstab der Armee aus dem Generalquartiermeister, vier Oberquartiermeistern und 102 Offizieren. 44 Offiziere waren bürgerlicher Abkunft. Unter ihnen befanden sich bereits die Männer, die im Ersten Weltkrieg bekannt werden sollten. Major Ludendorff tat in der 2. (Deutschen) Abteilung, Hauptmann Groener in der Eisenbahn-Abteilung Dienst. Mehr als die Hälfte aller Offiziere nannten jetzt eine abgeschlossene Gymnasialbildung ihr eigen, nur 20 von Hundert waren noch Zöglinge der traditionellen Kadetten-Anstalten, darunter freilich eine der gewichtigsten Persönlichkeiten unter dem Nachwuchs, Erich Ludendorff. 101 Offiziere waren zum Dienst beim Generalstab kommandiert. Neu war die Sitte, daß jetzt auch Prinzen aus den fürstlichen Häusern dem Generalstab zur Dienstleistung zugeteilt wurden. Einer der eigenwilligsten und intelligentesten Köpfe war unstreitig der Major Ludendorff – einstweilen noch ein Unbekannter.

Wie die meisten außergewöhnlichen Erscheinungen in der Geschichte hinterließ Schlieffen keinen Nachfolger, den er gewissermaßen selbst dazu herangezogen hatte. Groener, dermaleinst in ganz anderen Zeiten Reichswehr- und kommissarischer Reichsinnenminister der sterbenden Weimarer Republik, sah den Hauptfehler der damaligen Generalstabsausbildung im mangelnden Sinn für technische Entwicklungen. Mit dem Maschinengewehr, dem Kraftwagen, dem Flugzeug, den Luftschiffen bahnte sich eine neue Ära an. Groener selbst, Schliefens Nachfolger Moltke d. J., Ludendorff, dessen späterer enger Mitarbeiter Oberleutnant Max Bauer erschienen als Ausnahmen. Bauer setzte sich damals schon für die Einführung der modernen schweren 42 cm-Mörser mit Motorzug ein. In „Jena oder Sedan" ließ Franz Adam Beyerlein den Hauptmann v. Wegstetten, Prototyp des pflichtgetreuen Offiziers alter Schule, folgendermaßen meditieren: „Also, warum sollte der Name Schlieffen nicht mal denselben Klang haben wie Moltke? Er glaubte freilich selbst nicht daran – eigentlich ohne Grund, aber es gelang ihm nun einmal nicht ..."

Die Verherrlichung des „großen Planes", der Glaube der Epigonen, dieser berge das Rezept des Sieges, auch der Schimmer des Geheimnisses, das Schlieffen unwillkürlich um sich verbreitet hatte, ließen die Kritiker des Generalstabschefs in der Armee in Vergessenheit geraten. Und doch hat es auch an kritischen Stimmen nicht gefehlt. Der gewissermaßen klassische „Anti-Schlieffen" war nicht Colmar v. d. Goltz, sondern der alte General d. Inf. Sigismund v. Schlichting, der schon 1895 verabschiedet worden war. Schlichting galt als „unbequem", weil er das Erbe Clausewitz' und Moltkes gegen die „mechanischen Kräfte", die „exerzierten Schlachten" als Zeitideal verteidigte, mit anderen Worten eine geistige Freiheit vertrat, die unmodern geworden war. Auch der General d. Kav. v. Bernhardi warnte in seinem Werk „Vom heutigen Kriege" vor der Idee, man könne im Krieg nach einem Rezept siegen. Schlichting war mit dem Oberquartiermeister Frhr. v. Gayl befreundet. In einem Brief an Gayl bezeichnete er Schlieffen als „eine merkwürdige Persönlichkeit von schärfstem Intellekt und betriebsamsten Fleiß". Wie manchen denkenden Kopf befiel auch ihn die Erinnerung an Jena und Auerstedt, welche ihm zufolge auf den „Dämon des Exerzierplatzes" zurückzuführen waren.

Moltke hatte einmal gesagt, die technischen Errungenschaften der Zeit müßten die Vasallen der Kriegführung sein. Schlieffens Kritiker hatten den Eindruck, dieser lasse sich allzusehr von den technischen Faktoren beherrschen. Ganz sicher ist Schlieffen der bedeutendste militärische Fachmann des untergehenden Preußentums gewesen. Ebenso aber wurde mit seiner Ära die Einseitigkeit militärischen Denkens Trumpf im Generalstab. Die

Isolierung von den politischen und sozialen Mächten und Ideen der Zeit wuchs, der Idealismus Scharnhorsts und Boyens geriet in Vergessenheit.

Trotzdem haftet ein Schimmer von Tragik an dem alten Herrn, den nun keiner offiziell mehr fragte und der jetzt, getrieben von schwerer Sorge um das Reich, das Haus Hohenzollern und Preußen, denen er gleich seinen Vorfahren sein Leben geweiht hatte, begann, die Geschichte zu durchforschen, um sich selbst zu beweisen, daß er das Geheimnis des Sieges entdeckt habe, daß sein großer Plan das Rezept zur Rettung im unausweichlich heraufziehenden Kriege sei. Schlieffens Briefwechsel verrät keinen sonderlich weit gespannten Interessenkreis, etwa was Kunst und Literatur anbelangte. In der Kriegsgeschichte jedoch war er Meister, und er schrieb, in strenger Zucht der Gedanken, einen höchst prägnanten Stil. Diesen Alterstagen verdanken wir die berühmte Studie über die Schlacht von Cannae 216 v. Chr., in der Hannibal mit schwächeren Kräften in freiem Feld ein überlegenes römisches Heer einkesselte und nahezu vollständig vernichtete. „Cannae" wurde in Schlieffens Augen das Ideal einer Feldschlacht. Dabei übersah er nur einen Umstand: Der geniale Sieg des Feldherrn der Karthager hatte auf den Gesamtablauf des Zweiten Punischen Krieges gar keinen Einfluß. Er verhinderte durchaus nicht die Niederlage Karthagos nach fast fünfzehn Jahren weiteren Ringens.

Wie Königgrätz 1866 war Cannae das Ergebnis eines einzigen Tages gewesen. Das neue Super-Cannae sollte das Resultat einer Schlachtenfolge bilden, die sich über Wochen hinziehen und die sich in zwei Ländern, Belgien und Frankreich abspielen mußte. Auf Grund dieses ungeheuren Manöver-Stratagens erwarb sich Schlieffen – ohne sein Zutun – den Ruf eines großen Feldherrn, obwohl er niemals eine Armee im Kampf geführt hatte (was nicht Schuld, sondern Schicksal war!). „Wir sind tief gesunken", schrieb der alternde Colmar v. d. Goltz, als er in der Presse auf Grund eines Manöver-Erfolges als „Feldherr" gepriesen wurde. Und der jüngere Moltke stellte als Chef des Generalstabes melancholisch fest, nachdem ihm der Kaiser für ein gelungenes großes Herbstmanöver einen hohen Orden verliehen hatte, sein Oheim hätte erst mehrere Siege erfechten müssen, bevor er diesen Orden erhalten hätte.

Schlieffen hielt auch in seiner letzten Denkschrift an den Grundzügen seines Planes fest. Hellseherisch entwarf er in einem Artikel für eine bekannte Zeitschrift das Bild des modernen Schlachtenlenkers, der weit vom Schauplatz der Operation entfernt, mit Hilfe neuer technischer Mittel, Telegraph, Telefon, Automobil und Erkundungsflugzeugen, den Gang der Handlung im Griff behielt. Am 4. Januar des Jahres 1913 wurde der Generalfeldmarschall Alfred Graf v. Schlieffen abberufen zur Großen Armee. Noch in den Schauern des Todes rang er nicht um jenen Frieden, von dem der greise Moltke gesagt hatte, daß er höher sei als alle Vernunft, sondern um das Geheimnis des irdischen Sieges in der großen Schlacht. Seine letzten Worte lauteten: „Macht mir den rechten Flügel stark."

DER KRIEG OHNE FELDHERRN

Der jüngere Moltke und Falkenhayn 1906–1916

Unter dunkel aufziehenden Wolken, der russischen Revolution und der deutsch-französischen Krise in der Marokkofrage trat der jüngere Moltke am 1. Januar des Jahres 1906 seinen Dienst als Chef des Generalstabes der Armee an. Seit 1904 hatten England und Frankreich ihre Interessenssphären in Afrika und Südostasien in wechselseitigem Einvernehmen abgegrenzt, die englisch-französische Entente fand vor allem in Militärbesprechungen ihren Ausdruck. Zeitweilig suchte der englische Generalstab, der nach preußischem Vorbild neu organisiert wurde, enge Fühlung mit dem belgischen Generalstabschef. Belgien, dessen Neutralität von den Großmächten garantiert worden war, wurde im Grunde ein Schulbeispiel dafür, was solche Neutralität wert ist, wenn die Garantiemächte untereinander in Streit geraten und das Objekt der Garantie große Bedeutung als Durchmarschgebiet oder Industrierevier besitzt. Das deutsch-englische Wettrüsten zur See nahm hybride Formen an. Und das Reich krankte am ungelösten Problem der sozialistischen Opposition zum bestehenden, halbkonstitutionellen monarchischen System, am Mißverhältnis zwischen Demokratie, Tradition, fürstlichem Absolutismus und der Militärmacht.

Helmuth v. Moltke, der Erbe, der vor dem Ruhm des großen Oheims ebenso viel Bewunderung wie heimlichen Respekt besaß und seine Aufgabe ungeheuer ernst nahm, weil er sich fragte, ob er der großen Verpflichtung, das überkommene Gut in ernster Zeit zu bewahren, gewachsen war, war im Revolutionsjahr von 1848 als Sohn Adolf v. Moltkes, des zweiten Bruders des Siegers von Königgrätz und Sedan, geboren worden. Er hatte in der preußischen Garde und im Generalstab und dann seit 1882 lange Jahre als Adjutant seines Onkels gedient, wodurch ihm ein erheblicher Teil normaler Generalstabsausbildung wie der Praxis im Truppendienst entgangen war. Der hochgewachsene, breitschultrige, massiv wirkende Mann mit den äußerst liebenswürdigen Umgangsformen und dem im Gegensatz zu Schlieffen sehr weit gespannten geistigen Interessenkreis hatte sich das uneingeschränkte Vertrauen des Kaisers erworben. Bei Hofe spielte noch immer ganz rein äußerlich die sogenannte „schöne militärische Erscheinung" eine Rolle, wenigstens was Wilhelm II. betraf. Dieser war auch überzeugt, es mache sich gut in der Welt, wenn wieder ein „Moltke" den Generalstab führe.

Schlieffen hatte gemeint, zum Feldherrn würde man nicht ernannt, sondern geboren – ein großes Wort, bezieht man es auf Schlieffen selbst. Moltke fühlte sich kaum zum Feldherrn geboren. Wie der österreichische Oberkommandierende im Schicksalsjahre 1866 hatte er Bedenken ob seiner Berufung. Wie dieser gehorchte er als Soldat, als der Kaiser ihn sozusagen beim Portepee faßte. Aber der jüngere Moltke, besser bewandert als der Vorgänger im Umgang mit dem Kaiser, war nicht einfach ein blind gehorchender Soldat, auch nicht ein Hofmann im landläufigen Sinne. Er stellte Bedingungen, die seinen kaiserlichen Herrn schwer trafen: Er machte die Übernahme des Amtes davon abhängig, daß sich der Kaiser fortan jeglicher Einmischung in Führungsfragen, die großen Kriegsspiele des Generalstabes oder die Kaiser-Manöver, enthielt. Wilhelm II. war sehr betroffen, daß „Julius", wie er Moltke zu nennen pflegte, ihn dergestalt in die Enge trieb – und fügte sich.

Moltke d. J. war es bitter ernst mit der Bürde seines Amtes, weil er, gleich so vielen Erben großer Namen, schwer an dieser Last trug. Er wollte bei der Schulung der Generalstabsoffiziere jede Möglichkeit kriegsfremder Lagen, wie sie die Rücksichtnahme auf den Souverän mit sich brachte, ausschalten. Vielleicht ahnte er auch, wie sehr der Kaiser, den er menschlich verehrte in diesen Dingen ein Dilettant war, im Gegensatz zu seinem Großvater. War der Kaiser schon eine komplizierte Natur, so war wahrscheinlich Moltkes Natur noch komplizierter. Zu seinen Bedingungen gegenüber dem Monarchen gehörte auch die Forderung, er wolle vor der Amtsübernahme noch als Generalquartiermeister die großen Herbstmanöver 1905 selbständig leiten, gewissermaßen zur Selbstbestätigung. Das Ergebnis war auch nach dem Urteil Schlieffens vorzüglich, wie sich überhaupt der jüngere Moltke, nach einigen anfänglichen Schwierigkeiten bei der formalen Handhabung der Dienstgeschäfte überraschend schnell in seine großen Aufgaben hineinfand und gleichsam mit seiner Stellung wuchs. Allerdings übernahm er einen glänzenden, von Schlieffen geprägten Apparat.

Bei Generalstabsreisen war Goethes „Faust" sein ständiger Begleiter. Er war ausgesprochen das, was man einen sehr vielseitig gebildeten und interessierten Mann nennen konnte. Die Ehe mit einer entfernten Verwandten, der Gräfin Eliza Moltke-Hvitfeld, bestärkte ihn noch in der Pflege solcher Interessen. Eliza Moltke war eine kluge und geistreiche Frau, freilich auch einem gewissen Mystizismus ergeben. Moltkes Brautbriefe verraten eine weiche, grüblerische, oft auch skeptische Natur, neben dem Glauben an alles Wahre und Schöne im Leben. Die altpreußisch-strenge Orthodoxie genügte ihm nicht in Glaubensdingen. Durch Rudolf Steiners und Annie Besants Schriften fand er 1904 Zugang zur Theosophie, Steiners Deutung des inneren Gehaltes der christlichen Lehre in der Anthroposophie bot ihm mehr Trost als die Phraseologie der Hofprediger. Daneben aber bekannte er auch, der Pulvergeruch der Manöver sei sein Lebenselement. Er war Soldat mit Leib und Seele. Und doch liegt hier ein Widerspruch zwischen anerzogener oder ererbter Tradition und einem sehr empfindsamen, leicht verwundbaren Gemüt, der nicht aufzuhellen ist. Ältere Generalstabsoffiziere in der Ära des jüngeren Moltke, die durchaus davon überzeugt waren, daß einstweilen in Friedenszeiten der wohleingespielte Apparat vorzüglich funktionierte, haben sich immer wieder gefragt, ob ein Mann mit so fein reagierenden Nerven wohl auch der richtige Mann im Ernstfall wäre, wenn – unvermeidlich – die großen Krisen kamen, die auch der beste Aufmarschplan nicht ausschalten konnte.

Moltkes militärpolitisches Credo lautete, Anfang und Ende der Kriege seien Sache der Politiker, im Kriege selbst habe die Strategie das Wort und entwickele sich unabhängig von der Politik. Es war eine späte Auslegung der Clausewitzschen Philosophie im Zeitalter der Massenkriege, deren technisch-wirtschaftliche Bedingungen auch im Krieg eine politische Kriegführung verlangten. Gerade weil Moltke sehr wohl empfand, wie so vieles im Wilhelminischen Zeitalter unecht und hohl geworden war, ging er mit immensem Fleiß und nie erlahmendem Bewußtsein für seine große Verantwortung an die interne Generalstabsarbeit. Jahr um Jahr wurde der große Westaufmarsch, die ersten Jahre auch noch die große Ostlösung als Eventualfall bearbeitet, in den „Sprachen"- und den Festungs-Abteilungen (4. u. 7. Abtlg.) der Stand der französischen, belgischen, englischen Armee und der russischen Armee sowie die Angriffsmöglichkeiten für die Festungssysteme in West und Ost überprüft und auf den neuesten Stand gebracht. Das Bild, das man von der französischen und belgischen Armee hatte, war sehr treffend. Der große Wandel im französischen Denken von der defensiven zur offensiven Strategie, Ergebnis wachsenden Kraftbewußtseins, der ab 1911 auch in den Aufmarschplänen seinen Niederschlag fand, entging den Herren im roten Haus am Königsplatz in Berlin keineswegs. Die britische Armee, die für einen Kontinentalkrieg auf dem europäischen Festland reorganisiert wurde, schätzte man weniger hoch ein, an den Einsatz weißer oder farbiger Verbände aus dem Empire, etwa aus Indien, dachte man nicht. Mit Überraschung notierte man dagegen die sehr rasche Regeneration der russischen Armee nach der Niederlage gegen Japan und den Erschütterungen der Revolution.

Was die Waffentechnik und die Heeresrüstung anbetraf, so stand das erste Jahrzehnt des 20. Jahrhunderts im Zeichen der neuen Maschinenwaffen, neuer beweglicher überschwerer Artillerie und der Nutzung des Verbrennungsmotors für Land- wie Luftfahrzeuge.

In allen Armeen der zivilisierten Länder wurden neue technische Formationen aufgestellt: Telegraphen-, Fernsprecher- und Blink-Einheiten, Radfahr-Bataillone, Luftschiffer-, Flieger- und Kraftfahr-Verbände. Überall wurde als Infanteriewaffe das Maschinengewehr eingeführt. Die deutsche Militärluftfahrt hatte neben dem Fesselballon zunächst die Luftschiffe des Grafen Zeppelin für militärische Zwecke nutzbar zu machen gesucht. Seit die erste Überquerung des Ärmelkanals mit einem Motorflugzeug gelungen war, erkannte vor allem der jüngere Moltke die künftigen Möglichkeiten des Kriegs- und Aufklärungsflugzeuges. Das Urteil des Generalstabschefs war allerdings in Rüstungs- und Beschaffungsfragen nicht ausschlaggebend. Federführend war hier – unter der versagenden Allerhöchsten Kriegsherrlichkeit – das preußische Kriegsministerium, für die Bewilligung entsprechender finanzieller Mittel mußte der Reichstag das letzte Wort sprechen. Und im Kriegsministerium waltete wie in den Tagen des älteren Moltke anno 1866, was Technik und Nachschub anbetraf, der altpreußische Konservatismus. Die kommende Bedeutung der Militärflugzeuge, die volle Nutzung des Kraftwagens auch als gepanzerter und mit Maschinengewehren oder kleinen Geschützen bestückter Angriffs- oder Aufklärungswaffe wurden nur zögernd oder überhaupt nicht realisiert. Hatte nicht 1870 die preußische Infanterie gesiegt, obwohl sie nicht über Luftballons und Mitraileusen verfügte?

Gerade im Hinblick auf die wachsende französische und auch die russische Angriffs- beziehungsweise Verteidigungskraft begann Moltke den Schlieffenplan zu überprüfen. Er hatte ohnehin niemals zu den schematischen Nachbetern seines Vorgängers gehört. Die Frage, die ihn immer bewegte, war, was geschehen konnte, wenn der französische Gegner aus seinem Ostfestungswall in Lothringen zum Angriff überging, gegen das Zentrum, die Türangel des deutschen Flügelaufmarsches und hier bis in die Rheinebene durchstieß. Dann waren alle rückwärtigen Verbindungen der starken deutschen Kräfte auf dem rechten Flügel in Belgien gefährdet. Schlieffen hatte mit weitgehender Entblößung der linken Flanke in den Reichslanden und am Oberrhein alles auf eine Karte gesetzt. Moltke hielt dies für zu gewagt. Vollends als sich vom Jahre 1911 an offensives Denken im französischen Generalstab durchsetzte und man die Offensive gegen den Angelpunkt der deutschen Drehtürbewegung in Lothringen plante, wie dies auch der letzte französische Operationsentwurf XVII vorsah, konnte der Chef des Generalstabes nicht gut den Schlieffenplan vollkommen unverändert lassen. Der „Moltke-

Plan" sah künftig den Aufmarsch von zwei Armeen, der 6ten in Lothringen, der 7ten im Elsaß vor, zur Deckung des linken Flügels. Gegebenenfalls konnte man auch in Lothringen zum Durchbruch des französischen Festungsgürtels ansetzen und den Gegner von beiden Seiten packen, wenn man die Umfassungsbewegung auf dem rechten Flügel, die erhalten blieb, etwas enger ansetzte, südostwärts an Paris vorbei. Oder aber man mußte, je nach Entwicklung der Lage, Kräfte vom linken rechtzeitig auf den rechten Flügel verlagern. Der „Moltke-Plan" verzichtete auch endgültig auf die zu Zeiten ins Auge gefaßte Durchquerung der südholländischen Provinz Limburg, um die Niederlande aus dem Spiel zu lassen. Dafür bereitete Moltke ein sehr kühnes Unternehmen vor, um den engen Raum zwischen Aachen und der holländischen Grenze bei Limburg rasch für den Vormarsch sehr starker Verbände freizubekommen. Die belgische Sperrfestung Lüttich, die modern ausgebaut war, sollte sofort bei Kriegsbeginn im Handstreich genommen werden, für den so sorgsam wägenden Mann ein überraschender Entschluß. Mißlang das Unternehmen, würde man mit Sicherheit fragen, wer diesen „Unfug" befohlen habe, was auch Moltke selbst durchaus bewußt war.

Moltke erörterte die neuen Überlegungen vor allem mit dem Oberquartiermeister I, General v. Stein, einem ungeheuer fleißigen und gewissenhaften, aber auch sehr umständlichen, schwer zum Entschluß kommenden Mann, und dem Chef der Aufmarschabteilung, seit 1908 Major Ludendorff. Ganz anders als der viel souveränere Graf Schlieffen hatte er oftmals Sorge vor Indiskretionen, durchaus nicht zu Unrecht. Wie erwähnt, blieben weder der Ur-Schlieffenplan noch der Moltkeplan in den Grundzügen dem Gegner verborgen, ebensowenig wie die französischen Aufmarschdispositionen, vor allem der Plan XVII des Generalissimus Joffre, der deutschen Seite.

Sicherlich vollzog sich mit den neuen Überlegungen das, was später Moltkes Kritiker eine Verwässerung des Schlieffenplanes genannt haben. Der alte „Große Plan" wurde zum Teil seines Urgehaltes entkleidet, aber die Voraussetzungen hatten sich eben geändert. Ludendorff, selbst allerdings Bearbeiter des Moltkeschen Plans, der schärfste strategische Kopf des letzten preußischen Generalstabes, hat den Plan als gut bezeichnet, ähnlich urteilte nach dem Ersten Weltkrieg der berühmte Militärschriftsteller General v. Kuhl, unter Moltke Chef der 3. (französischen) Abteilung. Alles kam auf die Ausführung an, auf den Moment, da, wie Kuhl es ausgedrückt hatte, die „freie Kunst der Führung“ einsetzte. Hindenburg hat in seiner sehr prosaischen Denkweise einmal gesagt, der Generalstabsdienst bestünde einfach in der Anwendung der Vernunft auf den gerade vorliegenden Fall. Insgesamt war Führungskunst und gelassene olympische Ruhe bei klarem Blick für das Ganze noch weit notwendiger denn vorher. Es galt nun im Raum Basel-Aachen die Bewegungen von sieben Armeen aufeinander abzustimmen. Ob der jüngere Moltke der Mann dafür war, konnte vor dem Krieg niemand mit Sicherheit sagen, aber an Zweiflern mangelte es nicht.

Auch Moltke gab den Gedanken an den schnellen Sieg nicht auf, der Dämon des kurzen Krieges hielt auch ihn im Bann. In jedem Falle müsse man den Bewegungskrieg, die Schlacht erhalten, zum Stellungskrieg dürfe es nicht kommen, hat er mehrfach gesagt. Manches wurde jetzt richtiger und vernünftiger gehandhabt als unter Schlieffen. Moltke mühte sich um eine Abstimmung der Operationspläne zur See und zu Lande mit dem Admiralstab und drängte hierbei – im Endeffekt vergeblich – auf den sofortigen Einsatz der Flotte. Die Beziehungen zum österreichisch-ungarischen Generalstab in Wien und dessen Chef Feldmarschalleutnant Conrad v. Hötzendorf, mit dem ihn rein menschlich mancherlei verband, wurden wieder normal gehandhabt. In großen Zügen wußte man jetzt in Wien, daß im Fall eines Zweifrontenkrieges das Reich zuerst die rasche Entscheidung im Westen herbeiführen und darauf dann mit voller Kraft im Osten aktiv werden wollte.

1908 beschwor die Annektion Bosniens und der Herzegowina durch das habsburgische Kaiserreich wieder den Schatten des drohenden Weltkonfliktes. Die Daily-Telegraph-Affaire lenkte die Aufmerksamkeit der Öffentlichkeit auf sehr merkwürdige naive Äußerungen des Kaisers an die englische Adresse, deren Veröffentlichung der amtierende Reichskanzler Fürst Bülow leichtsinnigerweise nicht verhindert hatte. In einem Interview, das der Kaiser einem ihm bekannten höheren englischen Offizier gewährt hatte, hatte Wilhelm II. versucht, sich selbst als Freund Englands hinzustellen, dessen fromme Absichten von der Mehrheit des deutschen Volkes nicht geteilt würden. In der Presse, im Reichstag erhob sich ein Sturm der Entrüstung. Selbst konservative Kreise hegten die Überzeugung, der Kaiser müsse abdanken oder wenigstens seinem ältesten Sohn, dem recht wenig gereiften Kronprinzen Wilhelm, die Regentschaft überantworten.

Von den seelischen Erschütterungen der Daily-Telegraph-Krise sollte sich der Kaiser nie wieder erholen. Jählings hatte er erkannt, daß er nicht mehr das Vertrauen breiter Schichten des deutschen Volkes besaß und daß ihn in der, nicht zum wenigsten selbstverschuldeten Krise kaum einer mehr gedeckt hatte, weder der Reichskanzler noch die Konservative Partei – für den nach Popularität verlangenden Monarchen ein schwerer Schlag. Hatte er einst gegenüber Waldersee gesagt, bei ihm solle im Kriegsfall der Generalstabschef nur eine Art „Amanuensis" sein, so wurde jetzt klar, daß im Grunde auf den „Amanuensis" im Fall des Falles noch weit mehr fallen würde als die Leitung der Operationen, wie der jüngere Moltke sich dies ausbedungen hatte, nämlich die Koordinierung der Gesamtkriegführung, die an sich Sache des Herrschers als Oberstem Kriegsherrn gewesen wäre. Ob dazu aber die unumschriebenen Befugnisse des Chefs des Generalstabes ausreichen würden, es sei denn dieser erfreute sich eines so sagenhaften Prestiges wie Schlieffen – das war eine Frage von tödlichem Ernst!

Beim Monarchen lag die Aufgabe, im Frieden wie im Krieg die politische Reichsleitung, den Generalstab, das Kriegsministerium, die obersten Marinebehörden mit Staatssekretär, Flottenchef und Admiralstabschef zu koordinieren. Der Koordinator entfiel dagegen schon im Frieden weitgehend. Wie vor der Katastrophe von 1806 vollzog sich eine verhängnisvolle Aufsplitterung all der vielen Immediat-Instanzen. Der Versuch des Kaisers, über seine drei Kabinettchefs für Zivilangelegenheiten, Militär und Marine regulierend zu wirken, war ein Versuch mit untauglichen Mitteln, zumal die drei Kabinettchefs an sich nie mehr waren als treue Diener ihres hohen Herren, keine überragenden Geister. Das Kriegsministerium ging in der Bewältigung der Administration auf, die Marine führte im Grunde ein Sonderdasein. Das höhere, ältere Seeoffizierkorps mußte zudem einen schwierigen Prozeß des Umdenkens von der alten Idee der rein devensiven Künstenschutzflotte auf eine offensive Hochseeflotte vollziehen. Der Generalstab, von Legenden umwoben, in den Augen der Öffentlichkeit, gar nicht zu Unrecht, Verkörperung der höchsten geistigen Tugenden der Armee, geriet in eine gewisse Isolierung. Gleichwohl erwartete jedermann von ihm, er könne Wunder vollbringen, während sein Chef sich mit immer ernsteren Zweifeln trug. Der jüngere Moltke war sowenig wie Schlieffen oder sein großer Oheim primär an Politik interessiert, daß jedoch die außenpolitische Lage des Reiches sich nicht besserte, wußte er sehr wohl.

Die Spannungen mehrten sich. Die Agadir-Krise von 1911 beschwor wieder den Weltkrieg. Die beiden Balkan-Kriege von 1912 und 1913 zwischen Serbien, Bulgarien und der Türkei und darauf zwischen Serbien, Rumänien und Bulgarien bargen erneut die Gefahr der Ausweitung des latenten Konfliktes der Großmächte. Unter diesen Verhältnissen trat die alte, nie gelöste Frage der vollen Ausnutzung der deutschen Volkskraft durch die Wehrpflicht in ein neues Stadium. Allzulange hatte man der Seerüstung eine ungebührliche Aufmerksamkeit geschenkt.

Im Jahre 1911 erkrankte Moltke zum erstenmal an einem Gallenleiden. Die Tatsache, daß der Chef des Generalstabes kein vollkommen gesunder Mann mehr war, führte zu Gerüchten über seine Abberufung. Im nächsten Jahr wurde der sehr schwerfällige Oberquartiermeister I General v. Stein durch einen Verwandten des Feldmarschalls Graf Waldersee, den Generalleutnant Graf Georg Waldersee, ersetzt, der manchen Beurteilern eher wie ein Diplomat als wie ein hoher Generalstabsoffizier erschien. Unter diesen Umständen schob sich im Generalstab, beim Kampf um die Durchsetzung einer Heeresvermehrung, ein bislang im stillen wirkender Mann in den Vordergrund, der Chef der 2. (deutschen) Abteilung, Oberstleutnant Ludendorff, der Apostel des Krieges „in seiner wahrhaftigen Form“. In seinen späteren Schriften vertrat er, wie er meinte, zur Ergänzung von Clausewitz, tatsächlich in Widerlegung der Clausewitzschen Grundweisheit, die Ansicht, der Krieg sei nicht ein Mittel der Politik, sondern diese sei ein Mittel der Kriegführung. Der Verarmung wirklich politischen Denkens in der Wilhelminischen Ära entsprach die Theorie, militärische Maßnahmen könnten politische Entscheidungen einfach ersetzen. Der Appell an die Gewalt, die Überzeugung, der Friede sei im Grunde nur die Pause zwischen zwei Kriegen und alle Mittel seien der Kriegführung unterzuordnen, waren das Abbild einer militaristischen Argumentation.

Unter dem Eindruck der Erhöhung der französischen Heeresstärke und der immer wieder sich andeutenden Kriegsgefahr benutzte Ludendorff die gleichen Formeln wie der französische Generalstab, die These, daß man nie stark genug und in jedem Fall so stark wie möglich sein müsse. Schlieffen hatte geglaubt, die zahlenmäßige Unterlegenheit durch das geniale Manöver ausgleichen zu können. Ihm war die Besorgnis um die ungenügende zahlenmäßige Stärke des Westheeres allerdings nicht fremd gewesen. Ludendorff wollte beim „Moltke-Plan", der auch der seinige war, die gesamte Volkskraft brutal in die Waagschale werfen. In seinem harten Willen und seiner strategischen Denkkraft war er eigentlich der geborene Ersatz für einen viel gebildeteren, viel komplizierten Chef des Generalstabes.

Ludendorff wagte sich auch in das politische Feld. Unter dem Stichwort „Alle bereiten sich auf den großen Krieg vor, den alle über kurz oder lang erwarten", nur ein Krieg könne noch in Europa eine politische Entscheidung erzwingen, arbeitete Ludendorff mit voller Billigung des jüngeren Moltke die großen Denkschriften für eine durchgreifende Heeresvermehrung aus. Betrachtete man die allgemeine Situation, das General-Wettrüsten in Europa, war das nur die logische Konsequenz in der gegebenen Lage.

Moltke und Ludendorff verlangten die Aufstellung von drei neuen Friedens-Armeekorps, die Umgestaltung der bisher mit ungenügender Artillerie ausgestatteten Reserve-Korps, die Aufstellung mobiler Ersatzformationen, die Einführung schwerster

Steilfeuer-Artillerie mit Motorzug zur Bezwingung des belgisch-französischen Festungssystems, die durchgreifende Vermehrung der Fliegertruppe, die Einführung von Fliegerabwehr-Kanonen und Vorkehrungen zur mobilen Verpflegung der Infanterie durch fahrbare Feldküchen beim raschen Vormarsch. Auch das Problem gesteigerter Munitionsversorgung bei rasant gesteigertem Verbrauch durch Schnellfeuer- und Maschinenwaffen begann Ludendorff zu beschäftigen. Gemeinsam mit den Oberquartiermeistern Stein und Frhr. v. Freytag-Loringhoven machte er sich auch Gedanken über die Organisation der Wirtschaft im Kriegsfall.

Der Generalstab konnte solche Forderungen nur beim Kriegsminister vorbringen beziehungsweise beim Obersten Kriegsherrn selbst. Sie kosteten viel Geld, dies wiederum konnte nur der Reichstag bewilligen. So schrak Ludendorff, höchst ungewöhnlich für einen Generalstabsoffizier sozusagen neuen Schlages, auch nicht davor zurück, Presse und Öffentlichkeit für diese Forderungen zu mobilisieren, um indirekt die Reichstagsabgeordneten, die „Reichsboten“, wie der Kaiser wohl spöttisch sagte, für die Heeresvermehrung zu gewinnen oder unter Druck zu setzen. Ein Bündnis zwischen Generalstab und „Alldeutschen“ bahnte sich an, nicht weil Ludendorff deren territoriale Forderungen interessierten, sondern weil er Werkzeuge suchte und sie nahm, wo er sie fand. Er war ein ganz und gar ungewöhnlicher Mann und gewann leider seit diesen Tagen die Überzeugung, daß er etwas von Politik verstünde.

1912 wurde die Aufstellung von zwei neuen Armee-Korps, die Verstärkung der leichten und schweren Feldartillerie und die Vermehrung der Fliegertruppe beschlossen. Die Heeresstärke stieg um 117 000 Mann. Die Kosten, rund eine Milliarde Mark, wurden durch den sogenannten „Wehrbeitrag“ aufgebracht. Moltke–Ludendorff gaben sich nicht zufrieden. Sie forderden drei Korps. Aber die Ludendorffsche Rüstungskampagne warf auch ein grelles Licht auf die von Gegnern so gern behauptete Allmacht des deutschen Generalstabes. Widerstände zeigten sich schon beim Kriegsminister General v. Heeringen. Er befürchtete, eine zu rasche Heeresvermehrung würde sich nachteilig auf den

Ausbildungsstand und auch auf die Zusammensetzung des Offizierkorps auswirken. Er glaubte, man müsse dann auf für den Offiziersersatz „ungeeignete Schichten“ zurückgreifen und sah darin die Gefahr einer „Demokratisierung“ des Offizierstandes. Obendrein war die Finanzlage des Reiches bereits durch die Flottenrüstung und die Sozialversicherung auf das äußerste angespannt.

Ludendorff erwarb sich nicht nur Freunde, sondern mehr noch Feinde. Für einen Generalstabsoffizier war sein Vorgehen doch recht „unmilitärisch“. Weder der Chef der Zentralabteilung, Oberst v. Fabeck, noch der Chef des Militärkabinettes, General Frhr. v. Lyncker, waren ihm sehr wohlgesonnen. Er wirkte schlechthin „unbequem“. Für den Kriegsfall galt die Regel, daß der Chef der 2. Abteilung Chef der Operations-Abteilung wurde. Und sicher war dies Ludendorffs Traum. Dem machten seine Gegner einen Strich durch die Rechnung. 1913 wurde er als Kommandeur eines Artillerie-Regimentes nach Düsseldorf versetzt. Nachfolger wurde ein zwar energischer, aber phantasieloser Kopf, Oberst Tappen. Die Heeresvermehrung wurde verlangsamt. Bis zum Jahre 1921 sollten drei neue Korps formiert werden. Nicht minder nachteilig war die noch immer unbefriedigende Zusammenarbeit mit der Marineleitung. Die Marine sträubte sich sogar gegen einen Erfahrungsaustausch der beiderseitigen Nachrichtendienste. Die neuerdings beschlossene Zurückhaltung der Flotte bei Kriegsbeginn entsprach nicht Moltkes Wünschen.

Herrschte dergestalt auf dem Gebiet der Spitzengliederung im Kriegsfall eine bedenkliche Dezentralisation, so war es um die Beziehungen zu den Generalstäben des Zwei- und Dreibundes nur um weniges besser bestellt. Zum k. u. k. Generalstab in Wien waren die Beziehungen normal, gleichwohl betrachtete man die Schlagkraft des österreichisch-ungarischen Verbündeten nicht ohne Mißtrauen. Was Italien anbelangte, so galt auf dem Papier noch immer die deutsch-italienische Absprache, wonach im Kriegsfall eine italienische Hilfsarmee mit drei Korps und zwei Kavallerie-Divisionen unter General Zuccari am Oberrhein erscheinen sollte. 1913 fanden darüber zwischen dem italienischen Generalstabschef General Pollio und dem Oberquartiermeister Graf Waldersee noch eingehende Besprechungen statt, die österreichischen Stellen waren bereit, die italienischen Truppentransporte durchzuschleusen. Moltke rechnete damals noch mit der Aufrichtigkeit General Pollios, an der persönlich nicht zu zweifeln war. Aber in praxi konnte man nur noch hoffen, daß angesichts der Spannungen zwischen Rom und Wien Italien im Ernstfall wenigstens neutral blieb. Mit dem gleichfalls offiziell verbündeten Königreich Rumänien bestanden keine militärischen Abmachungen. Dagegen hoffte man nicht ohne Grund im Generalstab, daß das Osmanenreich, die Türkei, im Fall eines Weltkonfliktes auf die Seite des Reiches treten würde. Hier arbeitete eine deutsche Militärmission, und seit den Tagen der Beratertätigkeit Colmar v. d. Goltz' waren die Beziehungen zwischen der kaiserlich-osmanischen und der preußisch-deutschen Armee sehr gut.

Dies war die militärpolitische Lage im Frühjahr des Schicksalsjahres 1914. Arglos schrieb Moltke Ende Februar 1914 an seine Frau, wie in jedem Frühjahr begänne es um diese Zeit „zu kriseln". Die großen Mächte Europas glichen bewaffneten Heerlagern. Das Deutsche Reich verfügte in dieser Stunde über eine der besten Armeen, die die Welt jemals gesehen hatte, und über den militärisch am hervorragendsten geschulten Generalstab der Welt. Der politischen Reichsleitung fehlte im Gegensatz zur militärischen Führung die klare Linie wie das klare Ziel. Jeder Generalstab bedarf auch zumindest diplomatischer Sekundanten, im Grunde jedoch auch politischer Zielsetzung oder politischer Korrektur für seine Planung. Dies alles war nicht vorhanden. Politiker und Diplomaten verließen sich letzten Endes auf den Generalstab in der Hoffnung, daß dieser es schon schaffen würde. Clausewitz hatte einst gelehrt, auch der beste Generalstab könne nicht den Feldherrn ersetzen. Eben dieser Aufgabe, den Feldherrn zu ersetzen, sah sich jetzt der Generalstab gegenüber, wenn ein Funke in das Pulverfaß flog, wenn sich die Spannungen in Europa entluden.

Der Generalstab des letzten Friedensjahres 1914 bestand aus einem Generalquartiermeister und fünf Oberquartiermeistern,

15 Fachabteilungen und einer Sektion für den Nachrichtendienst. Die Aufmarsch- und Eisenbahn-Abteilung, die sogenannten „Sprachen"-Abteilungen, die Festungsabteilungen waren die wichtigsten. Neue Bedeutung gewannen die beiden Ausbildungs-Abteilungen. Der Apparat hatte sich erheblich verfeinert und verfächert. Die Rangliste spiegelte deutlich die zunehmende Verbürgerlichung des Offizierkorps wieder. Der Generalquartiermeister Generalleutnant Hermann (v.) Stein und der Oberquartiermeister Hermann (v.) Kuhl waren in den Adelsstand erhobene Bürgerliche, der erste Pastorensohn, der zweite Sohn eines Altphilologen und Gymnasialprofessors. Von den 113 Offizieren waren 68 bürgerlicher Herkunft, unter ihnen die Chefs der Aufmarsch- und der Eisenbahn-Abteilung, die Oberstleutnante Gerhard Tappen und Wilhelm Groener, der erste ostfriesischer Landwirtssohn, der zweite Sohn eines württembergischen Zahlmeisters. Von den Offizieren der Landesaufnahme, der Linien-Kommandanturen und von den zum Generalstab kommandierten jungen Offizieren waren 70 bis 80 Prozent Bürgersöhne. In der Generalität freilich behaupteten der alte Grundadel und die fürstlichen Häuser noch ihre führende Position.

In diese von vielfältigen Spannungen, allgemeiner Kriegsbereitschaft und einem ungeheuren Kraftbewußtsein in Deutschland, England und Frankreich und auch in Rußland erfüllte Atmosphäre fiel die Ermordung des österreichisch-ungarischen Thronfolgers und seiner Gemahlin am 28. Juni 1914 durch serbische Fanatiker in Serajewo, der Hauptstadt des vor fünf Jahren annektierten Bosnien. Der Thronfolger, Erzherzog Franz Ferdinand, war kein Freund der im k. u. k. Generalstab geisternden Ideen eines Präventivkrieges gewesen. Er hatte sich als Reformator der habsburgischen Monarchie gesehen. Eben darum mußte er fallen. Österreich stellte Serbien ein Ultimatum mit Bedingungen, die allzuweit in serbische Angelegenheiten eingriffen und die serbische Staatshoheit in Frage stellten, als daß nicht die ohnedies überhitzte Nationalleidenschaft im serbischen Volk bis zum Äußersten angestachelt werden mußte. In Belgrad konnte man mit Recht auf Rückendeckung durch Rußland zählen. Das Zarenreich wiederum konnte im Fall eines europäischen

Krieges auf das Bündnis mit Frankreich pochen. Und in Wien verließ man sich darauf, daß im schlimmsten Falle die deutsche Bündnishilfe nicht fehlen würde. Eine Lawine geriet, anfangs noch zähflüssig, in Bewegung.

Am 21. Juli 1914 schrieb Moltke aus Karlsbad, wo er zur Kur seiner angegriffenen Galle und einer leichten Leberschwellung halber weilte (wobei der behandelnde Arzt meinte, für seine 67 Jahre sei er noch recht mobil), an seine Frau, er habe das Bedürfnis, sich einmal mit Rudolf Steiner auszusprechen, allmählich würde er hinsichtlich der politischen Lage skeptisch. Wenige Tage darauf wurde er nach Berlin zurückbeordert. Dunkle Wolken zogen auf, während man es in Berlin bislang für richtig befunden hatte, Ruhe und Friedensbereitschaft zu demonstrieren, während man Österreich gegenüber Serbien in praxi einen Blankoscheck gegeben hatte. Am 28. Juli 1914 brach bei Moltke jäh die Erkenntnis durch, daß die Lage hoffnungslos und der große Krieg unvermeidbar sei. Er verfaßte ein Memorandum zur Beurteilung der politischen Situation. Seine große Sorge war, die Reichsleitung könnte sich von den gegnerischen Mächten die Kriegserklärung zuschieben lassen, wodurch dann der Bruch der belgischen Neutralität eine ganz fatale Note erhielt. Zufolge Moltke war der österreichisch-serbische Konflikt quasi eine Privatsache zwischen Wien und Belgrad, solange nicht das Eingreifen Rußlands drohte.

Seit dem 26. Juli liefen in Rußland militärische Vorsichtsmaßnahmen, tags darauf war Frankreich diesem Beispiel gefolgt. Am 31. Juli 1914 machte Rußland mobil, nachdem Bemühungen gescheitert waren, Wien in der serbischen Frage zu einem Kompromiß zu bewegen. Moltke, der Staatssekretär des Reichsmarine-Amtes, Großadmiral v. Tirpitz und der Oberquartiermeister Graf Waldersee – der erste und der dritte nun schon besorgt um das rasche Funktionieren des Aufmarschplanes – sprachen sich dafür aus, im Fall der Mobilmachung in Frankreich sofort durch Belgien ins Seinebecken vorzustoßen. Der Reichskanzler v. Bethmann Hollweg wandte ein, man könne doch nicht, ohne Frankreich den Krieg zu erklären, in Belgien einfallen. Moltke schrieb später, auf solche „Formalitäten" habe er keinen Wert mehr gelegt. War dies die Reaktion eines starken oder eines nervös werdenden Mannes? Inzwischen wissen wir, was Moltke damals nicht wissen konnte, daß in diesem Augenblick die Mehrzahl der Mitglieder des liberalen Kabinetts Asquith in London durchaus gegen eine sofortige Beteiligung am Krieg auf dem Kontinent eingestellt war, bei allem Mißtrauen gegen das Reich; daß erst die Einsicht, die Deutschen würden die Neutralität Belgiens in keinem Fall respektieren und daß damit das Vorfeld Englands an der Kanalküste in Gefahr geriet, überrannt zu werden, den Stimmungsumschwung herbeiführte.

Am 1. August 1914, nachmittags um 5 Uhr, ordnete Kaiser Wilhelm II. die Mobilmachung für den nächsten Tag an, den 2. August. An diesem Nachmittag wohnte Moltke dem Kronrat im Berliner Schloß bei. Als die Sitzung beendet war, begab er sich ins Generalstabsgebäude am Königsplatz, um die notwendigen Befehle hinausgehen zu lassen. Die Stunde fand ihn sehr ernst, aber gefaßt. Alles hing jetzt von schnellem, planmäßigem Handeln ab. Da ließ ihn der Kaiser zurückrufen. Aus London hatte der deutsche Botschafter Fürst Lichnowsky, ein reichlich konfuser Mann, gemeldet, England werde Frankreich von einer Beteiligung am Krieg zurückhalten sofern Deutschland sich verpflichte, keinerlei feindselige Handlungen gegen Frankreich zu unternehmen. Sich burschikos gebend erklärte der Kaiser, in Anwesenheit des Reichskanzlers und des preußischen Kriegsministers General v. Falkenhayn: „Also, wir marschieren einfach mit der ganzen Armee im Osten auf."

Moltke war angesichts solchen Dilettantismus entsetzt. Der Eisenbahnaufmarsch einer Millionenarmee ließ sich nicht beliebig von heute auf morgen abändern. Seit etlichen Jahren hatte er sehr bewußt auch den großen Ostaufmarsch nie mehr bearbeiten lassen. Das russische Festungssystem im nordwestpolnischen Raum war so stark geworden, daß Aussichten auf einen raschen entscheidenden Erfolg hier nicht mehr gegeben waren. Er sagte dem Kaiser, dies sei unmöglich. Der Kaiser, taktlos wie so mancher Hohenzoller, bemerkte schneidend: „Ihr Onkel würde mir eine andere Antwort gegeben haben!" Moltke kamen die Tränen. Was ihn so tief verwundet hatte, war nicht die Einsicht in die perfekte Urteilslosigkeit seines Allerhöchsten Herrn, sondern auch die Tatsache, daß dieser ihn, der geglaubt hatte, sein Vertrauen zu besitzen, vor den Ministern so schwer gekränkt, ja beleidigt hatte. In seinen Erinnerungen schrieb er, er habe niemals Anspruch darauf erhoben, dem Feldmarschall, d. h. seinem Oheim, ebenbürtig zu sein.

Schließlich gelang es ihm, den Kaiser von der Notwendigkeit zu überzeugen, daß man den Aufmarsch abrollen lassen müsse, doch könne man ja erklären, man wolle keine feindselige Haltung gegenüber Frankreich einnehmen und gegebenenfalls später Kräfte nach Osten abzweigen. Eine entsprechende Depesche ging nach London: Der Aufmarsch könne aus technischen Gründen nicht angehalten werden, doch würde man die Feindseligkeiten gegen Frankreich nicht beginnen, sofern England sich für dessen neutrale Haltung verbürge.

Seelisch zutiefst getroffen kehrte Moltke ins Generalstabsgebäude zurück. Wie sollte man unter solchen Umständen den Krieg führen, den raschen Sieg erzwingen können? Der ganze Plan geriet ins Wanken. Er weigerte sich, den Befehl zu unterzeichnen, der die 16. Division davon abhalten sollte, wie vorgesehen, Luxemburg zu besetzen. Dann wurde er gegen 11 Uhr abends abermals ins Schloß befohlen. König Georg V. von England hatte dem Kaiser telegraphiert, in London wisse man nichts von den von Lichnowsky behaupteten Dingen, es müsse sich um einen Irrtum handeln. Dies war tatsächlich der Fall. „Nun können Sie machen, was sie wollen«, sagte der Kaiser zu Moltke.

Wie dieser es befürchtet hatte, war nun eine Situation entstanden, in der das Reich genötigt war, Frankreich und Rußland den Krieg zu erklären. An Belgien erging ein Ultimatum, das die Erlaubnis zum Durchmarsch deutscher Truppen forderte. Der König der Belgier sandte einen Hilferuf nach London. Die englische Regierung verlangte die Beachtung der Neutralität Belgiens. Belgien zu schonen, war nicht möglich, hielt man in Berlin am großen Plan und an der Erzwingung des raschen Sieges fest. Am 4. August 1914 erklärte England, politisch in einer vortrefflichen Position als Beschützer der Neutralität, dem Deutschen Reich den Krieg.

Mobilmachung und Aufmarsch, in endlosen Jahren immer wieder durchdacht und gründlich bearbeitet, rollten gleich einer riesigen, wohlfunktionierenden Maschinerie ab. Zwischen Basel und Krefeld marschierten 7 Armeen, zusammen mit Deckungsverbänden am Oberrhein 1,6 Millionen Mann, auf. Fünf Armeen und zwei Kavallerie-Korps stellten sich zum Marsch durch Luxemburg und Belgien bereit, zwei Armeen versammelten sich im Elsaß und in Lothringen. Ein Reserve-Korps verblieb in Schleswig-Holstein zur Sicherung gegen etwaige englische Landungsversuche.

Auf der anderen Seite stellten die Franzosen fünf Armeen zwischen der Burgundischen Pforte und den Ardennen bereit, dazu kam die belgische Armee und das englische Expeditionskorps, das in Nordfrankreich an Land gehen sollte.

Im Osten übernahm die 8. Armee unter dem Generalobersten v. Prittwitz u. Gaffron mit dem bisherigen Oberquartiermeister I Graf Waldersee als Chef des Stabes, einstweilen die Sicherung Ostpreußens. Das Gros des österreichischen Heeres marschierte in Galizien auf. Die Russen setzten zwei sehr starke Verbände, die Njemen- und die Narew-Armee, konzentrisch auf Ostpreußen an, eine dritte Armee wurde im Raum von Warschau versammelt, drei Armeen gegen die Österreicher in Galizien.

Schlieffens „bataillon carré", das im Westen um Metz–Diedenhofen herum auf die Linie Brüssel–Namur hatte einschwenken sollen, sollte nach dem alten Plan um das Siebenfache stärker sein als der Deckungsflügel in den Reichslanden. Moltke hatte – aus guten Gründen – das Kräfteverhältnis zwischen Operations- und Deckungsverbänden auf fünf zu zwei verringert, weil er einen tiefen Einbruch des Gegners in die Rheinlande vermeiden wollte.

Immerhin war die Masse von sieben Armeen auf einer Front von Hunderten von Kilometern viel zu groß und schwerfällig, als daß nicht eine straffe Untergliederung in Armee- und Heeresgruppen sich empfohlen hätte, eine Idee, die allerdings der Zeit von 1914 noch fremd war. Die modernen Nachrichten- und Aufklärungsmittel, Telegraph, Fernsprecher, Kraftwagen und Flugzeug, konnten das Manko nicht wettmachen, das in der Schwierigkeit lag, in der sich entwickelnden Schlachtenfolge zwischen dem Elsaß und Belgien den Überblick nicht zu verlieren und für die Gleichschaltung aller Bewegungen zu sorgen, wo etwa diese gefährdet schien. Fraglos wäre es höchst empfehlenswert gewesen, wenn der Chef des Generalstabes mit einer Operationsstaffel, einem vorgeschobenen, mobilen Feldhauptquartier, den Armeen auf dem entscheidenden Nordflügel gefolgt wäre. Diese, soweit bekannt, niemals erwogene Maßnahme, hätte in jedem Fall die Mißbilligung des Obersten Kriegsherrn, des Kaisers, gefunden, der nach hohenzollernscher Tradition ins Feld ging, „um bei seinen Soldaten zu sein“, dennoch weder in der Lage war, zu führen noch wenigstens die notwendige Koordinierung aller Maßnahmen zu gewährleisten. Noch war freilich sein Prestige nicht verblaßt.

Der Lenker der Operationen, Generaloberst v. Moltke, mußte darum beim Großen Hauptquartier, das wie 1866 und 1870 unsinnig aufgebläht war, verbleiben, offiziell war die Majestät noch immer Oberster Kriegsherr. Es war der erste Fehler! Moltke war überzeugt, die Direktiven der obersten Führung genügten zur Ausführung des großen Planes. Schlieffens etwas ironisches Wort von den „Blumenthals“ war ihm nicht bekannt. Moltke baute darauf, daß im Rahmen der Gesamtkonzeption, die den Oberbefehlshabern der Armeen wie ihren Chefs des Stabes wohl bekannt war, der Initiative der Armeeführer freie Hand gegeben werden müsse, daß eine allzu strikte, direkte Befehlsführung von oben mehr schaden als nutzen konnte. Voll im Bann der Ideen des Schlieffen- wie des Moltke-Planes aber stand nur einer der Stabschefs bei den Armeen, der ehemalige Oberquartiermeister General v. Kuhl beim Armee-Oberkommando I/1 unter Generaloberst v. Kluck auf dem äußersten rechten Flügel.

Das Große Hauptquartier, das zögernd, von Berlin über Koblenz bis Luxemburg, den Armeen folgte, unterstand nach preußischer Sitte dem Souverän. Dazu gehörten der Kommandant des Hauptquartiers, der Generaladjutant Generaloberst v. Plessen, der Chef des Generalstabes, der preußische Kriegsminister, die Chefs des Militär-, Marine- und Zivilkabinetts und eine Reihe weiterer Persönlichkeiten des Hofstaates.

Der Generalstab im Feld

Der Generalstab des Feldheeres, wie die Bezeichnung des Großen Generalstabes mit Kriegsbeginn lautete, ging mit vier mobilen Abteilungen und einer Nachrichtensektion ins Feld, der Zentralabteilung für Personalsachen, der Operationsabteilung – mit drei Sektionen für Strategie, Taktik und Organisation, für Schwere Artillerie, Festungswesen und Munition und der T-Sektion für Flugwesen und technische Angelegenheiten –, der Nachrichten-Abteilung für die Beurteilung der Feindlage und der Sektion III b für Spionage und Abwehr und der Politischen Abteilung zum Studium der Militärpolitik der fremden Mächte. Dazu kamen der Generalquartiermeister mit zahlreichen Chefs für Transport- und Nachschubwesen, dem Generalintendanten und dem Generalfeldpostmeister sowie zwei Generale für die Fußartillerie und das Ingenieur- und Pionierkorps. Eine Neuigkeit war die Schaffung besonderer Nachrichten-Offiziere (I c) für die Feindbeurteilung bei den Armeen und Korps. Die Neuaufstellung zahlreicher Divisionen und Korps bedingte eine erhebliche Verstärkung des Truppengeneralstabes, und die Vielfalt der Aufgaben des technisierten Massenkrieges bedingte eine Erhöhung der Stärke der Armee-, Korps- und Divisionsstäbe.

Im Grunde glich das Millionenheer, das sich jetzt im Westen gegen Frankreich und Belgien in Bewegung setzte, einer wohlfunktionierenden Maschinerie ohne einheitliche Steuerung. Der Oberste Kriegsherr vollzog gleichsam einen Akt der Selbstabdankung, er überließ die militärischen Operationen zu Lande völlig dem Chef des Generalstabes, der jetzt Stabschef und Oberbefehlshaber in einer Person war, als Oberbefehlshaber jedoch, wie die Zukunft gleich lehren sollte, über keine genügend festumrissene Kommandogewalt verfügte. Der geplante „Blitz"-Feldzug konnte nur in einer Abfolge vieler kleiner und großer Kampfhandlungen bestehen. Der Operationsführung oblag die Aufgabe, die aus verschiedenen Aufmarschräumen angesetzten Armeen so zu dirigieren, daß man am sich abzeichnenden Punkt der letzten Entscheidung so stark wie möglich war. Dieser Aufgabe waren weder Moltke noch der Chef der Operations-Abteilung, Oberstleutnant Tappen, ein trockener Ostfriese mit mehr Starrsinnigkeit denn Einfallsreichtum, gewachsen.

Ludendorff hatte als Leiter der 2. (deutschen) Abteilung den Handstreich auf die belgische Sperrfestung Lüttich mit ihren Panzerforts bearbeitet. Das Schicksal wollte es, daß er, bei Kriegsbeginn als Oberquartiermeister für das Nachschubwesen der 2. Armee unter Generaloberst v. Bülow zugeteilt, als Verbindungsoffizier die Infanterie-Brigaden begleitete, die für den Handstreich angesetzt waren. Als einer der Brigade-Kommandeure fiel, führte Ludendorff selbst die Brigade wieder vor und drang als erster in die für uneinnehmbar gehaltene Festung ein. Wenigstens eine der Hoffnungen Moltkes, die rasche Wegnahme von Lüttich, hatte sich erfüllt.

Mit der Einnahme Lüttichs war der belgische Sperriegel aufgebrochen, der Strom der deutschen Armeen ergoß sich nach Belgien. Auf dem rechten Flügel lief bis zum 20. August alles im großen und ganzen planmäßig. In Lothringen ging es schief. Die 6. und die dieser unterstellte 7. Armee sollten zunächst verhalten, sollten sogar ausweichen, wenn der Franzose angriff. Der Oberbefehlshaber der 6. Armee, Kronprinz Ruprecht von Bayern und sein Stabschef General Krafft v. Dellmensingen, hielten es aus Prestigegründen für unmöglich, daß man dem bayrischen Soldaten Stillsitzen oder gar Rückzüge zumutete, während die „Preußen" marschierten, und griffen an, an der stärksten Linie des französischen Festungssystems. Wieweit reichte die, wie gesagt, unumschriebene Kommandogewalt des Chefs des preußischen Generalstabes gegenüber dem Thronerben des nach Preußen mächtigsten und anspruchsvollsten Bundesstaates? Der Kaiser, der hier koordinierend hätte wirken können, stand mit dem Haus Wittelsbach nicht eben in guten Beziehungen. Er blieb passiv. Moltke griff nicht ein. Spötter sagten später, die große Schlacht im Westen sei nicht an der Marne, sondern schon in Lothringen verloren worden.

Dafür kam aus Belgien Siegesmeldung nach Siegesmeldung. Die deutschen Truppen stießen rasch bis in den Raum von Brüssel vor. Am 20. August entschloß sich der französische Generalissimus General Joffre zu jener Maßnahme, die Schlieffen als den größten „Liebesdienst" bezeichnet haben würde, den der Gegner ihm erweisen konnte. Mit Teilen seiner Kräfte stieß er in den projektierten Umfassungsraum in Belgien-Nordfrankreich hinein. Er lief damit scheinbar den Deutschen in die Arme. Zwischen dem 21. und 24. August lag das Schicksal des Krieges bei den Armee-Oberkommandos 1, 2 und 3, die dem Gegner einstweilen um rund 100 Bataillone und 1044 Geschütze überlegen waren. Die 1. und 2. Armee auf dem rechten Flügel waren unter dem Befehl des Generalobersten v. Bülow (AOK 2) zusammengefaßt. Bülow, kurze Zeit Generalquartiermeister Schlieffens, galt als der beste Taktiker der preußischen Armee. Als Chef des Stabes stand ihm der Generalmajor v. Lauenstein zur Seite, ein philosophisch angehauchter Kopf, gleich Moltke von nicht sehr fester Gesundheit, was seinem Optimismus Grenzen setzte.

Am 25. August meinte der Chef der Operationsabteilung Oberstleutnant Tappen, in sechs Wochen sei die „ganze Geschichte" erledigt. Die Schlacht raste fort in Einzelschlachten, gewollten und nicht erwünschten, zwischen der Schweiz und Belgien. Generaloberst v. Moltke dachte nüchterner als Tappen. Auf der Fahrt von Koblenz nach Luxemburg sagte er im Hofzug Ende August zum Chef des Marinekabinetts, Admiral v. Müller, man habe die Franzosen zurückgedrängt, geschlagen seien sie noch nicht, das müsse erst noch geschehen. Er begnügte sich damit, nur in ganz großen Zügen, mit wenigen Befehlen, in den Fortgang der Kampfhandlungen einzugreifen. Der Feldeisenbahnchef Oberstleutnant Groener sprach von der geistigen Lähmung, welche das Hauptquartier befallen habe. Da inzwischen die russische Offensive gegen Ostpreußen bedrohliche Formen angenommen hatte, trug Moltke sich mit der Idee, sechs Korps nach dem Osten abzuzweigen.

Am 27. August war das Tor nach Nordfrankreich zum Stoß ins Seinebecken weit aufgestoßen. Bis Paris waren es noch zehn Tagesmärsche. Moltke entschloß sich, nur zwei Korps nach Osten gehen zu lassen. Infolge des ungestümen Angriffswillens der Truppe und der mangelnden Koordinierung der Operation zerfaserte sich die Offensive. Die Schwerpunktbildung auf dem äußersten rechten Flügel kam nicht in wünschenswertem Maß zustande. Der Abtransport von Verbänden aus dem Elsaß wurde viel zu spät befohlen, als daß die Umgruppierung sich auf dem rechten Flügel hätte auswirken können. Am 27. August ließ Moltke den Armeen eine fünfseitige gedruckte Direktive für die weitere Operationsführung zugehen. Ursprünglich hatte man gehofft, ein Mann von dem holzschnittartigen Gemüt Tappens könne stärkend auf Moltke einwirken. Tappen bevorzugte jedoch eine sehr einfache Sicht. Er erklärte, jetzt bedürfe es nur noch des „Nachhauens".

Jede große Schlacht kennt eine Stunde der Krise. In diesem Fall kam die Krise, als man beim Generalstab des Feldheeres wähnte, eigentlich habe man bereits den Sieg in der Hand, nur zeichne dieser sich noch nicht so richtig deutlich ab.

Die ununterbrochenen Marschbewegungen und Gefechtshandlungen stellten ungeheure Anforderungen an die Truppe. Bei der 3. Armee unter Generaloberst v. Hausen legte man daher programmwidrig einen Ruhetag ein. Moltke hielt es für gut, die am kühnsten, zu weit ausholender Umfassung vorgehende 1. Armee enger an die 2. Armee zu binden. Generaloberst v. Bülow erhielt Befehl, den Gegner im Seine-Raum nach Südosten von Paris abzudrängen, dessen Einnahme damit endgültig vorerst ausgeklammert wurde. Nach rechts gestaffelt sollte die 1. Armee dem AOK 2 folgen. Das Große Hauptquartier war nun bis nach Luxemburg vorverlegt worden. Persönliches Eingreifen in die Operation durch eine Autofahrt zum rechten Flügel hielt Moltke für nicht notwendig.

Der französische Generalissimus Joffre entschloß sich, zurückzugehen, als er die Gefahr einer Überflügelung erkannte, zu einem „manœuvre de retraite", um aus der Rückhand nach Neugruppierung seiner Kräfte wieder angreifen zu können, wenn die deutsche Bewegung sich totgelaufen haben würde. Wohl gab es vielerlei Anzeichen für die schwere Erschöpfung der belgischen, französischen und englischen Einheiten, viele Siege im Detail, Anzeichen der Panik in Paris, als bekannt wurde, deutsche Ulanen näherten sich der Stadt. Die Regierung siedelte vorsichtshalber nach Bordeaux über. Aber es gab, wie auch Moltke besorgt konstatierte, kein Zeichen für einen allgemeinen Zusammenbruch der feindlichen Kräfte. Moltke hatte noch aus Koblenz am 29. August seiner Frau geschrieben, im Hauptquartier begreife niemand den Ernst der Lage, der Kaiser schwelge in einer Hurra-Stimmung, die ihm, Moltke, auf den Tod verhaßt sei. Am 4. September hörte ihn der Staatssekretär Helfferich sagen: „Wir wollen uns nichts vormachen, wir haben Erfolge gehabt, aber wir haben noch nicht gesiegt. Sieg heißt Vernichtung der Widerstandskraft des Feindes. Wenn sich Millionenheere gegenüberstehen, dann hat der Sieger Gefangene. Wo sind unsere Gefangenen?"

Am 5. September sandte er den Chef der Nachrichten-Abteilung, Oberstleutnant Hentsch, zu den beiden Armeen auf dem rechten Flügel, AOK 1 und 2, um die Lage zu prüfen. Moltke befürchtete englische Landungen in Flandern und das Eingreifen der im Raum Lille versammelten französischen Territorialverbände. Da die 1. Armee mit Generaloberst v. Kluck und seinem Stabschef Kuhl zu stark nach rechts, die 2. Armee zu weit nach links drängte, zeichnete sich zwischen beiden eine Frontlücke ab, die nur durch die freilich starke, aber nicht richtig genutzte Heereskavallerie verschleiert wurde. Hentsch neigte dazu, jede Schwierigkeit sehr ernst zu nehmen, im Gegensatz zum schneidigen Optimismus Tappens. Moltke hielt auf den ernsten Mann, der sich aus bescheidenen Verhältnissen heraufgedient hatte, große Stücke. Hentsch befand, die 1. und die 2. Armee hätten einen schweren Stand.

Wichtig waren jetzt Tatkraft und persönliches Eingreifen des Chefs des Generalstabes in die Lage auf dem rechten Flügel. Während Joffre auf sein „manœuvre de retraite" baute, ergriff auf der französischen Seite der Militärgouverneur von Paris, General Galliéni, auf eigene Faust die Initiative, warf seine Infanterie in beschlagnahmten Kraftdroschken – das erste Beispiel für den Einsatz motorisierter Kräfte in der Kriegsgeschichte – an die Front, führte die bereits schwer angeschlagene 5. Armee wieder vor und schickte sich an, in Flanke und Rücken der 1. Armee zu stoßen. Diese Bewegung war erst im Anlaufen, einstweilen schob sich gegen die Frontlücke nur englische Kavallerie heran. Der Pessimismus des Oberstleutnant Hentsch war so wenig berechtigt wie Tappens Einfalt, der erklärte, nun müsse eben die Truppe die Sache durchfechten.

Am 8. September entschloß sich Moltke bei der Morgenbesprechung mit den Abteilungschefs nochmals einen Beauftragten zu den Armeen zu schicken. Er wählte Hentsch, weil dieser die Lage schon kannte, obwohl sich der energische Oberst v. Dommes von der Politischen Abteilung erbot, zu fahren. Hentsch erhielt nur eine mündliche Weisung, deren Haupttenor lautete: Angriff, solange es geht. Hentsch fuhr umständlich die ganzen Armee-Oberkommandos ab, beginnend bei der 5. Armee. In der Nacht vom 8. auf den 9. September war er bei der 2. Armee. Bülow und Lauenstein glaubten, sich nicht halten zu können, wenn der Gegner die vorübergehend entstandene prekäre Lage voll ausnutzte. Hentsch sah darauf ganz schwarz. Am 9. September erschien er endlich bei Kluck und Kuhl auf dem äußersten rechten Flügel. Beide waren zuversichtlich. Mit der 2. Armee hatte Hentsch vereinbart, sie solle zurückgehen, wenn stärkere feindliche Kräfte in die Lücke einsickerten.

Generaloberst v. Kluck und sein Chef erhielten ein düsteres Bild von der Situation bei der 2. Armee. Inzwischen hatte sein Nachbar, Generaloberst v. Bülow, bereits den Rückzug eingeleitet. Entsprechende Weisung erging an Kluck. Kluck und Kuhl weigerten sich lange, die Offensive aufzugeben. Schließlich gaben sie dem Oberstleutnant Hentsch nach. Dieser, hervorgegangen aus der 3. (Französischen) Abteilung, war ein sehr kluger, fleißiger und gewissenhafter Generalstabsoffizier. Als Sohn eines Festungsbeamten gehörte er ausgesprochen zur neuen Schicht bürgerlicher Offiziere im Korps. Die Lage brauchte jetzt einen Mann vom Schlage Gneisenaus, der Verantwortungsbewußtsein genug besaß, um auf eigene Verantwortung nach eigener richtiger Einsicht zu handeln. Weder Kluck noch Kuhl noch Hentsch waren von solcher Art. Die Wilhelminische Ära war nicht geschaffen für geistige Selbständigkeit. Wider besseres Wissen und Wollen leiteten auch Kluck und Kuhl auf Grund der Schilderungen von Hentsch, der eine Katastrophe heraufziehen sah, den Rückzug ein. Noch schlimmer war, daß der Chef des Generalstabes im Grunde in der Krise der Schlacht die letzte Entschlußbildung einem Abteilungschef aufgebürdet hatte, dessen persönliche Eigenart er kennen mußte. Wenn die Franzosen später vom „Wunder an der Marne" sprachen, so hatten sie so unrecht nicht: Der Abbruch der Schlacht war wirklich ein Wunder. Er machte Weltgeschichte ...

„Es geht schlecht", schrieb Moltke am 9. September an seine Frau. „Die Kämpfe im Osten von Paris werden zu unseren Ungunsten ausfallen ... Ich muß das, was geschieht, tragen ... Wir müssen ersticken in dem Kampf gegen Ost und West ..."

Oberstleutnant Tappen meinte an diesem Tag nicht ganz unrichtig, wer jetzt ausharre, sei Sieger. Am 10. September meldete jedoch Hentsch, die 1. Armee sei hinter die Aisne zurückgegangen. Am Nachmittag kehrte er selbst im Kraftwagen nach Luxemburg zurück. Nach seiner Darstellung hatte die 1. Armee den Rückzug bei seinem Eintreffen eingeleitet, er habe der Bewegung nur die von der Heeresleitung gewünschte Richtung gewiesen. Die so vielgerühmte Führungstechnik des Generalstabes hatte versagt, weil kein belebender Geist mehr dies kunstvolle Räderwerk beherrschte.

Für Moltke, der am 11. September – zu spät – selbst zu den Armeen fuhr, nahte das Scherbengericht. Am 14. September teilte ihm der Chef des Militärkabinettes, Generaloberst Frhr. v. Lyncker, mit, Seine Majestät glaube, er sei zu leidend, um die Operationen weiter zu leiten. Als Nachfolger sei der Kriegsminister Generalleutnant v. Falkenhayn vorgesehen. Beiden war Moltke nie genehm gewesen. Dieser suchte sich in dieser Stunde zu verteidigen. Mit Falkenhayn begab er sich zum Kaiser und trug diesem vor, es würde einen schlechten Eindruck machen, wenn der Chef des Generalstabes nach einer Niederlage gewechselt würde. Der Kaiser meinte, dann solle Falkenhayn als Generalquartiermeister fungieren und die Geschäfte führen. Falkenhayn, eine sehr robuste Natur, protestierte: Er könne die Operationen nur bei voller Handlungsfreiheit führen. Moltke willigte ein. Später bezeichnete er diese Wochen, in denen sich nun auch wieder sein Gallenleiden meldete, als ein „Martyrium".

Am 3. November 1914 wurde der amtierende Kriegsminister General Erich v. Falkenhayn auch zum Chef des Generalstabes des Feldheeres ernannt, eine schon in Anbetracht der Arbeitslast unmögliche Kombination der höchsten militärischen Ämter.

Generalobert v. Moltke wurde mit dem Posten des Chefs des Stellvertretenden Generalstabes in Berlin abgefunden, einer mehr in der langen Reihe verfemter Favoriten der Majestät.

Erich v. Falkenhayn war der Sohn einer alten westpreußischen Offiziers- und Rittergutsbesitzerfamilie, die auf der Burg Belchau bei Graudenz saß. Damals 53 Jahre alt, groß, schlank, stattlich, mit blitzenden Augen und elegantem Schnurrbart, wirkte er wie die Verkörperung des Typus des sogenannten „schneidigen Offiziers". Offensichtlich war er eine völlig andere Erscheinung als Moltke, wahrscheinlich weniger reich gebildet, erheblich unkomplizierter, erfüllt von immenser Spannkraft und ausgerüstet mit einem kalten Verstand. 1906 war er Abteilungschef im Großen Generalstab geworden, darauf Chef bei verschiedenen Korps. 1913 hatte er das Amt des Kriegsministers angetreten, das nun, nach Scharnhorsts Interim, zum ersten und einzigen Male mit demjenigen des Generalstabschefs vereinigt wurde, schon rein sachlich im modernen Krieg eine unsinnige Ämter-Kumulation. Auch Falkenhayn war im Geist Schlieffens großgeworden. Er gedachte sofort nach der Übernahme der Geschäfte des Generalquartiermeisters den schönen „großen Plan" im Raum Verdun–Cambrai neu zu exerzieren. Doch der Plan hatte seine Magie verloren. Die Armeen waren zwar keineswegs an der Marne geschlagen worden, aber erschöpft, es fehlte an Reserven, an Munition. Falkenhayn sah sich gezwungen, vorläufig befestigte Feldstellungen auf der Linie Verdun–Reims–Noyon einzunehmen. Die mobilisierten Millionenheere erstarrten auf beiden Seiten. Das Ideal des kurzen Krieges mit dem raschen Vernichtungssieg schwand dahin. Gegenüber dem Reichskanzler erklärte Falkenhayn damals, zwar sei am günstigen Ausgang des Krieges nicht zu zweifeln, doch könne man vorerst nicht absehen, wann und in welcher Form dieser eintreten würde. Deutschland wurde zur belagerten Festung.

Die blitzartige Entscheidung, welche nach Schlieffens Vorstellungen im Westen gesucht werden sollte, war ausgeblieben. Dagegen wollte es das Schicksal, daß im Osten, in jenem Bereich, den Schlieffen und mehr noch Moltke als ungeeignet zur Erzwingung einer raschen Entscheidung bezeichnet hatten, jenes

„Cannae" geschlagen wurde, welches der große Planer der französischen Armee hatte bereiten wollen.

Gegen die deutschen Kräfte, die zum Schutz Ostpreußens bereitgestellt waren, die 8. Armee unter Generaloberst v. Prittwitz, setzten die Russen die Armee Rennenkampff aus dem Raum Wilna und die Armee Samsonow aus dem Warschauer Raum an. In Galizien begann unterdes der österreichische Generalstabschef Graf Conrad v. Hötzendorf seine große Offensive in das Herz Polens hinein. Die beiderseitigen Absprachen zwischen dem deutschen und dem k. u. k. Generalstab bewegten sich nur in großem Rahmen. Die wirklichen Probleme eines Koalitionskrieges begriff man auf beiden Seiten nur sehr unvollkommen. Im Grunde schlug der habsburgische Kaiserstaat, schlug sein genialer Generalstabschef hier in Galizien seine eigene Schlacht, ein Feldherr ohne das geeignete Instrument. Die Offensive geriet rasch ins Stocken, die Blüte des aktiven Offizierkorps der kaiserlichen und königlichen Armee, des wichtigsten Bindegliedes der supranationalen Monarchie, fiel bereits in den gewaltigen August-Schlachten. Die Doppelmonarchie büßte an innerem Gehalt ein.

In Ostpreußen hatten unterdes Prittwitz und sein Chef des Stabes Waldersee versucht, bei Gumbinnen die von Osten anmarschierende 1. russische Armee des Generals Edler v. Rennenkampff zu schlagen, bevor sich von Südosten her der General Samsonow mit der 2. russischen Armee zum Angriff entfaltete. Die Schlacht blieb unentschieden, Prittwitz brach den Kampf ab und beschloß in einer Nervenkrise den Rückzug auf die Weichsel, das heißt also die Räumung ganz Ostpreußens, da er die Meldung erhalten hatte, Samsonow schöbe sich gegen seine tiefe Südflanke heran. In Koblenz erfaßte Moltke die Besorgnis, eine Niederlage im Osten könne nicht nur militärisch fatal, sondern auch politisch die ungünstigsten Rückwirkungen auf Wien, auf noch neutrale, de jure sogar verbündete Staaten wie Italien und Rumänien haben. Auf das Drängen seiner Abteilungschefs hin enthob er Prittwitz und Waldersee ihrer Posten (obwohl diese sich wieder gefangen hatten und nun Ostpreußen an der Passarge verteidigen wollten).

Für die jüngeren frischen Generalstabsoffiziere in der Operationsabteilung gab es in dieser Stunde nur einen Mann, der die Lage im Osten wenden konnte, ihren alten Chef Generalmajor Ludendorff. Moltke und der Generalquartiermeister v. Stein beschieden Ludendorff am 22. August ins Große Hauptquartier. Aber schon dem Dienstalter nach konnte Ludendorff nur in einer Chefstellung, nicht als Armee-Oberbefehlshaber Verwendung finden. Im Generalstab hatte man anfangs geglaubt, es genüge, den Chef zu wechseln und Prittwitz einen energischen nervenstarken Mann zur Seite zu stellen, eine für die sich entwickelnde Anschauung von der eigenen Bedeutung bezeichnende Argumentation. Im Grunde bestimmte man auch in diesem Fall für die 8. Armee den neuen Oberbefehlshaber nach der, wie bekannt, schwierigen Persönlichkeit des strategisch hochbegabten Chefs. Die Wahl fiel auf den in Hannover im Ruhestand lebenden ehemaligen Kommandierenden General des IV. Korps Paul v. Beneckendorff u. v. Hindenburg. Hindenburg war ein höchst erfahrener Generalstäbler, dem einst der ältere Moltke und Waldersee die beste Qualifikation gegeben, der auch einmal als möglicher Nachfolger Schlieffens in Betracht gezogen worden war. Nur gehörte Hindenburg, der jetzt in hohem Alter die Bühne der Weltgeschichte betrat, eher in das Zeitalter des alten Moltke als in dasjenige Schlieffens. Verglichen mit dem neuen Oberbefehlshaber der 8. Armee erschien Ludendorff wie der Fachmann der modernen Zeit.

Beide, Hindenburg und Ludendorff, waren im Grunde vollkommen verschiedene Naturen aus ganz verschiedenen Zeitaltern. Und doch einte beide einstweilen die gemeinsame Aufgabe, das beiden anerzogene Ideal der Generalstabsschulung, in einer höchst fruchtbaren Zusammenarbeit. Hindenburg brachte eine jahrzehntelange, soldatische, praktische Erfahrung und eine schier olympische Ruhe und Souveränität in diese militärische Ehe ein, Ludendorff unleugbare strategische Genialität, brennenden Ehrgeiz, rasende Arbeitskraft und ein bei aller äußeren Beherrschtheit explosives Temperament, das einer patriarchalischen Leitung bedurfte.

Am 23. August 1914 trafen Hindenburg und Ludendorff mit

einem Sonderzug in Marienburg ein. Angesichts der Langsamkeit, mit der Rennenkampff seinen halben Erfolg bei Gumbinnen ausnutzte und der Bedrohung der möglichen Rückzugswege zur Weichsel durch Samsonows Narew-Armee, faßten beide sofort einhellig den kühnsten Entschluß, der möglich war. Bis auf Kavallerie-Verbände zur Verschleierung der eigenen Bewegungen wurden alle gegenüber Rennenkampff eingesetzten Teile der 8. Armee abgezogen, um mit allen verfügbaren Kräften zunächst die Bedrohung in der tiefen Flanke auszuschalten. Das große Ziel war die Einkreisung Samsonows. Hindenburg wie Ludendorff waren von Schlieffenschen Geist geprägt. War die Narew-Armee vernichtet, gedachten sie, blitzschnell ihre Kräfte umzugruppieren zum zweiten Vernichtungsschlag gegen Rennenkampff.

Am 26. August begannen im Raum Waplitz–Allenstein-Hohenstein die einleitenden Kampfhandlungen, die zur Einkesselung Samsonows führen sollten. Zwischen dem 27. und 30. August entschied sich das Schicksal der Narew-Armee. Zwei deutsche Korps erschienen in ihrem Rücken. Auch diese Schlacht hatte ihre interne Krise. Es gab einen Moment, wo selbst Ludendorff schwankend wurde, ob man, mit der 1. russischen Armee im Rücken, die Schlacht durchhalten könne. Hindenburg entschied nüchtern, an dem einmal gefaßten Plan müsse festgehalten werden. Die Narew-Armee ging dem Untergang entgegen. Ein Entsatzversuch kam zu spät. Der russische Oberbefehlshaber erschoß sich. 13 Generale und 92 000 Mann gerieten in deutsche Kriegsgefangenschaft. 350 Geschütze wurden erbeutet. Hindenburg gab absichtlich der Schlacht um Allenstein-Hohenstein den Namen „Tannenberg“, nach dem hinter den deutschen Linien gelegenen Dorf, bei dem 1410 Polen und Litauer das Heer des Deutschen Ordens vernichtend geschlagen hatten. Im übrigen aber schrieb er seiner Frau in seiner altmodischen Art, übermütig würde er nach dem Sieg doch nicht, er gäbe Gott die Ehre.

Tannenberg verdunkelte den Glanz des Namens Sedan. Ein vollkommenes „Cannae“ war im 20. Jahrhundert dank der Nutzung der inneren Linie im Mehrfrontenkrieg geglückt. Der russische Höchste Befehlshaber der „Nordwestfront", General Shilinski, hatte sich sowenig wie der jüngere Moltke im Westen als fähig erwiesen, die ihm unterstellten Armeen straff zu führen und ihre Bewegungen wirklich zu koordinieren. Aber Hindenburg und Ludendorff befanden sich nach dem Sieg von Tannenberg in der gleichen Lage wie Hannibal nach dem Sieg von Cannae. Der Sieg hatte keinerlei politische Folgen. Er war nicht mehr als ein Teilsieg auf einem – freilich wichtigen – Teilkriegsschauplatz. Was er im Verein mit dem kurz darauf sich anschließenden Sieg über die Armee Rennenkampff an den Masurischen Seen zur Folge hatte, war einzig die Stabilisierung der nördlichen Ostfront. Die beiden von Moltke nach Osten detachierten Armee-Korps, um die Hindenburg und Ludendorff nicht gebeten hatten, kamen für die Entscheidung zu spät. Der 9. September 1914, der den Sieg an den Masurischen Seen brachte, wurde der Schicksalstag des deutschen Westheeres mit dem „Wunder an der Marne". Und die beiden glänzenden Siege in Ostpreußen verhinderten keineswegs eine schwere Niederlage der österreichisch-ungarischen Armee in Galizien. Der Ring des strategischen Zweifrontenkrieges schloß sich um die Mittelmächte.

Der erstarrende Krieg im Westen mit Schützengräben und einem ungeheuer gesteigerten Munitionsverbrauch stellte den preußisch-deutschen Generalstab, der die Kunst der Operation so hochgetrieben hatte, vor gänzlich neue Aufgaben – wie übrigens alle anderen Generalstäbe auch! Die These, daß der Krieg nicht lang sein könne, weil die Versorgung von Millionenheeren auf lange Sicht unlösbare wirtschaftliche Probleme mit sich bringe, erwies sich als unsinnig. Der Stellungskrieg gewann sein eigenes Gesetz. Industrielle Probleme rückten in den Vordergrund. Ein einziger Tag an der Westfront verschlang mehr Artillerie-Munition, als der ganze Krieg von 1870/71 gekostet hatte.

Die technisch-wissenschaftlich geschulten Fachleute gewannen ausschlaggebende Bedeutung. Neben den fürstlichen, meist soldatisch nicht sehr begabten Oberbefehlshabern, neben den meist schon in höherem Alter stehenden, durchweg noch adeligen Armeeführern gewannen die jüngeren, mit großer Spannkraft und ausgezeichnetem Fachwissen ausgerüsteten „Chefs“ der Stäbe stetig an Bedeutung. Was die deutsche Seite anbelangt, könnte man von dem Krieg der großen „Chefs“ sprechen. Ludendorff und Max Hoffmann, I a, erster Generalstabsoffizier der 8. Armee im Osten, Kuhl, Loßberg, Seeckt, Max Bauer im Westen verkörperten eine neue Generation von Generalstäblern. Der unruhige Ehrgeiz gerade bürgerlicher Generalstabsoffiziere wie Oberst Hoffmann im Osten und Oberstleutnant Bauer in der Kriegsgerät-Sektion der Operationsabteilung führte auch wieder zur Einmischung in politische Fragen, für die sie nicht erzogen waren, die sie jedoch in jedem Fall besser zu verstehen glaubten als Nichtgeneralstäbler oder „Zivilisten“. Der Ehrgeiz, mit dem später Männer wie Max Hoffmann und dann auch Ludendorff ihre eigene Rolle bei Schlachtentscheidungen, etwa im Falle Tannenberg, geflissentlich betonten, ja übertrieben darstellten, lief im Grunde dem alten Gesetz des Generalstabes vom „Viel leisten und wenig hervortreten“ schon zuwider. Weit mehr blieb die alte Regel im Truppen-Generalstab erhalten. Die „Halbgötter“ vom Schlage Hoffmanns, Bauers und leider auch Ludendorffs fanden Geschmack am eigenen Ruhm und hielten sich für fähig, über alle Fragen urteilen zu können, ohne daß man ihnen jemals politisches Rüstzeug mit auf den Weg gegeben hatte. Die alte traditionelle Mitverantwortlichkeit des Generalstabsoffiziers erlangte ein ganz neues Gewicht. Nicht selten bestimmte jetzt der Chef, nicht der Oberbefehlshaber Geist und Gesicht eines Armeeoberkommandos. Und ging irgendwo etwas schief, wechselte man lieber den Chef als den General oder irgendeine Hoheit an der Spitze der Armee.

Falkenhayn, der neue Generalstabschef des Feldheeres, glaubte zunächst, man könne den Stellungskrieg dadurch überwinden, daß man die Überflügelungspläne Schlieffens wieder aufnahm. Obwohl Rußland, auf die Dauer gesehen, fraglos der leichter zu schlagende Gegner war, obwohl Hindenburgs und Ludendorffs Siege im Osten in eine neue Richtung wiesen, hielt Falkenhayn, dessen Phantasie nicht sehr entwickelt war, an der Idee fest, man müsse im Westen den Sieg erzwingen. Im Herbst schlug er in Flandern seine große Flankenschlacht, um die Kanalhäfen zu gewinnen. Das englische Expeditionskorps sollte wieder ins Meer geworfen, die belgisch-französische Front aufgerissen werden. Vier neu aufgestellte Reserve-Korps mit der Blüte der jungen Kriegsfreiwilligen, dem besten Teil der deutschen Jugend, wurden in die Schlacht geworfen und gingen im Schlamm flandrischen Herbstes, im Feuer englischer und französischer Infanterie und Artillerie dahin. Vergebens hatten Hindenburg und Ludendorff um Verstärkungen ersucht. Sie wollten ihre Siege ausnutzen, sie dachten an die große Schlacht in Polen, um die Armeen des Zaren zu schlagen. Die hier mögliche Entscheidung wurde vertan.

Der Krieg im Westen erstarrte wieder. Nicht der Feldherr, nicht Operationskunst gaben mehr den Ausschlag, sondern die Produktionskraft der Industrie. Falkenhayn zog aus der Niederlage in Flandern eine andere Lehre. Er glaubte sich in der Rolle des Kommandanten einer belagerten Riesenfestung. Die Verteidigung verlangte Sparsamkeit, haushälterische Vorsorge im Einsatz der eigenen Kräfte und zähes Festhalten der einmal gewonnenen äußeren Verteidigungslinien, da die Dauer der Belagerung nicht abzuschätzen war.

Durch die Vereinigung von Kriegsministerium und Generalstab in einer Hand verfügte die Oberste Heeresleitung jetzt über eine nie geahnte Machtfülle. Im Großen Hauptquartier, das von Luxemburg nach Charleville-Mézières verlegt worden war, begnügte sich der Kaiser mit der Rolle eines informierten und interessierten Zuschauers, der Reichskanzler in Berlin trat mehr und mehr in den Hintergrund. Die Oberste Heeresleitung hatte diese Rolle gar nicht bewußt erstrebt. Sie fiel ihr zu, weil alle anderen traditionellen Gewalten sich daran gewöhnten, im Krieg allein auf die führenden Militärs zu vertrauen, weil ein wahrer Staatsmann in der Reichsleitung nicht vorhanden war. In Berlin wurde der jüngere Moltke als Chef des Stellvertretenden Generalstabes dafür zum Führer einer „inneren Opposition" gegen den West-Kurs Falkenhayns. Ganz richtig sah Moltke die einzige Chance, wenigstens einen der beiden großen Gegner auf dem Kontinent aus dem Felde zu schlagen, im Osten. Zu dieser „Ost-Partei" gesellten sich Hindenburg und Ludendorff, deren

Prestige, zum stillen Ärger der OHL, durch die Siege des Spätsommers 1914 gewaltig gestiegen war. Einstweilen hatte jedoch Falkenhayn das Ohr des Kaisers und nicht die „Firma" Hindenburg und Ludendorff, wie Groener in seinem Tagebuch das Dioskurenpaar des Generalstabes im Osten nannte.

Moltkes Blick schweifte aber noch weiter. Im Herbst des Jahres 1914 hatte sich die Türkei, das alte Osmanenreich, den Mittelmächten angeschlossen. Im November 1914 ging der greise, zum Generalfeldmarschall ernannte Colmar Frhr. v. d. Goltz als Militärberater des türkischen Kriegsministers und Oberbefehlshabers nach Konstantinopel. Zur Ostlösung gesellte sich die Orientlösung. Goltz selbst schwebte ein militärisches Zusammengehen mit Rumänien und Bulgarien gegen Serbien wie gegen Südrußland vor, eine Offensive deutscher und türkischer Verbände gegen den Suezkanal, die Schlagader des Empire, und ein Unternehmen in Persien, um das englische Vorfeld Indiens zu zerstören und England auf anderen Kriegsschauplätzen als in Flandern zu binden.

Einen Ausweg aus der tödlichen Umklammerung der Mittelmächte bot nur die Ost-Lösung, der Sieg über die russischen Armeen im Feld und der Abschluß eines Sonderfriedens mit dem Zarenreich. Hindenburgs und Ludendorffs Siege im Norden der Ostfront hatten die Situation in Ostpreußen stabilisiert. Gleichzeitig zog jedoch infolge der österreichischen Niederlagen in Galizien die Gefahr einer gewaltigen russischen Offensive gegen Mähren und Schlesien herauf. Damit gerieten Preßburg, Wien, das oberschlesische Industrierevier und Breslau in Gefahr. Die Hilferufe aus Wien, das auch eine schwere Schlappe in Serbien verbuchen mußte, wurden dringlicher.

Mitte September 1914 faßte Falkenhayn daher den Entschluß, im Raum Kreuzburg–Krakau aus Reserve-Divisionen und dem Gros der 8. Armee ein neues Armee-Oberkommando 9 zu bilden, zur Deckung Schlesiens und zur Entlastung der schwer ringenden Österreicher am San. Hindenburg und Ludendorff übernahmen die neue Armee, ihr Entschluß ging dahin, die Verteidigung offensiv zu führen. Der Angriff führte die 9. Armee bis vor die Tore von Warschau. Dann erlitten die Österreicher bei Iwangorod eine neuerliche schwere Niederlage. Die Flanke des Angriffskeils der 9. Armee war gefährdet, die schwachen deutschen Sicherungskräfte in Ostpreußen waren gleichfalls bedroht.

Der russische Generalissimus Großfürst Nikolai Nikolajewitsch, ein Onkel des Zaren, gedachte daher jetzt mit 30 Korps Hindenburgs und Ludendorffs Kräfte in den weiten Ebenen Polens zu umfassen. Der deutsche Stoß gegen die Weichsel war gescheitert. Der Großfürst hoffte, mit starken Kräften bis nach Schlesien durchbrechen zu können, der Nahtstelle zwischen dem deutschen Ostheer und der k. u. k. Armee. Falkenhayn schlug währenddessen seine Flandernschlachten. Alles was er der Ostfront zubilligte, waren nicht neue Truppenverbände, sondern eine Umorganisation des Oberkommandos. Hindenburg, mit Ludendorff als Chef des Stabes, wurde zum Oberbefehlshaber im Osten ernannt.

Angesichts der russischen Großoffensive mit sehr starken Kräften disponierten Hindenburg und Ludendorff um und gruppierten ihre Verbände im Raum Thorn–Posen, eine der kühnsten Operationen des ganzen Ersten Weltkrieges, um von hier aus in Richtung auf Lodz den Großfürsten in der Flanke zu packen und Schlesien zu retten. Die Möglichkeit eines neuen „Cannae“ in Westpolen tauchte auf. Dafür waren die deutschen Kräfte indes zu schwach. Vergebens erbat Ludendorff von Tappen die Entsendung von zwei Korps nach Polen. Bei Brczenziny wurden Teile der deutschen Angriffsverbände selbst eingekesselt und konnten sich nur dank eigenen Entschlusses des Kommandeurs unter schweren Kämpfen der Vernichtung entziehen. Moltke sah im Scheitern dieser genialen Konzeption die Marneschlacht im Osten. Immerhin war jedoch eines erreicht: Die russische Offensive war zum Stehen gebracht und das oberschlesische Industrierevier, wo man bereits Vorkehrungen zur Zerstörung der Gruben getroffen hatte, war gerettet. Das an sich, was die Truppe, weniger den Generalstab betraf, sehr gute russische Heer hatte neue schwere Einbußen erlitten und einen unersetzbaren Substanzverlust erlitten. Die Armee aber war das letzte Bollwerk des Zarentums gegen die schwelende Revolution.

Der Großfürst Nikolai Nikolajewitsch dachte nun an eine

Offensive in den Karpathen mit dem Ziel, ins Donaubecken vorzustoßen, unter gleichzeitiger erneuter Forcierung Ostpreußens, um die deutschen Kräfte zu binden. Hindenburg und Ludendorff planten dafür eine großangelegte Zangenoperation von Ostpreußen und von Galizien aus, um die russischen Armeen in Polen abzuschneiden. Dieser Plan scheiterte wiederum am Kräftemangel an der Ostfront wie an der fehlenden engen Kooperation zwischen dem deutschen und dem österreichischen Generalstab.

Die Technisierung des Krieges verlagerte das Schwergewicht von der Front auf die Heimat. Neue, deutschem, vor allem preußischem militärischen Denken ungewohnte Probleme tauchten auf, die Erhaltung und Lenkung des Kampfwillens der breiten Massen, die Sicherung der Rohstoffzufuhren, der Ernährung, die Lenkung der Rüstungsproduktion. Dem Wirtschaftskrieg, der Fernblockade Deutschlands unter Deckung durch die gewaltige britische Schlachtflotte, die die große Seeschlacht so beharrlich vermied wie die deutsche Seekriegführung, der alliierten Propagandaoffensive gegen den „Kaiser" und die „Hunnen" stand der Generalstab zunächst innerlich hilflos gegenüber. Nur Improvisationen konnten hier helfen.

Die falsche Kräfteverteilung zwischen West und Ost gestatteten dem Oberbefehlshaber Ost zunächst nur eine Winteroffensive in Masuren, welche die endgültige Sicherung Ostpreußens erbrachte. Dies war ganz im Sinne Falkenhayns, der wähnte, man könne sich nur begrenzte wirkungsvolle Teilschläge gestatten. Durch ähnliche taktische Maßnahmen hoffte der Chef des Generalstabes im Jahre 1915 die russische Angriffskraft so weit lähmen zu können, daß man auch im Osten zu einer festen Front gelangte – der Triumph strategischer Einfallslosigkeit. Falkenhayn wollte sich ein gesichertes Vorfeld im Osten schaffen. Die allgemeine Lage verschlechterte sich. Schon zeichnete sich der Übergang Italiens ins Lager der Alliierten ab, da man sich in Wien hartnäckig weigerte, den von Rom geforderten Preis für die Beibehaltung der Neutralität, Welsch-Tirol, zu zahlen. Noch immer sperrte Serbien den Landweg nach der Türkei. Wie lange Rumänien neutral bleiben würde, war fraglich. Die Haltung

Bulgariens schien ungewiß. Das Verhalten der rumänischen und bulgarischen Regierung hing aber weitgehend vom Erfolg oder Mißerfolg auf dem östlichen Kriegsschauplatz ab. Ein englisch-französisches Flottengeschwader mit starken Landungsstreitkräften vorwiegend aus dem Empire unternahm den Versuch, die türkischen Sperrforts an den Dardanellen zu bezwingen, Konstantinopel zu erobern und den Seeweg nach Südrußland zu öffnen.

Der Wechsel zwischen deutschen Teiloffensiven im Osten und auf dem Balkan und massierten französisch-englischen Durchbruchsversuchen im Westen wie an den Dardanellen beherrschte das ganze Jahr 1915. Zum ersten Mal in seiner Geschichte warf auch England seine Volkskraft voll in den Krieg. Nie mehr gab es eine Atempause für die deutschen Kräfte, nie mehr einen entscheidenden Erfolg. Was blieb, waren dauernde Blutopfer und die Sorge um die schwindenden Reserven, um die Sicherung der Ernährung und der Produktion im Heimatkriegsgebiet. Falkenhayns Kriegführung erhielt eine verzweifelte Ähnlichkeit mit den Bemühungen des Kommandanten eines schwer angeschlagenen Schiffes, in grober See die Lecks zu stopfen, die die Brecher gerissen hatten, und das ihm anvertraute Schiff manövrierfähig zu erhalten.

Hindenburg und Ludendorff forderten erneut die große Operation in Polen, die bei echter Schwerpunktbildung durchaus zu verantworten gewesen wäre, um die bereits schwer getroffene russische Armee endgültig zu schlagen und Rußland zu einem Separatfrieden zu veranlassen. Auf diese Weise bekam man das Ostheer dann frei für die große Entscheidung im Westen. Der Thronrat im Schloß zu Posen am 2. Juli 1915, bei dem der Kaiser, vollkommen auf Falkenhayn hörend, diese Ideen eindeutig zurückwies, war nach dem 9. September 1914 der zweite schwarze Tag in diesem Ringen. Hindenburg fügte sich zwar, zum Grimm Ludendorffs, und schrieb seiner Frau, als preußischem Offizier bleibe ihm nurmehr auszuharren, zu gehorchen und zu dulden. Aber der Posener Tag ging ihm lange nach. Noch Anfang 1916 schrieb er trübe, daß dem Vaterland noch durch seine Hand der letzte entscheidende Sieg geschenkt würde, glaube er nicht mehr. Tappen beklagte sich im Tagebuch über Ludendorffs „Nervosität", da dieser sich in Telefongesprächen oft sehr herrisch gebärdete und bezeichnete Hindenburgs Pläne als Unfug.

Falkenhayn sah die Westfront als die entscheidende Front an. Einen Durchbruch durch die feindlichen Stellungen hielt er für unmöglich, der Gegner mußte sich hier im Angriff erschöpfen. Im Osten war ihm die Weite des russischen Raumes unheimlich, Italien war für ihn unwichtig. Eine für seine Taktik des Haushaltens charakteristische Maßnahme war die völlige Besetzung Serbiens und die Zerschlagung der serbischen Armee im Herbst des Jahres 1915 durch eine kombinierte Aktion deutsch-österreichischer Kräfte und Truppen Bulgariens, dessen Herrscher sich nunmehr den Mittelmächten angeschlossen hatte. Den Oberbefehl führte dabei der Feldmarschall v. Mackensen mit Oberst v. Seeckt als Chef, wiederum eine glückliche Kombination zwischen einem sehr tatfreudigen Oberbefehlshaber und einem hervorragenden Generalstabsoffizier. Die Eroberung Serbiens öffnete den Landweg für den deutschen Nachschub nach der Türkei und dem Vorderen Orient, wo der Krieg sowohl an der Kaukasusfront, wie im Heiligen Land und in Mesopotamien entbrannt war.

Seeckt beschrieb später die Situation folgendermaßen: Deutschland sei in den Krieg gegangen mit dem Ziel der Vernichtung der Streitmacht seiner drei westlichen Gegner. Dieses Ziel sei auch erreichbar gewesen, wenigstens habe begründete Aussicht dafür bestanden. Dann habe man die Vernichtung der russischen Streitmacht angestrebt, dies Ziel jedoch infolge fehlerhafter Kräfteverteilung und fehlender Ausnutzung der Anfangserfolge wieder nicht erreicht. Von da an hätten die Kräfte für eine Vernichtungsstrategie nicht mehr ausgereicht. Die neue Hoffnung bildete der Unterseeboot-Krieg, um England in seinem eigenen Bereich, dem Handelskrieg um die Seewege, tödlich zu treffen. Dafür mangelte es wieder an der genügenden Zahl von U-Booten. Der Chef des Admiralstabes trug diese Idee an Falkenhayn heran. Zu einer richtigen Einschätzung des Problems, das auch eminent politische und völkerrechtliche Seiten hatte, fehlten dem

Chef des Generalstabes nahezu alle Voraussetzungen. Er verließ sich hier auf den Fachmann des anderen Wehrmachtteils, der Marine.

Der Unterwasserkrieg war wiederum eine Frage der industriellen Produktionskraft und darum indirekt auch des ungelösten sozialen Problems. Jahrzehnte hindurch hatten Offizierkorps und die Arbeiterschaft und Sozialdemokratie nebeneinanderher gelebt. Ein Mann wie Waldersee hatte noch von der gewaltsamen Niederwerfung der Arbeiterklasse und der sozialdemokratischen Partei geträumt. Jetzt sahen sich Generalstab und Heeresleitung der Notwendigkeit gegenüber, den Massen, die ein so beunruhigender Faktor geworden waren, den Sinn des sich endlos ausdehnenden Krieges deutlich zu machen, nachdem die rauschhafte Begeisterung der ersten Kriegswochen, die auch die Sozialdemokratische Partei mit fortgerissen hatte, verflogen war. Die Epoche des „Kriegssozialismus“ begann. Der Generalstab war gezwungen, sich in die Rüstungswirtschaft und die Ernährungswirtschaft einzuschalten.

Auf Vorstellungen des Reichskanzlers hin, daß der Posten des preußischen Kriegsministers, dem auch die Verantwortung militärischer Fragen vor dem Parlament oblag, von dem des Generalstabschefs wieder getrennt werden müsse, gab Falkenhayn 1915 die unnatürliche Personalunion beider Ämter wieder auf. Sein Nachfolger wurde indes einer der Männer seines Vertrauens, der Generalquartiermeister General Wild v. Hohenborn. Generalquartiermeister für das Feldheer wurde Frhr. v. Freytag-Loringhoven. Ihm unterstand das gesamte Nachschubwesen. Die maßgebenden Offiziere in der Obersten Heeresleitung waren indes in der Praxis die Abteilungs- und Sektionschefs Oberst Tappen und Major Bauer in der Operationsabteilung, Major Walter Nicolai von der selbstständig gewordenen Abteilung IIIb für Spionage und Abwehr und der Feldeisenbahnchef Oberst Groener. Tappen und Groener wurde zu Generalmajoren befördert.

Die zahlreichen, ausgezeichneten „Chefs“ bei den Armeen und bei den jetzt als Zwischengliederungen aufkommenden Heeresgruppen, die mehrere Armeen zusammenfaßten, bezeichneten den Höhepunkt der „Generalstabsherrschaft“. Diese Führungsmethode, die im folgenden Jahre durch Ludendorff noch weiter entwickelt werden sollte, hatte ebenso viele Vor- wie Nachteile. Sie förderte einheitliche Gedankenarbeit, sie begünstigte aber auch Dünkel, Selbstherrlichkeit und konnte zu einer verantwortungsschwächenden Anschauung führen, weil der „Chef“ zwar die Arbeit leitete und bewältigte, niemals aber allein die letzte und höchste Verantwortung trug, sondern im Halbschatten blieb.

Seeckts Prätentionen als Chef bei Mackensen wirkten hier charakteristisch. Bei äußerer, betont eisiger Unnahbarkeit und scheinbarer Zurückhaltung verwahrte er sich dennoch gegen einen Vergleich mit Gneisenau und Blücher. Er wollte „etwas Eigenes“ sein. Bezeichnend waren auch Kombinationen über eine mögliche reine Militärregierung mit Hindenburg oder Falkenhayn als Kanzler, wobei dann Ludendorff oder Seeckt die militärischen Gehilfen abgeben sollten.

Nicht uninteressant ist es, einen Augenblick bei den damaligen politischen Vorstellungen Seeckts zu verweilen, der als der klügste Kopf der „Chef“-Generation gelten konnte und sich auch vor dem Kriege, im Gegensatz etwa zu dem sehr einseitig gebildeten Ludendorff, eine gewisse Weltkenntnis erworben hatte. Seeckt war antiliberal, vom Parlamentarismus hielt er nichts. Die beste Regierung war in seinen Augen eine Diktatur des Reichskanzlers. Daß solche Diktatur im Krieg Gefahren für die Stellung des Monarchen mit sich bringen konnte, kam dem überzeugten preußischen Royalisten nicht in den Sinn. Der gegenwärtige Krieg, glaubte er, würde sich in mehreren Phasen abspielen. Die erste Phase würde mit der Ermattung aller Beteiligten enden. Dann müsse man mit der Phase eines Wirtschaftskrieges rechnen, erst dann stünde der entscheidende Waffengang bevor. Daher galt es, schon jetzt die Voraussetzungen für ein großes Bündnissystem zwischen Atlantik und Orient zu schaffen, für das man Rußland gewinnen mußte.

Die Ansichten Seeckts stellten eine Privatmeinung dar. Von einem großen europäischen Staatenbund unter deutscher Führung nach dem Sieg war indes damals unter den geistig führenden Militärs, etwa bei dem Generalobersten v. Beseler, Generalgouverneur des besetzten Nordpolen, und Verfechter der Wiederherstellung Polens, nicht selten die Rede. Von Falkenhayn war bekannt, daß er ein Gegner voreiliger Annektionspläne war, die die „Alldeutschen“ mit Verve verfochten. Eine rücksichtslose Annektionspolitik beim Ende des Krieges vertraten zunächst auch Politiker sehr verschiedener Richtung von den National-Liberalen bis zum linken Flügel der katholischen Zentrumspartei. Männer, die später eine große Rolle spielen sollten, Gustav Stresemann und Matthias Erzberger, begegneten sich darin. Hindenburg schrieb dafür ausgangs des Jahres 1916 an seine Frau, ein Teil der „Alldeutschen“ sei „reif fürs Irrenhaus ...“.

Der Generalstab hegte freilich gewisse Wünsche zur Sicherung des Vorfeldes in Ost wie West, darin traf er sich mit dem „Alldeutschen Verband“, mit Teilen der Schwerindustrie. Vor allem aber bemängelten die „Alldeutschen“ wie der Generalstab das Fehlen eines starken Mannes an der Spitze der Reichsregierung. Gerade die Falkenhaynsche Taktik des Haushaltens während der Belagerung verlangte gebieterisch nach einer geschickten Außenpolitik, die Ausschau nach politischen Lösungen hielt, und einer mutigen Innenpolitik, die die überfällige Reform der Monarchie im Sinne einer Parlamentarisierung vorantrieb und die berechtigten Wünsche der Arbeiterschaft nach politischer und wirtschaftlicher Gleichberechtigung erfüllte. Im Generalstab stand man freilich politischen Problemen viel zu fremd gegenüber. Im Grunde wünschte man sich nur einen „starken Mann“ an der Spitze, der Ordnung hielt und den Kriegswillen der Massen, den „Durchhalte-Willen“, wie es nunmehr hieß, stärkte. Für ein echtes politisches Programm reichte die Vorstellungskraft nicht aus.

Falkenhayn erblickte in England mit Recht den gefährlichsten und machtvollsten Gegner. Da mit einem überwältigenden Sieg auf See nicht zu rechnen war und die Armee über keinerlei Mittel zu einer Landung auf der Insel selbst verfügte, schien ihm die Ausschaltung des englischen „Festlandsdegens“ Frankreich viel wichtiger als diejenige Rußlands. Diese gedachte er dadurch zu erreichen, daß man Frankreich unter größtmöglichstem eigenen

Materialeinsatz an Artillerie an einer Stelle zum Kampf zwang, an der der Gegner nicht ausweichen konnte, und daher, unter stetem deutschen Druck auf engem Raum, genötigt war, die Schlacht weiter zu führen, bis er darüber verblutete. Das war die Anwendung der unselig berühmten Falkenhaynschen „Saugpumpe". Die Gürtelfestung Verdun mit ihren zahlreichen Forts, das stärkste französische Festungssystem im Westen, schien ihm der geeignetste Ansatzpunkt für die Verwirklichung seiner Idee. Der Massen- und Materialangriff auf begrenztem Raum mit begrenztem taktischem Ziel war im Grunde der Bankrott aller operativen Führungskunst, die Kapitulation vor dem Stellungskrieg.

An der Westfront standen damals rund 120 deutsche 167 alliierten Divisionen gegenüber. Die herkömmliche Strategie hatte gelehrt, es sei falsch, an der stärksten Stelle anzugreifen. Verdun war die stärkste Stelle im französischen Ostfestungsbereich, die modernste Lagerfestung Europas. Am 21. Februar 1916 begann der deutsche Angriff, dessen Träger die 5. Armee unter dem Erben von Preußen und des Reiches, dem Kronprinzen Wilhelm, war, mit dem Generalleutnant Schmidt v. Knobelsdorf als Chef. Psychologisch war es eine unglückliche Idee, den Thronerben mit der unmittelbaren Verantwortung für die Ingangsetzung der „Saugpumpe" zu belasten. Aber wer dachte schon in der Obersten Heeresleitung an Psychologie?

Verdun wurde die „Blutmühle" des Ersten Weltkrieges. Falkenhayn hatte nicht bedacht, daß die „Pumpe" auch in doppelter Richtung arbeiten konnte. Nach Anfangserfolgen der Angreifer, die durch die französische Führung abgefangen wurden, bei rigoroser Überwindung einer Krise in den Führungsstellen, schleppte sich die Schlacht durch Monate fort. Die Hölle von Verdun ließ zum erstenmal die schreckliche Ausweglosigkeit des Materialkrieges für den Mann an der Front offenbar werden. Die „Pumpe" kostete nicht nur Ströme von Blut, sie fraß auch an der Moral der Truppe, an deren Siegeswillen. Es gab weder Sieger noch Besiegte mehr. Das belebende Element des Krieges, der Erfolg, verschwand.

Hinter Frankreich stand das britische Weltreich, stand Amerika zumindest mit Materiallieferungen. Im Osten drohte noch immer die Gefahr einer neuen Riesenoffensive der russischen Millionenheere. Das Reich verfügte nur über marode Bundesgenossen, die Habsburgische und die Osmanische Monarchie, Vielvölkerstaaten unter dem Ansturm des Nationalismus.

Im Osten hatten Hindenburg und Ludendorff vergeblich die Entscheidung gesucht. Im Osten entschied sich jetzt Falkenhayns Geschick. Im fernen Zweistromland feierte zwar das vergessene Feldherrntalent des alten Colmar v. d. Goltz einen letzten Triumph traditioneller Art. Bei Kut-el-Amara wurde eine anglo-indische Armee, die Bagdad hatte nehmen sollen, eingeschlossen und zur Waffenstreckung gezwungen. Goltz erlebte den Sieg nicht mehr. Er erlag dem Typhus. Bei der Trauerfeier im Reichstag erlitt der Chef des Stellvertretenden Generalstabes, Generaloberst v. Moltke, verfemt wie Goltz, einen Herzschlag. Ein merkwürdiges Zusammentreffen, die Antike hätte ein böses Omen darin erblickt.

Acht Tage nach diesem Ereignis rannten die Engländer zusammen mit französischen Divisionen unter massiver Verwendung von Artillerie und Fliegern, endlich unter Einsatz neuartiger geländegängiger Panzerfahrzeuge, an der Somme an. Gleichzeitig zerschlug ein letzter gewaltiger Sturm der Armeen des Zaren die österreichische Front im Osten. Um hier wenigstens das Schlimmste abzuwenden, wurde eilends eine gemischte deutsch-österreichisch-ungarische Heeresgruppe gebildet, unter dem Oberbefehl des Thronfolgers Erzherzog Karl, mit General v. Seeckt als Chef des Stabes. Inzwischen versank Verdun in Blut und Schlamm ...

Die russische Offensive aber hatte noch schwerwiegendere Folgen. Rumänien trat auf die Seite der Alliierten. Mit 750 000 Mann trat die rumänische Armee zum Angriff auf Siebenbürgen und Ungarn in der ungesicherten rechten Flanke der Österreicher an, der Stoß traf in den Rücken der Karpathen – wie der Balkanfront in Mazedonien. Als die Nachrichten davon im Großen Hauptquartier eintrafen, erklärte der Kaiser im ersten Moment erschrocken, der Krieg sei verloren.

Mit der Kriegserklärung Rumäniens am 27. August 1916 kam

die Stunde des Scherbengerichts für Falkenhayn. Falkenhayns Konzept der Haushälterei hatte auch getrogen. Der sicherlich ungeheuer fleißige, sachlich befähigte und energische Mann hatte auch eines nie verstanden, seine Konzeption den Massen deutlich zu machen und sich Vertrauen zu erwerben. Das war in seinen Augen mit Recht auch nicht Sache des Generalstabsoffiziers. Aber dieser sollte nun den Feldherrn ersetzen, im Grunde auch den Obersten Kriegsherrn, dessen Glanz verblich. Das Vertrauen der Masse des deutschen Volkes gehörte in dieser Stunde der massiven Gestalt Hindenburgs, einen Pater Patriae, und seinem Dioskuren Ludendorff.

Oberstleutnant Bauer wandte sich jetzt unter Umgehung des Dienstweges an den Kriegsminister und forderte die Ersetzung Falkenhayns durch Hindenburg. Ludendorff sollte dessen erster Mitarbeiter werden. Das war die letzte personelle Kombination, die noch blieb.

Am 28. August 1916 wurden Hindenburg und Ludendorff ins Große Hauptquartier berufen, daß sich damals im Schloß des Fürsten von Pless in Oberschlesien befand. Am 29. August eröffnete der Chef des Militärkabinettes, Generaloberst v. Lyncker, Ludendorff, Seine Majestät habe sich entschlossen, den Generalfeldmarschall v. Hindenburg zum Chef des Generalstabes des Feldheeres zu ernennen, mit ihm, Ludendorff, als „Zweitem Chef". Ludendorff fand die Bezeichnung „Erster Generalquartiermeister" für seine neue Stellung glücklicher. Lyncker war einverstanden. Zum erstenmal wurde die Ernennung eines neuen Generalstabschefs quasi unter dem Druck der öffentlichen Meinung vorgenommen. Eine „Hindenburg"-Partei hatte längst bestanden, unter Politikern, am Hof bei der Kaiserin, im hohen Offizierkorps. Hindenburg trat seinen Dienst auf dem Posten, den einst Moltke und Schlieffen innegehabt, in einer Stunde äußerster Bedrängnis an, in der rings in West und Ost der Donner der Materialschlachten grollte.

An seine Frau schrieb er damals aus Pless: „Noch ist es mir immer wie ein Traum ..." Ludendorff schrieb in seinen Kriegserinnerungen über die Stunde: „Gesenkten Hauptes bat ich Gott den Allmächtigen, mir Kraft für mein Amt zu verleihen ..."

Kein Feldherr – kein Staatsmann

Im Vorjahr hatte der englische Premierminister Asquith den Oberkommandierenden in Frankreich, Feldmarschall Sir John French, besucht und bei Tisch gesagt: „Ist es nicht merkwürdig, Herr Feldmarschall, daß dieser Krieg noch keinen einzigen Feldherrn erzeugt hat?" French schwieg verblüfft. General Wilson, sein Stabschef, ein Hasser aller „Fräcke", der Zivilisten, sprang ihm bei: „Ebensowenig aber einen Staatsmann, Herr Premierminister."

DIE STILLE DIKTATUR

Hindenburg und Ludendorff 1916–1918

Eine der geschmacklosesten Kundgebungen des so hohlen und unechten Patriotismus der Wilhelminischen Ära bestand in den Kriegsjahren darin, daß man in den großen Städten des Reiches hölzerne Standbilder Hindenburgs errichtete, in die man gegen Entrichtung einer Geldspende Nägel einschlagen konnte. Allein in diesen Statuen drückte sich dunkel das Empfinden aus, daß die hühnenhafte, wuchtige Gestalt des letzten Chefs des königlich preußischen Generalstabes zum Symbol des sinkenden Hohenzollernstaates geworden war, zum Trost aller Verzagenden, zur Hoffnung aller Gläubigen. Seit den Siegen des älteren Moltke war der Generalstab die Institution geworden, der man Wunder zutraute.

Erschien Hindenburg so wie die Verkörperung einer fast schon versunkenen Zeit – nicht umsonst hat er manchmal gesagt, heimisch fühle er sich eigentlich nur im bismarckschen Deutschland des alten Kaisers –, so wirkte Ludendorff mit seiner ungeheuren Arbeitskraft und schier unverwüstlichen Energie, mit dem Streben, den Kampf für ein großes, mächtiges Deutschland mit seinem Leben zu identifizieren, mit seinem strategischen Genie, wie der „Feldherr der Zukunft". Hindenburg hat mit diesem Ausdruck mehrfach versucht, seinen Ersten Generalquartiermeister zu kennzeichnen. Ludendorff war der Ingenieur des modernen Krieges. Beiden war eins gemeinsam: Sie waren als Soldaten für die Armee erzogen, abseits der Politik, abseits von den Strömungen der Zeit. Die Führung der Obersten Heeresleitung aber bedrängte sie jetzt mit politischen Entscheidungen, weil die Politiker sich selbst nicht trauten. Hindenburg hat einmal einem der vielen politischen Projektemacher, die zu ihm kamen, bärbeißig gesagt: „Von Politik verstehe ich gar nichts.

Aber gehen Sie mal zu Ludendorff, der glaubt, etwas davon zu verstehen."

Bei der Beurteilung ihrer militärischen Entschlüsse ist der Einzelanteil schwer zu definieren. Die Zusammenarbeit, die geistige Übereinstimmung waren zu eng. Man hat sie mit Blücher und Gneisenau verglichen. Der Vergleich trifft nicht. Eher könnte man noch das Verhältnis zwischen dem alten König und Kaiser Wilhelm I., der hohen soldatischen Verstand besaß, und dem älteren Moltke zum Vergleich heranziehen. Ludendorff war sicher oft der anregende Partner. Hindenburg garantierte die Ausführung seiner Konzepte, weil er diese vollkommen begriff, nicht in Resignation, sondern mit der Souveränität eines patriarchalischen Herren alten Stiles. Als später nach dem verlorenen Krieg der Streit darüber entbrannte, wer nun eigentlich die Schlacht von Tannenberg wirklich gewonnen habe, hat Hindenburg trocken dazu bemerkt: Eines sei jedenfalls sicher, wäre die Schlacht verloren worden, hätte er sie verloren. Darin lag zugleich eine gute Charakteristik der Mitverantwortlichkeit des Stabschefs bei der Führung, deren Verantwortung der Oberbefehlshaber zu tragen hatte.

Gemeinsam war beiden die Herkunft aus der bereits in ihrer sozialen und wirtschaftlichen Position erschütterten landbesitzenden Schicht Ostelbiens. Die Beneckendorff, die 1789 ihr Wappen mit demjenigen der im Mannesstamm erloschenen Familie v. Hindenburg vereinigt hatten, hatten bereits sämtlichen Grundbesitz, bis auf das Rittergut Neudeck in Ostpreußen, in den Agrarkrisen des 19. Jahrhunderts eingebüßt, als der größte Sohn des Geschlechtes am 2. Oktober 1847 in Posen das Licht der Welt erblickte. Der Vater war Offizier, die Mutter die Tochter eines bürgerlichen Militärarztes. Die Laufbahn bot das für einen sehr gut veranlagten Soldaten übliche Bild. Hindenburg wurde Offizier im 3. Garde-Regiment zu Fuß, kam mit ausgezeichneten Zeugnissen von der Kriegsakademie in den Generalstab, tat kurze Zeit Dienst im Kriegsministerium, wurde Divisionskommandeur und darauf von 1903 bis 1911 Kommandierender General des IV. Korps in Magdeburg. Über seine Ernennung zum Chef des Generalstabes schrieb er in seinen Erinnerungen, er

21. Erich Ludendorff (1865–1937)
1916 Erster Generalquartiermeister

22. Wilhelm Groener (1867–1939)
1918 Erster Generalquartiermeister

23. Hans v. Seeckt (1866–1936)
1919 Chef des Truppenamtes, 1920 Chef der Heeresleitung

habe das Empfinden gehabt, daß starke Nerven notwendig seien. Man glaubt, die tiefe Baßstimme des alten Herrn noch zu hören, dessen Welt die Königlich Preußische Armee, der Generalstab und die eigene Familie bildeten. In seiner Person vereinigten sich etliche der besten Eigenschaften seines Standes: Sinn für Würde und Takt, ausgeprägtes Pflichtbewußtsein, christlich-protestantisches Lebensgefühl und ein nüchterner Verstand, dazu die Gabe der Menschenführung. Sicherlich. war er kein sehr literarisch beschlagener Mann, aber er war auch keineswegs so amusisch, wie man das oft dargestellt hat.

Ein völlig amusischer Geist war jedoch sein Gehilfe und Weggenosse, Erich Ludendorff, geboren am 9. April 1865 auf dem väterlichen Gut Kruszewnia in der Provinz Posen. Der Vater stammte aus bürgerlicher pommerscher Familie, die sich auf dem Land angekauft hatte, die Mutter, eine Tempelhoff, aus dem preußischen Militäradel. Der Vater konnte den Besitz nicht halten und betätigte sich schließlich als Versicherungsvertreter. Zum Unterschied zu Hindenburg diente Ludendorff bei der Linien-Infanterie, womit der sehr sarkastische Seeckt später einmal beider Wesensverschiedenheit charakterisierte. Durch fast achtzehn Jahre gehörte er später dem Generalstab an. Der Generalstab wurde für ihn die Welt. Sein Leitsatz: „Der Krieg ist die äußere Politik mit anderen Mitteln, die Gesamtpolitik hat dem Krieg zu dienen" verrät eine rein militärische Gedankenwelt. Ludendorff wurde der Anti-Clausewitz des Generalstabes.

In dem Generalfeldmarschall v. Hindenburg sah Ludendorff nach seinen eigenen Worten während des Krieges nicht mehr als die Idealgestalt, als das Symbol, das die große Masse brauchte. Aber innerhalb der streng geregelten Welt im Großen Hauptquartier, das 1917 wieder nach dem Westen, nach Bad Kreuznach, verlegt wurde, war es tatsächlich so, daß Hindenburg sehr wohl mit Bedacht täglich die große Entwicklung überwachte, wobei er dann in Einzelheiten und Ausführung von Entschlüssen dem exzellenten Fachmann an seiner Seite volle Freiheit ließ, so wie im Osten ein souveräner Gutsherr einen tüchtigen Administrator schalten und walten ließ.

In der Militärpolitik ließ er ihm sogar völlig freie Hand.

Diese Haltung trug später sehr viel zu Ludendorffs persönlichem Empfinden bei, im Grunde habe er alle Entscheidungen ganz allein getroffen, worüber er sich zu sehr häßlichen Äußerungen über seinen einstigen Chef verleiten ließ. Sicherlich aber lebte in Ludendorff ein starker, unbefriedigter Ehrgeiz, der weit über die Weisheit hinausging, daß Generalstabsoffiziere keinen Namen hätten.

In personeller und organisatorischer Beziehung vollzogen sich erhebliche Veränderungen. Tappen, konsequenter Falkenhaynianer, wurde abgelöst und durch den Ludendorff von früher bekannten Oberstleutnant Georg Wetzell ersetzt. Der neue Chef der Operationsabteilung war erheblich wendiger und ideenreicher als der sture Ostfriese. Oberstleutnant Max Hoffmann, bisher I. Generalstabsoffizier bei Oberost, wurde dort Chef des Stabes beim neuen Oberbefehlshaber, dem alten Feldmarschall Prinz Leopold von Bayern. Der Operationsabteilung war bereits 1916 eine B-Abteilung zur Bearbeitung des balkanischen und türkischen Kriegsschauplatzes angegliedert worden. In der Operationsabteilung II wurde jetzt unter Oberstleutnant Bauer das gesamte Munitions- und Kriegsgerätewesen zusammengefaßt. Die Nachrichten-Abteilung wurde in klarer Abgrenzung gegen die Abteilung III b in Abteilung „Fremde Heere“ umgetauft. Die Politische Abteilung unter Leitung von Oberst v. Bartenwerffer erhielt die genauere Bezeichnung „Militärpolitische Abteilung“. Unter Oberst v. Haeften bestand seit dem Juli 1916 bereits eine Außenstelle des Generalstabes beim Auswärtigen Amt, die dann die Bezeichnung „Auslands-Abteilung“ erhielt. 1917 wurde ihr ein besonderes Bild- und Film-Amt für Propagandazwecke hinzugefügt, unter dessen Ägide sich die Zusammenfassung der deutschen Filmindustrie in der „Universum-Film-A.G.“ vollzog, der später weltberühmten UFA.

Von engeren Mitarbeitern Ludendorffs aus dem alten Stab Oberost übernahm Major v. Vollard-Bockelberg die Leitung des Organisations- und Ersatzwesens. Generalleutnant Groener erhielt das sogenannte „Kriegs-Amt“, die Zentralstelle für Rüstungsfragen. Feldeisenbahnchef wurde Oberstleutnant v. Oldershausen, Generalquartiermeister (II) Generalleutnant Hahndorff.

Unter diesem begann damals als Leiter der Abteilung II für Wirtschaft und Besetzte Gebiete ein Mann seine Karriere, der noch eine große Rolle in der deutschen Geschichte spielen sollte, der Hauptmann i. G. Kurt v. Schleicher, der wie Hindenburg aus dem 3. Garde-Regiment z. F. hervorgegangen war.

Der neue „Große Generalstab" mit seinen vielen Abteilungen, Dienststellen und Sondertruppen, Fliegerformationen, Nachrichteneinheiten, Pionieren und Fußartillerie-Abteilungen als schwerster Heeresartillerie, wirkte im Grunde schon unhandlich und war fraglos überorganisiert, zum Teil erlangte er die Bedeutung einer militärischen Nebenregierung. Obersten i. G. waren manchmal wichtiger als Staatssekretäre. Charakteristisch für die neue Stellung des Generalstabes war der Umstand, daß die neue, stark ausgebaute Fliegertruppe, die Luftwaffe, die zu Recht nach Anerkennung als dritter Wehrmachtteil mit einer neuen Dimension des Krieges strebte, ihm unmittelbar unterstellt wurde, wenn auch unter einem besonderen „Kommandierenden General".

Wetzell, Nicolai, Vollard-Bockelberg, von jüngeren Offizieren in der Operationsabteilung Hauptmann Joachim v. Stülpnagel, einstmals Ludendorffs Büro-Offizier in der 2. (Deutschen) Abteilung, Hauptmann Frhr. v. d. Bussche-Ippenburg und vom Generalquartiermeisterstab Hauptmann v. Schleicher sollten später sämtlich in der Reichswehrleitung der Weimarer Republik eine führende Rolle spielen.

Ganz bewußt stellte Ludendorff jetzt endgültig die Mitverantwortung der „Chefs" bei den Heeresgruppen, Armee-Oberkommandos und Armee-Korps über die Verantwortung der Oberbefehlshaber. Der Sonderdienstweg erlangte auf diese Weise unter dem ungewöhnlichen Duumvirat an der Spitze des Feldheer-Generalstabes eine außergewöhnliche Bedeutung. Und Ludendorff nutzte ihn rücksichtslos aus, mit Hilfe des Fernsprechers waren bei festen Fronten auch entlegene Stäbe jederzeit direkt zu erreichen. Moltkes Klage über den Feldherrn, der noch einen „Draht" im Rücken habe, war vergessen. Gleichzeitig zwangen jedoch die Kriegslage, Verluste und der durch viele Neuaufstellungen gesteigerte Bedarf an Generalstabsoffizieren zu einer erheblichen Verkürzung der Ausbildungsdauer. Generalstabsoffiziere mußten nach preußischer Sitte aktive Offiziere sein, die im Zweiten Weltkrieg üblich werdende Gepflogenheit, auch hochbewährte Reserveoffiziere in den Generalstab zu übernehmen, wäre noch als Sakrileg angesehen worden. Die sechswöchigen Kurse auf der „Schule für Generalstabsoffiziere" in Sedan erlangten eine zweifelhafte Berühmtheit. Die höchste Machtentfaltung des Korps fiel mit einem Absinken des Niveaus zusammen.

Das äußere Bild dieses Generalstabes, der sich jetzt mit höchst fremdartigen Bereichen wie Presse, Film, Bilderdienst, Propaganda, Außenpolitik und Rüstungslenkung befassen mußte, deutete bereits auf das tragische Dilemma der Dritten (und letzten) Obersten Heeresleitung im Ersten Weltkrieg hin. In Preußens bester Zeit war stets der Souverän als Oberster Kriegsherr die ausgleichende oder vermittelnde oder auch befehlsgebende Instanz über den Ressorts, Kriegsministerium, Außenministerium, Generalstab und Militärkabinett gewesen. Nominell war Kaiser Wilhelm II. noch immer der Oberste Kriegsherr. Aber mit jedem Jahr enthüllte sich schlimmer, daß er unfähig war, diese hohe Stellung wahrzunehmen. Und der philosophisch milde Reichskanzler v. Bethmann Hollweg war gleichfalls nicht imstande, die Zügel der Reichsleitung fest zu führen. Der Reichstag erwies sich auch nicht als formgebender Faktor. Somit fielen in diesem Vakuum an wirklicher politischer Obergewalt der Obersten Heeresleitung letzten Endes Entscheidungen zu, denen sie wiederum nicht gewachsen war, weil keiner der führenden Offiziere im Generalstab politischen Flair besaß, allzuviele jedoch nun Geschmack daran fanden „Politik zu machen", sowie man frisch an die Lösung einer taktischen Aufgabe gegangen war. Ein Generalstabsoffizier mußte eben einfach alles können. Und viele Politiker, auch solche, die das später niemals mehr wahr haben wollten, glaubten das 1916/18 ebenfalls.

Gemacht würde nichts, aber irgendwer müsse doch etwas machen, klagte Ludendorff dem Kronprinzen Wilhelm. Von Natur eine außerordentlich autokratische Persönlichkeit, war er entschlossen, in die Bresche zu springen. Sein wie Hindenburgs

Groll richteten sich einmal gegen die unmittelbare Umgebung des Kaisers, die drei Kabinettschefs für Zivil, Militär und Marine, sehr rasch auch gegen den Reichskanzler, der sehr erfreut über die Berufung Hindenburgs gewesen war. Ein weit gespanntes Programm zur Lenkung der Verhältnisse in der Heimat wurde entwickelt. Die Maßnahmen sollten sich bis auf die Hebung des Wohnungswesens, die Bekämpfung der Geschlechtskrankheiten, die Siedlung auf dem Lande, die vormilitärische Erziehung in der Schule und die Bekämpfung der zunehmenden sozialistischen, revolutionären Propaganda beziehen. Für den Fall der Demobilmachung – das war ein Spezialthema Hindenburgs – mußten für die heimkehrenden Soldaten anständige Heimstätten in der Stadt und auf dem Lande vorhanden sein.

Seeckt erklärte die Militärdiktatur für die einfachste Lösung. Aber Ludendorff empfand die Diktatur der Soldaten irgendwie als eine Verlegenheitslösung. Er hielt immer wieder nach dem „starken Mann“ unter den Politikern Ausschau, der ihm die Heimat fest und leistungsfähig erhalten konnte. Nur fand sich kein geeigneter Mann bei den politischen Parteien oder unter den hohen Beamten in Preußen und im Reich. Politiker wie Gustav Stresemann sahen damals viel eher in Ludendorff den „deutschen Cromwell“. Die jüngere Generation der Generalstabsoffiziere in der 3. OHL zog aus diesen Eindrücken die Lehre, daß eine Diktatur ohne Massenbasis nicht gut denkbar und von Bestand sein könne.

Der „Kriegssozialismus“, für Ludendorff das geeignete Mittel zur völligen Ausschöpfung der Volks- und Wirtschaftskraft der Heimat für die Front, vermochte ein Problem nicht zu lösen, die Erhaltung des Kriegswillens der Massen. Der Weltkrieg stellte das bislang größte Beispiel militärischer Massenbeherrschung dar, aber die Mobilisierung von Millionen, die Eigenart des Schützengrabenkrieges, der Gleichstellung von Offizier und Mann durch das nivellierende Fronterleben, trug in hohem Maße zur inneren Zersetzung des feudalen Organismus der altpreußischen Armee bei. Zudem war der Kern des aktiven Offizierkorps auf den Schlachtfeldern geblieben. Ludendorff befürwortete die Auffüllung des Offizierstandes mit bewährten Unteroffizieren oder Mannschaften, die sich in der Hölle der Materialschlachten bewährt hatten. Doch die Offizierstellenbesetzung war die letzte Domäne hohenzollernscher Kriegsherrlichkeit. Der Chef des Militärkabinettes war kein Freund solcher „Demokratisierung" des vornehmsten Standes, von ganz besonderen Ausnahmen abgesehen. Aber diese hatte es seit eh und je gegeben, in Preußen wie in anderen deutschen Staaten. In jedem Fall schmolz an der Front der alte, streng gewahrte Abstand zwischen Offizier und Mann dahin, die Manneszucht wandelte sich von der einfachen Beziehung zwischen Befehl und Gehorsam zum Verständnis für die Notwendigkeit des Befehls, zur psychologischen Kunst, die Einsicht für das Notwendige beim einfachen Mann zu wecken.

Ludendorffs Theorie basierte auf dem Vernichtungskrieg in höchster Potenz, dem totalen Krieg, der alle Kräfte von Land und Nation in den Dienst stellte. Infolgedessen war das erste Programm der Dritten Obersten Heeresleitung wirtschaftlich-sozialer Natur. Angesichts der materiellen Überlegenheit der gegnerischen Allianz, der die Rohstofflager der ganzen Welt zur Verfügung standen, war für den Sieg die äußerste Anspannung aller Kräftereserven notwendig. Arbeitskraft, Kohle, Erz und Öl wurden in dieser Stunde auch für den Generalstab die entscheidenden Faktoren. Mit Zustimmung Ludendorffs, unter Patronanz Hindenburgs, arbeiteten Generalleutnant Groener und Oberstleutnant Bauer das sogenannte „Hindenburg-Programm" aus. Die Improvisationskunst des Generalstabes reichte noch aus, um das kriegswirtschaftliche Problem zu bewältigen, soweit die Rohstofflage dies zuließ, unter rücksichtsloser Bewirtschaftung aller Nahrungs- und Verbrauchsgüter und der Mobilisierung der letzten Arbeitsreserven einschließlich der Frauen; Maßnahmen, die indirekt einen im Kern revolutionären Prozeß sozialer Nivellierung einleiteten. Der Weg in die Politik, den Ludendorff einschlug, die Proklamierung des uneingeschränkten U-Bootkrieges, der Versuch, Einfluß auf die Besetzung der höchsten politischen Stellen im Reich zu nehmen, endete jedoch mit einem Fiasko. In diesen Rahmen gehörte auch, daß die Oberste Heeresleitung der in Wien und Berlin beschlossenen Wiedererrichtung eines eigenen polnischen Staates zustimmte, in der Hoffnung, polnische Divisionen als Hilfstruppen für den Krieg zu gewinnen.

Sehr rasch wurde Ludendorff klar, daß die Politik des totalen Krieges mit dem Reichskanzler v. Bethmann Hollweg, einem mild und friedensfreundlich gesonnenen Mann, der im Grunde mehr einem redlichen hohen Verwaltungsbeamten als einem Staatsmann glich, nicht durchzuführen war. Die Opposition gegen den, wie die Militärs und alldeutsche Kreise meinten, „zu schlappen" Kanzler reichte weit, von der Kaiserin und vom Kronprinzen bis in liberale und freisinnige Kreise.

Ludendorffs Bestreben war es daher zunächst, einen „Kriegskanzler" zu finden. Durch den allgewandten Oberstleutnant Bauer wurden Fäden zur Opposition gegen Bethmann Hollweg geknüpft. Die gerade von Politikern mehrfach geäußerte Idee, Ludendorff solle selbst die Kanzlerschaft übernehmen lehnte dieser ab, solch doppelter Bürde fühlte er sich denn doch nicht gewachsen.

Angesichts der immer schlechter werdenden Stimmung in der Heimat erzwangen Hindenburg und Ludendorff durch die Drohung mit ihrem Rücktritt im Juli 1917 den Rücktritt Bethmann Hollwegs. Der Kaiser, dem die Berufung oder Abberufung des Reichskanzlers zustand, fügte sich. Die beiden Soldaten an der Spitze des Generalstabes begriffen nicht, welch tiefen Eingriff in die Rechte des Trägers der Krone ihr Handeln darstellte. Die Generalstabsoffiziere, die zum ersten Mal in der Geschichte des Korps jetzt mit Parlamentariern verhandelten, die zu Hausmeiern der Hohenzollern geworden waren, dachten an den Fürsten Bülow oder den Großadmiral v. Tirpitz, den ehemaligen Staatssekretär des Reichsmarine-Amtes, als neuen Kanzler. Beide Kandidaten waren keineswegs nach dem Geschmack des Kaisers. Er hatte sie in Ungnade entlassen. Statt dessen wurde der Leiter des Kriegsernährungsamtes, der Unterstaatssekretär Dr. Georg Michaelis, zum Reichskanzler ernannt, den man den Offizieren der OHL als „starken Mann" schmackhaft zu machen versuchte. Doch im Grunde war dies eine peinliche Verlegenheitslösung.

Ludendorff konnte sich sehr bald des Empfindens nicht erwehren, daß etwas schief gelaufen war. Die „Heimatfront“ wurde mit jedem Monat brüchiger. Es nutzte wenig, ja es schlug eher zum Schaden aus, daß der Großadmiral v. Tirpitz im Verein mit radikalen alldeutschen Kreisen eine besondere „Vaterlands-Partei“ ins Leben rief, um die deutschen Kriegsziele zu verfechten. Nach einer Denkschrift, die Ludendorff im September 1917 verfaßte, sollten diese Kriegsziele darin bestehen, daß im Osten Kurland und Litauen und ebenso ein westpolnischer Grenzstreifen – Teil des 1916 proklamierten imaginären Königreiches Polen ohne König – zum Reich geschlagen wurden, während man im Westen ein strategisches Vorfeld zum Schutz des westdeutschen Industriereviers annektieren und Belgien, möglicherweise auch die Niederlande in dieser oder jener Form eng mit dem Reich verbinden wollte. Solche Ziele blieben den hungernden, ob der Endlosigkeit des Krieges verzweifelnden Massen gänzlich unverständlich, so wie dem einfachen Mann auch der Kaiser, der Troß der vielen Bundesfürsten, immer ferner rückten.

Die letzten Monate des Jahres 1916 sahen noch einmal ein Teil-Unternehmen, das wieder lehrte, wie die operative Führungskunst des Generalstabes innerhalb herkömmlicher Raumbegriffe und der traditionellen Strategie des Bewegungskrieges unerreicht war: Die rasche Niederwerfung Rumäniens. Aber dem nüchternen Sinn des alten Hindenburg entging nicht, daß der Sieg, an dem Feldmarschall v. Mackensen und General v. Falkenhayn als Armeeführer den Löwenanteil hatten, nur ein Teilsieg war. In seinen Denkwürdigkeiten wies er darauf hin, daß den Mittelmächten es nur in einem einzigen Fall gelungen war, einen der Gegner völlig auszuschalten, bei dem kleinen Königreich Montenegro. Die belgische Armee war über die Yser ausgewichen, die serbische Armee nach Korfu, die rumänische Armee behauptete sich in Bessarabien.

In strategischer Hinsicht wurde das Jahr 1917 zu einem Jahr der Verteidigung an allen Fronten, zur „operativen Stagnation“, wie Seeckt schrieb, obwohl im Februar (nach russischer Zeitrechnung) in Rußland die Revolution ausgebrochen und der Zar gestürzt worden war. Ludendorff beurteilte die russische Revolution anfangs ganz aus dem Blickfeld des Offiziers. Er beklagte die Entmachtung des russischen Offizierkorps. Seeckt hielt den Umsturz im wesentlichen für ein Ergebnis „englischer Wühlarbeit“, da man dem Zarenpaar und ultrakonservativen Kreisen Neigungen für einen Separatfrieden nachsagte, während die neue halb liberaldemokratische, halb sozialistische Regierung die Fortführung des Krieges auf ihre Fahnen schrieb.

Die Oberste Heeresleitung gab daher ihre Zustimmung, daß eine große Gruppe sozialrevolutionärer, bolschewistischer Emigranten, mit denen die deutschen Diplomaten in Bern und in Kopenhagen, Frhr. v. Romberg und Graf Brockdorff-Rantzau, Kontakte unterhalten hatten, von der Schweiz aus in Sonder-Zügen durch Deutschland über Schweden nach Rußland eingeschleust wurde, an der Spitze ein Mann namens Wladimir Iljitsch Uljanow-Lenin, der den radikalen russischen Revolutionären ein Begriff war, nicht jedoch dem deutschen Generalstab. Die Bolschewisten galten als Anhänger eines sofortigen Friedensschlusses. Und im Kriege schien schließlich jedes Mittelrecht, um den Gegner zu lähmen. Daß der Sturz einer der großen Dynastien, der fast ein Jahrhundert mit den Hohenzollern verbündet und verschwägert gewesenen Romanow-Holstein-Gottorp, gefährliche Folgen für alle Herrscherhäuser haben konnte, daß der soziale Gehalt der russischen Revolution, die Idee der Weltherrschaft des Proletariates, gefährlichen Ansteckungsstoff barg, ahnte niemand.

Nachdem es schon 1914 als tunlich empfunden wurde, in bestimmten Operationsräumen eine Armee der anderen zu unterstellen und man 1915 zeitweilig dazu übergegangen war, unter dem jeweils dienstältesten Armee-Oberbefehlshaber mehrere Armeen in drei, dann vier Heeresgruppen zusammenzufassen, ging Ludendorff 1917 dazu über, besondere ständige Heeresgruppen-Kommandos als Schaltstellen zwischen der OHL und den Armeen für verschiedene Frontbereiche oder einzelne Kriegsschauplätze zu schaffen. Ein neues Abwehrsystem brachte einen grundlegenden Wandel in der Taktik. Bisher galt die Regel, die vorderste Linie sei im Stellungskrieg unbedingt zu halten. Jetzt wurde die Taktik elastischer, die Verteidigung wurde in der Tiefe gestaffelt. Die Gefechtsvorschrift Ludendorffs für die „Abwehrschlacht“ wurde klassisch schlechthin und setzte den Schlußstrich unter eine Ära, die schwere Blutopfer gekostet hatte. Die Infanterie-Divisionen wurden mit drei Infanterie- und einem Artillerieregiment neu gegliedert. Die Artillerie gewann den Rang einer schlachtentscheidenden Waffe, während die Kavallerie, die alte Waffengattung des Adels, im Westen fast völlig vom Schlachtfeld verschwand. Die planmäßige Zurücknahme der Westfront in die verkürzte und verbesserte „Siegfried“-Linie hatte eine Stärkung der Verteidigung zur Folge. Die alliierte Überlegenheit war jetzt freilich im Westen enorm, 190 alliierte standen 154 deutschen Divisionen gegenüber.

Neben der Revolution in Rußland, der im Oktober die Machtergreifung der Bolschewistischen Partei Lenins folgte, war das auch für den Generalstab entscheidende Ereignis dieses Jahres nicht die mehrfachen Versuche von deutscher diplomatischer Seite, Friedensfühler auszustrecken, auch nicht der sehr ungeschickt angelegte österreichische Versuch, mit Frankreich über einen Separatfrieden zu unterhandeln, sondern der Eintritt der Vereinigten Staaten von Nordamerika in den Krieg gegen die Mittelmächte. Rußland auf der einen, Amerika auf der anderen Seite, die Mächte der Zukunft, griffen auf ganz verschiedene Art in den Konflikt der europäischen Weltmächte ein. Die Vereinigten Staaten hatten längst die Alliierten mit großen Materiallieferungen unterstützt. 1917 bot die Verkündung des uneingeschränkten U-Boot-Krieges durch Deutschland dem Präsidenten Wilson die Handhabe, Amerika direkt in den Krieg zu führen, für die Freiheit und das Selbstbestimmungsrecht der Völker gegen die Autokratien des alten Europa. Für den Generalstab ergab sich damit als Hauptproblem die Frage, wie man in Westeuropa noch eine Entscheidung erzwingen könne, bevor die amerikanische Armee mit frischen Kräften auf dem Kontinent Fuß fassen konnte. Die einzige Möglichkeit bestand darin, die alliierte Front zu durchbrechen, in einer einzigen oder einer Folge von Angriffsschlachten, um durch solche taktische Maßnahme die operative Freiheit wiederzugewinnen.

In dieser Situation, in der später sowjetische Militärtheoretiker den Höhepunkt der Dekadenz der Kriegskunst erblicken wollten, bot die Technik ein neues Mittel zur Auflösung der „operativen Stagnation“ (Seeckt) an. Im Spätsommer 1916 hatten die Engländer an der Somme zum ersten Mal gepanzerte und mit Kanonen und Maschinengewehren bestückte Motorfahrzeuge auf Raupenketten zur Überwindung der Grabensysteme und Trichterfelder eingesetzt, die „Tanks“. Sie bezeichneten sie zunächst als „Maschinengewehrzerstörer“.

Zur altpreußischen Tradition gehörte eine gewisse Geringschätzung der Technik; Ausnahmen, etwa der ältere Moltke, bestätigten nur die Regel. Die ersten englischen und französischen Kampfwagen-Modelle wiesen zudem noch viele Mängel auf und entwickelten im Gelände eine recht geringe Geschwindigkeit. Hindenburg meinte daher gleichmütig, die deutsche Infanterie würde es auch so schaffen. Auch Ludendorff vertraute auf die traditionellen Werte der Tapferkeit und Manneszucht. Es genügte, wenn man der Infanterie in verstärktem Umfang Abwehrwaffen, leichte Begleitartillerie und überschwere Maschinengewehre beigab. Nur Oberstleutnant Bauer erkannte die Zukunftsmöglichkeiten der neuen Panzerwaffe und ordnete die Konstruktion eigener Versuchstypen an. Diese wiederum kollidierte mit der Knappheit an Rohstoffen, mit dem Bauprogramm für Flugzeuge und Lastkraftwagen. Die deutsche Kampfwagen-Truppe blieb in den Kinderschuhen stecken.

Die Bilanz des Kriegsjahres 1917 war für die Oberste Heeresleitung höchst unbefriedigend. In der Heimat nahm die Unzufriedenheit, nahmen die Ernährungsschwierigkeiten zu. Der Ring der Gegner war stärker geworden, die Frage des Erscheinens amerikanischer Armeen in Europa nurmehr eine Frage der Zeit. Die bolschewistische Revolution in Rußland, der alliierten Propaganda wie auch manchen antibolschewistischen Kreisen Rußlands zufolge nur das Ergebnis der Tätigkeit von „Agenten des Generalstabes“, warf ihre Schatten auch auf die Mittelmächte, auf die westlichen Alliierten. Die neue bolschewistische Regierung ließ sich zwar sofort auf Friedensverhandlungen mit den Mittelmächten ein, aber Ludendorff hegte jetzt die Überzeugung, nur eine exorbitante Ausdehnung des deutschen Machtbereiches nach Osten bis in die Ukraine und den Kaukasus hinein könne noch die Überwindung der deutschen Versorgungsschwierigkeiten gewährleisten. In jedem Fall würde der Sonderfrieden zwischen Lenin und den Volkskommissaren und den beiden großen Kaiserreichen den Abzug von Truppen aus dem Osten nach dem Westen ermöglichen.

Im Vorderen Orient kündigte sich unterdes bereits der Zusammenbruch des verbündeten Osmanenreiches an. Die türkisch-deutschen Fronten in Mesopotamien und Palästina gerieten ins Wanken. General v. Seeckt ging als deutscher Chef des kaiserlich osmanischen Generalstabes in den Nahen Osten, um hier eine Katastrophe zu verhindern.

Die Anzeichen mehrten sich, daß die Heimat nicht mehr allzulange den steten neuen Belastungen standhalten würde. Im Sommer 1917 ereignete sich die erste Meuterei auf den Schiffen der Hochseeflotte. Streiks in der Munitionsindustrie nahmen revolutionäre Züge an. Der Reichskanzler Michaelis erwies sich als unfähig, die Geschäfte zu führen. Der Kaiser betraute den bayerischen Ministerpräsidenten Graf Hertling mit der Nachfolge, und die OHL verzichtete auf Proteste, nachdem sie mit Michaelis so schlecht gefahren war.

Graf Hertling, kein „Kriegskanzler", sondern ein vornehmer feinsinniger Gelehrter, und der Staatssekretär des Auswärtigen Amtes v. Kühlmann mühten sich nun, bei den Friedensverhandlungen mit den bolschewistischen Kommissaren in Brest-Litowsk das Primat der Politik gegenüber den Militärs zu verteidigen, und dies nicht ohne Erfolg. Hindenburg und Ludendorff begnügten sich mit der Rolle des kritischen und mahnenden Zuschauers. Unter hartem Druck kam ein Sonderfrieden mit der bolschewistischen Regierung zustande, ebenso mit dem König von Rumänien. Gleichzeitig entschloß man sich jedoch zur militärischen Sicherung des Baltikums, Finnlands und vor allem der Ukraine vor dem bolschewistischen Zugriff, um auf diese Weise die reichen Agrargebiete Südrußlands für die deutsche Ernährung zu gewinnen. In der Ukraine wurde mit deutscher Hilfe eine eigene antibolschewistische Regierung errichtet. Den Oberbefehl erhielt dort einer der besten Köpfe des alten Generalstabes, Generalfeldmarschall v. Eichhorn, mit General Groener als Chef des Stabes.

Der französische wie der englische Generalstab hatten inzwischen die Nutzlosigkeit verlustreicher frontaler Massen-Material-Angriffe an der Westfront eingesehen und bereiteten sich für 1918 darauf vor, das Eintreffen der Amerikaner abzuwarten, bevor man wieder die Initiative ergriff. Der französische Generalissimus General Foch hatte diese Methode als „Büffelstrategie“ bezeichnet. Nunmehr griff jedoch Ludendorff, im Bestreben, die Bewegungsfreiheit wiederzugewinnen, zur „Büffelstrategie“. Kam die amerikanische Armee mit neuen Millionen von Soldaten zum Zug, schwand jede Aussicht auf einen siegreichen Frieden. Die letzte Hoffnung bildete die Aufrollung der englisch-französischen Front durch einen gewaltigen Angriffsschlag unter Zusammenfassung aller verfügbaren Kräfte. Aus dem Osten rollten Divisionen nach Westen. Für die Ukraine wurden nur begrenzte Kräfte zur Verfügung gestellt. Auch von der Italienfront wurden deutsche Divisionen abgezogen. Ursprünglich hatte Ludendorff auch an den Einsatz österreichisch-ungarischer, bulgarischer und türkischer Divisionen gedacht. Diese Idee wurde jedoch fallen gelassen, einmal wegen der Unerfahrenheit der Verbündeten im Materialkrieg der Westfront, zum zweiten, um deren Fronten nicht allzusehr zu schwächen.

Ludendorffs „Große Schlacht“ im Westen war die letzte Trumpfkarte. Der Glaube an den Plan feierte Auferstehung. In einer Denkschrift setzte Ludendorff dem Kaiser auseinander, es würde sich nicht um eine einzelne Schlacht, sondern um eine Kette von Schlachten handeln. Doch könne er sich für den Erfolg verbürgen, wenn der Friede den notwendigen Preis erbrächte – ein sehr merkwürdiger Gedankengang für diesen Verehrer streng logischen Denkens. Hindenburg und Ludendorff schwebte vor, die militärische Generaloffensive mit einer diplomatischen Friedensoffensive zu koppeln. Noch gab es in England wie in Frankreich Kreise, die zur Verständigung bereit waren, zumal Frankreich im Frühjahr 1917 mit umfangreichen

Meutereien in der Armee eine schwere Krise durchlebt hatte. Aber die diplomatische Offensive kam nicht zustande, zwischen OHL und Auwärtigem Amt herrschte ewiges Mißtrauen. Der Feldmarschall und sein Erster Generalquartiermeister hatten gar kein Verständnis für einen sehr gewandten Diplomaten wie den Staatssekretär v. Kühlmann, und sie weigerten sich hartnäckig, das interessanteste Faustpfand, das man in der Hand hatte, Belgien, preiszugeben. Gerade die Wiederherstellung Belgiens war aber eines der Hauptziele der englischen Politik.

Seit dem Herbst des Jahres 1917 arbeitete die Operationsabteilung an dem Plan der „Großen Schlacht", beschäftigte dieser Ludendorffs Denken. Der Großangriff sollte dem Knie der französisch-englischen Front beiderseits St. Quentin bei Amiens gelten. Hier zweigte die französische Stellungslinie in weit nach Osten vorspringendem Winkel von der englischen, von Nord nach Süd laufenden Linie ab. Es war die Nahtstelle der beiden alliierten Armeen. Gelang der Durchbruch auf Amiens, mußte es gelingen, die englische Front bis zur Kanalküste aufzurollen und die britische Armee wieder auf die Schiffe zu treiben.

Entscheidend für das Gelingen der Großoffensive war indes nicht der Durchbruch, sondern das rechtzeitige Nachführen frischer, rasch beweglicher Stoßkräfte, welche imstande waren, den taktischen Erfolg zur großen Operation auszuweiten. Hierfür fehlte es an Kavallerieverbänden, Panzerkraftwagen, motorisierter Infanterie auf Lastkraftwagen, motorisierter Artillerie. Ludendorff legte auch gar keinen Wert auf solche hoch mobilen Formationen, sondern setzte auf die Massierung der Infanterie und Artillerie. Anfang 1918 standen im Westen drei Heeresgruppen unter dem Kronprinzen Wilhelm, dem Kronprinzen Ruprecht von Bayern und dem württembergischen Thronfolger Herzog Albrecht mit 10 Armeen und 193 Divisionen zur Verfügung. Rund 1700 Batterien aller Kaliber mit 6800 Geschützen wurden für die Feuervorbereitung der Offensive bereitgestellt, unter umfangreicher Bevorratung mit Munition. Unähnlich dem jüngeren Moltke anno 1914 gingen Hindenburg, Ludendorff und die Operationsabteilung in ein frontnahes Hauptquartier in Avesnes.

Verschleiß der Angriffskraft

Am 21. März 1918, um 4.40 Uhr morgens, begann die „Große Schlacht“ unter dem Decknamen „Unternehmen Michael“ mit einem gewaltigen Feuerschlag der deutschen Artillerie bei der 2., 17. und 18. Armee. Der Durchbruch durch die englische Front gelang. Die hier stehende englische 5. Armee wurde völlig zerschlagen.

Was nicht gelang, war die Ausnutzung des Anfangserfolges, die Aufrollung der englischen Front, obwohl die Einnahme von Amiens in greifbare Nähe rückte, obwohl der englische Höchstkommandierende Feldmarschall, Sir Douglas Haig, zeitweilig selbst den Rückzug auf die Kanalküste erwog und das britische Kabinett in London Tage voll beträchtlicher Nervosität durchlebte. Die Materialschlacht besaß ihr eigenes Gesetz. Infolge des Fehlens beweglicher Verbände zerfaserte sich die Infanterie- und Artillerieschlacht. Der deutsche Stoß führte nicht in die Tiefe, sondern in die Breite. Das Schwergewicht der Operation verlagerte sich nicht in Richtung der Kanalküste, sondern nach Mittelfrankreich. Das Ende kam am 4. April 1918. Die Angriffskraft der überbeanspruchten Infanterie erlahmte, die Offensive blieb liegen.

Die „Große Schlacht“ hatte in Ludendorffs Auge die Superschlacht des ganzen Krieges werden sollen. Sie hatte zwei gänzlich andere einschneidende Folgen: Unersetzliche deutsche Verluste, an Blut wie an Angriffsschwung – und die Bildung eines einheitlichen alliierten Oberkommandos an der Westfront unter dem Chef des französischen Generalstabes General Ferdinand Foch, einem ausgezeichneten Soldaten. General v. Kuhl, Chef beim Kronprinzen Ruprecht von Bayern, hielt den Krieg für verloren, wenn die „Große Schlacht“ nicht zum Erfolg führte. Hindenburg und Ludendorff rechneten indes mit einer Kette von Angriffsschlachten – bei Licht besehen mit Komparativen nach dem Superlativ, eine unbezweifelbar merkwürdige Konstruktion. Am 9. April befahl Ludendorff die zweite Offensive im nordfranzösisch-flandrischen Raum zwischen Armentières und La Bassée. Nach guten zwei Wochen war auch hier die Angriffskraft der Truppe erschöpft. Die Offensive blieb liegen.

Der 1. und der 2. Akt des Schlachten-Dramas waren verrauscht. Ungerührt befahl Ludendorff die Inszenierung des 3. Aktes, um die operative Freiheit wiederzugewinnen. Nunmehr handelte es sich um ein Ablenkungsmanöver am vielumkämpften Chemin des Dames, dem ein Angriff in Flandern folgen sollte. Schon machte sich rein zahlenmäßig der Verschleiß der Kräfte bemerkbar. Ludendorff verlangte von der Heimat 200 000 Mann Ersatz. Aber was an Ersatz kam, war oft nicht mehr gut und kampfwillig. Zudem lähmte eine Grippe-Epidemie viele Truppenteile. In der Heimat ging das Murren um, wofür man eigentlich diesen Krieg noch immer führe – für die Herren von Kohle und Eisen? Die Schieber und Spekulanten? Für den Kaiser? Für die Generäle?

Am 5. Juni 1918 wurde auch die dritte Offensive eingestellt. Oberst v. Haeften, Chef der Auslands-Abteilung in Berlin, plädierte von neuem für eine politische, diplomatische Offensive. Dem stand Hindenburgs wie Ludendorffs auch sehr persönliche Abneigung gegen den eleganten, frivolen Staatssekretär v. Kühlmann im Wege, den sie für einen abgelebten Roué hielten. Kühlmann bemühte sich, auf vertraulichem Weg mit England ins Gespräch zu kommen. Ludendorff bezichtigte ihn dafür schon lange des „Defaitismus". Und der Kaiser bemerkte nur mit resigniertem Lächeln, er sei zwischen die Mühlsteine der OHL, des Reichstages und der Reichskanzlei gekommen. Ende Juni 1918 versuchte Kühlmann durch vorsichtige Andeutungen im Reichstag, der Krieg könne nicht allein auf militärischem Weg beendet werden, das In- und Ausland auf mögliche Auswirkungen seiner Geheimverhandlungen vorzubereiten. In Unkenntnis des Hintergrundes für solche etwas dubios klingenden Äußerungen verlangten die Generalstabsoffiziere, Hindenburg und Ludendorff an der Spitze, erbost seinen Rücktritt und setzten sich durch. Sie hatten Bethmann Hollweg gestürzt, dann den Chef des Zivilkabinettes v. Valentini, der ihnen als „Leisetreter" besonders verhaßt war, sie schickten auch Kühlmann in die Wüste, einen vielleicht nicht gerade charakterfesten, aber höchst gerissenen Diplomaten. Nachfolger wurde ein Militär, der Admiral v. Hintze. Ludendorff

24. Wilhelm Heye (1869–1946)
1920 Chef des Truppenamtes (Generalstab)

25. Otto Hasse (1871–1942)
1923 Chef des Truppenamtes

26. Georg Wetzell (geb. 1869)
1925 Chef des Truppenamtes

27. Werner v. Blomberg (1878–1946)
1927 Chef des Truppenamtes

hegte noch immer die Überzeugung, man könne England erst „hören“, wenn dieses von sich aus die Reichsregierung um Gespräche ersuche.

Am 15. Juli 1918 befahl er die Wiederaufnahme der Schlacht mit dem 4. Akt. 47 Divisionen sollten mit sehr starker Artillerie beiderseits Reims antreten. Diesmal verrieten Überläufer den Angriff. Nach zwei Tagen brach das Unternehmen zusammen. Am 17. Juli befahl Ludendorff den Abbruch der „Großen Schlacht“. Es war die Stunde, auf die Ludendorffs Gegenspieler General Foch gewartet hatte. Am 18. Juli 1918 stießen aus dem Wald von Villers-Cotterets französische Eingreifverbände mit 350 schnellen, leichten Renault-Kampfwagen in die deutsche Angriffsfront hinein. Sie wurde auf einer Breite von 45 Kilometern aufgerissen. Mehrere deutsche Divisionen wurden zerschlagen. Bis zum 2. August schlossen sich an diesen Überraschungserfolg schwere Rückzugskämpfe im Bogen von Soissons-Reims an.

Am 8. August 1918 griff die 4. englische Armee unter General Sir Henry Rawlinson beiderseits der Straße Amiens-St. Quentin zwischen Albert und Moreuil an. Vorauf fuhren 600 schwere und leichter Panzerkampfwagen. Kavallerie, unterstützt von Straßenpanzerkraftwagen, stieß nach. Sechs bis sieben deutsche Divisionen wurden völlig überrannt. Flüchtende deutsche Infanterie empfing herangezogene Eingreif-Einheiten mit dem Ruf „Streikbrecher“. Britische Panzerwagen rollten bis zu deutschen Divisions-Gefechtsständen durch. Das Ende kündigte sich an, und es begann mit der Reaktion zu Tode Erschöpfter und Verzweifelter. Die für unbesiegbar gehaltene deutsche Infanterie hatte versagt, die „Preußen“ waren geflohen. Wohl ließen sich die deutschen Linien noch wieder schließen, aber was nun folgte, war eine Kette ununterbrochener schwerer Abwehr- und Rückzugskämpfe. Die alliierte Überlegenheit an Artillerie, Fliegern und Panzern wurde erdrückend.

Ludendorff nannte den 8. August des Jahres 1918 den „schwarzen Tag“ des deutschen Heeres. Schon bei der Meldung vom französischen Überraschungsangriff am Wald von Villers-Cotterets hatte er eine ungewöhnliche Nervosität an den Tag gelegt. Hindenburg hatte ihn wegen Meinungsverschiedenheiten zurechtweisen müssen, was kaum je vorgekommen war. Fortan mehrten sich Klagen der führenden Chefs, Kuhl und des Generals v. Lossberg, über seine zunehmende Reizbarkeit und Überarbeitung. Auch der Chef der Operationsabteilung B, Oberst Merz v. Quirnheim, notierte diese in seinem Tagebuch, er neigte allerdings zu kritischer Beurteilung des genialischen Ersten Generalquartiermeisters. Eine mühsam verhohlene Nervenkrise in Permanenz begann bei Ludendorff, dessen explosive Natur Jahr um Jahr in fanatischer Arbeit am Kartentisch, im Büro, am Fernsprecher aufgegangen war, von flüchtigen Abenteuern der Liebe abgesehen. Ludendorffs Schwäche waren die Frauen, und er selbst nannte sich wohl „einen alten Sünder". – Jetzt zog dunkel die Ahnung herauf, daß alle Berechnungen sich als trügerisch erweisen würden, das man wahrscheinlich einen Waffenstillstand anbieten mußte, um wenigstens eine Atempause zu erhalter. Er dachte auch daran, den Abschied zu erbitten. Oberstleutnant Bauer hielt diesen Schritt nach dem Scheitern der „Großen Schlacht" sogar für unumgänglich und ehrenhaft. Hindenburg legte sofort ein Veto ein. Immerhin war klar geworden, der Krieg hatte das Mark der preußischen Armee zerstört, die Manneszucht. Wie alle großen Kriege verzehrte er sein eigenes Instrument, das Heer.

Am 13. und 14. August 1918 tagte in dem belgischen Kurort Spa, wo sich das Große Hauptquartier installiert hatte, ein vom Kaiser einberufener Kronrat, an dem Hindenburg und Ludendorff, der Reichskanzler Graf v. Hertling und Admiral v. Hintze sowie die kaiserlichen Kabinettchefs teilnahmen. Hindenburg gab unumwunden zu, man müsse sich auf die Defensive beschränken. Was einen künftigen Frieden anbelangte, so beschloß man, den König Alfons XIII. von Spanien oder die Königin Wilhelmina der Niederlande um einen Vermittlungsschritt zu ersuchen, zwei der wenigen neutral gebliebenen Souveräne des alten Europa.

Für Ludendorff war indes ein Krieg ohne Vernichtungswillen – auf beiden Seiten – nicht denkbar. Er entschloß sich, zunächst auf den Abschluß eines Waffenstillstandes hinzuarbeiten, um die Friedensbedingungen der Gegner kennenzulernen. Fielen die so hart aus, wie er vermutete, dann konnte man sich immer noch entscheiden und konnte versuchen, mit gutem Grund Volk und Armee zu einem Verzweiflungskampf „hochzureißen", wie er sich ausdrückte. Die Drohung, den letzten Kampf nicht zu scheuen, konnte auch von einer geschickten Diplomatie als Druckmittel gegenüber den vermeintlichen Siegermächten benutzt werden. Ludendorff glaubte im Grunde, jetzt lähme der Friedenswille der Heimat den Siegeswillen der Obersten Heeresleitung. Die Massen waren der militärischen Halbdiktatur im Reich entglitten. Sie parierten nicht mehr. Sie wünschten nur das Ende allen Elends . . .

Weder Ludendorff noch Hindenburg wurde deutlich, wie sehr sie in diesen Wochen bereits nicht mehr Handelnde, sondern Objekt des Handelns ganz anderer Mächte geworden waren. Ludendorff gab die 1917 befohlene Taktik der elastischen, kräftesparenden Verteidigung wieder auf. Die Parole lautete jetzt: „Wir bleiben stehen, wo wir sind." Erfolgreiche französische Angriffe zwischen Oise und Aisne, englische Vorstöße in Richtung Bapaume und Cambrai, in beiden Fällen unter Masseneinsatz von Panzerkampfwagen als Hilfswaffe der stürmenden Infanterie, machten bereits im August die neue Parole illusorisch. Die deutsche West-Armee war am Ende ihrer Kraft. Und im September leiteten auch die Amerikaner mit zahlreichen Divisionen ihre erste Großoffensive ein.

Während die Westfront, wenn auch mühsam, noch hielt, zerbrach die Balkan-Front in Mazedonien gegenüber dem Generalangriff der im Raum Saloniki versammelten englischen, französischen, serbischen und griechischen Verbände. Am 15. September 1918 ließ der junge, seit 1916 regierende österreichische Kaiser Karl ein allgemein gehaltenes Ersuchen um Frieden hinausgehen. Bulgarien schied aus dem Bündnis mit den Mittelmächten aus, der völlige Zusammenbruch des Osmanenreiches war nur noch eine Frage von Wochen. Im Generalstab wuchs die Kritik an der Führung Ludendorffs. Dieser reagierte mit einem Wechsel an der Spitze der Operationsabteilung. Oberst Wetzell wurde Chef bei der 5. Armee, der sehr biderbe Oberst Wilhelm Heye, bislang Chef bei der Heeresgruppe des Herzogs Albrecht von Württemberg, wurde zum Nachfolger ernannt. Da Heye der gesamte Arbeitsbereich zunächst fremd war, wurde in praxi der I. Generalstabsoffizier der Abteilung, Major Joachim v. Stülpnagel, Operationschef. Andererseits erkannte der sehr realistische Heye bald die Unhaltbarkeit der allgemeinen Lage wie derjenigen in der Obersten Heeresleitung. Auf Betreiben des Leibarztes von Hindenburg und auf Drängen Heyes, übernahm ein erfahrener Nervenarzt, Dr. Hochheimer, im September die Behandlung Ludendorffs, dessen Überarbeitung und Erschöpfung beängstigende Formen angenommen hatten.

Als die Meldungen vom Balkan und aus Österreich-Ungarn eintrafen, überflutete eine Welle des Pessimismus die OHL. Am 28. September kamen Hindenburg und Ludendorff zu dem Schluß, es bleibe nichts, als sofort um einen Waffenstillstand nachzusuchen. Der Major i. G. Frhr. v. d. Bussche-Ippenburg wurde nach Berlin entsandt, um die Reichsleitung und die Fraktionsvorstände des Reichstages von der traurigen Lage zu unterrichten. Der Generalstab rief jetzt die „Zivilisten", die Politiker, zu Hilfe. Die Politiker wiederum erfaßte Entsetzen, jetzt erklärten die Militärs, auf die sie gesetzt hatten, ihren Bankrott. Der alte Reichskanzler Graf Hertling trat zurück. Ludendorff, noch immer seelisch nicht wieder recht gekräftigt, drängte auf die unverzügliche Einleitung von Waffenstillstandsverhandlungen, so als ob keine Minute mehr zu verlieren sei. Als Basis sollten die vom amerikanischen Präsidenten formulierten „Vierzehn Punkte" gelten, die dieser zu Beginn des Jahres als Voraussetzung für einen gerechten Frieden in der Welt verkündet hatte. Nur für den alleräußersten Fall, wenn alle Unterhandlungen scheiterten, dachten der Chef und der Erste Generalquartiermeister des Generalstabes jetzt noch an eine Wiederaufnahme des Kampfes. Beide hielten es damals für ein Gebot der Ehre, ihre Namen unter die Waffenstillstandsurkunde zu setzen.

Zum Nachfolger Hertlings berief der Kaiser in dieser Stunde den Prinzen Max von Baden, Thronfolger des Großherzogtumes, der schon lange für einen Verständigungsfrieden eingetreten war, einen höchst humanitär und liberal gesonnenen Fürsten von nicht sehr fester Gesundheit und nicht eben guten Nerven. Dem Prinzen fiel die schwere Aufgabe zu, mit den Alliierten in Gespräche einzutreten, und zwar unter äußerstem Zeitdruck, da die OHL zu verstehen gab, eine militärische Katastrophe könne gleichsam in jeder Stunde eintreten.

Dem Prinzen wurde auch die Aufgabe anvertraut, in zwölfter Stunde unter den Schatten der Niederlage und der Revolution die längst überfällig gewordene parlamentarische Reform der Monarchie einzuleiten. Im Oktober 1918, noch vor der Revolution, kam das Ende für das klassische Vorrecht der Hohenzollern, die Oberste Kriegsherrlichkeit, die unbeschränkte Befehlsgewalt über Armee und Marine. Künftig bedurften unter dem neuen Kurs alle Befehle des Kaisers und preußischen Königs der Gegenzeichnung durch den Reichskanzler, der seinerseits zum erstenmal dem Reichstag verantwortlich war. Unterdes erinnerte Ludendorff die Politiker immer wieder daran, daß jede Stunde den Zusammenbruch der Front bringen könne und setzte diese damit unter einen ganz unvernünftigen Zeitdruck. Wie dieser bislang stahlharte Mann von den Soldaten Unmögliches verlangt hatte, so forderte er jetzt Unmögliches von der politischen Führung, dem Prinzen Max und dem Admiral v. Hintze.

Die Schlacht im Westen ging indes weiter. Um die Normalstärke der im Einsatz stehenden Divisionen auch nur einigermaßen aufrechtzuerhalten, wurden 29 Divisionen aufgelöst. Englische Truppen besetzten die deutschen U-Bootbasen am Ärmelkanal, amerikanisch-französische Verbände näherten sich den Reichslanden, auf dem Balkan marschierten alliierte Truppen nach Norden, ins Herz der Donau-Monarchie.

Noch mochten Hindenburg wie Ludendorff den Glauben nicht fahren lassen, daß man das Volk wieder zu den Waffen rufen könne, stellten die Alliierten völlig unannehmbare Bedingungen. An der Front kämpfte die Armee, verlor an Boden, aber gab den Kampf nicht auf. Die Waffenstillstandsverhandlungen nahmen keinen ermutigenden Verlauf. In der dritten Note forderte der amerikanische Präsident Wilson nichts weniger als die bedingungslose Kapitulation. Dagegen verwahrte sich Hindenburg in einem Tagesbefehl der Obersten Heeresleitung. Die Reichsleitung nahm Eigenmächtigkeiten der Militärs nicht mehr einfach als Tatsache hin. Der Reichskanzler Prinz Max von Baden forderte den Rücktritt Ludendorffs. Am 26. Oktober 1918 empfing der Kaiser in Berlin im Schloß Bellevue die beiden führenden Soldaten des Generalstabes. Ludendorff, der erkannt hatte, daß die Reichsregierung gar nicht willens war, einen Verzweiflungskampf zu riskieren, bat um seine Verabschiedung. Der Kaiser, der plötzlich in heftigster Weise dem Generalstab vorwarf, dieser habe ihn um die Errungenschaften seiner Krone gebracht, gewährte Ludendorff seine Bitte, mit dem Bemerken, er müsse sich nun mit Hilfe der Sozialdemokratie ein neues Reich bauen. Hindenburg ersuchte gleichfalls um seinen Abschied. Der Kaiser befahl ihm, auf seinem Posten zu bleiben. Hindenburg fügte sich seinem kaiserlichen Herrn – ein Akt des Gehorsams, den ihm Ludendorff niemals mehr verzieh, der indes noch ausschlaggebende Bedeutung erhalten sollte.

Von größter Bedeutung war es auch, daß Hindenburg als Nachfolger Ludendorffs den Generalleutnant Wilhelm Groener empfahl, den Mann unter den „Chefs", der über die besten technischen und wirtschaftlichen Kenntnisse und Erfahrungen verfügte und einiges Verständnis für die Forderungen der Zeit besaß. Hindenburg wußte was die Zukunft aller Wahrscheinlichkeit nach bringen würde, umfangreiche Rückzugs- und Räumungsmaßnahmen, die Demobilmachung der Millionen-Armee, die Rückgliederung der entlassenen Soldaten in das Wirtschaftsleben, die Fürsorge für alle Kriegsopfer. Der Krieg neigte sich dem Ende zu. Nur an eins hat er wohl damals noch nicht geglaubt, an eine Revolution, an eine Gefahr für seinen kaiserlichen Herrn, den König von Preußen.

Je mehr die Waffenstillstandsverhandlungen sich verdichteten, desto klarer trat zu Tage, daß das Zentralproblem nach dem Sturz Ludendorffs in den Augen der Alliierten neben der Einstellung der Feindseligkeiten die Beseitigung der monarchischen Staatsform war. Mit dem König-Kaisertum der Hohenzollern aber stand und fiel auch die preußische Armee, die außerkonstitutionellen Immediatstellen, Militärkabinett und Generalstab. Die Bestimmung über ihr Geschick lag nun in den Händen des Präsidenten Thomas Woodrow Wilson, des englischen Premierministers Lloyd George und des „Tigers“, des französischen Ministerpräsidenten Clemenceau.

In diesem Augenblick kündigten die mobilisierten Massen der alten Herrenschicht den Gehorsam auf. Als die Seekriegsleitung beschloß, die Hochseeflotte noch einmal gegen England einzusetzen, meuterten in Wilhelmshaven und dann auch in Kiel die Besatzungen der großen Schlachtschiffe. Die Meuterei griff auf die Garnisonen der Heimat-Armee über. Die Revolution begann mit einem riesigen Militärstreik. Er traf auf Kopflosigkeit, Ratlosigkeit oder Feigheit bei den hohen Offizieren, den Admiralen wie den Generalen im Land. Niemand befahl mehr, und da niemand befahl, was man mit Meuterern beginnen solle, wußte niemand mehr, was zu tun sei. Und auf eigene Verantwortung wollte schon gar niemand handeln. Jetzt vollendete sich das Bild des „Zweiten Jena“.

Wie damals preußische Generäle mit klassischen junkerlichen Namen vor einem Dutzend französischer Husaren kapituliert hatten, so kapitulierten sie jetzt völlig verwirrt vor einem Dutzend meuternder Matrosen mit roten Armbinden. Ein einziger Linienschiffskommandant wagte es, den Meuterern mit der Pistole entgegenzutreten. Man schoß ihn nieder. Ein einziger Stellvertretender Kommandierender General versuchte, Ordnung bei einer Soldatendemonstration zu schaffen und wurde niedergeschlagen. In Berlin taten Tausende jüngerer Offiziere Dienst, die baten, man möge ihnen Waffen geben und Offizier-Regimenter gegen die Revolte bilden. Keiner erfüllte ihre Bitten; Ludendorff, der entlassene „Feldherr“, saß tatenlos in einer Pension im Berliner Westen. Der Chef des Stellvertretenden Generalstabes in Berlin, General Frhr. v. Freytag-Loringhoven, stellte resignierend später in seinen Erinnerungen fest, das preußische Offizierkorps sei eben an Gehorsam gewöhnt gewesen. Man müsse wohl aus den Ereignissen den Schluß ziehen, daß Massenheere auch besonders anfällig für Massen-Suggestionen seien. In seinen Denkwürdigkeiten schrieb Hindenburg später, die ermattete Front sei wie Siegfried unter dem arglistigen Speerwurf des finsteren Hagen gefallen. Die Heimat habe ihr den tödlichen Stoß versetzt. Er selbst sah später ein, daß dies wundervoll tragische Bild falsch war. Bis zu dieser Einsicht hatte es schon viel Unheil in unreifen oder denkfaulen Köpfen angerichtet. Der Krieg war verloren, obwohl die deutsche Armee nicht gezwungen wurde, die allerletzte Schlacht zu schlagen. Der Wirtschaftskrieg war wirkungsvoller gewesen als die trefflichste Operationskunst zu Lande. Und das, was sich seit den letzten Oktobertagen des Jahres 1918 zuerst in den beiden Reichskriegshäfen und dann an Land in Garnisonen oder im Angesicht dämmeriger Fürstenschlösser abspielte, das war keine Revolution mit heißem Haß und flackernder Machtbegier, mit dem Schrei nach der Republik und nach den Köpfen der Fürsten – es war eine Reaktion nach grenzenloser Erschöpfung, die Antwort auf graues Elend ohne Hoffnungsstrahl. Anstelle der Leidenschaft waltete die verzweifelte Sehnsucht nach Frieden um jeden Preis.

Von den alten Gewalten blieb wie ein Fels im Meer die OHL im Kurart Spa in den belgischen Ardennen. Hindenburgs Ruf und Ruhm war blasser geworden, aber nicht verblaßt. Auch der Kaiser begab sich in der kritischen Stunde der Monarchie, wie er das ausdrückte, zu „Seiner Armee" nach Spa. So hatten es preußische Könige stets gehalten. Zum Unterschied von Hindenburg war hier der neue Erste Generalquartiermeister ein Mann mit politischem Instinkt. Groener erkannte, daß aus der Kgl. Preußischen Armee, aus den Kontingenten der Bundesfürsten, mit anderen Worten aus dem sogenannten „Kaiserlichen Heer", daß es de jure wie de facto nie gegeben hat, längst in der Esse des stumpfsinnigen Materialkrieges ein Volksheer geworden war.. Dies Volksheer würde sich in der Masse schwerlich gegen die Revolution in der Heimat gebrauchen lassen, zumal irgendeine psychologische Vorbereitung auf einen Bürgerkrieg vollkommen fehlte. Mit solcher Möglichkeit hatte kein Generalstabsoffizier jemals gerechnet. Die letzte große Aufgabe der letzten OHL des Krieges konnte nur darin bestehen, im Bund mit allen aufbauwilligen Kräften, im Bund gerade mit der Sozialdemokratischen Partei, die der Kaiser beharrlich ignoriert hatte, die Gefahr des Bolschewismus von Deutschland abzuwenden.

Während die Revolution die Heimat überflutete, während die Armee im Westen kämpfend langsam zurückwich, rüstete sich am 8. November 1918 die deutsche Waffenstillstands-Delegation dazu, die feindlichen Linien zu überschreiten. Zu ihrem Leiter war der Generalmajor v. Gündell ausersehen, ehemals Oberquartiermeister II im Großen Generalstab und fraglos einer der begabtesten Offiziere des ganzen Korps. In letzter Stunde wurde jedoch statt seiner der Staatssekretär Matthias Erzberger vom Zentrum zum Delegationsleiter bestimmt. In der Reichskanzlei glaubte man plötzlich, ein Politiker würde bessere Bedingungen aushandeln können als die stocksteifen Generalstäbler. Damit enthoben die Politiker selbst jetzt die OHL der Verantwortung für die Waffenstillstandsbedingungen. Niemand war erleichterter als Gündell selbst. Von Generalstabsoffizieren gehörte nur noch der frühere Militärattachée in Paris, Generalmajor v. Winterfeld, der Kommission an.

Einen Tag später entschied sich in Spa das Schicksal der Hohenzollern-Monarchie. Am 8. November hatte der Kaiser befohlen, die OHL solle Maßnahmen treffen, um die Ordnung in der Heimat wiederherzustellen. Groener, dann auch Hindenburg, hegten die Überzeugung, daß man nennenswerte Truppenmassen an der Front gar nicht frei machen könne, sie bezweifelten, ob sich alle Verbände für solchen Einsatz noch verwenden ließen. Außerdem kam die komplizierte Transportlage hinzu. Wie sollte man mit notwendiger Schnelligkeit große Truppenmassen umdirigieren, wenn die Rheinbrücken und die Eisenbahnknotenpunkte in der Hand der Meuterer waren und erst freigekämpft werden mußten? Um sich indes ein Bild von der Stimmung bei der Truppe zu machen, verfiel der Operationschef Oberst Heye auf die gloriose Idee, von den nächstliegenden 10 Armee-Oberkommandos jeweils fünf Divisions- und Regimentskommandeure zu einer Befragung ins Hauptquartier zu zitieren.

Dies sollte am 9. November geschehen. Um 10 Uhr begann

an diesem Tag in Spa der Lagevortrag beim Kaiser. In Berlin strömten die Arbeitermassen auf die Straße. Der Stellvertretende Kommandierende General in den Marken, Generaloberst v. Linsingen, hatte einen genauen Generalstabsplan zur Niederwerfung von Unruhen ausarbeiten lassen, und zwar unter Einsatz von Schlachtfliegerstaffeln aus Staaken. Der preußische Kriegsminister, der württembergische Generalmajor Scheüch, war wiederum kein Freund von Blutvergießen. In Spa debattierte man über die Möglichkeit oder Unmöglichkeit der Unterdrückung der Revolution. General Groener war pessimistisch, Generalmajor Graf v. d. Schulenburg, Chef bei der Heeresgruppe Kronprinz Wilhelm und Generaloberst v. Plessen waren für Gewaltanwendung. Einer schwieg bedrückt: der 71jährige Kgl. Preußische Generalfeldmarschall v. Hindenburg.

Oberst d. G. Heye meldete das Ergebnis seiner Befragung der Front-Kommandeure. Die Offiziere waren zum großen Teil durch lange Autofahrten ermüdet in Spa eingetroffen und sahen sich von Problemen überrumpelt, über die sie niemals nachgedacht hatten. Ihre Antworten gaben kein unbedingt tröstliches Bild. Wie sie auf einen Befehl reagiert hätten – diese Frage ist nicht zu beantworten, sie wurde von Heye nicht gestellt. Groener sah sich in der Überzeugung bestätigt, daß die Armee in corpore kein absolut verläßliches Instrument in der Hand des Obersten Kriegsherrn mehr war. Was sich in diesen Stunden in Hindenburgs Kopf abgespielt hat, das wissen wir nicht. Als preußischer Edelmann war und blieb die Person des Königs für ihn tabu. Er wußte, daß er seinen König jetzt schützen mußte, und er wußte auch, daß er ihn gar nicht mehr schützen konnte. Die Stunde ging ihm ein Leben lang nach, und er hat wohl auch keinen Trost in dem Bewußtsein gefunden, daß er im Grunde vor eine aussichtslose Lage gestellt worden war. Der Gedanke, auf die Massen schießen zu lassen, war ihm nicht geheuer. Schon beim Einsatz von Truppen des IV. Korps während des großen Bergarbeiterstreiks im Mansfelder Revier war ihm einst der Gedanke schrecklich gewesen, die Truppe könnte gezwungen sein, das Feuer zu eröffnen. Was ihn sonst in dieser Stunde leitete, war eine merkwürdig altpreußische Idee, die Person des Monarchen dürfe niemals exponiert werden. So ging es ihm darum, den Kaiser in jedem Fall vor einem Zusammenstoß mit Meuterern zu bewahren, auch um den Preis, daß der Monarch zeitweilig im benachbarten neutralen Holland Zuflucht nehmen müßte.

In Spa debattierte man weiter über die Frage, ob Wilhelm II., wenn unumgänglich, nur als Deutscher Kaiser abdanken und König von Preußen bleiben könne, ein Gedanke, der den Kaiser sehr bewegte, dessen Verwirklichung jedoch praktisch einer Auflösung des Reichsverbandes gleichgekommen wäre. In Berlin ging die Entwicklung inzwischen über alle Debatten im Hauptquartier hinweg.

Da der Kriegsminister keine Erlaubnis zum Schießen geben wollte, zog sich der Kommandierende General in den Marken in den Schmollwinkel zurück. Aus der Reichskanzlei kam, vermutlich aus der engsten privaten Umgebung des Reichskanzlers, ein Befehl, jedes Blutvergießen zu vermeiden. Die Szenen auf den Straßen wurden turbulenter. Gegen Mittag gab der noch an den Folgen einer schweren Grippe leidende Prinz-Kanzler eigenmächtig die Abdankung des Deutschen Kaisers und Königs von Preußen und des Kronprinzen bekannt. Dabei hegte er die Überzeugung, es müsse eine Regentschaft zur Bewahrung der Monarchie eingesetzt werden. In den gleichen Stunden rief jedoch der sozialdemokratische Reichstagsabgeordnete und kaiserliche Staatssekretär ohne Portefeuille Philipp Scheidemann in einem Anfall voreiliger Begeisterung von den Stufen des Reichstagsgebäudes laut die Deutsche Republik aus. Scheidemann tat dies mit den Worten, das deutsche Volk habe auf der ganzen Linie gesiegt. Am frühen Morgen des nächsten Tages begab sich der Kaiser, der sich vorläufig weigerte, als König von Preußen abzudanken, von Spa aus auf holländisches Gebiet. Hindenburg, den der Monarch nicht mehr konsultiert hatte, erfuhr von der Abreise der Majestät erst, als er sich in den Dienst begab. Am 28. November 1918 vollzog der ehemalige Kaiser im holländischen Exil auch die Abdankung als König von Preußen.

In Spa blieb als Rocher de bronce der Generalstab zurück. Den Waffenstillstand – welch Omen! – unterschrieb ein Politiker vom linken Flügel des Zentrums, ein Republikaner und Demokrat, Matthias Erzberger – nicht ein Kgl. Preußischer Generalfeldmarschall. Die Armee hatte nicht kapituliert. Aus dieser unbestreitbaren Tatsache ließen sich auch sehr gefährliche Schlüsse für die neue Demokratie, die Erbin der Niederlage, ziehen, und sie wurden gezogen.

Die Abdankung und die stillschweigende Abreise der Majestät traf nicht nur die Generalstabsoffiziere, sondern das ganze Offizierkorps wie ein Keulenschlag. Ohne den König war der preußische Offizier, war der Adel ein Nichts. Für die meisten Offiziere wurde dies die Stunde, in der die Armee den „Königsschild" verloren hatte, so hat Seeckt einmal die Bedeutung der Monarchie als Symbol für die Armee gekennzeichnet. Für fast alle barg diese Stunde die Suche nach einem anderen Symbol, nach dem neuen Träger einer Staatsgewalt, deren Grundpfeiler nach der Überzeugung des Offizierkorps nur Autorität und Ordnung bilden konnten.

General d. Inf. a. D. Ludendorff, der gestürzte Titan des Generalstabes, reagierte auf die Nachricht von der Flucht des Kaisers und dem Sieg der Revolution weniger mit Trauer denn mit Zorn. Skepsis oder Selbstprüfung waren ihm fremd. Er begann, sich selbst für den „Feldherrn" dieses Krieges zu halten, dem die anderen das Konzept verdorben hatten. Er begab sich auf die Suche nach angeblichen geheimnisvollen Mächten, die die Weltgeschichte lenkten und brachte sich mit der Theorie von den „überstaatlichen Mächten" schließlich um allen Kredit, von einer Schar von Sektierern abgesehen. Er begann auch sehr bald, seine „Kriegserinnerungen" zu verfassen, weil, wie er in seiner barschen Manier verkündete, der Deutsche aus den Ereignissen zu lernen habe. Voll Selbstüberhebung erklärte er, die größte Dummheit der Revolutionäre sei es gewesen, daß sie ihn am Leben gelassen hätten. Als freilich die allgemeine Lage in Berlin im Lauf des November immer unsicherer wurde, als sich bolschewistische Umtriebe mehrten, ging er auf den Rat alter Freunde – übrigens mit stillem Wissen des neuen Rates der Volksbeauftragten – nach Schweden, wo er einige Monate unter falschem Namen lebte.

Erst im Februar 1919 kehrte er zurück. Als ihn damals einer

der Angehörigen der alliierten Waffenstillstandskommission, General Malcolm, aufsuchte, beschuldigte er, so wird erzählt, auf das heftigste das deutsche Volk und die Regierung, sie hätten ihn im Stich gelassen. General Malcolm: „Wollen Sie damit sagen, General, daß man Ihnen einen Dolchstoß in den Rücken versetzt hat?" Ludendorff war begeistert: „Das stimmt", sagte er mit lauter Stimme. „Man hat uns einen Dolchstoß in den Rücken versetzt, einen Dolchstoß in den Rücken" ...

DIE SPHINX

Hans v. Seeckt

Heeresleitung und Truppenamt 1918–1933

Nach dem verlorenen Krieg, aus dem die Armee, wie die meisten Offiziere meinten, unbesiegt hervorgegangen war, erschien aus der Feder eines kommunistischen Schriftstellers ein Buch gegen die alte Armee unter dem Titel: „Der Kaiser ging, die Generale blieben ...". Was die Geschichte des preußisch-deutschen Generalstabes anbelangt, so läßt sich diese Sentenz dahin abwandeln, daß die Generale gingen, die Generalstabsoffiziere aber blieben. Aus der Generation der Generalstabsoffiziere des Ersten Weltkrieges, und vor allem aus der Dritten Obersten Heeresleitung setzte sich die Führerschicht des neuen Reichsheeres der Republik, der Reichswehr, zusammen.

In der Stunde der Revolution, des großen Soldatenstreiks, beschwor das klägliche Ende der Monarchie, das Versagen aller traditionellen Kommandostellen ein Bild des Chaos, der Entwertung aller Werte. Unter diesem Gesichtswinkel begann für das alte Offizierkorps, daß in seinem Standesbewußtsein durch Thronverzicht und Flucht des Obersten Kriegsherrn, dem man den Fahneneid geschworen hatte, zutiefst verletzt war, für die verwirrte, ratlose bürgerlich-aristokratische Gesellschaft, welche nicht nur den politischen, sondern nun auch den wirtschaftlichen Untergang vor Augen hatte, der Kampf für die „Ordnung", für die Rettung der überlieferten Werte von Stand und Besitz in einem Zeitalter gewaltiger sozialer Umwälzungen.

Als am 11. November 1918 um 11 Uhr an allen Fronten die Waffen schwiegen, blieben im deutschen Bereich vier beherrschende Gruppen bestehen: Der preußische Generalstab, verkörpert in der Obersten Heeresleitung, dessen Chef der Kaiser vor seinem Abgang den Oberbefehl über das Feldheer übertragen hatte; die sich langsam auflösende Millionenarmee, deren Truppenteile großenteils nach russischem Vorbild Soldaten-Räte gewählt hatten; der Rat der Volksbeauftragten in Berlin als provisorische Reichsregierung unter dem Vorsitz des Abgeordneten Friedrich Ebert und die zahlenmäßig nicht große Gruppe entschiedener roter Revolutionäre mit der Unabhängigen Sozialdemokratischen Partei und dem Spartakus-Bund.

In dieser Stunde erwies sich der Generalstab, immer noch durch Erziehung, Haltung, gleiche Denkschule und Gesinnung eine festgefügte Gemeinschaft, als Faktor von ausschlaggebender Bedeutung. Wer immer nach „Ordnung“ schlechthin verlangte, fand hier einen Hoffnungsanker. Das ungeheure Prestige der Institution war nicht in den Grundfesten erschüttert, liberalnationale Politiker wie Stresemann hielten damals das Verbleiben Hindenburgs an der Spitze der OHL für wichtiger als die Frage der Staatsform. Auch der Rat der Volksbeauftragten in Berlin bedurfte realer Machtmittel und eines eingespielten militärischen Führungsapparates, allein um die von den Alliierten geforderte Räumung der besetzten Gebiete und die Demobilmachung termingerecht ausführen zu können.

General Groener paßte die Organisation des Generalstabes des Feldheeres den neuen Verhältnissen an. Die Militärpolitische Abteilung wurde aufgelöst. Aus der Bauerschen Operationsabteilung II wurde eine Innenpolitische Abteilung gebildet, deren Leitung der Major v. Schleicher erhielt, er war Groener noch bekannt aus den Zeiten der alten Eisenbahnabteilung. Groener schätzte Schleichers Gewandtheit und Geschäftskenntnisse außerordentlich hoch. Bereits Anfang November 1918 hatten Groener und Oberst Heye, mit Billigung Hindenburgs, einen Plan ausgearbeitet, nach der Unterzeichnung des Waffenstillstandes das gesamte Westheer hinter den Rhein zurückzunehmen, die Ordnung in der Heimat wiederherzustellen und starke Kräfte nach dem Osten zu werfen. Dieser Plan wurde durch die Entwicklung überholt. Die deutsche Position, vor allem in der preußischen Provinz Posen, brach zusammen. Zwei neue Staaten, die Tschechoslowakei und Polen, meldeten zum Teil recht utopische Gebietswünsche an.

Die letzte große Aufgabe des alten, einst Königlich Preußischen Generalstabes nach der Revolution bestand in der geordneten termingemäßen Rückführung und Demobilmachung der mobilisierten Millionenmassen auf Grund der Bedingungen des Waffenstillstandes. Die Armee wie die Volksbeauftragten in Berlin hatten dafür die Wahl zwischen dem Generalstab und den meist recht konfusen Soldatenräten. Für die werdende deutsche, demokratisch-soziale Republik, die Ebert und seine sozialdemokratischen Freunde errichten wollten, war die reguläre Demobilmachung sogar eine Existenzfrage. Auch hier siegte die Ordnungsidee, als Führungsinstrument war der Generalstab einfach unentbehrlich.

Für diesen war die provisorische Regierung der Volksbeauftragten (eine Regierung ohne Macht!) mit dem Odium der Unterzeichnung des Waffenstillstandes belastet. Wohl erkannten die Klügeren sehr wohl, daß der Krieg 1918 nicht mehr zu gewinnen gewesen war. Die Soldaten, nicht die Politiker, hatten den Waffenstillstand verlangt. Aber die Niederlage wurde nicht als militärisches Faktum, sondern als politisch-wirtschaftliche Entscheidung aufgefaßt. Andererseits fürchteten die Herren an der Spitze der OHL, Groener, Heye und Schleicher, das Gespenst des Bolschewismus. So kam durch ein Ferngespräch zwischen Berlin und Spa am Abend des 10. November 1918 jenes seltsame Bündnis zwischen Volksbeauftragten und Generalstab zustande, das beide Allianzpartner als eine recht wenig angenehme Notwendigkeit betrachteten, das aber die Geburtsstunde der Republik von Weimar darstellt. Groener, Schleicher und Ebert waren dabei die Inspiratoren. Indem der alte Generalfeldmarschall v. Hindenburg seinen Segen dazu gab, leistete auch er der Republik Geburtshelferdienste, was später gern vergessen wurde.

Groener hatte Hindenburg für die Idee gewonnen, man müsse zunächst danach trachten, bei der Rückführung der Armee die Ordnung in der Heimat wiederherzustellen. Dann könne man weiter sehen. Dies war auch die Überzeugung des neuen Leiters der Innenpolitischen Abteilung, Major Kurt v. Schleicher, der quasi politischer Chef beim Generalquartiermeister wurde. Als Sohn einer kleinen Familie des lippischen Dienstadels entstammte er einem ähnlichen Milieu wie Waldersee. Für einen preußischen Garde- und Generalstabsoffizier besaß er einen ungewohnten politischen Ehrgeiz, hatte sich ungewöhnliche politische Kenntnisse erworben und war im Gegensatz zu Alfred v. Waldersee kein Reaktionär, sondern ein Mann, der der neuen Zeit recht vorurteilslos gegenüberstand. Allerdings hatte die militärisch-politische Zwitterstellung, hatte die Existenz im Grenzfeld zwischen Soldatendienst und politisch-wirtschaftlicher Administration in ihm eine Vorliebe für Intrigen geweckt, eine Selbstgefälligkeit und ein übertriebenes Vertrauen in seine Fähigkeit zur Manipulation aller Dinge und Fragen, die ihm einen tragischen Tod eintragen sollten ...

Groener und Schleicher hatten natürlich ihre Forderungen an den neuen Bündnispartner. Sie wünschten die baldige Beseitigung des Unwesens der Soldatenräte, sie wünschten die Erhaltung der Armee als eines verläßlichen Machtinstrumentes des neuen Staates. Mit den nach Spa entsandten Delegierten des Zentralrates der Soldatenräte wurden sie sehr rasch fertig, indem sie diesen eindringlich die Bedeutung der geordneten Rückführung der Armee klar machten, auch im Hinblick auf die Einhaltung der Waffenstillstandsbedingungen.

Im November 1918 verlegte die OHL ihren Sitz von Spa nach Schloß Wilhelmshöhe bei Kassel. In Berlin tat der Stellvertretende Generalstab einstweilen in Zivil weiterhin Dienst, bis am 1. Februar 1919 der gesamte Generalstab auf Friedensfuß gesetzt wurde. Oberst v. Haeften und bald auch Major v. Schleicher begaben sich als Vertreter der OHL nach Berlin und präsentierten Groeners Forderungen: Zusammentritt einer Verfassungsgebenden Nationalversammlung, Entwaffnung der Zivilbevölkerung und das Verbot sämtlicher Arbeiter- und Soldatenräte. Generalleutnant Groener, der Sohn eines schlichten Zahlmeisters, war von Haus aus ein sehr bürgerlich empfindender Mann, obwohl er der äußeren Erscheinung nach wie der Typus des schneidigen preußischen Generalstabsoffiziers wirkte. Er war keineswegs, wie man wohl gemeint hat, als Württemberger ein überzeugter Verehrer des neuen demokratischen Systems. Nur erkannte er klar, daß es andere Sorgen gab als die Pflege reaktionärer Sentimentalitäten, daß der künftige Staat nurmehr die demokratische Republik sein könne.

Groener und Schleicher waren auch überzeugt, die Entscheidung über den Sieg der Demokratie oder der roten bolschewistischen Räteherrschaft nach dem Untergang der Monarchie könne nur in der Reichshauptstadt selbst fallen. Berlin mußte fest in der Hand der neuen Regierung sein. Hindenburg pflegte bei den Verhandlungen mit Ebert diesen stets als „Reichskanzler" zu titulieren, obwohl der derart Angesprochene dieses Amt, das ihm der letzte kaiserliche Reichskanzler am Nachmittag des 9. November anvertraut hatte, gar nicht mehr hatte antreten können, da sich eine reguläre Kabinettsbildung in diesen Stunden als undurchführbar erwies. In jedem Fall mußte die OHL jetzt den „Reichskanzler" stützen. Major v. Harbou vom Stab Groeners entwarf einen Plan, mit neun bis zehn für zuverlässig gehaltenen Front-Divisionen Berlin zu besetzen. Aber Ebert schien unentschlossen. Für ihn als alten Arbeiterführer war der Gedanke schrecklich, daß er jetzt Truppen gegen die Arbeiterschaft einsetzen sollte. Ihm graute vor einem Bürgerkrieg mit all seinen fürchterlichen Begleiterscheinungen.

Der Plan wurde nicht weiter verfolgt. Und zudem siegte nun das Ruhebedürfnis der erschöpften, nach Frieden verlangenden Massen. Die Demobilisierung des Feldheeres entglitt dem Generalstab. Die Räte erzwangen die Entlassungen nach Jahrgängen, nicht, wie Hindenburg und Groener dies gewollt hatten, nach Divisionen. Der Zentral-Soldatenrat verlangte erneut die volle Befehlsgewalt, die Verabschiedung Hindenburgs und die Abschaffung der Dienstgrade und Rangabzeichen. Hindenburg und Groener lehnten sämtliche Forderungen des Zentralrates ab. Bei Licht besehen standen sich jetzt drei Gruppen gegenüber, von denen keine mehr über ein sonderlich einsatzfähiges Machtinstrument verfügte: Der Generalstab – der Rat der Volksbeauftragten und der Zentral-Soldatenrat.

Am 20. Dezember 1918, vier Tage vor Heiligabend, versammelten sich die in Berlin anwesenden Generalstabsoffiziere im alten roten Haus am Königsplatz zu einer Lagebesprechung. Schleicher ergriff das Wort. Die Regierung sei ohne Machtinstrument, darum müsse man ihr eine neue bewaffnete Macht geben. Zu diesem Zweck müsse man Freiwilligenverbände aufstellen. Schleicher meinte ferner, richte man eine starke Regierung wieder auf, würde dies auch dazu beitragen, die Stagnation im wirtschaftlichen Leben zu überwinden. Die Bildung einer Freiwilligen-Armee würde auch ein gewichtiger Beitrag zur Wiedergewinnung einer der Größe und Bedeutung des Reiches angemessenen außenpolitischen Basis sein. Dahinter stand ein Programm: Errichtung eines Eliteheeres auf freiwilliger Basis, Bekenntnis zur Provisorischen Regierung als einstweiligem Inhaber der obersten Gewalt im Reich, endlich der Leitsatz, wirtschaftliche Erholung gehe vor der außenpolitischen Gesundung.

Als Schleicher geendet hatte, erhob sich ein schmaler, schlanker Herr mit dem Antlitz eines Aristokraten, der in Zivil gekleidet war und ein Monokel trug, Generalmajor Hans v. Seeckt, letzter Deutscher Chef beim Kaiserlich Osmanischen Generalstab in der Türkei.

Bislang hatte er mit undurchdringlicher Miene geschwiegen. Wie immer abgehackt, fast stockend sprechend, bekannte er sich zu Schleichers Plan der Freiwilligen-Armee, entwickelte im übrigen jedoch ein vollkommen andersgeartetes Programm. Seeckt erklärte, nicht die wirtschaftliche Gesundung, sondern die Wiedergewinnung der Bündnisfähigkeit sei ausschlaggebend für den Wiederaufstieg des Reiches. Schleichers beziehungsweise Groeners Ideen bildeten fortan die eine große Linie künftiger Militärpolitik, Seeckts viel weiter ausgreifendere Gedanken, welche er mit eigentümlicher Kälte vorgetragen hatte, die andere Leitlinie. Beide Grundsatzvorstellungen sollten ständig in einem verborgenen Kampf miteinander liegen. Vorerst trat nur die Schleicher wie Seeckt gemeinsame Forderung hervor: Die Formierung eines Freiwilligen-Heeres anstelle der zerfallenen Riesen-Massenarmee ...

Schon am 24. November hatte Hindenburg von Wilhelmshöhe aus befohlen, im Osten freiwillige Grenzschutz-Formationen aufzustellen. Die Ausführung des Befehls wurde den Generalstabsoffizieren bei der Truppe übertragen. Die ersten Freikorps bildeten sich. Der Anstoß dazu war vom Generalstab ausgegangen. Allein die buntgewürfelten, uneinheitlich disziplinierten und bewaffneten Verbände, die dem neuen Trommelschlag folgend sich sammelten, sollten dem Generalstab noch viel Kopfzerbrechen bereiten. Neben dem Bodensatz an rüden Landsknechtsnaturen fanden sich hier auch junge Frontoffiziere – manche bereits mit der Qualifikation zum Generalstabsoffizier versehen –, die radikalnationale, sozialreformerische und vor allem Ideen von einer Heeresform unter einem imaginären Neo-Scharnhorst hegten, weil sie sich sagten, die Niederlage im Krieg, die Meuterei der Mannschaft, sei nicht umsonst gekommen. Der Schwulst solcher Gedanken paßte nicht zum starren Traditionsbewußtsein des Generalstabsoffiziers alter Hindenburgischer oder neuer Seecktscher Observanz. Freilich gab es auch im alten Korps moderne Querköpfe. Männer wie Oberst Bauer, Oberst Konstantin Hierl, Major Buchrucker, Hauptmann Pabst versuchten auf eigene Faust Militärpolitik zu treiben, wie sie diese verstanden. Sie scheiterten alle irgendwo und irgendwann an Seeckt. Viele der jungen Frontoffiziere, darunter aus der Bahn geworfene Soldaten mit ausgezeichneten soldatischen Qualitäten, die Hauptleute Franz Pfeffer v. Salomon, Hermann Wagener und Ernst Röhm, kamen durch die Freikorps oder wie Röhm durch die stete Zusammenarbeit mit diesen zur NSDAP Hitlers. Pfeffer v. Salomon, Wagener, Röhm, der letzte weiland bayerischer Generalstabsoffizier, wurden die Organisatoren der „Sturmabteilungen“ (SA), der paramilitärischen Formationen der Partei Hitlers. Die Frage, ob der Freikorps-Geist oder die unklaren Ideen von einem ganz neuen politisierten Volksheer oder aber die Orthodoxie des Generalstabes das Gesicht des künftigen Reichsheeres bestimmen sollten, kostete ein gutes Jahrzehnt erbitterten Ringens, bis sich die Linie Seeckts und seiner Nachfolger durchgesetzt hatte.

Im Januar des Jahres 1919 brach in der Reichshauptstadt ein kommunistischer Aufstand aus. In dieser Stunde äußerster Not entschloß sich Ebert, dem Provisorischen Gouverneur von Kiel, dem sozialdemokratischen Reichstagsabgeordneten und Wehrexperten Gustav Noske, die Leitung aller Heeresangelegenheiten zu übertragen. Preußischer Kriegsminister wurde im Januar 1919

Oberst Walther Reinhardt, ein württembergischer Generalstabsoffizier, während des Krieges zuletzt Chef der 8. Armee. Noske und Reinhardt wurden die Väter der neuen „Provisorischen Reichswehr“, die aus den Freiwilligen-Formationen gebildet wurde. Mit Hilfe der Freikorps siegte unter heftigen Kämpfen in den ersten Monaten des Jahres 1919 die Republik über alle bolschewistischen Umsturzversuche und über die Räteherrschaft in den großen Städten des Reiches, von Hamburg, Bremen und Berlin bis nach München.

Das alte Offizierkorps gewann wieder an Boden. Das Jahr 1919 mit seinen schweren Unruhen wurde das Jahr der Soldatenbünde und Einwohnerwehren. In den folgenden Jahren fanden sich auch die ehemaligen Offiziere des alten Generalstabes in der sogenannten „Schlieffen-Vereinigung“ zusammen, deren Vorsitz zunächst der Generalfeldmarschall v. Hindenburg, dann der Generalfeldmarschall v. Mackensen übernahm. Einmal im Jahr, an jedem 28. Februar, trafen sich die früheren Generalstabsoffiziere in einem der großen Berliner Hotels, dem „Kaiserhof“ oder dem „Esplanade“, zu einem Essen, an das sich ein militärwissenschaftlicher Vortrag anschloß, im Grunde eine harmlose Angelegenheit und nicht, wie man im Ausland wohl meinte, die Fortsetzung des alten Großen Generalstabes mit seinen angeblichen Plänen zur Welteroberung.

Auf das Bild sich ralliierender militärischer Kräfte fielen dunkle Schatten. In Versailles tagte die Friedenskonferenz der Siegermächte. Deutsche Vertreter waren nicht zugelassen, es war kein Friedenskongreß herkömmlichen Stils. In Weimar trat eine deutsche Nationalversammlung zusammen. Zum ersten Mal in der Geschichte – von der Zeit nach 1848 abgesehen, in der für anderthalb Jahrzehnte die Angehörigen der preußischen Armee das aktive und passive Wahlrecht besessen hatten – durften auch die Soldaten zur Wahlurne gehen. Die Nationalversammlung sollte die neue Verfassung der deutschen Republik beschließen und damit auch die künftige Wehrordnung festlegen. Allein Form, Stärke und Aufgaben des künftigen Heeres der Republik waren heftig umstritten. General v. Seeckt forderte damals in einer Denkschrift ein einheitliches Reichsheer, ein

Reichskriegsministerium und einen Reichs-Generalstab. Mitte März 1919 wurde ein Gesetz über die Bildung einer „Provisorischen Reichswehr" erlassen. Oberbefehlshaber des Heeres und der Marine wurde der von der Nationalversammlung gewählte neue Reichspräsident Friedrich Ebert. Unter dem Reichspräsidenten übte der Reichswehrminister, zunächst Gustav Noske, der dem Parlament verantwortlich war, die Befehlsgewalt über die Streitkräfte aus und vertrat diese in allen politischen Belangen. Aufgabe des neuen Reichsheeres, in dem die Freikorps aufgehen sollten, war der Schutz der Reichsgrenzen und die Sicherung der Ordnung.

Die Stärke der Reichswehr wurde vorläufig auf 400 000 Mann mit schweren Waffen festgesetzt. Stellung und Aufgaben der noch bestehenden Obersten Heeresleitung und des Generalstabes blieben in der Schwebe. Zunächst bestand auch das preußische Kriegsministerium als Abwicklungsstelle für laufende Geschäfte noch weiter. Dafür fielen die Prärogativen der alten Armee. Kriegsminister beziehungsweise Reichswehrminister durfte künftig nur ein Politiker sein, kein aktiver Soldat mehr. Das Militärkabinett verschwand und verwandelte sich in ein Personalamt im Ministerium. Die Militärgerichtsbarkeit wurde aufgehoben. Offizier und Mann unterlagen künftig der bürgerlichen Rechtsprechung.

Militärisch gesehen hatte sich unterdessen das Schwergewicht nach dem Osten verlagert, was auch darin zum Ausdruck kam, daß die Oberste Heeresleitung 1919 nach Kolberg übersiedelte. 1919 wurden auf Befehl Hindenburgs und Groeners zwei neue Armee-Oberkommandos geschaffen, „Grenzschutz Nord" und „Grenzschutz Süd". Zur Sicherung der Provinz Posen, in der ein polnischer Aufstand ausgebrochen war und die die neue Republik Polen für sich beanspruchte, dachte man an eine Offensive beider Grenzschutz-Armeen, an eine Zangenoperation. In Königsberg in Ostpreußen richtete die OHL eine Verbindungsstelle ein, deren Leitung Generalmajor v. Seeckt mit dem Major Joachim v. Stülpnagel als I. Generalstabsoffizier erhielt. Stülpnagel wurde freilich bald darauf an Stelle Heyes Chef der Operationsabteilung in Kolberg.

Neben der Demobilisierung der Reste des alten Heeres in Ost und West und der Gefahr eines Angriffes der polnischen Armee waren die noch im Baltikum stehenden Freiwilligen-Verbände das heikelste Problem. Vorläufig führten sie hier den Kampf gegen den Bolschewismus, deckten auch die sich bildenden Republiken Estland und Lettland gegen die Roten Garden und sicherten die Ostflanke der Provinz Ostpreußen. Zwecks besserer Koordinierung und Straffung aller im Norden der sogenannten Ostfront eingesetzten sehr heterogenen Verbände wurde General v. Seeckt Mitte Januar 1919 zum Chef des Stabes beim AOK Grenzschutz Nord ernannt. Im Mai sah sich die Reichsregierung jedoch gezwungen, offiziell die Räumung des Baltikums anzuordnen.

Seeckt handelte in dieser Stunde vollkommen loyal, weil er die Mission des Offizierskorps in der Erhaltung des Reichsbegriffes sah. Für ihn stellte die Armee die Brücke in die Zukunft dar. Die Staatsform war Nebensache, wenn nur die Armee und das Reich erhalten blieben. Damals zitierte er Bismarcks Wort, er könne sich vorstellen, daß es in Preußen einmal keine Könige mehr geben, nicht aber daß die Royalisten in Preußen aussterben würden. Das Mißtrauen gegen die Demokratie, gegen das republikanische System, blieb, so wie die Republikaner stets ihre bewaffnete Macht mit Mißtrauen betrachteten. Eben dies war Seeckt ganz recht. Die Armee sollte Distanz gegenüber dem gegenwärtigen Staat bewahren und schweigsam ihre Pflicht tun. Die alte Frau v. Seeckt schrieb damals warnend ihrem Sohn, Pflichtgefühl allein könne eine Armee nicht tragen. Seeckts Mutter sah sehr wohl die verborgenen Schwächen solcher künstlich bewahrten Haltung.

Im April des Jahres 1919 ergab sich die Aussicht, daß die Reichsregierung, an deren Spitze jetzt Philipp Scheidemann als Reichsministerpräsident stand, bei den Friedensverhandlungen angehört werden solle. Das preußische Kriegsministerium und der Generalstab stellten zwei „Friedens-Kommissionen“ auf, welche die deutsche Delegation nach Versailles begleiten sollten. Groener setzte durch, daß Seeckt Chef der Friedens-Kommission des Generalstabes wurde. Schließlich wurden beide Stäbe unter seiner Leitung zusammengelegt. Seeckts Wünsche waren im Grunde bescheiden: Er dachte an ein Friedensheer von 300 000 Mann aus langdienenden Freiwilligen mit Luftverbänden, Panzern und schwerer Artillerie, an eine Elite-Armee. Reserven sollte eine Miliz stellen, auf Grund der allgemeinen Wehrpflicht.

Als die deutsche Delegation unter dem Reichsaußenminister Graf v. Brockdorff-Rantzau mit Seeckt als dienstältestem militärischem Berater im Mai 1919 in Versailles eintraf, war indes im Grunde bereits alles entschieden. Die Deutschen erhielten den Entwurf für einen fertig ausgearbeiteten Friedensvertrag zur Kenntnisnahme, mit der Bemerkung, die Frist für die Geltendmachung von Bedenken sei nicht unbegrenzt.

Der Vertragsentwurf sah die völlige Entwaffnung Deutschlands vor. Die allgemeine Wehrpflicht wie der Große Generalstab und die Kriegsakademie wurden verboten. Die Stärke von Heer und Marine durfte 115 000 Mann, davon 100 000 für das Heer, nicht überschreiten. Schwere Artillerie, Luft- und Panzerverbände wurden dem kleinen Berufsheer nicht zugebilligt. Eine Interalliierte Kontrollkommission sollte die Entwaffnung überwachen. Das Zentralproblem, die Höhe und der Zahlungsmodus der zu leistenden Wiedergutmachungssumme, der Reparationen, blieb ungeklärt. Darüber konnten die Siegermächte untereinander keine Einigung erzielen. Graf Brockdorff-Rantzau weigerte sich, den Vertragsentwurf zu akzeptieren. Und damit tauchte die schwere Frage auf, was militärisch geschehen konnte, wenn Reichsregierung und Reichstag den Vertrag verwarfen und die Siegermächte zu Exekutionsmaßnahmen greifen würden?

Im Mai des Jahre 1919 erörterte man bei der OHL in Kolberg dieses Problem. Generalmajor v. Lossberg, Chef beim neuen Reichswehr-Gruppenkommando I und Major v. Stülpnagel von der Operationsabteilung, dachten an die Entfesselung eines Volkskrieges gegen Polen. Hindenburg hielt Erfolge im Osten für möglich, im Kriegsfall wollte er Groener durch Seeckt ersetzen. Im Westen, darüber waren sich alle führenden Offiziere einig, war jeder Widerstand aussichtslos. Die Reichsregierung bat Hindenburg um sein Votum, ob militärischer

Widerstand Aussicht auf Erfolg habe? Der Feldmarschall erwiderte, der günstige Ausgang der Gesamtoperation sei sehr fraglich, als Soldat müsse er jedoch den ehrenvollen Untergang einem schmachvollen Frieden vorziehen. Das hieß in der Sprache des Altpreußentums, daß er der politischen Führung die Entscheidung überließ und daß er, der Soldat, sich dieser Entscheidung beugen würde. Bei dem entscheidenden Telefongespräch zwischen Ebert und Groener am 23. Juni 1919, verließ er schweigend den Raum, weil er erkannte, daß der Generalquartiermeister ihm das letzte bittere Eingeständnis der Ohnmacht ersparen wollte.

Seeckt urteilte damals, die Erhaltung der Armee sei wichtiger als ein Verzweiflungskampf. Hindenburg nahm den Abschied. Das Kabinett Scheidemann trat zurück, neuer Reichskanzler wurde wieder ein sozialdemokratischer Politiker, Otto Bauer. Am 25. Juni reichte auch Seeckt seinen Abschied ein, der Große Generalstab stand vor der Auflösung. Am 28. Juni 1919 wurde der Vertrag von Versailles unterzeichnet ...

Artikel 16 des Vertrages verbot die Beibehaltung des Großen Generalstabes, nicht dagegen den Generalstabsdienst bei der Truppe. Am gleichen Tage, an dem der Friede unterschrieben wurde, bat General Reinhardt Seeckt zu sich und trug ihm die Leitung der Geschäfte des Großen Generalstabes bis zu dessen endgültiger Auflösung an, da der Feldmarschall den Abschied genommen habe. Seeckt war bereit. Welche Gedanken ihn dabei bewegten, lehrte ein Brief von ihm an Hindenburg vom 7. Juli 1919. Darin schrieb er, wenn es ihm gelänge, nicht die Form, sondern den Geist zu erhalten, dann würde er in seiner Tätigkeit mehr als die eines „Totengräbers" des Generalstabes erblicken können.

Die Reichsregierung, darin von Seeckt stärkstens unterstützt, lehnte die Auslieferung Hindenburgs, Ludendorffs und anderer Heerführer als „Kriegsverbrecher" ab. Statt dessen begann ein Untersuchungsausschuß aus deutschen Parlamentariern die Gründe für den Zusammenbruch und die Haltung der maßgebenden Militärs und Staatsmänner zu prüfen. Hindenburg, der natürlich vor diesen Ausschuß geladen wurde, erschien, durchdrungen von dem Gefühl, er sei ein Opfer des „Dolchstoßes" geworden, den eben jene Männer geführt hatten, die jetzt den Ausschuß bildeten. Er war voll Groll und das Abbild gekränkter Würde. Die Legende besaß eine verführerische Anziehungskraft.

Unter den großen „Chefs" des Krieges, die geblieben waren, war Hans v. Seeckt, der letzte Sproß eines vorpommerschen Geschlechts von Gutspächtern und Gutsbesitzern, das im 18. Jahrhundert den Reichsadel in Wien erworben hatte, unstreitig der feinste und klügste Kopf. In vieler Hinsicht erschien er schon als Epigone. Seine Gegner warfen ihm vor, er sei ein typischer „Junker". Aber Seeckt besaß keine junkerlichen Züge, die Familie stammte auch nicht aus dem altpreußischen, sondern aus dem schwedischen Milieu Vorpommerns. Er war ganz einfach jeder Zoll ein Aristokrat nicht ohne Merkmale einer gewissen Inzucht, seine Eltern waren Vetter und Base gewesen. Und er trachtete ehrlich danach, das beste Erbe der Vergangenheit, die Gedankenwelt des älteren Moltke, in dieser fremd und feindselig gewordenen Massenwelt zu erhalten. Mit seiner hochmütigen Verschlossenheit, dem bewußt gepflegten Sarkasmus erschien er, ähnlich wie Schlieffen, in adelsfremder Zeit schon ein wenig unwirklich, darum aber auch Respekt einflößend.

Nur alluzviele Leute im Lager der Rechtsparteien sahen in Seeckt den kommenden „starken Mann", den Diktator, den Erlöser, der Wunder vollbringen könne. Doch Seeckt war in diesem Sinne kein „starker Mann". Dazu fehlte es ihm an Brutalität, an Unbekümmertheit, im Massenzeitalter auch an Beredsamkeit und suggestiver Kraft, wie diese dann ein ganz anderer Mann an den Tag legte, Adolf Hitler.

Die Macht, auch die politische Macht, reizte ihn wohl, aber er war ein viel zu kühler Kopf, als daß er sich nicht selbst fragte, ob in der Machtausübung die Aufgabe des Soldaten läge. Seine ganze Laufbahn hatte im Halbschatten der „Chef"-Stellung gelegen, als Stabschef Mackensens, des österreichisch-ungarischen Thronfolgers, des türkischen Generalstabschefs. Er war der Mann der zweiten Stellung mit maßgeblichem Einfluß, kein Cäsar oder Napoleon.

Seeckts Ziel war die Erhaltung des Generalstabes und einer einheitlichen Heeresleitung, welche der Versailler Vertrag gleichfalls untersagt hatte. Die Reichswehr-Gruppenkommandos, die Marinestations-Kommandos sollten eine gemeinsame Spitze nur im zivilen Reichswehrminister haben. Zufolge Seeckt sollte die neue Armee jedoch nicht nur Klammer und Träger des Reichsgedankens, sondern auch der Kern für eine zukünftige „Nationalarmee" sein. Damit entbrannte der innere Kampf zwischen den kühlen militärischen Spezialisten des Generalstabes, die aus den schlechten Erfahrungen mit Massenheeren ihre eigenen Schlüsse gezogen hatten, und dem „Frontsoldatentum", das ganz andere Erkenntnisse aus dem Phänomen des Massenheeres gewonnen zu haben glaubte, in voller Stärke. Vom Geist des Frontsoldatentums mit den verschwommenen Ideen eines „Schützengraben-Sozialismus", einer Verschmelzung von Arbeiter- und Soldatentum im Sinne eines neuen Nationalismus zehrte auch ein Mann wie der Gefreite Adolf Hitler, der 1919 vom Münchener Reichswehr-Kommando als Propagandaredner eingesetzt wurde, wie Hitler das selbst nannte, als „Bildungsoffizier". In diesen frühen Auseinandersetzungen zwischen wissenschaftlich geschulten hohen Generalstabsoffizieren und begeisterungsfähigen, national-revolutionären Elementen im Offizierkorps zeichnete sich schon die Linie ab, die schließlich im Dritten Reich in der Auseinandersetzung zwischen dem konservativ-christlichen, traditionsbewußten Teil des Generalstabs und Offizierkorps und dem revolutionär-antichristlichen Nationalsozialismus münden sollte.

Im Sommer 1919, in der gleichen Zeit, in der Seeckt an einem Herzleiden erkrankte, mußte zunächst die Frage des Oberbefehls über die neue Reichswehr entschieden werden. Der sozialdemokratische Oberpräsident von Ostpreußen August Winnig schlug dem Reichspräsidenten Seeckt vor. Bis zum 1. Januar 1920, mit dem der Versailler Vertrag in Kraft trat, durfte noch die Befehlsstelle der OHL in Kolberg weiter existieren. Aber diese ebenso wie die Abwicklungsstelle des preußischen Kriegsministeriums neben dem Reichswehrminister waren jetzt sinnlos geworden. Man mußte versuchen, so rasch wie möglich zu einer klaren militärischen Spitzengliederung unter dem neuen Primat der Politiker zu gelangen. Seeckt regte, noch vor seiner Erkrankung an, unter dem Minister drei nebengeordnete Ämter zu schaffen, ein „Heeresamt" mit den Befugnissen des alten Kriegsministeriums, ein „Truppenamt", das die Funktionen des Großen Generalstabes übernehmen sollte, und einen höchsten Truppenführer als militärischen Oberbefehlshaber, als eine Art Generalissimus. Auch dachte er an die Einrichtung eines „Armee-Rates" (Army Council) aus den höchsten Kommandeuren nach englischem Muster. Dem Minister sollte ein parlamentarischer Staatssekretär zur Vertretung der Belange der Armee im Reichstag zugeteilt werden. Die Kommandogewalt sollte nicht beim Minister, sondern beim „Höchsten Truppenführer" liegen, um die Armee dem Wechselspiel parlamentarischer Kabinettsbildung und auch der parlamentarischen Kontrolle zu entziehen. Von diesem Schema gingen Heres- und Truppenamt in die endgültige Spitzengliederung über. Groener plädierte für Seeckts Entwurf, General Reinhardt, ein besserer Demokrat als Seeckt, stellte sich auf die Seite Noskes, der sich mit aller Gewalt gegen eine Beschneidung der Rechte des Ministers wehrte.

Einstweilen existierten auch noch Bestrebungen, das Gefüge der Armee vollständig zu demokratisieren. In dieser Richtung wirkte der „Republikanische Führerbund" in der Armee. Der Major Franz Carl Endres, ein bayerischer Zeugoffizier, der im Krieg im türkischen Heer gedient hatte, verfocht in einer Schrift „Reichswehr und Demokratie" die Schaffung eines „Parlamentsheeres", dessen Offizierkorps sich als Beauftragter des souverän gewordenen Volkes verstehen sollte. Endres wollte das alte traditionelle starre Standesbewußtsein durchbrechen, dessen hervorragendster Verfechter Seeckt war. Der Weg zwischen revolutionär-nationalistischen Freikorpsoffizieren, demokratischen Idealisten und der noch immer nicht gebannten Gefahr kommunistischer Umsturzversuche, kommunistischer Zersetzungsarbeit in der noch ganz uneinheitlichen neuen Armee war nicht einfach.

Mit dem 1. Oktober des Jahres 1919 trat eine neue Organisation für das Reichswehrministerium in Kraft, das seinen Sitz nun in der Bendlerstraße 13–14 im alten Geheimratsviertel zwischen Tiergarten und Landwehrkanal erhielt. Kriegsministerium und OHL wurden aufgelöst, General Groener nahm den Abschied und ging in die Politik, ohne sich eindeutig auf eine Parteilinie festzulegen. An Stelle des von Seeckt angeregten „Höchsten Truppenführers" wurde, zunächst gesetzlich ganz unumschrieben, zwischen Minister und Truppe die Stellung eines Chefs der Heeresleitung eingezogen, dem militärischen Wortsinn nach die Dienststelle eines „Chefs des Stabes", nicht eines Oberbefehlshabers an der Spitze der Heeresleitung, eine in der Verfassung nicht vorgesehene, von den alliierten Siegermächten nicht vorausgesehene Zwitterlösung. Bei solcher Position hing alles von der Persönlichkeit dessen ab, der sie ausfüllte. Erster Chef der Heeresleitung wurde General Reinhardt, von dem Noske meinte, als Süddeutscher stünde er der neuen Staatsform am aufgeschlossensten gegenüber.

Unter dem Minister fungierte der Chef der Heeresleitung in praxi als dessen oberster militärischer Berater, im Notfall auch als Stellvertreter, und ranghöchster Offizier gegenüber der Truppe. Unter ihm wurde eine Heeresleitung mit verschiedenen Ämtern, darunter einem Heeres- und einem Truppenamt gebildet, wobei letzteres die Funktion des – verbotenen – Großen Generalstabes unter sehr belanglosem Namen erhielt. Etwa 60 Offiziere taten hier in vier Abteilungen Dienst. Chef des Truppenamtes wurde General v. Seeckt, dessen Chef des Stabes Oberst Heye. Leiter der T 1, der 1. Abteilung des Truppenamtes, die die Aufgaben der einstigen Aufmarschabteilung übernahm, Oberstleutnant Hasse, ein Generalstabsoffizier, der seine Laufbahn im Stab der Inspektion des Militärverkehrswesens begonnen hatte und 1918 Chef des Stabes bei der 1. Armee gewesen war. Groener hatte noch die Vorstellung gehabt, man könne auch für das Truppenamt die alte Immediatstellung des Generalstabes erhalten. Bei der neuen Spitzengliederung war dies eine Unmöglichkeit, zumal eine Reihe von Funktionen des einstigen Chefs des Großen Generalstabes jetzt auf den Chef der Heeresleitung übergegangen waren. Dieser war, stillschweigend, seinem Aufgabenbereich entsprechend, Oberkommandierender der militärischen Kräfte und Generalstabschef in einer Person. Das Truppenamt, der

Generalstab, fiel in eine Ebene mit anderen Ämtern der Heeresleitung zurück und rückte nach dem Minister und dem Chef der Heeresleitung auf den dritten Platz in der Spitzengliederung.

Seeckt, der neue heimliche Generalstabschef, setzte sogleich drei wichtige Maßnahmen durch: Die Beibehaltung der Kreiskommissare im Osten für künftige Grenzschutzfragen, die Bearbeitung eines neuen Wehrgesetzes für die kleine Berufsarmee und die Gründung eines Reichsarchivs zur Sammlung aller militärischen Aktenbestände des verflossenen Krieges und Weiterführung der kriegsgeschichtlichen Arbeit des alten Generalstabes. Der letzte Chef der Kriegsgeschichtlichen Abteilung, der Oberquartiermeister Generalmajor Hermann Merz v. Quirnheim, wurde nach seiner Verabschiedung Präsident des Reichsarchivs. Generalmajor v. Haeften, vom Generalstab gleichfalls verabschiedet, übernahm als Direktor im Reichsarchiv die Herausgabe des amtlichen kriegsgeschichtlichen Werkes über den Krieg 1914/18. Einer seiner führenden Mitarbeiter, Oberstleutnant des Generalstabes Wolfgang Foerster, zuletzt Chef des Stabes des Generalkommandos 66, erwarb sich bald den Ruf eines der bedeutendsten Kriegshistoriker Deutschlands. Ein vierter ehemaliger Generalstabsoffizier, der letzte Chef der Kartographischen Abteilung, Generalmajor a. D. Richard v. Müller, wechselte in das Reichsamt für Landesaufnahme über und wurde 1924 dessen Präsident. Auf ähnliche Weise versuchte man, die im Versailler Vertrag verbotene Institution der Militär-Attachées getarnt weiterzuführen. In Wien blieben vorerst Abwicklungsstellen der Verbindungsstellen zum alten K. u. K. Kriegsministerium erhalten mit dem Oberst v. Massow und den Majoren Fleck und Kundt. Später ging man dazu über, jüngere Diplomaten wie den Legationssekretär Graf Du Moulin in Warschau besonders für militärische Berichterstattung vorzubereiten.

Die Einrichtung der Kreiskommissare, verabschiedeter, auf Zivildienstvertrag angestellter Offiziere, wurde schließlich als Kern einer künftigen Wehrersatzorganisation auf das ganze Reich ausgedehnt. Das neue, von Seeckt selbst entworfene Wehrgesetz, das die Truppe von allen parteipolitischen Irrungen und Wirrungen befreite, wurde erst 1921 verkündet. Bis dahin sollte der Weg noch steiniger werden als je zuvor, sollte die künftige Reichswehr vor die schwerste Belastungsprobe gestellt werden, die einer Armee beschieden sein kann, einen innerpolitischen Konflikt, bei dem Teile der Truppe meuterten, während der Großteil der Einheiten Gewehr bei Fuß in abwartender Neutralität verharrte. Die stufenweise Verminderung der Heeresstärke von rund 400 000 auf 200 000 Mann, die wieder auf 100 000 Mann reduziert werden mußten, weckte die schwelende Unzufriedenheit der Prätorianer unter den Freikorps, vor allem bei den Marine-Brigaden. Die heimkehrenden „Baltikumer" verstärkten das Korps der Rebellen.

Die entrüsteten Freikorpsführer, die von der Republik, die sie gerettet hatten, nichts hielten, sich aber nun von der gleichen Republik betrogen wähnten, verbündeten sich mit dem Kreis um den Generallandschaftsdirektor von Ostpreußen, Wolfgang Kapp auf Pilzen, der die Stunde gekommen wähnte, um die Republik zu beseitigen und ein sozialkonservatives System an ihre Stelle zu setzen. Das Reich sollte gewissermaßen auf preußische Art reformiert werden, um eine Barriere gegen den Bolschewismus zu errichten. Die Reichshauptstadt wollte man schlagartig vor allem mit Hilfe der im Raum Berlin liegenden beiden Marine-Brigaden besetzen, die legale Reichsregierung sollte verhaftet werden. Angesichts der mühsam gewonnenen Sicherung der neuen Staatsordnung, der sozialen Unzufriedenheit in den breiten Massen, der steten Drohung eines allgemeinen kommunistischen Aufstandes und nicht zuletzt der auch noch sehr schlechten militärischen Vorbereitung des Staatsstreiches selbst war dies alles ein Spiel, über dem das Reich zugrunde gehen konnte, eben jenes Reich, das die Verschwörer retten wollten. Hindenburg, den man konsultierte, riet entschieden von jedem Putsch ab. Dafür fanden Oberst Bauer und der Befehlshaber des Reichswehr-Gruppenkommandos I in Berlin, General Frhr. v. Lüttwitz, an dieser Idee Geschmack, ebenso General Ludendorff, dieser freilich etwas mißvergnügt, weil sich der Generallandschaftsdirektor Kapp zum Reichskanzler proklamieren wollte, während Ludendorff nur sich selbst für den einzig möglichen Retter und Diktator eines neuen Deutschen Reiches hielt.

Anfang des Jahres 1920 war das Bild trübe genug. Das Ansehen der Reichsregierung war durch einen Finanzskandal um den ehemaligen Reichsfinanzminister Erzberger schwer getroffen. In Sachsen, in Süddeutschland machten kommunistische Streiks und Unruhen die Verhängung des Belagerungszustandes notwendig. Im Ruhrgebiet mehrten sich die Anzeichen, daß die Kommunistische Partei unter Bildung „Roter Garden" hier auf breiter Ebene losschlagen wollte. In diese Situation platzte am 13. März 1920 der Putsch von Kapp und General v. Lüttwitz, die mit ihren Truppen Berlin besetzten und die nationale Diktatur proklamierten. Der Staatsstreich stellte auch die Autorität des heimlichen Generalstabes, des Truppenamtes, in Frage. General v. Seeckt verweigerte in dieser Stunde dem Reichswehrminister Noske den Einsatz der Reichswehr gegen die meuternden Reichswehr-Freikorps. Truppe schieße nicht auf Truppe, erklärte er kühl, zum Zorn des ehrlichen Noske. Seeckt sah weiter, der Putsch würde sich ohnehin totlaufen, ein blutiger Zusammenstoß zwischen regierungstreuen und den Gehorsam verweigernden Verbänden hätte das Ende des Aufbaues der neuen Armee bedeutet.

Seeckt selbst lehnte den neuen Reichskanzler ab, reichte seinen Abschied ein und beließ den Oberst Heye als Repräsentanten im Truppenamt, das Kapp dem Kommandeur der „Baltikumer", dem Generalmajor Rüdiger Graf v. d. Goltz, anvertraute. Graf v. d. Goltz trat seinen Dienst gar nicht an. Der Reichspräsident und die Reichsregierung verließen Berlin und proklamierten den Generalstreik gegen die Militärdiktatur. In Berlin verweigerte die alte Beamtenschaft in den Ministerien und in der Reichsbank dem neuen Kanzler-Diktator die Gefolgschaft. In Nord- und Ostdeutschland schlossen sich einige Reichswehr-Kommandeure den Putschisten an, die Mehrzahl blieb neutral. Nach vier Tagen waren Kapp, Lüttwitz, Ludendorff und Bauer am Ende ihres Lateins. Die Militärdiktatur ohne Massenbasis endete mit einem Fiasko, wie es kläglicher nicht gedacht werden konnte. Seeckt hatte dies vorausgesehen. Für seine ablehnende Passivität hatte er freilich eine merkwürdige Begründung. Hochmütig erklärte er, ein preußischer General bräche seinen Eid nicht. Immerhin bildete das Scheitern der reinen Militärdiktatur eine nachhaltige Lehre für den neuen Generalstab und die Generalität der Reichswehr. Und bemerkenswert schien auch eine andere Tatsache: Obwohl so exzellente Generalstäbler wie Ludendorff und Bauer an der militärischen Vorbereitung des Putsches beteiligt waren, war diese denkbar naiv angelegt gewesen, als ob ein scharfer Befehl und forsches Handeln allein genügten, um dem Staatsstreich zum Erfolg zu verhelfen. Alle hatten sich auf die nach dem Befehl einsetzende, automatische Funktion des militärischen Apparates verlassen.

Am 17. März 1920, dem Tag, an dem am Vormittag Kapp, am Nachmittag Lüttwitz ihren Rücktritt erklärten, übertrug Noske telegraphisch Seeckt den Befehl über sämtliche Verbände im Bereich der Reichswehr – Gruppe I. Der in Berlin – als einziges Regierungsmitglied – verbliebene Reichsminister Eugen Schiffer übertrug ihm auch die Führung der Geschäfte des Chefs der Heeresleitung und des Reichswehrministeriums. Am 25. März wurde Noske seiner Stellung als Reichswehrminister enthoben, General Reinhardt trat als Chef der Heeresleitung zurück. Sein Nachfolger wurde Hans v. Seeckt, der dieser Stellung eine einzigartige Bedeutung lieh.

Der Kapp-Putsch, der dem Mißtrauen der sozialdemokratischen und demokratischen Politiker gegen die Generale einen neuerlichen Auftrieb geliehen hatte, hatte an drei Stellen den Ausbruch neuer kommunistischer Aktionen zur Folge, in Berlin, im Vogtland und im Ruhrgebiet, wo sich eine regelrechte „Rote Armee" bildete.

Unter diesen dunklen Vorzeichen begann Seeckt mit dem Aufbau des neuen Heeres der Republik. Der erste Schritt war die Sicherung der Position des Chefs der Heeresleitung. In einer Verordnung des Reichspräsidenten vom 11. August 1920 wurde bestimmt, dieser sei der verantwortliche militärische Ratgeber des Ministers und sein Vertreter in der Ausübung der Kommandogewalt. Im Wehrgesetz vom 21. März 1921 hieß es dann wieder allgemeiner, recht lakonisch, an der Spitze des Heeres solle ein General als Chef der Heeresleitung stehen. Solche Formulierungen ließen Raum genug für Friktionen aller Art, wenn der

Chef der Heeresleitung und der Minister jeder auf ihre Manier Eigenwillen an den Tag legten. Im bürgerlichen Kabinett Fehrenbach, das auf den Kapp-Putsch folgte, wurde der frühere Oberbürgermeister von Nürnberg, Dr. Otto Gessler, ein Vertreter der Demokratischen Partei, Nachfolger Noskes als Reichswehrminister. General a. D. Groener übernahm das Reichsverkehrsministerium, er stand damals der Demokratischen Partei nahe. Seine große Aufgabe war die Neuorganisation des vereinheitlichten deutschen Eisenbahnwesens. Gessler war wie Noske ein Mann von sehr festem Charakter, unähnlich seinem Vorgänger besaß er nun die Möglichkeit, sich auf seinem Posten zu bewähren und verstand es, sich weit über die eigene Partei hinaus Achtung zu verschaffen. Der Minister fand es freilich schwer, mit Seeckt auszukommen, über dessen Gaben er sich klar war, und Seeckt betrachtete den zivilistischen Kriegsminister bürgerlicher Herkunft niemals ohne Mißbehagen. Bereits im September 1920 drohte Seeckt, er werde den Abschied nehmen, wenn der Minister ohne sein Wissen Offiziere zum Vortrag empfange. Solche Reibereien wiederholten sich. Seeckt winkte dann wieder mit dem Abschied, aber Seeckt wollte auch niemand missen. Der Reichswehrminister, der viel militärisches Verständnis besaß, mußte sich in der Kunst der Langmut üben.

Der Versailler Vertrag hatte die entscheidende Frage der Nachkriegszeit ungelöst gelassen, die Höhe der deutschen Wiedergutmachungsleistungen. Die Folge waren in den Jahren 1920–23 eine nicht abreißende Kette von Reparationskonferenzen. Zu der ersten dieser Konferenzen, die in Spa, einst Sitz der OHL, stattfand, begleitete Seeckt die deutsche Delegation unter dem Reichskanzler Fehrenbach. Noch einmal tauchte die Frage auf, ob man nicht die endgültige Herabsetzung der deutschen Heeresstärke auf 100 000 Mann vermeiden und wenigstens 200 000 oder auch nur 150 000 Mann durchsetzen konnte. Die Hoffnung trog, zumal Seeckt, äußerlich gesehen der preußische General pur sang, einen sehr schlechten Eindruck auf den britischen Premierminister Lloyd George machte, der sich während des Krieges stets mit den eigenen Generälen gestritten hatte.

Es blieb bei 100 000 Mann für das Heer und 15 000 Mann

Marine. Das neue Heer setzte sich nach den Bestimmungen des Versailler Vertrages aus sieben Infanterie- und drei Kavallerie-Divisionen zusammen mit 21 Infanterie-, 7 Artillerie- und 18 Kavallerie-Regimentern. Bewaffnung und Ausrüstung mit leichten Geschützen, schweren Maschinengewehren und Minenwerfern waren genau vorgeschrieben. Eine Interalliierte Militärkontrollkommission aus 159 französischen, 151 englischen, 48 belgischen, 23 italienischen und 13 japanischen Offizieren unter Führung des französischen Generals Nollet sollte die Einhaltung aller Bestimmungen überwachen.

Unter dem Reichswehrminister und in zweiter Linie dem Chef der Heeresleitung gliederte sich diese künftig in fünf Ämter, das Allgemeine Heeresamt, das Truppenamt, das Heerespersonalamt, das Heeresverwaltungsamt und das Heereswaffenamt. Die erste Rangliste des neuen Reichsheeres, die 1923 veröffentlicht wurde, verriet deutlich das Bestreben, möglichst viele bewährte Generalstabsoffiziere und Träger preußischer Tradition in Führungsstellen zu halten. Von den Amtschefs waren Oberstleutnant Joachim v. Stülpnagel (Heeresamt), Sohn und Enkel preußischer Generale, mütterlicherseits noch mit Bronsart v. Schellendorf verwandt, Generalmajor Hasse (Truppenamt) und Generalmajor Heye (Personalamt) ehemalige Generalstabsoffiziere, mit Ausnahme Hasses auch Angehörige der letzten OHL. Das gleiche galt für Major v. Schleicher im Truppenamt, für eine große Reihe der Divisions- wie der Regimentskommandeure.

Im Kern barg dies Offizierkorps bereits die Führer der kommenden Wehrmacht des Dritten Reiches. Die späteren Generalfeldmarschälle Werner v. Blomberg. Wilhelm Ritter v. Leeb, Fedor v. Bock und Karl Gerd v. Rundstedt taten Dienst als Oberstleutnants im Truppengeneralstab. Dem Truppenamt gehörten als Majore die späteren Generalfeldmarschälle Albert Kesselring und Walther v. Brauchitsch an.

Bewußt hatte Seeckt die Formation der Stäbe doppel- und dreigleisig angelegt. Er selbst verfügte zunächst noch über einen besonderen Chef des Stabes. Jede Infanterie-Division erhielt einen Infanterie- und einen Artillerie-Führer mit einem, wenn auch zahlenmäßig ganz geringen Stab. Im Kern war darin schon die Idee enthalten, bei günstiger politischer Lage die Armee um das Dreifache zu verstärken, aus sieben 21 Infanterie-Divisionen zu entwickeln. Darum sollte wenigstens ein Rahmen für die Stabsorganisation geschaffen werden.

In soziologischer Hinsicht überwog, von einzelnen Reiterregimentern und dem Infanterie-Regiment Nr. 9, Traditionsträger der Garde, abgesehen, im Reichswehroffizierkorps, auch unter den Generalstabsoffizieren, das bürgerliche Element. Völlig fehlten jetzt einstweilen Angehörige standesherrlicher Familien oder ehemaliger Fürstenhäuser, deren Einstellung als Offiziere vermutlich einen Sturm der Opposition im Reichstag hervorgerufen hätte, die aber auch ihrerseits keine Neigung verspürten, der Republik zu dienen. Um die militärische Tradition zu erhalten, war Seeckt auf die Idee verfallen, in den einzelnen Regimentern Kompanien oder Schwadronen zum Träger der Überlieferung der alten Regimenter zu bestimmen, eine Idee, die allerdings wenig Wurzeln mehr schlug. Immerhin war in diesem Sinn das Truppenamt Traditionsträger des verbotenen Großen Generalstabes und der Kriegsakademie.

Offiziell wurde nicht mehr von Generalstabsoffizieren gesprochen, obwohl es amtlich bei den beiden Gruppen-Kommandos und den zehn Divisionen einen Generalstab gab, sondern von „Führerstabsoffizieren". Die Generalstabsausbildung vollzog sich unter der Firmierung „Führergehilfenausbildung". In Seeckts neuer Instruktion für die Generalstabsoffiziere hieß es jedoch: „Die Form wechselt, der Geist bleibt der alte. Es ist der Geist schweigender, selbstloser Pflichterfüllung im Dienst der Armee. Generalstabsoffiziere haben keine Namen ... Wir haben jetzt nicht die Zeit, zu beklagen oder anzuklagen, wir haben wahrlich nicht die Zeit, müde zu sein – wir müssen arbeiten ... Unsere Ehre ist unverletzt, solange wir unsere Pflicht tun ..." Die Treue galt der Armee, nach Seeckt. Vom Staat war nicht besonders die Rede!

Das Truppenamt setzte sich aus vier Abteilungen zusammen, die wieder in Gruppen unterteilt waren für bestimmte Arbeitsbereiche. Die T 1, auch „Abteilung Landesverteidigung" genannt, hatte die Aufgaben der einstigen Aufmarsch- und Operationsabteilung übernommen, T 2 befaßte sich mit Organisationsproblemen, T 3, lange Jahre hindurch harmlos als Heeresstatistische Abteilung bezeichnet, beschäftigte sich mit dem Studium der fremden Heere, T 4 mit Ausbildungsfragen. Die frühere Zentralabteilung des Großen Generalstabes erlebte keine Wiederauferstehung, alle Personalsachen bearbeitete einheitlich das Heerespersonalamt.

Dem Truppenamt kam die Auswertung der kriegsgeschichtlichen Erfahrungen zu, die Bearbeitung von Grenzschutzfragen, der einzigen operativen Aufgabe, die bei dem rein defensiven Charakter der kleinen Armee geblieben war, das Studium von Organisations- und Ausbildungsplänen, die Beobachtung der Entwicklung in anderen Armeen. In den Stäben der Gruppen-Kommandos und der Wehrkreise, die nach den Infanterie-Divisionen bestimmt waren, und der Kavallerie-Divisionen bestand der Truppengeneralstab weiter. Zur Schulung des Nachwuchses wurden sogenannte „Führergehilfenlehrgänge“ und die „Wehrkreisprüfungen“ eingeführt. Unterrichtsgegenstand waren nicht nur rein militärische, sondern zu einem erheblichen Prozentsatz auch allgemein wissenschaftliche Stoffe. Die geringe Zahl der etwa 250–300 Stabsoffizierstellen im Ministeriumsbereich wie in den Wehrkreisen machte eine sehr strenge Auswahl nicht schwer. Schon bei der Zulassung zu den zwei Jahre laufenden Lehrgängen für „Führergehilfen“ wurde scharf „gesiebt“. Eine Versetzung ins Truppenamt galt als ganz große Auszeichnung. Als später im Dritten Reich die überhastete Aufstellung eines neuen großen Heeres erfolgte, machte sich die geringe Zahl gut ausgebildeter Generalstabsoffiziere störend bemerkbar, zumal auch noch eine Reihe von Offizieren zum völlig neu gebildeten Generalstab der Luftwaffe, des dritten Wehrmachtteils, gingen.

Die zweijährigen Lehrgänge für die Ausbildung der „Führergehilfen“ konnten die einst drei Jahre umfassende Ausbildung an der Kriegsakademie nur unvollkommen ersetzen. Bei überragenden Persönlichkeiten im Offizierkorps bestand dabei durchaus Verständnis dafür, daß der moderne Offizier unendlich vielseitig geschult werden müsse. General Reinhardt rief nach seinem Ausscheiden aus dem Heer im Jahre 1927 die sogenannte „Reinhardt-Schule“ ins Leben. Das Vorbild mochte die früher in Württemberg übliche Gepflogenheit abgegeben haben, angesichts des Fehlens einer eigenen Kriegsakademie Offiziere zur Universität abzukommandieren, damit sie dort ihre Bildung vervollständigen konnten. Reinhardt faßte jeweils zwölf hervorragend qualifizierte Offiziere, zur Hälfte Generalstabsoffiziere, zur Hälfte aus der Truppe stammend, unter seiner Leitung zu einem zweijährigen Lehrgang an der Berliner Universität zusammen, wo diese vor allem Philosophie, Geschichte und Massen- und Völkerpsychologie studieren konnten. Nach Reinhardts Tod entstand aus diesen Lehrgängen in späterer Zeit die „Wehrmacht-Akademie“, auf der Stabsoffiziere aller drei Wehrmachtteile zu einheitlichen Denken im Sinne dreidimensionaler Kriegführung zu Lande, zur See und in der Luft erzogen werden sollten.

Die Frage war, ob das ganze System die Gewähr dafür bot, daß wirklich nur die besten und auch charakterlich genügend qualifizierten Offiziere in den neuen kleinen Generalstab gelangten. Die geringe Stellenzahl, die schlechten Beförderungsmöglichkeiten machten den Konkurrenzkampf hart, begünstigten auch Strebernaturen und hatten zur Folge, daß oft mit sehr menschlich-allzumenschlichen Mitteln operiert wurde. Die Personalpolitik wurde im Grunde von Schleicher, Stülpnagel und dem Personal-Amtschef der 30er Jahre Generalleutnant Frhr. v. d. Bussche-Ippenburg, gesteuert, sämtlich Offiziere aus der dritten Obersten Heeresleitung. Tüchtige Außenseiter hatten einen sehr schweren Stand gegenüber biegsamen, beflissenen Fachleuten, die sich bequem einzufügen wußten. Die Schwäche lag schon im Seecktschen System schweigsamer Pflichterfüllung für die Armee und unbedingten Gehorsam gegenüber dem Chef, bei Distanz zu allen übrigen Mächten und Problemen. Indifferenz gegenüber der Staatsführung konnte auch einmal unter anderen Sternen auf schlimme Art ausgenutzt werden. Auffallend war ferner, wie jetzt Artillerieoffiziere eine größere Rolle spielten. Das hing einmal mit der gesteigerten Bedeutung dieser Waffengattung im Ersten Weltkrieg zusammen, zum anderen mit der Tatsache, daß einige der führenden Männer dieser Waffe entstammten und jüngere Elemente nachzogen.

Ein französischer Militärschriftsteller hat einmal sehr richtig bemerkt, im Grunde habe Seeckts Ideal darin bestanden, „une grande armée en miniature“ zu schaffen, eine Elitearmee, die den Kern einer künftigen weit stärkeren Nationalarmee bilden und dieser die Führer und Unterführer stellen konnte. Die Erfahrungen mit den mobilisierten Massen hatten Seeckt und seinen Schülern Fritsch und Beck eine heftige Abneigung gegen den so labilen und rätselvollen Charakter der modernen Masse eingeflößt. Dazu kam die aus der Niederlage gewonnene Einsicht, daß Deutschland unmöglich in einem Mehrfrontenkrieg siegen konnte. Die Öffentlichkeit der 20er Jahre war nach den Erfahrungen von viereinhalb Kriegsjahren zudem weitgehend des Krieges wie der Soldaten überhaupt überdrüssig.

Die Welt sprach vom ewigen Frieden, von Abrüstung. vom Sterben der Kriege. Die Seecktsche Schule zog aus all diesen Umständen den Schluß, daß man sich künftig besser auf eine wohlausgebildete Elite- und Stoßarmee verlassen müsse, als auf ein Massenheer. Die Massen waren wehrunwillig geworden.

Auf der anderen Seite beschäftigte Seeckt, den höchsten für die Reichsverteidigung verantwortlichen Soldaten, unablässig die Frage, wie man mit den vorhandenen geringen Kräften die Grenzen des Reiches sichern und wo man Bundesgenossen finden könne. Im Osten schoben sich die beiden neuen slawischen, unter Frankreichs Schirmherrschaft stehenden Staaten, die Tschechoslowakei und Polen, weit in deutsches Gebiet herein. Ostpreußen war durch den polnischen Korridor in Westpreußen bis zur Ostsee zu einer Insel geworden. Die Tschechoslowakei glich einer weit gegen Schlesien, Sachsen und Ostbayern vorgeschobenen Bastion. Wenn sich auch das Verhältnis zwischen Berlin und Prag allmählich entschärfte, so blieb die Drohung Polens mit seinem ungestillten Appetit auf angeblich urpolnisches Territorium an seinen Westgrenzen, den der Versailler Vertrag nicht gestillt hatte. Bereits 1921 verfaßte Seeckt eine Denkschrift mit dem Titel „Grundlegende Gedanken über den Aufbau unserer Wehrmacht“. Darin vertrat er die Idee, im Fall eines Konfliktes mit einer auswärtigen Macht müsse man versuchen, die vorhandene Armee mit Hilfe von Freiwilligen auf 21 Divisionen zu bringen, indem man aus den vorhandenen sieben Infanterie-Divisionen 21 Divisionen formierte. Der Gedanke dieses sogenannten „A"-(Aufstellungs-)Heeres sollte die späten 20er und frühen 30er Jahre bestimmen, bis er durch das Ungestüm Hitlers überrollt wurde.

War die kleine Berufsarmee der Kern eines kommenden größeren Heeres, so mußte dies in Seeckts Augen die Beendigung ihrer Rolle als Bürgerkriegsinstrument, als Rückhalt der Polizei, zur Folge haben. Und solche weitsichtige Heerespolitik bedingte andererseits die rücksichtslose Entpolitisierung des Offizierkorps. Der Reichswehroffizier Seeckts sollte weder Republikaner noch Monarchist sein, sondern nur Offizier der Armee. Sich selbst und seinem engsten politischen Adlatus Schleicher behielt er freilich das Recht vor, sich weniger tatkräftig, denn vorsichtig in die Politik einzumischen, ja eigene Militärpolitik bis in die Außenpolitik hinein zu treiben. Nicht alle sozialdemokratischen Politiker waren so wehrfreundlich wie Ebert oder Noske. Seeckt wiederum war von mimosenhafter Empfindlichkeit. Daraus entstand eine endlose Kette von Reibereien. Aus diesem Bereich entsprangen auch die ersten stillen Meinungsverschiedenheiten zwischen ihm und Schleicher, der glaubte, dem Zeitgeist weit mehr Konzessionen machen zu müssen, ohne daß die Armee dabei Schaden litt, als Seeckt dies liebte. Sehr bald trieben Seeckt und Schleicher, der emsige Gruppenleiter III in der T 1 für innenpolitische Fragen, Politik auf verschiedenen Gleisen. Schleicher, ständig mit Etat-, Grenzschutz- und Fragen der Parteipolitik befaßt, schuf sich ein eigenes weitverzweigtes Netz von Kontakten zu vielen Persönlichkeiten und ganz verschiedenen Lagern. Dem jungen, durchschnittlichen Offizier war indes jede Politik oder Politisiererei strikt untersagt. Daß mancher trotzdem eigene Wege suchte, lehrte die vielbeachtete kleine Schrift des Oberleutnants Kurt Hesse über den „Feldherrn Psychologos" mit der Voraussage des kommenden Feldherrn und Führers der Massen. Die so lange vernachlässigte Massenpsychologie kam endlich zu ihrem Recht. Seeckt erinnerte Hesse freilich mit stillem Lächeln an das Schicksal des Hauptmanns Hoenig unter dem alten Moltke.

Das ernsteste militärpolitische Problem der jungen Weimarer Republik bildete Polen. Das neuerstandene Polen versuchte im Osten die Ukraine zu erobern, entriß der neuen Republik Litauen deren historische Hauptstadt Wilna 1920 durch einen Handstreich, schürte Aufstände der polnischen Bevölkerung in Oberschlesien, um die Ergebnisse der von den Alliierten verfügten Volksabstimmung über die Staatszugehörigkeit zu präjudizieren, und erlitt schließlich im Krieg gegen die Sowjetunion eine schwere Niederlage, die 1920 die Rote Armee bis vor die Tore von Warschau brachte. Diese Ereignisse weckten bei Seeckt wieder Erinnerungen an die versunkene preußisch-russische Freundschaft. Sowjetrußland gehörte nicht zu den Signatarmächten des Versailler Vertrages, wie das Deutsche Reich zählte es zu den Parias in der von den Alliierten neu geordneten Welt.

Die maßlosen Ansprüche, die polnische chauvinistische Vereinigungen auf Reichsgebiet in Ostpreußen, Pommern und Schlesien erhoben, das gewaltsame Vorgehen der Polen im Fall Wilnas und in Oberschlesien, boten der Heeresleitung die Handhabe, von der Reichsregierung wie von der stets mißtrauischen preußischen Regierung die stille Genehmigung zum Aufbau praktisch illegaler Grenzschutz-Formationen in den Ostgebieten zu erhalten. Seeckts Wünsche gingen jedoch noch weiter, er dachte an eine militärische Entente zwischen der Reichswehr und der Roten Armee, nicht um einen Revanchekrieg gegen Polen zu entfesseln, sondern um eine Rückendeckung gegenüber Warschau zu gewinnen.

Wirtschaftliche Voraussetzungen begünstigten die Verbindung zwischen den beiden so ungleichen Partnern. Sowjetrußland benötigte zum Aufbau seiner geplanten Schwerindustrie die Hilfe der deutschen Maschinenindustrie. Die deutsche Seite hatte Interesse daran, durch den Versailler Vertrag verbotene Industrien, Flugzeugbau oder die Fertigung chemischer Kampfstoffe, ins Ausland zu verlagern. Der ehemalige türkische Generalissimus Enver Pascha, Seeckt aus dem Krieg wohl bekannt, der nach Moskau gegangen war, knüpfte die ersten Fäden. Seeckt erkannte die große Chance, den Aufbau einer sowjetrussischen Rüstungsindustrie zu fördern und damit auch für die eigene eng begrenzte Rüstung neue Möglichkeiten zu gewinnen. Unter Assistenz von Schleicher, des Chefs der T 1 im Truppenamt, Oberst Hasse und eines alten Mitarbeiters Seeckts aus der Türkei, des in der sogenannten Heeresstatistischen Abteilung (T 3/fremde Heere) Dienst tuenden Hauptmanns d. G. Fritz Tschunke wurde bereits 1921 im Reichswehrministerium die „Sondergruppe R" (Rußland) geschaffen. Seeckt und Schleicher nahmen Kontakte mit sowjetischen Stellen auf, mit Wissen des damals amtierenden Reichskanzlers Wirth. Mittelsleute waren Hauptmann Tschunke, der ehemalige Chef der Abteilung IIIb, Oberst a. D. Nikolai und der durch seine verwegene Expedition zum Emir von Afghanistan während des Krieges berühmt gewordene Major a. D. Ritter v. Niedermayer.

1922 schlossen auf der Weltkonferenz von Genua der deutsche Reichsaußenminister Walther Rathenau und der sowjetische Volkskommissar des Äußeren Tschitscherin, die sich beide von den Westmächten brüskiert sahen, überraschend einen Freundschaftsvertrag. Der Vertrag von Rapallo ermöglichte die Intensivierung der bisherigen inoffiziellen militärischen und wirtschaftlichen Kontakte. Seeckt schätzte an sich Rathenau wenig, begrüßte aber den Vertrag als Beginn einer „aktiven Politik".

Im Februar 1923 reisten der neue Chef des Truppenamtes, Generalmajor Hasse, der zum Major beförderte Fritz Tschunke und ein dritter Offizier, Hauptmann Fischer, zu Geheimverhandlungen nach Moskau. Deutschland unterstützte künftig den Aufbau der sowjetrussischen Industrie, sowjetrussische Kommandeure der Roten Arbeiter- und Bauern-Armee erhielten Generalstabsausbildung in Deutschland. Dafür erhielt die Reichswehr die Möglichkeit, Artilleriemunition aus Rußland zu beziehen, Flieger und Panzerspezialisten auf russischem Boden auszubilden und dort chemische Kampfstoffe herstellen zu lassen. Zur Abwicklung all dieser geheimen Dienstgeschäfte und als Kopfstation für die nach Sowjetrußland kommandierten Soldaten wurde in Moskau, mit Wissen der Reichsregierung, die „Zentrale Moskau" (ZM) eingerichtet, deren Leitung 1924 der Oberst a. D. v. d. Lieth-Thomsen und Major a. D. v. Niedermayer übernahmen. Ende der 20er Jahre schickte man auch Verbindungsoffiziere zur Roten Armee, zunächst Oberst Halm, dann Oberst Ernst Köstring; Maßnahmen die eng mit dem Bestreben zusammenhingen, die im Versailler Vertrag verbotene Institution der Militär-Attachées wieder aufleben zu lassen.

Die praktischen Ergebnisse dieser militärischen Zusammenarbeit, die rund zehn Jahre währte und sich erst langsam entwickelte, waren gering. Auf dem Flugplatz Lipezk zwischen Charkow und Woronesh erhielten deutsche Offiziere die Möglichkeit, sich als Kampf- und Beoachtungsflieger zu schulen. Im Endeffekt wurden hier etwa 300 Militärpiloten ausgebildet. Bei Kasan wurden Panzerfachleute ausgebildet, und zwar erst in den letzten Jahren von 1930 an. Ihre Zahl belief sich auf ungefähr 30. Die sowjetrussische Panzerwaffe, obwohl zahlenmäßig schon recht stark, stak damals, was Panzertypen und Panzertaktik betraf, noch in den Kinderschuhen. Bei Saratow an der Wolga nahm eine Fabrik die Entwicklung von Giftgas für Deutschland auf. In begrenztem Umfang lieferte Sowjetrußland auf dem Seeweg Granaten für die schwache Artillerie der Reichswehr, die meist in Stettin gelöscht wurden. Kommunistische Hafenarbeiter entluden hier Munition aus dem „Paradies der Werktätigen" für die „kapitalistische Schutztruppe", die Reichswehr.

Immerhin entstand mit sowjetischer Hilfe der Stamm für eine Jagdfliegerwaffe. Deutsche Generalstabsoffiziere sahen als Gäste bei Manövern der Roten Armee zum ersten Mal Fallschirmtruppen im Einsatz, der Gedanke der deutschen Fallschirmwaffe wurde hier geboren. Das Bild der von dem hervorragenden, zu früh verstorbenen Kriegs-Kommissar Michael Frunse voll entwickelten sowjetrussischen Kader-Armee mit milizartigen Territorialverbänden als Reserve war in mehrfacher Hinsicht für die Reichswehroffiziere beeindruckend. Hier war auf andere Art, unter anderen Fahnen, die Seecktsche kräftige Elite-Armee verwirklicht, reich ausgestattet mit Kavallerie und motorisierten und gepanzerten Einheiten. Sie stützte sich auf eine absolut wehrwillige politische Einheitspartei. Belange der Armee wurden ganz groß geschrieben, das war der Eindruck, den der spätere Generalfeldmarschall Keitel, damals Generalstabsoffizier in der T 2 des Truppenamts, von einem Besuch in Rußland mitnahm. Auch der spätere Reichskriegsminister Generalfeldmarschall v. Blomberg, der als Chef des Truppenamtes Ende der 20er Jahre in Rußland weilte, war vom Bild der Kader-Armee und der parteipolitischen Disziplinierung der Massen höchst beeindruckt. Freilich war Blomberg ein Mann, der für alles Neue empfänglich war. Nach einem Besuch in den Vereinigten Staaten war er wiederum sehr angetan von der kleinen elitären amerikanischen Berufsarmee im demokratischen Staat.

Umgekehrt scheint es nicht ausgeschlossen, daß das Bild der Reichswehr, des nur soldatisch denkenden Offizierskorps, das eine ganze Reihe später berühmter sowjetischer Offiziere, darunter die künftigen Marschälle Tuchatschewski und Shukow, kennenlernten, nicht ohne Einfluß auf Strömungen im Kommandeur-Korps der Kader-Armee geblieben ist, diese völlig in eine Berufsarmee unter Einschränkung der Partei-Kontrolle zu verwandeln. Ende der 20er Jahre jedenfalls leitete Stalin, der Nachfolger Lenins, die erste „Säuberung" im Kommandeurkorps ein, der eine ganze Reihe ehemaliger kaiserlicher Generäle und Generalstabsoffiziere als Verfechter solcher Reform zum Opfer fielen.

Half dergestalt die Interessengemeinschaft zwischen Reichswehr und Roter Armee der Heeresleitung über die kritischen Jahre hinweg, so erhielten die Verbindungen der deutschen Industrie nach der Sowjetunion deren Leistungsfähigkeit und trugen dazu bei, daß eine gewisse Rüstungskapazität erhalten blieb. Und die heimliche deutsch-russische Militärpolitik, der Trend nach Osten, erhielt noch eine zusätzliche, wenn auch nicht amtlich gesteuerte Ausweitung, als ausgangs der 20er Jahre der Inspekteur der Infanterie, Generalleutnant Ritter v. Mittelberger, den Abschied nahm und als Berater in türkische Dienste trat und immer mehr vordem führende Generalstabsoffiziere nach China gingen, um den Aufbau einer chinesischen Nationalarmee zu leiten: Oberst a. D. Bauer, General Wetzell, 1925/26 noch Chef des Truppenamtes, später Seeckt selbst und der General v. Falkenhausen. Oberst Bauer schuf im Dienst des Marschalls Tschiangkaischek eine Modell-Armee.

Bei Licht besehen stellten bei der Übernahme der Kanzlerschaft und des Auswärtigen Amtes durch Gustav Stresemann, den bedeutendsten Staatsmann der Republik, im August 1923 der Vertrag von Rapallo und die geheime Militärentente die einzigen Aktivposten der deutschen Außenpolitik dar. Infolge der ungelösten Reparationsfrage lag das Verhältnis zu den Westmächten völlig im argen. Die Wirtschaftskrise die Deutschland befallen hatte, griff auf die Siegermächte über. Überall war die soziale Ordnung in den Grundfesten erschüttert. Die Jahre 1922/24 sahen die Inflation in Deutschland, die Errichtung der faschistischen Diktatur in Italien, den Aufstieg des diktatorischen Regiments Kemal Paschas in der Türkei, die Proklamierung der Militärdiktatur in Spanien durch König Alfons XIII., die Anfänge der Diktatur Stalins in Rußland. Der Ruf nach dem „starken Mann“, dem Retter, wurde auch in Deutschland lauter, nicht nur im Kreis Hitlers und seiner neuen Nationalsozialistischen Deutschen Arbeiterpartei in München und im Kreis um General Ludendorff. Schleicher fragte sich damals, ob nicht Seeckt Diktator in Deutschland werden könne.

In diese mit Spannung geladene Atmosphäre traf der Versuch Frankreichs, infolge von Meinungsverschiedenheiten mit Berlin über Reparationsleistungen sich des Ruhrgebietes als Faustpfand zu versichern. Am 11. Januar 1923 marschierte eine kriegsmäßig ausgerüstete französische Armee im Ruhrgebiet ein. Für den Fall eines bewaffneten deutschen Widerstandes waren Pläne ausgearbeitet, gemeinsam mit der tschechoslowakischen Armee sich auch des mitteldeutschen Industriereviers zu versichern. Die Reichsregierung proklamierte den passiven Widerstand, der die letzten Reserven der Reichsbank verschlang. Die deutsche Währung brach völlig zusammen. Die Interalliierte Militärkontrollkommission wurde gezwungen, ihre Arbeit einzustellen. Seeckt und General Hasse, Nachfolger Heyes im Truppenamt, waren sich allerdings darüber einig, daß man militärischen Widerstand nur in Erwägung ziehen könne, wenn die französische Armee nach Mitteldeutschland vorstieß.

Um sich für diesen Eventualfall über die Möglichkeit einer Mitwirkung der nationalen, paramilitärischen Kampfbünde zu orientieren, suchte Seeckt im Januar 1923 sowohl mit dem in München lebenden General Ludendorff wie mit Adolf Hitler, dem „Führer" der NSDAP, Fühlung, der in der damals ganz militärisch in Bataillonen und Regimentern organisierten SA über eine beachtliche Privatstreitmacht verfügte. Am 11. März 1923 sprach er mit Hitler. Der für gewöhnlich so sarkastische Chef der Heeresleitung war von diesem Mann stark beeindruckt. Aber er schied auch nicht ohne einige Skepsis. Hitlers Besessenheit, mit der er die Führung der nationalen Erhebung beanspruchte, schien ihm merkwürdig. Im Ziel, der nationalen Diktatur, seien sie sich einig, nicht aber im Weg, meinte Seeckt hernach. Hitler wollte zwar die Reichswehr im Fall bewaffneter Auseinandersetzungen mit Frankreich unterstützen, verbot jedoch bald darauf seinen Anhängern jede Beteiligung an dem von der Republik proklamierten passiven Widerstand.

Im Rheinland und in Bayern regten sich separatistische Gelüste. In Sachsen und Thüringen nahmen kommunistische Umsturzvorbereitungen zu. Im August 1923 übernahm Gustav Stresemann, Führer der liberal-nationalen Deutschen Volkspartei, die Bildung eines Koalitionskabinettes von der rechten Mitte bis zu den Sozialdemokraten. Zum erstenmal trat jetzt ein Reichskanzler von ausgesprochen staatsmännischer Begabung dem Chef der Heeresleitung gegenüber. Stresemanns Ziel war die Aussöhnung zwischen Deutschland und Frankreich und die Lösung des Reparationsproblems um der Zukunft Europas willen. Für Seeckt indes galt, was Stresemann später einmal von Hindenburg gesagt hat, er sei nicht grundsätzlich gegen jede Verständigungspolitik, zweifle jedoch als Soldat an jedem vernünftigen Ersatz für den Krieg. Das Verhältnis zwischen Seeckt und Stresemann wurde rasch gespannt und das änderte sich niemals mehr. Dabei war die Reichswehr, was Stresemann sehr wohl bewußt war, in dieser Stunde das ausschlaggebende Machtinstrument für die Reichsregierung. Auf die Frage, ob diese zuverlässig sei, antwortete Seeckt damals, das wisse er nicht, *ihm* gehorche sie jedenfalls. Dies war der Triumph des Attentismus wie der Politik der splendid isolation der Heeresleitung.

Schon im Vorjahr hatte Seeckt gelegentlich einer Kabinettssitzung erklärt, in Deutschland könne nur einer einen Putsch machen, und dies sei er, Seeckt. Er mache jedoch keinen Putsch. Dabei wurde er jetzt in alle möglichen Pläne hineingezogen, und bisweilen hatte es den Anschein, als kokettiere er immer wieder mit der Idee, selbst die Zügel in die Hand zu nehmen. In Berlin, in Kreisen der Großindustrie, tauchte die Idee auf, mit Duldung des Reichspräsidenten ein „Nationales Direktorium", eine Art Triumvirats-Diktatur mit Seeckt, einem Großindustriellen und einem hohen Diplomaten, die letzten beiden aus dem Stinnes- und dem Krupp-Konzern, zu bilden. In München trug sich Hitler mit Plänen eines Staatsstreiches, daneben geisterte in konservativ-klerikalen Kreisen und bei den Wehr-Bünden die Idee, München müsse gleichsam das Angora (Ankara) Deutschlands gegenüber dem roten Berlin werden, die nationale Hauptstadt, von der aus Kemal Pascha die Türkei vom verrotteten, den Siegern hörigen Sultansregiment in Konstantinopel befreit hatte.

Die Krise spitzte sich zu, als Stresemann sich aus wirtschaftlichen Gründen genötigt sah, den Ruhrkampf einzustellen. Die bayerische Landesregierung proklamierte den Ausnahmezustand und berief den führenden Kopf der konservativ-klerikalen, streng föderalistischen Gruppen, Gustav Ritter v. Kahr, als Generalstaatskommissar. Zwischen Kahr und Hitler entstand ein heimlicher Rivalitätsstreit, wer von beiden zuerst die „Nationale Revolution" ausrufen und auf Berlin marschieren würde. Die Reichsregierung antwortete mit der Verkündung des Ausnahmezustandes im ganzen Reich. Damit ging die vollziehende Gewalt auf den Reichswehrminister über.

In Sachsen und Thüringen, wo Kommunisten als Minister in den Landesregierungen saßen, drohte ein bolschewistischer Umsturz. In Küstrin meuterten unter Führung des Majors im Generalstab Buchrucker Zeitfreiwilligenverbände, die während des Ruhrkampfes aufgestellt waren und nun die Auflösung nicht hinnehmen wollten. Sie gedachten ihre Legalisierung als reguläre Truppe zu erzwingen. Der „Völkische Beobachter" in München, das Organ Hitlers, attackierte Seeckt und behauptete, dieser wolle eine Diktatur der Reaktion errichten, auch sei seine Frau jüdischer Abstammung.

Seeckt verlangte vom Befehlshaber im Wehrkreis VII (Bayern/München), dem Kommandeur der 7. Infanterie-Division, General v. Lossow, ein Verbot des Blattes. Lossow weigerte sich. Im Stab des Infanterieführers 7 saß einer der engsten Mitarbeiter Hitlers, der bayerische Generalstabs-Hauptmann Ernst Röhm. Auch sonst gab es unter jungen Offizieren viele Bewunderer dieses fanatischen Demagogen. Daraufhin enthob Seeckt am 19. Oktober 1923 den General v. Lossow seines Postens wegen Ungehorsams. Seine selbstsichere Überzeugung, daß die Reichswehr ihm, und nur ihm allein, gehorche, war in Frage gestellt. Der bayerische Generalstaatskommissar v. Kahr nahm daraufhin ostentativ General v. Lossow und seine Division für die bayerische Regierung in Pflicht.

Diese Kriegserklärung des bayerischen „Angora“ an Berlin fiel auf den 22. Oktober, den gleichen Tag, an dem auf Befehl der Reichsregierung Einheiten der 4. Infanterie-Division unter Generalleutnant Müller in Sachsen einmarschierten, um die Dresdener Regierung aus dem Amt zu entfernen, da der kommunistische Innenminister die Bildung bewaffneter Arbeiter-Garden begünstigt hatte.

Generalmajor Hasse und die Oberstleutnants v. Stülpnagel und v. Schleicher drängten Seeckt, selbst die Militärdiktatur auszurufen, sonst sähe man sich einer Revolution von rechts gegenüber. Im Truppenamt befürchtete man in diesem Fall den Einmarsch französischer, tschechischer und polnischer Truppen. Seeckt, durch die Erfahrungen des Weltkrieges und den Kapp-Putsch vorsichtig geworden, teilte jedoch Talleyrands Überzeugung, daß man mit Bajonetten vieles tun könne, nur könne man nicht auf ihnen sitzen. Er war höchstens dazu bereit, selbst die Bildung eines Kabinettes zu übernehmen oder die Bildung eines „Nationalen Direktoriums“ zu unterstützen – falls der Reichspräsident ihn dazu autorisiere. Hindenburg, den sowohl Hitler wie auch Ludendorff mit ihren Plänen einer „nationalen Revolution“ bedrängt hatten, hatte entschieden jede Beteiligung an einem Gewaltstreich gegen den neuen Staat abgelehnt und vor allem Ludendorff ermahnt, dieser möge Ruhe halten.

Am 3. November 1923 war Seeckt beim Reichspräsidenten.

Ebert sagte ihm, er könne ihn in dieser Zeit als Chef der Heeresleitung nicht entbehren und gab ihm damit in sehr taktvoller Weise zu verstehen, daß alle Überlegungen bezüglich eines Kabinettes Seeckt oder einer Militärdiktatur keine Aussicht auf Realisierung hätten. Seeckt beugte sich Ebert. Aber im Grunde begann bei ihm wie bei seinem politischen Adlatus Schleicher nach diesem Gespräch die Suche nach einem Politiker an der Spitze des Staates, der geneigt war, auf alle Wünsche der Armee einzugehen.

Unterdes schritt Hitler am 8. November 1923 in München zur Tat und rief am Abend die „Nationale Revolution" aus. Sich selbst ernannte er zum Reichskanzler, Ludendorff erhielt die Würde eines „Deutschen Nationalfeldherrn". Der Generalstaatskommissar v. Kahr und General v. Lossow, durch die Ereignisse überrumpelt, erklärten sich im ersten Augenblick zur Mitarbeit bereit. Die Infanterieschule meuterte und stellte sich Hitler zur Verfügung, die älteren Offiziere und der Kommandeur erwiesen sich als ganz hilflos. Noch in der Nacht zum 8. November übertrugen Reichspräsident und Reichskanzler dem General v. Seeckt die vollziehende Gewalt im Reich. Die Militärdiktatur auf Zeit war ihm per Gesetz und Recht nun doch zugefallen.

Seeckt betraute unverzüglich den Generalmajor Frhr. Kress v. Kressenstein mit der Aufgabe, die Geschäfte im Wehrkreis VII zu übernehmen. Bereits am 9. November ermannten sich jedoch Kahr und Lossow in München zu einem Gegenschlag. An der Feldherrnhalle in München stieß ein großer Demonstrationszug der Putschisten, angeführt von Hitler und Ludendorff, auf einen Kordon bayerischer Landespolizei, die das Feuer eröffnete. Hitler entfloh, eine Reihe seiner Anhänger fielen oder wurden schwer verletzt. Ein Spuk schien verweht zu sein.

Das Schicksal der Republik lag jetzt in Seeckts Hand. Damit waren freilich alle Pläne eigener Regierungsbildung durchkreuzt. Auf Seeckts Befehl wurden die beiden Revolutionsparteien, die Kommunisten und die Nationalsozialisten verboten. Zum Kommandeur und zum Chef des Stabes im Wehrkreis VII wurden zwei strikt traditionsbewußte bayerische Offiziere ernannt, Generalmajor Frhr. Kress v. Kressenstein und Oberst Ritter

v. Leeb. Die Infanterieschule wurde strafweise von München auf den Truppenübungsplatz Ohrdruf in Thüringen verlegt, unzuverlässige Offiziere wie Lossow oder Röhm verabschiedet. Noch schärfer als vordem sorgte Seeckt jetzt dafür, daß Offiziere mit eigenwilligen Ideen – etwa Oberst Hierl, der Pläne für einen Arbeitsdienst zur vormilitärischen Erziehung nach bulgarischem Muster entworfen hatte – den Abschied erhielten. Und doch blieb Seeckts Einstellung zum Problem des Rechtsradikalismus zwiespältig. Auf der Rückfahrt von Ohrdruf, wo er die Infanterieschüler besichtigt hatte, sagte er nachdenklich zu seinem Adjutanten Hauptmann v. Selchow: Wäre der junge Nachwuchs nicht dabei gewesen, könnte man verzweifeln: „Scheußliche Geschichte!" Aber die Disziplin gehe vor ... Hatten Spötter so unrecht, wenn sie ihn eine „Sphinx" nannten?

Aber – unter seiner Führung hatte die Reichswehr die Republik gegen Rechts wie Links gedeckt. Unter dem Schutz der Militärdiktatur vollzog sich die Währungsreform, die Stabilisierung der Reichsmark. Sehr bald jedoch überlegten indes Seeckt, Schleicher und Hasse sich, wie man das Militärregime abbauen könne. Die Aufgabe der militärischen Reichspolizei entfremdete die Armee ihrer wesentlichen Aufgabe, der Reichsverteidigung. Die Armee durfte kein Bürgerkriegsinstrument sein. Schließlich war niemand froher als die führenden Soldaten in der Bendlerstraße, denen man so gern Diktaturgelüste nachgesagt hatte, als sie Mitte Februar 1924 ihre Aufgabe wieder in die Hand der parlamentarischen Regierung zurücklegen konnten.

Im Winter 1923/24 suchte ein konservativer Politiker Fühlung mit Seeckt, dessen Name im Dritten Reich noch eine erhebliche Rolle spielen sollte: Dr. Karl Friedrich Goerdeler. Goerdeler, damals der Deutschnationalen Partei angehörend, beschäftigte sich mit Plänen zu einer zentralistischen Reichsreform. Seeckt ließ eine ihm überreichte Denkschrift durch Schleicher beantworten. Im Februar 1924 legte er selbst in einem Memorandum „Preußen und Reich" seine Gedanken über die Zukunft Deutschlands nieder. Preußen und die ganz großen Länder des Reiches sollten Bestand haben, Preußen indes das Zentrum bilden. Die höchsten Staatsämter in Preußen und im Reich sollten in Personalunion vereinigt werden. Goerdeler vertrat die Idee der Wiederherstellung der Monarchie. Seeckt, obwohl preußischer Royalist, ging diesem Problem aus dem Wege. Beiden Reformern, Goerdeler wie Seeckt, war eines gemeinsam: Die konservative Grundhaltung, die Überzeugung, Preußen sei das Rückgrat des Reiches. Und beider Überlegungen sollten niemals mehr Wirklichkeit werden. Goerdeler, später vom Geist her der Gegenspieler Hitlers, suchte Fühlung mit dem führenden Soldaten in dem gleichen Jahr, in dem Seeckt Fühlung mit Hitler gesucht hatte. Und zwischen diesen beiden Polen verlief seit 1923 alle künftige Militärpolitik bis zum Untergang beider Vorstellungswelten im Jahre 1945.

Stresemanns Politik der Vernunft erbrachte 1924 den Abschluß des Dawes-Abkommens mit einer vorläufigen Regelung der Reparationsfrage, der Räumung des Ruhrgebietes durch die Besatzungstruppen und der Gewährung amerikanischer Kredite zur Wiederbelebung der deutschen Wirtschaft, damit diese die Last der Wiedergutmachung tragen konnte. 1925 setzte Stresemann den Abschluß des Vertrages von Locarno durch, unter Anerkennung der 1919 festgesetzten Westgrenze und Aufrechterhaltung der entmilitarisierten Zone im Rheinland. In der Politik deutsch-französischer Entspannung trat der Seecktschen Ost-Militärpolitik eine andere Komponente entgegen. Sein Mißtrauen blieb wach, solange er im Amt war, obwohl Stresemann wohlweislich einen Ost-Locarno-Pakt vermied und auch das gute Verhältnis zur Sowjetunion durch ein neues Abkommen bekräftigte. Seeckt pflegte Stresemann bei jedem Schritt zu tadeln – und fügte sich dann dem Primat der Politik, als realistischer Soldat.

Im Februar des Jahres 1925 stab überraschend der Reichspräsident Ebert, der Staatsmann, der Seeckt nicht nur zu ertragen gewußt, sondern auch richtig zu nehmen verstanden hatte. Seeckt hatte selbst mit dem Gedanken geliebäugelt, bei Neuwahlen für den Reichspräsidentenposten zu kandidieren, und hatte Schleicher beauftragt, Möglichkeiten dafür zu sondieren. Eberts plötzlicher Tod durchkreuzte solche Erwägungen, auch fand jedenfalls Seeckt, Schleicher habe sich seiner Pläne nicht mit großem Eifer angenommen. Beider Verhältnis kühlte sich ab. Und Seeckts politische Ambitionen fanden ihr Ende, als im zweiten Wahlgang die Rechts- und die bürgerlichen Mittelparteien den fast 78jährigen Generalfeldmarschall v. Hindenburg zum Reichspräsidenten wählten, den letzten Chef des Generalstabes des Feldheeres, dessen Name und imponierende Persönlichkeit ungezählten Menschen damals wie das Symbol der entschwundenen guten alten Zeit, als Bürgschaft für eine bessere Zukunft erschienen. Es hatte große Überredungskünste gebraucht, um den alten Herrn, dem genuin Politik und Parteipolitik obendrein ganz fremd waren, zur Annahme der Kandidatur zu bewegen. Für die Autorität des neuen Staates wie für die Armee, die wieder einen Ersatz für den verlorenen „Königsschild“ gefunden zu haben glaubte, bedeutete die Präsidentschaft des alten preußischen Soldaten jedoch sehr viel. Im Grunde hatte die Politiker wieder einmal Zuflucht bei dem großen Soldaten, dem letzten Chef des legendären Großen Generalstabes gesucht, sieben Jahre nach der Enttäuschung von 1918.

Hindenburgs einziger Sohn, Major Oskar v. Hindenburg, damals Taktiklehrer an der Kavallerieschule in Hannover, wie der Vater Generalstabsoffizier, wie dieser und wie Schleicher aus dem 3. Garde-Regiment z. F. hervorgegangen, wurde auf Wunsch des Vaters ihm als militärischer Adjutant zugeteilt. Somit ergab sich von vornherein eine besonders enge Verbindung mit der Heeresleitung, vor allem mit deren „grauer Eminenz“, Kurt v. Schleicher, mit dem Oskar v. Hindenburg damals noch eng befreundet war. Das persönliche Verhältnis zwischen Hindenburg und Seeckt war freilich stets kühl gewesen. Man hatte diesen gern anders beschäftigt, fern der OHL. Der junkerliche Patriarch mit seiner Bonhomie und der elegante, feingeschliffene Aristokrat schienen von zwei verschiedenen Sternen zu stammen, obwohl Hindenburg sich durchaus klar über die großen Verdienste Seeckts war.

In das Jahr 1925 fallen Versuche der Heeresleitung, nicht nur im Osten, wo illegale, aber mit Wissen der politischen Stellen formierte Grenzschutz-Milizen in Stärke von etwa 30 000 Mann vorhanden waren, sondern für das gesamte Reichsgebiet unter Umgehung des Versailler Vertrages Maßnahmen für einen Verteidigungsfall zu treffen. Von 1927 an gelangte man unter dem Decknamen „Landesschutzmaßnahmen" zu konkreten Vorbereitungen. Der erste Mobilmachungsplan für eine Armee von 21 Divisionen wurde erstellt, eine vorsichtige Erfassung noch vorhandener ausgebildeter Reserven eingeleitet und eine Evakuierung der Westgebiete im Fall neuerlicher französischer Aktionen bearbeitet. Alle diese Defensiv-Vorkehrungen waren sehr bescheiden und recht ungenügend. Völlig in der Theorie stecken blieb die Weiterentwicklung verbotener Waffen, neuer schwerer Geschütze, Feldgeschütze auf Selbstfahrlafetten und die Konstruktion von Modellen für einen leichten und einen mittleren „Traktor", die Tarnbezeichnung für Panzerkampfwagen. Ein „Kraftfahrlehrstab" bemühte sich um das Studium der Panzer-Taktik. Ähnlich rudimentär waren Bestrebungen, für den Ernstfall wenigstens eine behelfsmäßige Luftwaffe zu organisieren. Aus Tarnungsgründen wurde innerhalb der Inspektion für das Erziehungs- und Bildungswesen eine „Fliegerzentrale" errichtet, die praktisch zur T 2, der Organisationsabteilung des Truppenamtes, gehörte. Im Ernstfall hätte man einige wenige Jagdstaffeln und einige behelfsmäßige Aufklärungs- und Bomberstaffeln einsetzen können.

In strategischer Hinsicht erlangte infolge der Schwäche des Heeres naturgemäß der Gedanke der Defensive die Oberhand. Das Denken in Verteidigungsmaßnahmen – geistig der Abschied von den großen operativen Ideen der Schlieffen-Ära – wurde begünstigt durch die Erfahrungen der letzten Kriegsjahre im Westen und sollte noch lange eine beherrschende Rolle spielen, bis es mit den Überlegungen und Plänen Hitlers kollidierte, der weniger strategisch-operativ-offensiv dachte, weil er kein Soldat war, sondern in militaristischem Sinne aggressiv. Im Mai des Jahres 1926 wurde im Zuge der Aufnahme Deutschlands in den Völkerbund eine Vorbereitende Abrüstungs-Kommission gebildet, welche an den Abrüstungsverhandlungen in Genf teilnehmen sollte. Ihr wurden militärische Sachverständige zugeteilt. Seeckt begrüßte solche Verhandlungen. Er sah ganz richtig die Entwicklung voraus: Kam es nicht zu der angestrebten Abrüstung, was man vermuten konnte, dann konnte man aus dem Scheitern aller Bemühungen für das de jure und de facto total abgerüstete Deutsche Reich daraus die Folgerung ableiten, daß dieses nun seinerseits Rüstungsfreiheit anmelden konnte. So ist es dann auch schließlich gekommen.

Die Geheimpolitik wie die sehr selbstherrliche Art Seeckts belasteten von Anbeginn an das Verhältnis zwischen dem Chef der Heeresleitung und dem Reichswehrminister Geßler, der die dauernden Eigenmächtigkeiten des Generals und dessen manchmal recht einsame Beschlüsse vor dem Parlament, gegen eine stets wachsame Opposition, zu verantworten hatte. Bei Geßler, neben Noske dem besten Verteidigungsminister der neueren Zeit, den Deutschland besessen hat, entstand das Bedürfnis, sich ein eigenes kleines Minister-Büro für Wehrmachtangelegenheiten zu schaffen, einen Arbeitsstab, der ihm ergeben war und ihn über die Entwicklung auf dem laufenden hielt. Er wollte – und mußte – direkten Einfluß auf die Haltung der Armee gewinnen. Dieses verständliche Bestreben stieß bei Schleicher auf Entgegenkommen, angesichts der leisen, wachsenden Entfremdung zwischen ihm und Seeckt. Bei aller ihm eigenen, wohl berechneten Vorsicht pflegte Schleicher sich hie und da jetzt, wo es ihm nützlich schien, darüber zu beschweren, daß ihn der General v. Seeckt schlecht behandele.

So wurde 1926 die „Politische Abteilung (Wehrmacht)“ im Reichswehrministerium geschaffen, als Ministerbüro. An ihre Spitze trat der Oberst v. Schleicher, bislang Leiter der Gruppe III in der T 1 des Truppenamtes für militärpolitische Angelegenheiten. Damit wurde, wie die Praxis zeigen sollte, eine politische Generalstabs-Abteilung unter einem fachlich höchst gewandten und beschlagenen Generalstabsoffizier geschaffen, die bald dank Schleicher und dann wieder für kurze Zeit unter dessen späterem Nachfolger Generalmajor v. Reichenau den Rang eines militärpolitischen Staatssekretariates erlangen sollte. In ungewollter Ironie wies das Wappen der Familie v. Schleicher als Bild eine schräggestellte Leiter auf. Langsam, aber stetig vollzog sich, im Gegensatz zum Abstieg des Amtes „Chef der Heeresleitung“ der Aufstieg des Ministerbüros, in Zeiten, die ausgesprochen militärpolitische Entscheidungen verlangten. 1929 wurde aus dem Büro das Ministeramt des Reichswehrministeriums gebildet, das sich in der Endphase aus dem Stab des Amtschefs, der Adjutantur des Reichsministers und vier Abteilungen zusammensetzte. In normalen Zeiten hätte der Chef des Ministeramtes de facto den fehlenden militärisch-politischen Staatssekretär des Ministeriums ersetzen müssen. Die Zeiten waren nicht normal, trotz rasch verflackernden wirtschaftlichen Aufschwunges nach dem Dawesplan. An der Spitze des Amtes stand ein Generalstabsoffizier, der im Umgang mit meist sehr durchschnittlichen Politikern die Überzeugung gewonnen hatte, er sei eine Art von militärischem Talleyrand und die moderne Politik sei darum manipulierbar, weil ihr Wesensgehalt in Intrigen bestünde.

Im Oktober 1925 vollzog sich im Truppenamt eine Umbesetzung. General Hasse schied aus. An seine Stelle trat Generalmajor Wetzell. Otto Hasse war wahrscheinlich beweglicher in der Wahrung des Geistes der Moltke-Schlieffenschen Ära als der noch im Geist der OHL lebende Wetzell. Chef der T 1, der Aufmarschabteilung, wurde Oberstleutnant Werner Frhr. v. Fritsch, dem noch eine große und tragisch endende Rolle beschieden sein sollte, Sohn einer Familie aus dem sächsisch-thüringischen Ministerialadel. Wetzell wie Fritsch waren alte Mitarbeiter Seeckts. Und Fritsch war damals ein noch weit unkomplizierterer Geist als in späteren Jahren, in denen er ohne eigenes Zutun in eine schreckliche Krise geriet.

Seeckt beging nun im ewig schlummernden Konflikt mit Geßler in der leise geschürten Mißstimmung zwischen Schleicher und ihm, die er wahrscheinlich kaum notiert hat, eine Reihe von Fehlern, die ihm das Amt kosteten. Ohne seinen vorgesetzten Minister zu fragen, erließ er im Sommer 1926 eigenmächtig eine Verordnung über die Regelung des Duellwesens im Offizierkorps. Ohne den Minister oder wenigstens seinen immerhin lang bewährten politischen Adlatus Schleicher zu fragen, genehmigte er ein Gesuch des ehemaligen Kronprinzen, der darum gebeten hatte, seinem ältesten Sohn, den Prinzen Wilhelm von Preußen, die Möglichkeit zu geben, in Uniform an einer Übung des Infanterie-Regimentes 9, des Traditionsträgers der Kgl. Preußischen Garden, auf dem württembergischen Truppenübungsplatz Münsingen teilzunehmen. Die Teilnahme von Prinzen des Hohenzollernschen Hauses, der alten Dynastie, als gleichsam illegaler Reserveoffiziere an Übungen des Reichsheeres lag durchaus in den Absichten Seeckts, die Tradition zu pflegen und alle Möglichkeiten offenzuhalten. Verglichen mit den Verhältnissen unmittelbar nach der Revolution, wo Männer wie Seeckt nur nach Generalstabs-Qualifizierung gefragt hatten, ließ sich überhaupt eine gewisse Refeudalisierung des Offizierkorps konstatieren. Nach der Rangliste von 1932 waren von insgesamt 4000 Heeres-Offizieren wieder 820 adeliger Abkunft, darunter befanden sich zum erstenmal wieder Prinzen ehemals fürstlicher Häuser. Auch eine gewisse altadelige Vettern-Wirtschaft ließ sich wieder feststellen. Die Hammerstein waren zeitweilig mit zwei, die Stülpnagel mit drei Generalen vertreten.

In der Sicht des Jahres 1926 war die Teilnahme des Prinzen von Preußen, theoretisch Erbe der Kaiserkrone und derjenigen von Preußen in zweiter Generation, an Reichswehrübungen nicht nur ein Fehler, sie war überflüssig. Ende September 1926 bekam die sozialdemokratische und demokratische Presse Wind von diesem Ereignis. Sie forderte mit übertriebener Energie, im traditionell unsicheren Verhältnis zur Macht, den Rücktritt des Chefs der Heeresleitung. Seeckt hatte durch seine hochmütig attentistische Politik ohnedies niemals etwas dazu beigetragen, die sozialistisch-demokratische Opposition davon zu überzeugen, daß, bei allen persönlichen Ressentiments, seine Loyalität gegenüber der Verfassung unbestreitbar war. Es läßt sich nicht nachweisen, daß der Oberst v. Schleicher im Ministerbüro damals etwas gegen Seeckt unternommen hätte. Ebensowenig läßt sich nachweisen, daß er nach seiner etwas zynischen Manier versucht hat, die aufgeregten Presseleute und Politiker zu beschwichtigen. Er war nicht gefragt worden, er distanzierte sich von Seeckt.

Der Reichswehrminister war mit Recht über die neueste, sinnlose Eigenmächtigkeit des Chefs der Heeresleitung erbittert. Der Reichskanzler Marx, ein Zentrumsmann und hoher Jurist, machte dem Reichspräsidenten v. Hindenburg klar, es drohe eine Kabinettskrise, wenn Seeckt nicht zurückträte. Geßler sagte sehr drastisch, er habe es satt, immer den „Buckel hinzuhalten" für das, was Seeckt tue.

In dieser Stunde riet der Chef der T 1, Oberstleutnant Frhr. v. Fritsch, dem Chef der Heeresleitung zu bewaffnetem Widerstand, wenn die Parteien wirklich seinen Kopf forderten, der gleiche Mann, der in der eigenen Krise zwölf Jahre später als Oberbefehlshaber des Heeres völlig resignierte. Flüchtig tauchte noch einmal die Idee einer Diktatur Seeckt auf – nun gegen den letzten Chef der Obersten Heeresleitung, der Reichspräsident geworden war. War die Reichswehr das verfassungsmäßig gebundene Instrument der Reichsverteidigung oder war sie es nicht? Seeckt war ein viel zu großer Realist, viel zu sehr im preußischen Gehorsam erzogen, um nicht zu sehen, daß ein Staatsstreich gegen die Person Hindenburgs an der Spitze des Reiches ein Unding war. Vielleicht hat Fritsch damals zuviel aus der Reaktion Seeckts gelernt.

Am 7. Oktober 1926 empfing Hindenburg Seeckt, anschließend auch den Reichswehrminister. Tags darauf teilte Seeckt dem Chef des Truppenamtes, General Wetzell, mit, seine Lage sei aussichtslos. Hindenburg konnte als konstitutioneller Reichspräsident nur so handeln, wie es ihm der Reichskanzler Marx angeraten hatte. Er war nicht gesonnen, um der Persönlichkeit Seeckts willen eine neuerliche Kabinettskrise zu riskieren. Um 12 Uhr mittags des gleichen Tages gewährte Hindenburg Seeckt die Abschiedsaudienz. Die sehr angesehene „Vossische Zeitung" in Berlin, das Organ der gleichsam konservativen Demokraten, schrieb damals, auch für Republikaner gäbe es eine Grenze der Geduld. Galt dies auch in diesem Fall für den alten Generalfeldmarschall in der Wilhelmstraße? Er hatte Seeckt stets reserviert gegenübergestanden. Er wußte sehr wohl um seine hohen Gaben, um seine Verdienste, was den Aufbau der Reichswehr betraf. Menschlich war Seeckt ihm immer fremd geblieben. Und im Familienkreis fiel einmal die Bemerkung, dieser Mensch (d. i. Seeckt) verdürbe ihm noch den Charakter des ganzen Offizierkorps. In jedem Falle beugte er sich den Verpflichtungen des gewählten Staatsoberhauptes.

Im Hinblick auf seine Pläne, 1925 für den Posten des Reichspräsidenten zu kandidieren, hatte Seeckt schon damals den Generalleutnant Wilhelm Heye als seinen geeignetsten Nachfolger bezeichnet. Heye war 1926 Befehlshaber im Wehrkreis I Ostpreußen, der für den wichtigsten und schwierigsten Wehrkreis galt. Schleicher war gleichfalls für Heye, der weit weniger hochmütig und eigenwillig als Seeckt war und als einstiger bevorzugter Mitarbeiter Groeners zudem in dem Rufe stand, dem Zeitgeist aufgeschlossener gegenüberzustehen als der stets kühl abweisende Seeckt. So wurde der mit einem grimmigen Feldwebelschnauzbart bewehrte Mann mit einem nüchternen, etwas hausbackenem Verstand, Sproß einer ostfriesischen Landwirtsfamilie, der Nachfolger Seeckts. Er trat ein schwieriges und undankbares Amt an. Wilhelm Heye war aus dem Kadettenkorps und dem Generalstab hervorgegangen. Wenn man ehemaligen Kadetten gern Engstirnigkeit und Überheblichkeit nachsagte, so traf dies jedenfalls für ihn durchaus nicht zu. „Papa Heye“, wie er wohl genannt wurde, war überzeugt davon, die Zukunft gehöre nun einmal der demokratischen Staatsordnung. Freilich, die Bedeutung des Amtes, das er übernahm, vermochte er nicht zu wahren. Seeckt blieb für einige Zeit noch die geheimnisvolle Figur im Hintergrund. Aber die Zeit ging dann auch über ihn hinweg, je mehr sich Hitler, das neue Idol der Massen, in den Vordergrund schob.

Das militärische Vermächtnis, das Seeckt hinterließ, und dem alle Chefs der Heeresleitung wie des Truppenamtes von Heye und Hammerstein-Equord bis zu Fritsch und von Wetzell über Blomberg und Adam bis zu Beck folgten, war im Grunde das bewegliche, motorisierte und mit starker Kavallerie ausgestattete begrenzte Eliteheer, das den Sieg des Geistes über die Materie und die Masse verbürgte und das nur in Territorialreserven die Volkskraft ausschöpfen sollte. Wie zäh ganz konservativer Geist lebendig blieb, lehrte der bis 1928 währende, endlich zu Gunsten der Vernunft entschiedene Streit darüber, ob im Zeitalter des Motors und des Panzers die Lanze als Angriffswaffe für die sehr starke Kavallerie des Reichsheeres beibehalten werden solle oder nicht.

General Heye gab sich betont demokratisch. Auch der neue

Chef des Truppenamtes, Nachfolger des 1927 verabschiedeten Wetzell, Oberst Werner v. Blomberg, 1918 I. Generalstabsoffizier Reinhardts bei der 7. Armee, gab sich als überzeugter Demokrat. Mit dem Verschwinden der Interalliierten Militärkontrollkommission ergab sich in diesen Jahren die Möglichkeit, Generalstabsoffiziere zu Studienzwecken ins Ausland zu kommandieren. Blomberg selbst besuchte die insgeheim befreundeten sowjetischen Armeestellen und reiste auch in die Vereinigten Staaten. Ähnlich wie der jüngere Moltke war er ein hochgebildeter, außerordentlich vielseitig interessierter Mann, zu dessen Neigungen auch antroposophische Studien gehörten. Jedenfalls wirkten seine Belesenheit, seine Sprachkenntnisse auf einen einfacher angelegten Mann wie seinen späteren Stabschef General Keitel höchst beeindruckend. Und Blomberg war in jedem Fall einer der wenigen Generalstabsoffiziere, die damals erkannten, daß jede moderne Kriegführung künftig eine Denkweise in verschiedenen Dimensionen erforderte, daß man nicht mehr rein kontinental mit dem Landheer operieren könne, sondern Luft- und Seekrieg berücksichtigen müsse.

Militärpolitisch beherrschten zunächst die Völkerbunds- und die Abrüstungsfrage die Situation. Im Westen baute Frankreich seit dem Jahre 1929 nach den Plänen des Kriegsministers Maginot zwischen den für undurchschreitbar angesehenen Ardennen und der Schweiz eine gewaltige Befestigungslinie, die deutlich das französische Streben nach absoluter Sicherheit verriet. 1927 arbeitete Oberstleutnant Frhr. v. Fritsch in der T 1 an einem Plan für schnelles Eingreifen im Osten bei einem polnischen Überfall aus, unter hinhaltender Taktik im Westen (wo an sich der Locarno-Pakt einen ewigen Frieden sichern sollte). Der Plan wurde jedoch fallengelassen zu Gunsten einer reinen Defensive im Konfliktfall unter Annahme rechtzeitigen Eingreifens des Völkerbundes.

Um die Jahreswende 1927/28 sah sich der Reichswehrminister Geßler erneut von den Militärs, diesmal durch die Marineleitung, in eine Zwangslage versetzt, infolge mißbräuchlicher Verwendung geheimer Rüstungsfonds zur Finanzierung patriotischer Filme. Er trat Anfang 1928 zurück. Schleicher erreichte es, daß sein Protegé in der letzten Obersten Heeresleitung, General a. D. Groener, der als „süddeutscher Demokrat“ galt, Nachfolger im Kabinett wurde. So ergab sich 1928 das ungewöhnliche Bild, daß der letzte Chef des Generalstabes des Feldheeres, Hindenburg, Reichspräsident, dessen letzter Erster Generalquartiermeister Groener Reichswehrminister und einer der einst maßgeblichen Offiziere aus dem Stab des Generalquartiermeisters II als Leiter des Ministerbüros der heimliche politische Staatssekretär der Reichswehr waren. Der enge Zirkel erfuhr noch eine Erweiterung. 1929 ging Blomberg als Befehlshaber im Wehrkreis I nach Ostpreußen. Das Truppenamt erhielt der Generalmajor Kurt Frhr. v. Hammerstein-Equord, bisher Chef des Stabes beim Gruppenkommando I Berlin, 1914 im Großen Generalstab Adjutant des Generalquartiermeisters v. Stein. Hindenburg Vater und Sohn, Schleicher und Hammerstein-Equord hatten im 3. Garde-Regiment z. F. gedient. Vielfach, bis heute, hat man darin die Vollendung der Machtübernahme durch die Reichswehrführung sehen wollen. Wie falsch das Bild ist, kann man an der Entwicklung der nächsten Jahre ablesen.

Schleicher wie Hammerstein-Equord, einen geistig sehr hochstehenden, außerordentlich befähigten Generalstabsoffizier, der nur eines nie gelernt hatte, die Tugend des Fleißes und steter Schreibtischarbeit, beschäftigte im Grunde ein Problem, das immer dringlicher werden sollte, wie man die Masse des Volkes, und damit die Masse der potentiell Wehrpflichtigen, wieder in die Hand bekommen könne, weil die Massen dem verhaßten demokratischen Staat eine entschiedene Absage erteilten und in diametral entgegengesetzte Lager nach Rechts und Links abschwenkten. Für die Reichswehr bedeutete dies, daß sie Gefahr lief, zwischen die Mühlsteine eines fürchterlichen Bürgerkrieges zu geraten.

Im Truppenamt entwickelte Hammerstein-Equord konsequent die Taktik der hinhaltenden Verteidigung weiter. Alle Maßnahmen wurden darauf abgestellt, im Fall eines Angriffes von außen Zeit zu gewinnen, bis der Völkerbund eingriff. Solche Lage wurde 1930 im Truppenamt durchgespielt. Im gleichen Jahre wurde auch zum erstenmal ein theoretischer Mobilmachungsplan bearbeitet. Mit Hilfe von Freiwilligen sollte im Ernstfall die alte Seecktsche Idee der Verdreifachung des Heeres von sieben auf 21 Divisionen erreicht werden. Man glaubte ferner, auf Grund der Entlassungen aus der Reichswehr mit etwa 150 000 ausgebildeten Reservisten rechnen zu können. Der unterschiedlich ausgebildete und nur leichtbewaffnete „Grenzschutz Ost" mit etwa 30 000 Mann war in diese Rechnung nicht einbezogen. Als man 1931 mit sowjetischer Hilfe in den Besitz polnischer Aufmarschpläne gelangte, fand sich die alte Sorge hinsichtlich polnischer Aggressionsabsichten im Osten bestätigt. Die Pläne des Generalstabes in Warschau ließen auf einen Handstreich gegen Schlesien schließen. Man entschloß sich daher, Vorbereitungen für eine zeitweilige militärische Räumung Schlesiens zu treffen, für die auch Hindenburgs Zustimmung eingeholt wurde.

Am 31. Oktober 1930 schied General Heye aus Altersgründen aus dem Dienst. Nachfolger wurde Schleichers Favorit, Frhr. v. Hammerstein-Equord. Das Truppenamt übernahm der Generalmajor Wilhelm Adam. Als Hammerstein-Equord die Heeresleitung übernahm, hatte sich inzwischen der Himmel drohend umwölkt. Heeresleitung und Truppenamt traten in den Hintergrund. Das Geschick der Armee und zu einem guten Teil auch das Geschick des Deutschen Reiches lagen jetzt im Grunde in der Hand des Chefs des Ministeramtes im Reichswehrministerium, Kurt v. Schleicher, der bis zum Generalmajor aufstieg, des einzigen wirklich „politischen Generals", den der Generalstab je hervorgebracht hat.

Im Oktober des Jahres 1929 war Gustav Stresemann gestorben, der letzte Staatsmann der Republik. Im März des Jahres 1930 zerbrach das bis dahin regierende Kabinett der Großen Koalition aus SPD und christlich-bürgerlichen Mittelparteien, weil die Sozialdemokraten ihren eigenen Kanzler Hermann Müller-Franken angesichts notwendiger, aber unpopulärer Notmaßnahmen, desavouierten, eine Folge der im Oktober 1929 ausgebrochenen Weltwirtschaftskrise.

Schleicher, den Groener in seinen Papieren als seinen „cardinal in politicis" bezeichnet war gemeinsam mit seinem Minister überzeugt, daß es jetzt nur noch eine Lösung gäbe. Der Reichspräsident müsse selbst eine Persönlichkeit zum Reichskanzler berufen, die geeignet erschien, über die zerstrittenen Parteien hinweg dem deutschen Volk einen neuen Kurs zu weisen. Damals war Schleicher persona gratissima im Reichspräsidenten-Palais in der Wilhelmstraße. Er fand sofort die Zustimmung Hindenburgs, dem über dem „Kuhhandel" der Parteien ähnliche Ideen schon früher gekommen waren. Der politische Stabschef des Reichswehrministeriums präsentierte Hindenburg den neuen Reichskanzler, Dr. Heinrich Brüning, den Vorsitzenden der Zentrumsfraktion, einen Vertreter der Frontgeneration, hervorgegangen aus der katholischen Gewerkschaftsbewegung, einen Tory-Demokraten von großer Vaterlandsliebe und Lauterkeit, der auch Hindenburg stark beeindruckte, zumal Brüning wie der uralte Generalfeldmarschall auf dem Reichspräsidentenstuhl im Grunde der Überzeugung waren, für die Zukunft läge Deutschlands Heil in der Rückkehr zur monarchisch-parlamentarischen Staatsform. Brüning versuchte anfangs noch, mit dem Reichstag zu regieren; als sich dieser zunehmend einer konstruktiven Mitarbeit versagte, begann der Übergang zur Präsidialregierung, gedeckt durch die kleine Reichswehr, die Schleicher sorgfältig von jeder Tagespolitik fern hielt und Gewehr bei Fuß stehen ließ.

Die Weltwirtschaftskrise, deren Auswirkungen Deutschland besonders hart trafen, hatte die Wiederkehr einer Partei zur Folge, die nach dem mißlungenen Putsch Hitlers von 1923 fast völlig von der politischen Bühne verschwunden war, der Nationalsozialistischen Deutschen Arbeiterpartei, der NSDAP. Schleicher hatte sich schon 1929 in Unterhaltungen mit Brüning besorgt über deren Anwachsen geäußert. Unter jüngeren Marineoffizieren und den Arbeitern der Marinestationen Kiel und Wilhelmshaven waren Sympathien für diese Partei festgestellt worden, die sich selbst als eine revolutionäre, nationale, soziale und absolut wehrfreudige Bewegung verstanden wissen wollte. Nach Äußerungen Brünings befürchtete Schleicher vor allem, Polen könne bürgerkriegsähnliche Verwicklungen in Deutschland zum Eingreifen benutzen. Als Brüning Kanzler wurde, bewog er diesen, bei den einstigen Siegermächten zu sondieren, ob diese im Fall innerer Unruhen eine Verstärkung der Reichswehr zulassen würden. Die Antwort fiel negativ aus. Schleicher suchte auch die Begegnung mit Hitler, dem „Führer" der neuen Bewegung, war allerdings im Gegensatz zu Seeckt gar nicht beeindruckt von ihm, sondern betrachtete ihn seitdem nur mit noch größerem Mißtrauen als zuvor.

Bei den Reichstagswahlen vom September 1930, mit deren Hilfe Brüning gehofft hatte, wieder eine tragfähige Mehrheitsbildung im Parlament erreichen zu können, fiel der Partei Hitlers ein völlig überraschender Erfolg zu. Mit 107 Abgeordneten zog die „Bewegung" in den Reichstag ein, als zweitstärkste Partei. Schleichers Kurs wurde vieldeutiger. Im Gegensatz zu seinem Minister General Groener glaubte er nicht, daß man auf die Dauer ohne die neue wehrwillige Massenpartei werde regieren können. Die Reichswehr war in seinen Augen der Kern der künftigen Wehrmacht der Nation. Jetzt hatte er das beunruhigende Beispiel vor Augen, daß die stärkste wehrfreudige Partei in schroffer Opposition zum bestehenden Staat stand. In einigen Wehrkreisen war die Mitarbeit der SA, der wiedererstandenen paramilitärischen Formation der NSDAP, bei allen Grenzschutzmaßnahmen, schwer zu vermeiden, eine Tatsache, die vor allem den Befehlshaber in Ostpreußen, General v. Blomberg und dessen jungen, sehr begabten und höchst ehrgeizigen Chef des Stabes, Oberst v. Reichenau, nachdenklich stimmte.

Noch, so argumentierte Schleicher, waren Reichswehr und Berufsbeamtentum intakt, noch lebte der greise Reichspräsident mit seiner unbestrittenen stillen Autorität. Daher begann er sich mit dem Problem zu beschäftigen, wie es möglich wäre, die Nationalsozialisten so früh wie möglich an der Verantwortung zu beteiligen, solange Kräfte vorhanden waren, um etwaigen Eigenmächtigkeiten Hitlers entgegentreten zu können. Hindenburg, Brüning, Groener und damals auch Schleicher hatten die Vorstellung, man müsse den Weg zur Überleitung in eine neue Ordnung finden, zur Wiederaufrichtung der Monarchie mit einem vernünftigen parlamentarischen Leben. Solche Gedankengänge vermochten jedoch das aktuelle Problem nicht aus der Welt zu schaffen, die Bewegung Hitlers, mit Millionen enttäuschter, verzweifelter oder erwerbsloser Wähler, deren Anführer, unter Entfesselung einer Kampagne gegen die zu „schlappen Büro-Generale" im Reichswehrministerium, die Forderung nach einem starken deutschen Volksheer vertrat. Umso peinlicher versuchten Groener und Schleicher die Armee, vor allem das Offizierkorps, gegen nationalsozialistische Einflüsse abzuschirmen. Als sich beim Artillerie-Regiment 5 in Ulm junge Offiziere zu einem losen Kreis zusammenfanden und Hitlers Gedanken zu vertreten versuchten, griff Groener sofort durch. Zwei Leutnants wurden aus der Armee ausgestoßen und in einem Hochverratsprozeß zu Festungshaft verurteilt. Die Reichswehr mußte unpolitisch bleiben, gerade weil man im Ministeramt eifrig Politik betrieb.

Die Lage verdüsterte sich weiter. Im Herbst des Jahres 1931 schlossen die Konservativen, der Frontsoldatenbund „Stahlhelm" – der sehr stark in alle Grenzschutzmaßnahmen im Osten einbezogen war – und die Deutschnationale Partei in Bad Harzburg ein sehr unnatürliches Bündnis mit Hitler, dessen Auswirkungen denn auch begrenzt waren. Die SA, deren Führung Hitler selbst übernommen hatte, nahm unter dem von ihm eingesetzten „Stabschef" der SA, dem ehemaligen kgl. bayerischen Generalstabshauptmann Ernst Röhm, einen neuen Aufstieg. Die illegale „Para-Armee" wuchs schließlich auf etwa 400 000 Mann an. Militärisch war ihr Wert gleich Null. Röhm sah in dieser politischen Miliz jedoch den Kern einer kommenden ganz neuen Volksarmee. Hitler wiederum erblickte in der SA ein Instrument des politischen Kampfes in den Versammlungssälen und auf den Straßen. Er war auch im Prinzip gegen jede Beteiligung dieser paramilitärischen Formationen an Grenzschutzübungen. Seine Parole lautete: „Diesem System keinen Mann!" Röhm wiederum verstand sich in der Rolle des „Stabschefs" sozusagen als General, im Führerkorps der Neben-Armee befanden sich viele ehemalige junge Frontoffiziere, auch frühere Reichswehroffiziere. Örtliche SA-Kommandeure hielten sich auch nicht an Hitlers Parolen in bezug auf den Landesschutz im Osten. Schleicher wie auch Röhm suchten Kontakt miteinander, jeder in der Hoffnung, den anderen für seine Ziele zu gewinnen. Schleicher hoffte, alle

28. Kurt Freiherr v. Hammerstein-Equord (1878–1943)
1929 Chef des Truppenamtes

29. Wilhelm Adam (1877–1949)
1930 Chef des Truppenamtes

30. Kurt v. Schleicher (1882–1934)
1926 Chef des Ministeramtes im Reichswehrministerium
1932 Reichswehrminister, 1932/33 Reichskanzler und Reichswehrminister
30. Juni 1934 ermordet.
Generalleutnant a. D. v. Schleicher als Reichskanzler
bei einer Rundfunkansprache

31. Generaloberst Frh. v. Fritsch, Oberbefehlshaber des Heeres,
und General Beck (r.), Chef des Generalstabes des Heeres,
bei einer Besprechung in der Bendlerstraße

rechtsgerichteten Wehrbünde als Reservoir für eine Miliz zusammenfassen zu können. Die Situation wurde für den „politischen General“ immer komplexer. Auf der Linken gewann die Kommunistische Partei an Stärke. Auf den Straßen entwickelte sich ein latenter Bürgerkrieg.

Dem Reichskanzler Brüning schwebte vor, der Wirtschaftskrise durch strikte Sparmaßnahmen zu begegnen, bis außenpolitische Erfolge sich abzeichneten. Er hoffte, die endgültige Regelung des Reparationsproblems erreichen zu können, ebenso die theoretische Anerkennung militärischer Gleichberechtigung angesichts der niemals zum Abschluß gelangenden Abrüstungsverhandlungen. Brünings Überlegungen gingen dahin, im Fall der Anerkennung der Gleichberechtigung das Heer nach Schweizer Vorbild, unter Verzicht auf schwere Waffen, in eine Miliz umzubilden. Schleicher näherte sich diesen Gedanken. Aber die Miliz-Pläne rührten im Grunde an die Basis seiner eigenen Politik, die festgefügte, jenseits aller Politik stehende Berufsarmee, den Rückhalt des ganzen halbautoritären Kurses Hindenburgs und Brünings mit Notverordnungen zur Meisterung der innen- und wirtschaftspolitischen Krise. Der Milizgedanke stieß auch auf scharfe Ablehnung im Truppenamt und wurde 1932 endgültig begraben.

Im April des Jahres 1932 wude Hindenburg bei den Reichspräsidentenwahlen im zweiten Wahlgang gegen Hitler, nunmehr als Kandidat der bürgerlich-christlich-demokratischen Mittelparteien und der Sozialdemokraten, wiedergewählt, als Schutz- und Schirmherr der wankenden Republik. Der „Stahlhelm“, dessen Ehrenvorsitzender der Generalfeldmarschall war, hatte sich beim ersten Wahlgang gegen ihn gestellt. Der Kronprinz, bis zu diesem Zeitpunkt Schleichers Hoffnung im Hinblick auf die erstrebte monarchische Restauration und dessen persönlicher Freund aus alten Tagen, hatte beim ersten Wahlgang in letzter Minute sich selbst als Kandidaten gegen Hindenburg angetragen, in der Hoffnung, mit den Stimmen der Nationalsozialisten siegen zu können. Der Kaiser in Doorn verbot die Kandidatur. Schleicher war entsetzt über soviel Taktlosigkeit und mangelndes politisches Fingerspitzengefühl. Beim zweiten Wahlgang forderte dafür der Kronprinz öffentlich dazu auf, für Hitler zu stimmen, das gleiche tat General v. Seeckt. Die Verwirrung der Geister wurde nahezu perfekt.

Schleicher geriet mit seinem Gönner General Groener in Konflikt, der bei der Umbildung des Kabinettes Brüning im Herbst 1931 auch kommissarisch das Reichsinnenministerium übernommen hatte. Groener und der Reichskanzler setzten bei dem widerstrebenden Reichspräsidenten unmittelbar nach der Wiederwahl ein Verbot der SA durch, um Hitler gewissermaßen die Zähne auszubrechen, bevor man sich mit ihm über neue Möglichkeiten einer Einbeziehung der NSDAP in die Verantwortung unterhielt. Schleicher war kein Freund dieser – überdies sehr halbherzig durchgeführten Maßnahme –, mehrere Wehrkreisbefehlshaber meldeten Bedenken gegen die Auflösung dieser wehrwilligen Massenorganisation an. Schleicher schwebte vor, alle großen Wehrverbände „Stahlhelm“, SA und das republikanische „Reichsbanner“ mit seinen „Schutzformationen“ unter Reichsaufsicht zu stellen. Hindenburg wiederum bestand darauf, verbiete man die SA, müsse man paritätisch auch das „Reichsbanner“ auflösen. Schleicher desavouierte Groener, dem auch der Reichspräsident das Vertrauen entzog. Groener, der überdies durch eine Privataffäre, eine zweite Heirat, der vor der Zeit die Geburt eines Sohnes folgte, belastet war, trat als Reichswehrminister zurück, in tiefer Verbitterung gegenüber seinem alten Generalstabschef, von dem er sich verlassen fühlte.

Das zweite Kabinett Brüning stand vor dem Zerfall. Schleicher wie auch Hindenburg gewannen, jeder für sich, endgültig die Überzeugung, daß Brüning nicht der richtige Mann sei, um die in Opposition stehenden Rechtsparteien wieder an den Staat heranzuführen. Hindenburg war allerdings überzeugt, daß Brüning wegen der schwebenden Reparations- und Militärverhandlungen unbedingt Reichsaußenminister bleiben müsse, ein Amt, das der Kanzler zusätzlich im Herbst des vergangenen Jahres übernommen hatte.

Für den Reichspräsidenten stand es nicht fest, wer Nachfolger Brünings werden solle. Unter den Kandidaten wurde auch Dr. Goerdeler genannt. Schleicher hielt auf eigene Faust Ausschau nach einem Kanzler, der geeignet war, sowohl das Vertrauen des alten Feldmarschalls zu gewinnen wie dasjenige der Rechtsopposition mit ihren Wählermassen. Da er wohl wußte, daß er für ein Auftreten in der Öffentlichkeit nicht sehr geeignet war, suchte er im Grunde nach einem „Sprechminister" für sich selbst. Das Reichswehrministerium gedachte er selbst, unter Ausscheiden aus dem aktiven Dienst, zu übernehmen.

Ende Mai nahte Brünings letzte Stunde. Nachdem auch der Reichswirtschaftsminister Prof. Warmhold wegen Meinungsverschiedenheiten über Brünings strenge Restriktionspolitik zurückgetreten war, mußte das Kabinett zumindest um-, wenn nicht neugebildet werden. Als Hindenburg Bedenken hinsichtlich einer geplanten Notverordnung mit der Kürzung der Kriegsopferrenten und einer staatlichen Enteignungsbefugnis für nicht mehr entschuldungsfähige Güter im Rahmen der „Osthilfe" für die verschuldete ostdeutsche Landwirtschaft erhob, bot Brüning den Rücktritt an, ähnlich wie Groener tief verletzt über das mangelnde Vertrauen des von ihm hochverehrten alten Generalfeldmarschalls. Es gab damals genug Gerüchte über eine angebliche Intervention des ostelbischen Großgrundbesitzes bei Hindenburg gegen den „Siedlungsbolschewisten Brüning". Sie hat sich nicht nachweisen lassen. Hindenburg nahm Brünings Rücktritt entgegen, die Kabinettskrise hatte lange genug geschwelt, weil Brüning nicht der Mann war, um mit der gewaltig angeschwollenen Rechtsopposition fertig zu werden. Aber würde sich jemand anderes finden lassen, der dies Kunststück noch zuwege brachte? Brüning selbst meinte, er sei „hundert Meter vor dem Ziel" gescheitert, vor der Erreichung seiner außenpolitischen Vorhaben. Hindenburg bat ihn, das Auswärtige Amt weiter zu behalten. Dies lehnte der zu Tod gekränkte Kanzler ab.

Schleicher präsentierte den neuen Reichskanzler, seinen „Sprechminister", den ehemaligen Major im Generalstab und Militärattachée in Washington Franz v. Papen, einen katholischen Aristokraten vom rechten Flügel des Zentrums, einen Kavalier der alten Schule, der sofort Hindenburgs Herz gewann. Schleicher und Papen formierten ein Kabinett aus meist aristokratischen christlich-konservativen Fachleuten. Die alte Herrenschicht gelangte noch einmal in den Sattel. Hatten die Nationalsozialisten bisher die Kampagne gegen die „Bürgergeneräle", die „Verräter" aus der alten OHL im Reichswehrministerium geführt, so leiteten sie jetzt eine neue Kampagne gegen das „Kabinett der Barone" ein.

Hitler versprach allerdings, die Regierung Papen zu tolerieren, wenn das Verbot der SA aufgehoben würde, was auch geschah. Papen heimste einen der von Brüning vorbereiteten Erfolge ein, die formelle Einstellung aller Reparationszahlungen. Die Massen fragten nicht mehr nach solchen diplomatischen Siegen, sie verlangten nach Arbeit und Brot und setzten auf den Mann, der ihnen dies am lautstärksten verhieß, auf Hitler. Papen, mit Konsens von Schleicher, riskierte einen Staatsstreich gegen die noch im Amt befindliche geschäftsführende Preußische Landesregierung aus Sozialdemokraten und Zentrumspolitikern, die praktisch durch die außerordentlich starke nationalsozialistische wie kommunistische Opposition im Landtag paralysiert war. Preußen sollte enger mit dem Reich verbunden werden, Pläne, die auch früher schon in der Berliner Ministerialbürokratie erörtert worden waren. Zu diesem Zweck wurde am 20. Juli 1932 vorübergehend der Ausnahmezustand im Wehrkreis III Berlin-Brandenburg verkündet und dem Befehlshaber der 3. Division, Generalleutnant v. Rundstedt, die vollziehende Gewalt übertragen. Ein Offizier und einige Soldaten entfernten den amtierenden preußischen sozialdemokratischen Innenminister Carl Severing, der erklärt hatte, er weiche nur der Gewalt, aus dem Amt.

Neuwahlen zum Reichstag Ende Juli 1932 ergaben nur ein neues Anwachsen der nationalsozialistischen wie der kommunistischen Opposition. Bei der Heeresleitung erhielt man Wind von Putschabsichten der SA in Berlin. Schleicher und sein neuer Amtschef im Ministeramt, der bisherige Leiter der Abwehr-Abteilung, Oberst v. Bredow, gaben unmißverständlich zu verstehen, in solchem Fall würde die Reichswehr schießen. Am 13. August 1932 empfing Hindenburg Hitler und lehnte kompromißlos dessen Ansuchen ab, ihm die alleinige Regierungsgewalt zu übertragen. Die Beteiligung der NSDAP an einer konservativen, nationalen Koalitionsregierung lehnte Hitler wiederum ab, als Hindenburg sie ihm anbot.

Erneute Reichstagswahren im November 1932 brachten der NSDAP geringe Stimmverluste, das Gesamtbild blieb das gleiche. Papen sah sich ausmanövriert, er konnte nur mit der Unterstützung der arg zusammengeschrumpften Deutschnationalen Volkspartei rechnen. General v. Schleicher hatte die Regierung Papen als Experiment betrachtet. Das Experiment war gescheitert. Was sollte nun geschehen? Schleicher hatte sein System der militärischen Nebenregierung im Reichswehrministerium voll ausgebaut. Der Chef der Heeresleitung, Frhr. v. Hammerstein-Equord, und der Chef des Heerespersonal-Amtes, Generalleutnant Frhr. v. d. Bussche-Ippenburg, aus der alten OHL waren seine engen Freunde. Reichspressechef war der vorübergehend aus der Reichswehr ausgeschiedene Major i. G. Marcks geworden, Chef der Reichskanzlei ebenfalls ein militärischer Vertrauter, Rittmeister a. D. Planck, der Sohn des weltberühmten Physikers. Der Truppenamts-Chef General Adam war eine sehr unpolitische Natur, wie überhaupt die Armee selbst, das gehörte zu den Maximen Schleichers, von der Intrigenpolitik und dem Tauziehen um Hitler im wesentlichen unberührt blieb. Sie konnte in diesem Jahr zum erstenmal sich etwas freier bewegen. Längstgehegte Pläne der Heeresmotorisierung wurden in Angriff genommen, die Herbstmanöver fanden wie gewöhnlich statt. In Arys in Ostpreußen konnte der Reichspräsident bei den Herbstübungen eine größere Gruppe sowjetrussischer Offiziere begrüßen, darunter den späteren Marschall Tuchatschewski, damals Kommandeur der rasch berühmt gewordenen Frunse-Akademie, der sowjetischen Kriegsakademie.

Papen dachte in diesen trüben Herbstmonaten des Jahres 1932 nicht daran zu weichen. Er wollte den Reichspräsidenten veranlassen, den offenen Kampf gegen Rechts und Links zu riskieren, die Verfassung zu suspendieren und eine konservativ-autoritäre Verfassungsreform durchzusetzen. Schleicher konstatierte mit Mißbehagen, daß sein „Sprechminister“ Geschmack an der großen Politik gefunden hatte. Im Gegensatz zu diesem hatte er dabei Terrain im Hause Hindenburg verloren. Oberst Oskar

v. Hindenburg hatte Anlaß, zu glauben, der einstige Kamerad aus Garde und Generalstab lasse durch die Abwehr Telefongespräche seines einstigen höchsten Vorgesetzten in der OHL überwachen. Papens Verfassungsreform-Pläne ließen Schleicher kalt. Er war nie ein Programmatiker, sondern ein Taktiker gewesen. Ein Staatsstreich gegen den Nationalsozialismus wie den Kommunismus mußte dagegen die kleine, sorgfältig abgeschirmte Berufsarmee unter Umständen in eine verzweifelte Lage bringen. Dies wünschten weder Schleicher noch Hammerstein-Equord.

Hindenburg sah sich im November 1932 von den Politikern der bürgerlichen Mittelparteien einschließlich des noch mächtigen katholischen Zentrums bedrängt. Ihr Votum lautete, man könne keine neue tragfähige Regierung ohne Hitler mehr bilden. Der „Kurzschluß" vom 13. August, sagte ihm der Führer der Zentrumsfraktion, Prälat Kaas, dürfe sich nicht wiederholen. Die gewiegten Weimarer Routinepolitiker kannten Hitler nicht, sie glaubten ernsthaft, selbst wenn dieser Ignorant und Volksbeglücker eine Regierung bilde, würde sich diese schnell verbrauchen. Hindenburg weigerte sich, Hitler die Hand zu reichen und hielt daran fest, daß Papen Reichskanzler bleiben müsse, den die Parteien ablehnten. Schleicher, der nach wie vor durch den Chef der Wehrmachtabteilung im Ministeramt, Oberstleutnant i. G. Eugen Ott, Fühlung mit Hitler hielt, verfiel auf ein neues Rezept, die koalitionswilligen nationalsozialistischen Politiker um Gregor Strasser von Hitler zu trennen und sie mit in eine Regierung unter seiner eigenen Führung zu nehmen. Auf der anderen Seite wollte er den Allgemeinen Deutschen Gewerkschaftsbund gewinnen, um auf diese Weise ein soziales Militärregime zu etablieren, der geniale Schachzug eines Taktikers, der sich selbst für ein Genie an List und Vernunft hielt.

Als Papen am 1. Dezember 1932 von Hindenburg umfassende Vollmachten forderte und der alte Feldmarschall sie ihm gewährte, ließ General a. D. v. Schleicher in der entscheidenden Kabinettssitzung am nächsten Tage durch Oberstleutnant Ott von der Wehrmachtabteilung mitteilen, man habe in der Abteilung ein Planspiel mit Vertretern der Polizei und anderer Behörden veranstaltet, um die Möglichkeit eines „Staatsnotstandes“ zu prüfen. Das Ergebnis sei, daß die vorhandenen Ordnungskräfte für solchen Fall bei Obstruktion von Rechts wie Links nicht ausreichen würden. Generalleutnant Adam und das Truppenamt, die für solche Planübung zuständig gewesen wären, waren nicht einmal über das Sandkastenspiel im Wehrmachtamt unterrichtet worden. Es sollte wohl jenes Ergebnis haben, daß Oberstleutnant Ott den versammelten Ministern nun meldete – die von Schleicher zum überwiegenden Teil bereits auf seine Seite gezogen worden waren.

Hindenburg waren wieder Bedenken gekommen ob einer Suspendierung der Reichsverfassung. Der Eid, den er auf diese Verfassung geschworen hatte, war in seiner Vorstellung der letzte Fahneneid seines Lebens gewesen. Als Papen ihm den negativen Ausgang der Kabinettssitzung mitteilte, meinte er seufzenz, dann müsse man es in Gottes Namen mit „Herrn v. Schleicher“ versuchen. Sein Vertrauen besaß dieser nicht mehr.

Schleicher konnte im Dezember 1932 einen außenpolitischen Erfolg verbuchen, der im Grunde noch auf das Konto Heinrich Brünings kam: Theoretisch gestanden die anderen Mächte angesichts der immer wieder scheiternden Abrüstungsverhandlungen in Genf dem Deutschen Reich die Rüstungsgleichheit zu. Militärischer Vertreter bei diesen Verhandlungen war der äußerst gewandte, gebildete und polyglotte Generalleutnant v. Blomberg, Befehlshaber im Wehrkreis I Ostpreußen.

Sonst mißrieten alle schön ausgedachten Pläne Schleichers. Die Opposition unter den nationalsozialistischen Politikern beugte sich Hitler. Die Gewerkschaften lehnten auf den Rat der Sozialdemokratischen Partei Verhandlungen mit einem „reaktionären“ General ab. Nach nicht ganz acht Wochen war Schleicher dort angelangt, wo Papen im November 1932 bereits gestanden hatte. Man mußte Hitler als dem „Führer“ der stärksten Partei die Regierungsbildung anvertrauen oder kämpfen, das heißt, um der Rettung der bestehenden Ordnung willen zunächst einmal die Verfassung suspendieren, um mit Hilfe der Militärdiktatur zu neuen verfassungsmäßigen Lösungen zu gelangen.

Jetzt verstand Hindenburg, von dem Schleicher und die ihm ergebene Handvoll Offiziere geflissentlich behaupteten, er sei nicht mehr im Vollbesitz seiner geistigen Kräfte, den Reichskanzler überhaupt nicht mehr. Papen, den Hindenburg gebeten hatte, ihm weiter als Berater zur Seite zu stehen, glaubte einen neuen Weg gefunden zu haben, um Hitler gleichsam einzufangen, auch wenn dieser an die Spitze der Regierung gelangte: die Bildung eines konservativ-nationalsozialistischen Koalitionskabinetts mit Hitler und einer großen Zahl konservativer Fachleute, unter Ausbootung Schleichers als Reichswehrminister. Als dessen Nachfolger wurde Generalleutnant v. Blomberg ausersehen, in der Meinung Papens und Hindenburgs ein glänzender, nichtnationalsozialistischer Soldat. Sein Stabschef in Königsberg, Oberst Walther v. Reichenau, Sohn eines preußischen Generals, war durch seinen Onkel, den Gesandten a. D. Friedrich v. Reichenau, für den Nationalsozialismus oder jedenfalls für Hitler gewonnen worden.

Hindenburg hielt fürs erste an der Idee eines neuen Kabinettes Papen fest, eines Kampfkabinettes. Diese Lösung wünschten weder die alten Parteien noch Schleicher noch der Chef der Heeresleitung und die von den Nationalsozialisten geschmähten „Bürogenerale". Als Schleichers Lage schon kritisch geworden war, benutzte General Frhr. v. Hammerstein-Equord am 26. Januar 1933 einen Routinevortrag des Personalamtschefs General Frhr. v. d. Bussche-Ippenburg bei Hindenburg zu einem persönlichen Vorstoß. Hindenburg schätzte Hammerstein wegen seiner Arbeitsunlust und seines grandseigneuralen Gebarens wenig, er hatte seinerzeit lieber den General Joachim v. Stülpnagel an der Spitze der Heeresleitung haben wollen, sich dann aber Schleichers und Brünings Empfehlung gefügt. Als Hammerstein-Equord am Schluß des Gespräches auf allgemeine Fragen zu sprechen kam, fiel die unfreundliche Bemerkung des alten Herrn, die Generale sollten sich nicht um Politik kümmern, die Berufung oder Abberufung von Reichskanzlern sei seine, des Reichspräsidenten, Sache. Nach den verschiedenen Berichten über die Unterredung, über die keine schriftlichen Aufzeichnungen vorliegen, scheint Hammerstein-Equord indirekt vor einem neuen

Kabinett Papen gewarnt zu haben, das die Reichswehr zu großen Belastungen aussetzen würde. Er hat aber wohl auch Warnungen vor Hitlers Person angebracht. Hindenburg soll die Unterredung mit der brummigen Bemerkung beendet haben, die Herren würden ihm doch nicht zutrauen, daß er diesen „österreichischen Gefreiten" (gemeint war Hitler) zum Kanzler mache.

Mit den Warnungen der beiden maßgebenden Generale vor jeder Lösung war wenig geholfen. Es war der letzte politische Vorstoß des Chefs der Heeresleitung beim Reichspräsidenten. Zwei Tage später trat Schleicher offiziell als Reichskanzler und Reichswehrminister zurück, blieb aber noch als Minister geschäftsführend im Amt. Der „Talleyrand" des Generalstabes trat von der Bühne ab. Im Grunde waren er wie Hammerstein-Equord jetzt ausgeschlossen von der weiteren Entwicklung, sie wurden auch nurmehr ungenügend über den Gang der Geheimverhandlungen zwischen Papen, dem Haus Hindenburg, Hitler und den Deutschnationalen um Geheimrat Hugenberg informiert.

Papen, der Hindenburg für die Idee gewann, Hitler zum Reichskanzler zu berufen und ihn gleichzeitig mit einer Garde Konservativer zu umgeben, führte als „homo regius" zwei Tage die Geschäfte. Für Schleicher und Hammerstein-Equord schien eine Lösung mit Hitler nur dann, quasi unter Bedenken, tragbar, wenn Schleicher und er die Reichswehr in der Hand behielten. Schleicher indes war für Papen wie Hindenburg unmöglich geworden. Berlin war seit Wochen von Gerüchten erfüllt. Man sprach von einem ungeheuren Skandal mit Osthilfegeldern, die ostelbische Junker vergeudet haben sollten und verdächtigte auch Hindenburg und seinen Sohn, sie seien darin verwickelt. Aber das ostpreußische Rittergut Neudeck, das Hindenburg zum 80. Geburtstag 1927 als Geschenk erhalten hatte, hatte niemals Osthilfegelder erhalten. Schließlich kamen Gerüchte auf, Schleicher und die Heeresleitung planten mit Hilfe der Potsdamer Garnison einen Putsch, um die beiden Hindenburgs und Papen verhaften zu lassen. Nichts davon entsprach den Tatsachen.

Am 30. Januar 1933 wurde Adolf Hitler zum 21. Reichskanzler der Republik ernannt. Das Kabinett bestand fast völlig aus konservativen Experten. Reichswehrminister wurde Generalleutnant v. Blomberg, der auf Grund einer Sonderregelung im aktiven Dienst verbleiben konnte. Nach preußischer Sitte wurde wieder ein Soldat Kriegsminister. Papen erhielt den Posten des Vizekanzlers, mit der Bestimmung, daß der neue Reichskanzler nur in seiner Anwesenheit Hindenburg Vortrag halten dürfe. Die Nationalsozialisten erhielten mit dem ehemaligen Fliegerhauptmann Hermann Göring und dem einstigen Münchener Polizeiamtmann Frick nur zwei Posten im Kabinett, allerdings Schlüsselposten, mit denen in Preußen wie im Reich die Ressorts des Inneren und die preußische Polizei in ihre Hand kamen. Man übersah auch, daß die Partei einen vollendeten „Para-Staat" mit Ämtern für alle Ressorts und eine Para-Armee von nun fast einer halben Million Mann, die SA, in die Koalition einbrachte.

Vor gut zwei Jahren hatte der Vorgänger von Major Marcks im Reichspresseamt, Geheimrat Zechlin, Hindenburg einmal vor Hitler gewarnt, dieser werde ihm nicht gehorchen. Schließlich hatte der alte Feldmarschall gemeint, aber er, der Präsident, habe die Kanonen. Zechlin hatte gesagt, die Kanonen hätten 1918 auch nicht geschossen. Hindenburg hatte nichts erwidert, der 9. November 1918 war der Tag, mit dem er nie fertig geworden war. Bei der letzten Unterredung mit Schleicher soll Hindenburg zu diesem, einst seinem Vertrauten, gesagt haben, ob das, was er nun tue, richtig sei, wisse er nicht. Er werde es aber bald wissen, wenn er „da oben", nämlich im Himmel sei, wobei er mit der Hand an die Decke seines Arbeitszimmers wies ...

DER KAMPF GEGEN DEN KRIEG

General Ludwig Beck und der Generalstab 1933–1938

Die Meilensteine des ersten Jahres der nationalen Diktatur waren der Brand des Reichstages, das Ermächtigungsgesetz für den Reichskanzler, die Inthronisierung des Regimes in der Potsdamer Garnisonkirche – das Bild der Versöhnung von Preußentum und Revolution – und die feste Begründung des totalitären Einparteienstaates. Die Heeresleitung hatte die Revolution, die als „nationale Erhebung" bezeichnet wurde, trotz mancher Bedenken sanktioniert, zumal diese durch die Person des Oberbefehlshabers, des Reichspräsidenten, gedeckt worden war. Das bedeutete noch lange nicht die Preisgabe aller Vorstellungen von der schon Tradition gewordenen Reservatstellung der Armee gegenüber dem nationalsozialistischen Volksstaat. Gänzlich sind diese Vorstellungen niemals bis zum Jahre 1945 verschwunden.

Aber was sich nun vor den Augen des Reichswehrministers, der Heeresleitung und des Truppenamtes vollzog, war tatsächlich auf vielen Gebieten eine Revolution. Sie vollzog sich, in den entscheidenden Akten, per Gesetz. Und das fast magische Ansehen, das sich Hitler bei den Massen im deutschen Volk erwarb, wurde zu einem entscheidenden Faktor in der Politik der Armeeführung.

Der ehemalige General v. Schleicher hatte als Reichskanzler, Reichswehrminister und Reichskommissar für das der alten Regierung entkleidete Preußen, eine Position, die er von Papen übernommen hatte, für kurze Zeit eine ungeheure Machtfülle vereinigt, ohne daß diese Ämterkumulation auch zur Anwendung der Macht geführt hatte. Sein Nachfolger, der Reichswehrminister Generalleutnant v. Blomberg, bekleidete fünf Jahre hindurch ein Amt, daß dem Kriegsministerium auf dem Papier eine Fülle an Einfluß und Macht zubilligte, ohne daß diese jemals in entscheidenden Fragen, etwa der Wehrmachtspitzengliederung oder einer künftigen einheitlichen, dreidimensionalen Kriegführung, einschneidende Folgen nach sich gezogen hätte. Das lag zum Teil an der Eigenart Blombergs, zum Teil an den schwierigen Umständen, unter denen er sein Amt führen mußte.

Mit Schleicher schied auch der Chef des Ministeramtes und ehemalige Abwehrchef Generalmajor Ferdinand v. Bredow aus dem Dienst. Blomberg holte seinen bisherigen Chef des Stabes in Königsberg, Oberst Walther v. Reichenau, als Chef des Ministeramtes nach Berlin. Im Jahr darauf erhielt das Ministerbüro die Bezeichnung „Wehrmachtamt". Mit der Abteilung L (Landesverteidigung) entwickelte sich das halbpolitische inoffizielle Staatssekretariat rasch zum Arbeitsstab des Reichswehrministers mitsamt einer Führungsabteilung für alle Wehrmachtteile, Heer, Marine und die nun zügig aufgebaute Luftwaffe.

Reichenau, aus der Garde-Feldartillerie hervorgegangen, im Ersten Weltkrieg Generalstabsoffizier, war sicher eine höchst ungewöhnliche Erscheinung, brillant, sportgewandt, rasend ehrgeizig, bewußt politische Interessen pflegend, obendrein auch ein Lebensgenießer. Man hielt ihn für einen überzeugten Nationalsozialisten, da er persönliche Beziehungen zu Hitler besaß und dieser große Stücke auf ihn hielt. Und damals gab er sich auch als Mann der „Bewegung". In Wahrheit dürften ihn zwei Dinge geleitet haben: die Überzeugung, nur Hitler könne und würde Deutschland wieder eine starke Armee geben, und die für einen jungen Generalstabsobersten beinahe frevelhafte Überzeugung, daß nur einer diese Armee führen könne und müsse, er, Reichenau, selbst. Für Hitlers Reden hatte er eine gewisse Verachtung, angesichts des umsichgreifenden Terrors der SA äußerte er, man müsse die „Braunen" noch disziplinieren.

Einstweilen hieß der Chef der Heeresleitung noch General d. Inf. v. Hammerstein-Equord. Am 3. Februar 1933 arrangierte er in seinem Hause eine Zusammenkunft der höchsten Generale und Admirale von Reichsheer und Reichsmarine mit dem neuen Reichskanzler. Beide waren begierig, das Terrain zu sondieren. Hitler sprach, an sich ziemlich maßvoll für seine Verhältnisse, etwa anderthalb Stunden lang zu den hohen Offizieren, die wohlerzogen und in tadelloser Haltung zuhörten. Er fand später, es sei eine der merkwürdigsten Reden seines Lebens gewesen, er habe das Gefühl gehabt, wie gegen eine Wand zu sprechen. Nachdem er die Lage schwarz in schwarz gemalt hatte, kam er schließlich auf seine Uridee, den Erwerb von Lebensraum im Osten. Klar wurde eines: Die Verstärkung der Wehrmacht würde jetzt in Angriff genommen werden. Alle anwesenden Soldaten begrüßten das, sie wußten nur zu gut, daß die Reichswehr bislang nicht einmal ihre elementarste Aufgabe, die Reichsverteidigung, im Ernstfall befriedigend erfüllen konnte. Im übrigen waren die Militärs eher befremdet als enthusiasmiert. Es fiel die Bemerkung: Nichts würde so heiß gegessen, wie es gekocht würde.

Heeresleitung und Truppenamt hatten nun jedenfalls alle Hände voll zu tun. Die im Grunde noch Seecktschen Vorstellungen entsprechende Aufstockung des Heeres auf 300 000 Mann wurde eingeleitet, ebenso die Neuschaffung einer Wehrersatzorganisation, die Ausstattung des Heeres mit schwerer Artillerie und Panzern. Die bislang im Reichswehrministerium verankerte Luftwaffenzentrale wurde aus der Heeresleitung herausgelöst und dem neuen Reichskommissar für Luftfahrt, Hauptmann a.D. Göring, unterstellt, der es erreichte, daß ihn Hindenburg zum General der Infanterie beförderte. Damit wurde der verhängnisvolle Dualismus in der künftigen Wehrmachtführung begründet. Göring war gleichzeitig preußischer Ministerpräsident und Innenminister und wurde binnen zwei Jahren Oberbefehlshaber der Luftwaffe und Reichsluftfahrtminister, womit sich die Groteske ergab, daß ein gleichrangiger Reichsminister in seiner Eigenschaft als Oberbefehlshaber eines Wehrmachtteils wiederum auf dem Papier einem anderen gleichrangigen Reichsminister, dem Reichswehr- und dann Reichskriegsminister, unterstellt war. Es waren düstere Schatten für die künftige Spitzengliederung, allein Hitler liebte solche zweideutigen Lösungen.

Görings Beförderung vom Hauptmann zu einem der höchsten Generalsränge schockierte viele konservative Offiziere, nicht zuletzt Hindenburg selbst, der indes in diesem Fall einen Konflikt mit Hitler vermied. Das Heer stellte dem neuen, noch inoffiziellen Wehrmachtteil, der Luftwaffe, eine Reihe hochqualifizierter Generalstabsoffiziere. Die vier ersten Chefs des neuen Generalstabes der Luftwaffe, die Generale Wever, Kesselring, Stumpff und Jeschonnek, stammten sämtlich aus dem Generalstab des Heeres. Dem neuen Generalstab der Luftwaffe fehlte naturgemäß die Tradition wie auch die notwendige Geistesschule. Bis zum Zweiten Weltkrieg blieb ihm nur wenig Zeit, beides zu entwickeln. Im Generalstab des Heeres blieb die Idee vorherrschend, im Ernstfall sei das Landheer die kriegsentscheidende Waffe. Die Luftwaffe wurde noch oft als eine Art Hilfswaffe der Armee angesehen. Tatsache ist jedoch, daß eine Reihe der führenden Luftwaffengenerale, beispielsweise der spätere Generalfeldmarschall Kesselring sich rasch an ein viel zeitgerechteres Denken gewöhnten, und die Notwendigkeit dreidimensionaler Wehrmachtkriegführung und einer entsprechenden Spitzengliederung sehr rasch begriffen.

Die Konservativen im Offizierkorps, in der Heeresleitung, im Truppenamt, dem Hort der Generalstabstradition, fanden sehr vieles an der immer rasanter fortschreitenden „Nationalen Erhebung“ sympathisch, anderes recht bedenklich, so die unverhohlene Neigung des neuen soldatischen Reichswehrministers Blomberg, die Reservatstellung der Armee zugunsten des „neuen Staates“ aufzugeben, und die steigende Präponderanz wie den Terror der SA in ihren braunen Uniformen und ihres halbmilitärischen Führerkorps mit halbgaren Ideen von einem kommenden Volksheer politischer Soldaten, Am 2. Dezember 1933 wurde der Eid auf die Verfassung abgeschafft und durch einen allgemein gehaltenen Diensteid ersetzt – ein kaum notiertes Zeichen für das neue Regime, das wesentliche Kernbestandteile der immer noch gültigen Weimarer Verfassung außer Kraft gesetzt hatte. Das Institut der Vertrauensleute in der Reichswehr verschwand, die Militärgerichtsbarkeit wurde wiederhergestellt, die Institution der Militärattachées, ein Gebiet, das den Generalstab unmittelbar betraf, lebte wieder auf. Erfreuliches mischte sich stets mit Unerfreulichem. Noch sahen nur die wenigsten voraus, wie fundamental eigentlich der Gegensatz zwischen dem aus dem altliberalen Zeitalter Scharnhorsts stammenden Generalstab als mitverantwortlichem Berater der Führung und dem Herrschafts- und Gewaltanspruch eines totalitären Systems beschaffen war, dessen Führer nicht Verantwortlichkeit und kühl wägende Lagebeurteilung, sondern blinde Gläubigkeit an den Befehl verlangte – sofern der „Führer" je die volle Gewalt über die Armee erlangte. Einstweilen galt noch die verfassungsmäßige Regel, daß der Reichswehrminister namens des Reichspräsidenten, des Obersten Befehlshabers, die Kommandogewalt ausübte.

Noch immer schwebten Abrüstungsverhandlungen. Das „Dritte Reich" Hitlers und sein konservativer Reichsaußenminister Frhr. v. Neurath – einer der Vertrauensleute Hindenburgs im Koalitionskabinett, führten sie weiter. Die deutsche Forderung lief jetzt auf ein Freiwilligenheer von 300 000 Mann mit modernen schweren Waffen hinaus. Dem entgegen stand die Miliz-Idee der voraufgegangenen Zeit, die jetzt von französischer Seite aufgegriffen wurde. Die Idee der Riesen-Volks-Miliz geisterte aber auch in Kreisen des SA-Führerkorps unter dem ehemaligen Generalstabshauptmann Röhm. In diesem bunt gemischten Korps fanden sich viele Landsknechtgestalten, aus der Bahn geworfene Frontoffiziere des Krieges von 1914/18, neben etlichen früh ausgeschiedenen Generalstabsoffizieren. Man kann sie als eine Art militärischer „Jungtürken" bezeichnen. Längst vor 1933 hatten sie den Sturz der „Bürogenerale", der Groener, Schleicher, Hammerstein-Equord, Bussche-Ippenburg, Adam, gefordert und im Grunde rechnete auch Blomberg, dieser etwas versponnene Kavalier, für sie dazu. Und was war jetzt geschehen? Nichts! Alle diese SA-Führer sahen sich zweifelsohne als „politische Soldaten", obwohl sie niemals zu einer Konkretisierung ihres Gedankenwustes gelangten. Hitler verstand sich seinerseits als „politischer Soldat". Seeckt wiederum hatte Generalstab und Offizierkorps gelehrt, Gewehr bei Fuß neben der Zeit zu stehen. Ein Dilemma zeichnete sich ab.

In dieser Lage suchte der Reichswehrminister v. Blomberg das Bündnis mit Hitler, dessen magische Züge auf einen sich mit vielerlei Weltanschauungsproblemen beschäftigenden Mann nicht ohne Eindruck bleiben konnten – und Hitler wiederum verließ sich lieber auf die Armee als auf die SA. Aber der Konflikt zwischen traditionsbewußtem Offizierkorps und totalitärem Staat wurde nie endgültig ausgeräumt. In der Sowjetunion griff Stalin zweimal, Ende der 20er Jahre und 1937/38, mit drakonischen „Säuberungen" ein, als ihm die Kommandeurschicht der Roten Armee zu selbständig zu werden drohte. In Italien fand der Konflikt zwischen dem königstreuen Offizierkorps und der faschistischen Miliz Mussolinis schnell ein Ende. Das Offizierkorps hatte den Rückhalt am Monarchen. In Deutschland mündete er schließlich im Versuch der Auflehnung der Offiziere am 20. Juli 1944.

Bis zum Jahre 1933 hatten alle Überlegungen in der Heeresleitung und damit im Truppenamt auf dem guten Verhältnis zur Roten Arbeiter- und Bauern-Armee und andererseits auf der Mitgliedschaft im Völkerbund beruht. Hitlers Außenpolitik schuf neue Voraussetzungen. Die militärische Entente mit der Roten Armee wurde abgebaut, die Fliegerausbildungszentrale in Lipezk stellte im Sommer 1933 ihre Tätigkeit ein. Im Herbst proklamierte Hitler, taktisch nicht ungeschickt die ewige Verschleppung in der Anerkennung bescheidener deutscher Rüstungswünsche benutzend, den Austritt des Deutschen Reiches aus dem Völkerbund. Die ganze etwas chimärische Linie sowjetrussisch-nationalchinesischer Militärpolitik wurde Zug um Zug aufgegeben, obwohl damals noch zahlreiche deutsche Militärberater, darunter der General v. Seeckt persönlich, in China tätig waren.

Zufolge Hitlers Ausführungen im „Kampf" gab es drei Ideal-Alliierte für das neue Reich: England, Italien und Japan, dessen Generalstab sich mit Expansionsplänen auf dem ostasiatischen Kontinent trug. Anfang des Jahres 1934 erfolgte – ohne daß man die Heeresleitung befragt hatte – der Abschluß eines Freundschafts- und Nichtangriffsvertrages mit Polen. Dies alles geschah, obwohl die Sowjetunion, ungeachtet des Verbotes der Kommunistischen Partei durch Hitler und der Terrormaßnahmen gegen Kommunisten, nach wie vor sich nicht gegen einen Fortgang der guten Beziehungen zur Reichsregierung ausgesprochen hatte.

Unterdes vollzog sich im Herbst des Jahres 1933 das erste Revirement in der Heeresleitung vor dem 4. Februar 1938, dem

32. Ludwig Beck (1880–1944)
1933 Chef des Truppenamtes, ab 1935 des Generalstabes des Heeres
(20. 7. 1944 erschossen)

33. Generaloberst Franz Halder (geb. 1884)
Chef des Generalstabes des Heeres 1938–1942
(Aufnahme aus dem Jahre 1942)

entscheidenden Tag. Noch war die Verabschiedung des Chefs der Heeresleitung nicht unmittelbar beabsichtigt, doch sie war nur eine Frage der Zeit. Der Chef des Heerespersonalamtes, Frhr. v. d. Bussche-Ippenburg, ein enger Vertrauter Schleichers seit den Tagen der 3. OHL, wurde durch den Generalleutnant v. Schwedler ersetzt. Bussche-Ippenburg war als „Bürogeneral" und Überbringer der Kapitulationswünsche der 3. OHL von 1918 den Nationalsozialisten besonders verdächtig, und er war ein Vertreter der Seecktschen Schule des konsequent jenseits der Politik seinen Dienst tuenden Soldaten. Ebenso ging der Inspekteur der Nachrichtentruppe, Generalleutnant v. Bonin, verdächtig schon dadurch, daß seine Frau aus sehr angesehener New Yorker Bankiersfamilie stammte.

Im Truppenamt wurde General Adam, ein strikt unpolitischer Offizier von sehr geradem Charakter, abgelöst und ging als Kommandeur der 7. Infanteriedivision und Befehlshaber im Wehrkreis VII nach München. Sein Nachfolger wurde der Generalleutnant Ludwig Beck, bisher Kommandeur der 1. Kavallerie-Division in Frankfurt a. d. Oder, von Haus aus Artillerist – eine Waffengattung, die nun einmal in Mode gekommen war – und 1930/31 Kommandeur des Artillerie-Regiments 5 in Ulm, wo eine nationalsozialistische Zellenbildung aufgedeckt worden war. Aus rein menschlichen Gründen, als gütiger, väterlicher Vorgesetzter, hatte Beck seine jungen Leutnants, die in die Irre gegangen waren, recht milde beurteilt. Der Partei Hitlers stand er damals nicht feindselig, aber kühl und abwartend gegenüber.

Wenig später wurde General v. Blomberg zum Generaloberst befördert, de jure nunmehr Oberbefehlshaber des Reichsheeres, der Reichsmarine und der inoffiziell im Aufbau befindlichen Luftwaffe des Generals d. Inf. Göring, des dritten, noch nicht legalisierten Wehrmachtteils. Zwangsläufig wurde das einstige Ministeramt, nun Wehrmachtamt betitelt, zum Arbeitsstab des Reichswehrministers, mit der Abteilung Landesverteidigung auch zum Kern eines kommenden, unumgänglich notwendigen Wehrmachtgeneralstabes – der niemals Gestalt erlangen sollte. Es war eine Aufgabe, die dem Amtschef, dem Generalmajor v. Reichenau – alle seine Irrtümer eingerechnet – durchaus auf den Leib geschrieben war. Nur bedurfte Reichenau, der kleinadelige Grandseigneur, Sportsmann, Liebhaber und Miniatur-Napoleon in einer Person, ständig eines guten Chefs des Stabes für die sachliche Arbeit. Diese schätzte er so wenig wie der noch im Amt befindliche Chef der Heeresleitung, Frhr. Hammerstein-Equord.

Unter diesen Auspizien trat am 1. Oktober 1933 Generalleutnant Ludwig Beck, der seit Jahren für einen der vorzüglichsten strategischen Theoretiker galt, den Dienst als Chef des Truppenamtes an. Zum ersten Mal wurde ein Mann Generalstabschef, der nicht einer der grundgesessenen oder durch das Militär emporgekommenen, typisch preußischen Adelsfamilien angehörte sondern der deutschen Industrie. Beck, geboren 1880, stammte aus Rheinhessen, der Vater war Direktor einer Eisengießerei und ein wissenschaftlich interessierter Mann, was die Geschichte der Technik betraf. In der Familie fanden sich freilich hessische Offiziere. Beck diente bei der Artillerie, wurde 1913 Offizier im Großen Generalstab, gehörte 1918 zum Generalstab der Heersgruppe Kronprinz unter dem Grafen v. d. Schulenburg und durchlief dann in der Reichswehr, für Seeckt ausgewiesen als ausgezeichneter, fleißiger Generalstäbler, die übliche, bunt gemischte Laufbahn, um sich in allen Sätteln zu schulen. Noch einmal trat ein hochgebildeter, sehr feingeistiger Mann von durchdringendem Verstand an die Spitze des Generalstabes, der Natur nach mehr ein militärischer Gelehrter und Theoretiker denn ein mitreißender Truppenführer, obwohl seine vielen Bewunderer und Schüler ihm auch heute noch Feldherrntalente zumessen. Ähnlich wie Schlieffen blieb es Beck verwehrt, je im Felde zu führen und seine unbezweifelbar hohen Gaben unter Beweis zu stellen. Ihm war schließlich nur beschieden, einen Staatsstreich zu führen, für den er niemals erzogen worden war. Und dafür hat er mit dem Leben bezahlt.

Moltke hatte den Generalstab moralisch, Waldersee hatte ihn ressortmäßig auf seine höchste Höhe erhoben. Formal war allerdings erst im Juni 1918, rund fünf Monate vor dem Ende der Monarchie, der Generalstab des Feldheeres als besondere Reichsstelle anerkannt worden – ein später und letzter Triumph für alle Zeiten. Innerhalb der gültigen Spitzengliederung stand jetzt der Chef des Truppenamtes, einer Abteilung der Heeresleitung, an vierter Stelle, nach dem Reichswehrminister, dem Chef des Wehrmachtamtes und dem Chef der Heeresleitung. Die Immediatstellung war versunken, der Chef des Truppenamtes war in praxi der erste militärische Berater des Chefs der Heeresleitung, nicht mehr und nicht weniger. Kommandogewalt über irgendwelche Truppen besaß er nicht. Dies gehörte nicht zu seinem Aufgabenbereich als oberster Gehilfe der Führung, ein Begriff, der schon vor Hitler entwickelt worden war.

General Beck, der militärisch-praktischen Erfahrung nach groß geworden in der Schule des Stellungskrieges im Ersten Weltkrieg, hegte die Überzeugung, jeder mögliche Konflikt, also ein Verteidigungsfall, der dem Deutschen Reich aufgezwungen werden konnte, sei primär ein Kontinentalkrieg. Darum gebühre dem Heer, und innerhalb dieses Organismus, dem Generalstab des Heeres, allein die führende Rolle im Ernstfall. Sehr langsam und zögernd gewöhnte er sich an den Gedanken, daß die Panzerwaffe im kommenden technisierten Krieg ein ausschlaggebender Faktor werden, daß der Luftwaffe ganz neue selbständige strategische wie taktische Aufgaben zufallen könnten.

General Beck kam aus der Artillerie, die in der zweiten und längsten Periode des Ersten Weltkrieges eine so große Rolle erlangt hatte und der ihren Einsatzbedingungen nach ein gewisses statisches Element zu eigen war. Für ihr Ansehen, aber auch für das nun einmal jedem Offizierkorps in allen Nationen anhaftende Cliquenwesen war es bezeichnend, daß die beiden Chefs des Generalstabes zwischen 1933 und 1942, Ludwig Beck und Franz Halder, die beiden Chefs der Heeresleitung beziehungsweise dann Oberbefehlshaber des Heeres, Frhr. v. Fritsch und Walther v. Brauchitsch, zwischen 1934 und 1941, die beiden Chefs des Wehrmachtamtes beziehungsweise des Oberkommandos der Wehrmacht, Walther v. Reichenau und Wilhelm Keitel, und die führenden Offiziere der Abteilung Landesverteidigung, die sich dann zum Wehrmachtführungsstab entwickelte, die Generale Alfred Jodl und Walter Warlimont, sämtlich Artillerieoffiziere waren. Der Apostel der Panzerwaffe, Generaloberst

Guderian, der nach dem 20. Juli 1944 Chef des Generalstabes des Heeres wurde, pflegte noch längst nach dem Untergang des Reiches, der Armee und des Generalstabes mit grimmigem Spott von den „Artilleristen" zu sagen, für diese hätte das Interesse an ihrer Waffe, damals noch pferdebespannt, nach dem letzten Stangenreiter aufgehört ...

Die erste schwerwiegende Entscheidung bahnte sich im Grunde seit dem Herbst 1933, mit der Heeresvermehrung, an. Der Chef der Heeresleitung, Frhr. v. Hammerstein-Equord, war eine seltsame Mischung von Junker und Grandseigneur. Schreibtischarbeit, organisatorische Planung, die jetzt erforderlich waren, lagen ihm nicht. Ein Wechsel in der Heeresleitung war aus rein sachlichen Gründen unumgänglich. War dies die Stunde des von der gesamten Generalität und den Amtschefs der Heeresleitung als „Parteigeneral" abgelehnten Chefs des Wehrmachtamtes, General v. Reichenau? Der Reichswehrminister v. Blomberg, durch diesen wiederum inspiriert der Reichskanzler Hitler, setzten auf Reichenau. In diesem Moment verweigerte der uralte, in das 87. Lebensjahr gehende Feldmarschall-Reichspräsident v. Hindenburg seine Zustimmung. Blomberg drohte sogar mit seinem Rücktritt. Es nutzte nichts. Hindenburg, der im Fall der erschlichenen, außertourlichen Beförderung Görings nachgegeben hatte, blieb fest. Die beiden Oberbefehlshaber der Gruppenkommandos des Reichsheeres, General v. Rundstedt und General Ritter v. Leeb, hatten ihm bedeutet, unter Reichenau würden sie nicht weiter dienen. Reichenau, eben Generalmajor geworden, schien unmöglich, schon dem Dienstalter nach. Auch war sein etwas frivoler Lebenswandel suspekt, ganz abgesehen von den ostentativ zur Schau getragenen Sympathien für Hitler.

Nachfolger des mit dem 31. Januar 1934 offiziell ausscheidenden Hammerstein-Equord wurde der bisherige Befehlshaber im Wehrkreis III Berlin-Brandenburg, Generalleutnant Werner Frhr. v. Fritsch, einstmals Leiter der T 1 unter Seeckt. Fritsch war gut befreundet mit dem Sohn und Adjutanten des Reichspräsidenten, Oberst Oskar v. Hindenburg, er war ein Favorit des Vizekanzlers v. Papen. Der Vorfahre, der der Familie den Adel erworben hatte, ein Leipziger Buchhändlerssohn, hatte als kurfürstl. sächsischer Minister seinen Herrn 1763 bei den Friedensverhandlungen zu Hubertusburg vertreten. Die Mutter war eine Bodelschwingh aus der für ihre sozial-charitative, christlich-protestantische Gesinnung bekannten westfälischen Familie. Fritsch war Soldat, eine christlich-konservative Grundhaltung war für ihn selbstverständlich. Von Politik verstand er gar nichts und wollte auch nichts mit ihr zu tun haben. Mit dem Monokel im Auge erschien er äußerlich wie das Abbild eines Offiziers der besten alten Zeit. Aber im Grunde ist es ihm wohl schwer geworden, Haltung in einer verwirrten Zeit zu bewahren. Er besaß keineswegs jene Robustheit, die man ihm der äußeren, sehr militärischen Erscheinung nach zutrauen mochte. Aber er war militärisch sehr befähigt und vollkommen jener Typus des gewissenhaften Sachwalters, dessen die Armee in den ungeheuer arbeitsreichen Jahren des Wiederaufbaues zu bedürfen schien.

Als Fritsch am 1. Februar des Jahres 1934, nach einer Aussprache mit seinem alten Vorgesetzten und Lehrmeister Seeckt, die Heeresleitung übernahm – nicht ohne Kritik an der mangelnden Arbeitstätigkeit seines Vorgängers –, stieß er im Chef des Truppenamtes auf einen vollkommen gleichgestimmten Mann. Fritsch wie Beck waren der Überzeugung, daß die militärische Gleichberechtigung des Reiches gegenüber den hochgerüsteten anderen Mächten Tatsache werden mußte. Bürge dafür war eben nun einmal der neue Reichskanzler, gegen den sie damals keine prinzipiellen Einwände hatten. Das Reich mußte in der Lage sein, Angriffe etwa seitens der Tschechoslowakei oder Frankreichs abzuwehren. Beck vertrat die Überzeugung, jeder Krieg müsse angesichts der weltwirtschaftlichen Verflechtungen, auch wenn er mit einem zweiseitigen Duell begänne, zum Weltkonflickt sich ausweiten. Das Notwehrrecht wurde selbstverständlich bejaht, jeglicher Angriffskrieg strikt abgelehnt, vor allem jeder Präventivkrieg. Außerdem verlangte die Aufrüstung, die Heeresvermehrung aus kleinen Anfängen, eine lange Ruhepause. Freilich ließ nichts damals an der Politik Hitlers auf kriegerische Absichten schließen. Und außerdem überließ dieser – bei lebhaftem theoretischem Interesse für Einzelfragen, etwa die Entwicklung der Panzerwaffe – die Militärs im wesentlichen ihrer eigenen Arbeit, überzeugt, daß bei Blomberg und Reichenau im Reichswehrministerium alles in den besten Händen sei.

Das brennendste Problem, mit dem Fritsch wie Beck sich zunächst konfrontiert sahen, war nicht außen-, sondern innenpolitischer Natur. In einer Aufzeichnung aus den Tagen nach seinem Sturz im Jahre 1938 konstatierte Fritsch, er habe bei seinem Amtsantritt einen „Trümmerhaufen" vorgefunden. Hammerstein-Equord habe nichts mehr getan. Was ihm bevorstand, war die Auseinandersetzung mit der sich höchst proletarisch-revolutionär und sehr vage heeresreformerisch gebenden SA unter dem Stabschef Hauptmann a. D. Ernst Röhm. Im Führerkorps der SA, in einstigen Freikorpsoffizieren wie den Gruppenführern in Pommern und Schlesien, Hans Peter v. Heydebreck und Edmund Heines, gärten fraglos unklare Vorstellungen von einer zweiten Revolution, von der Übernahme der Armee durch das Volks-Milizheer der SA. Im Wehrkreis II Stettin/Pommern ließ der Befehlshaber, Generalleutnant v. Bock, einen großen Waffentransport für die SA-Gruppe beschlagnahmen. SA-Führer versuchten sich in den Besitz geheimer Reserve-Waffenlager der Reichswehr zu setzen. Tätliche Angriffe auf Offiziere ereigneten sich. Im Osten, in Ostpreußen wie Schlesien trachtete die SA danach, sich der Führung des Grenzschutzes zu bemächtigen, die bislang in den Händen von „Stahlhelm"-Führern gelegen hatte. Beim Chef des Stabes im Wehrkreis VI/Münster, Oberst Halder, ließ sich ein SA-Führer zur Einweisung melden. Halder hielt den Vorfall für so symptomatisch und bedenklich, daß er ihn dem Chef der Heeresleitung persönlich vortrug.

Auf der anderen Seite versuchte jetzt der Vizekanzler v. Papen, der SA-Revolution zu wehren, indem er die konservativen Kräfte zu sammeln versuchte. Hindenburg erkrankte im Frühjahr 1934 schwer und zog sich auf seinen ostpreußischen Besitz zurück, nachdem er Papen bedeutet hatte, die Dinge gingen nicht gut, er solle versuchen, sie in Ordnung zu bringen.

In dieser unheilschwangeren Situation zeigte sich der Chef des Wehrmachtamtes, Generalmajor v. Reichenau, als taktischer

Meister, von jeher begabt mit politisch oberflächlichem Instinkt und einer Portion Leichtsinn. Reichenau genoß das unbedingte Vertrauen des Reichswehrministers. Von dem, was weiter geschah, blieben der Chef der Heeresleitung und der Chef des Truppenamtes im Grunde genommen ausgeschaltet. Reichenau kannte die schweren Spannungen zwischen Hitler und Röhm, zwischen Röhm und dem der SA unterstellten Reichsführer der „Schutzstaffeln“ (SS) Heinrich Himmler, einem ehemaligen bayerischen Fahnenjunker, viel zu gut, um nicht die Chance für die Reichswehr, den Kern der kommenden neuen Wehrpflichtarmee, zu erkennen. Die „Braunen“ mußten ihre Auseinandersetzung untereinander austragen. Reichenau hat, soviel wir heute sehen können, dieses Spiel ganz kaltblütig gespielt. Als Ende Juni 1934, auf dem Höhepunkt der innerpolitischen Spannungen, der um seinen schlesischen Verteidigungsbereich höchst besorgte Kommandeur der 1. Kavallerie-Division, Generalleutnant v. Kleist (der spätere Feldmarschall) sich bei ihm melden ließ und ihm klarzumachen versuchte, man müsse doch danach trachten, mit der SA zu einem Ausgleich zu kommen, erklärte er ihm kühl, es sei bereits zu spät ...

In dem Dreieck zwischen dem Reichskanzler, auf den Reichenau und mit ihm Blomberg setzten, dem General Göring, der Röhm für einen Rivalen beim Kampf um die endgültige Gestalt der Armee hielt und außerdem die Zügellosigkeit der SA verabscheute, und dem Reichsführer SS, Himmler, der nach der Verselbständigung der eigenen Organisation strebte, behielt Reichenau, was die Armee betraf, die Zügel in der Hand. Blomberg und Reichenau präsentierten Hitler ihre Forderungen: Auflösung des sogenannten Wehrpolitischen Amtes der SA, Kontrolle des SA-Ausbildungswesens durch das Wehrmachtamt und die Beugung der „Sturm-Abteilungen“ als Instrument vormilitärischer Ausbildung unter die Aufsicht militärischer Stellen. Das war im Grunde eine Kampfansage gegen den Stabschef Röhm. Dieser jedoch, dem Hitler später Putschabsichten unterstellte, wich dem Kampf aus.

Die Lage verschärfte sich, als der Vizekanzler v. Papen einen Husarenritt unternahm. Vor Marburger Studenten erklärte er am 17. Juni 1934 in einer Rede, jede Revolution müsse ihr Ende finden, Recht und Gesetz müßten wieder ihren Rang erhalten. Der nationalsozialistische Reichspropagandaminister Dr. Goebbels verbot die Verbreitung der Reede des amtierenden Vizekanzlers und Vertrauensmannes des Reichspräsidenten im Kabinett Hitler. Der mutmaßliche Initiator dieses Schrittes, der neo-konservative Theoretiker Edgar Jung, wurde verhaftet. War dies alles schon merkwürdig genug, so tat der Stabschef der SA einen noch merkwürdigeren Schritt. Er beurlaubte die SA und sandte dem Chef der Heeresleitung eine Botschaft, er hoffe auf eine friedliche Beilegung aller Meinungsverschiedenheiten. Für den 30. Juni berief er die Spitzen seines Führer-Korps zu einer Lagebesprechung nach Bad Wiessee, wohin er sich zur Kur begeben hatte. Am gleichen Tag erschien im offiziösen Organ der NSDAP, dem „Völkischen Beobachter", ein Artikel des Reichswehrministers General v. Blomberg, in welchem dieser sich zur Verschmelzung von Armee und Staat bekannte. Das war die Absage an den Kurs des Seecktschen Attentismus. Seit dem 28. Juni 1934 hatte die Reichswehr Alarmzustand.

Röhms Botschaft an Fritsch sah nicht nach Putschabsichten aus, an die jedoch der Reichskanzler Hitler wohl subjektiv ehrlich geglaubt hat. Vermutlich waren etliche der rabiaten SA-Gruppenführer, wilde Landsknechte aus Freikorpstagen mit einem gesunden Haß auf die stocksteifen Generale Seeckts, tatsächlich weit putschsüchtiger als der Stabschef. In jedem Fall hatten drei Persönlichkeiten ein Interesse, die Dinge bald auf die Spitze zu treiben: Der Reichsführer SS Himmler, der Oberbefehlshaber der heimlichen Luftwaffe, General Göring, dem als letztes Ziel die Wehrmachtführung vor Augen stand, und der Chef des Wehrmachtamtes, Generalmajor v. Reichenau. Alle, von ganz verschiedenen Aspekten ausgehend, hatten ein Bestreben gemeinsam: Man mußte den in solchen Fällen oft zaudernden „Führer" zum Entschluß bringen.

Dies gelang auch am Abend des 29. Juni, mutmaßlich auch durch gefälschte oder übertriebene Meldungen über Putschvorbereitungen der SA. Weder Himmler noch Göring noch Hitler hatten dabei Skrupel wegen irgendwelcher rechtsstaatlicher Vorstellungen. Der General v. Reichenau und sein Minister hätten es besser wissen müssen. Aber sie dachten nicht daran, in dieser Stunde, angenommen, sie glaubten selbst ehrlich an einen Putsch der SA, den schwerkranken Reichspräsidenten zu verständigen, um der Armee die vollziehende Gewalt zu sichern. Sie hielten es für nützlich, daß Hitler selbst gegen seine SA-Führer ausgespielt wurde, denn damit war – oder schien jedenfalls – die Armee vor innerpolitischen Wirren behütet, die letzte pervertierte Auslegung Seecktscher Lehren.

Am 30. Juni 1934 schlug Hitler, wie immer, wenn er sich zum Entschluß durchgerungen hatte, brutal, in Süddeutschland zu und verhaftete Röhm und die nach Süddeutschland berufenen hohen SA-Führer. Röhm und andere, zum Teil übel beleumdet, zum Teil zu den militärreformerischen „Jungtürken" rechnende SA-Kommandeure wurden erschossen – ohne Urteil, ohne Standgericht. Die SS in schwarzer Uniform trat auf, die „Garde des Führers", aus der sich dieser, de jure noch immer nicht mehr und nicht weniger als der 21. Reichskanzler der Republik, bereits im Frühjahr 1933 eine eigene bewaffnete Leibwache organisiert hatte.

In Berlin leitete der General Göring, flankiert durch den Reichsführer SS, die zweite Aktion ein. Schießfreiheit war nicht nur gegeben gegen SA-Führer oder abtrünnige Parteigenossen Hitlers, sondern auch gegen die sogenannte Reaktion um Papen. Dessen Bürochef v. Bose wurde in der Vizekanzlei ermordet, er selbst in seiner Privatwohnung interniert. General a. D. v. Schleicher und seine Frau fielen in ihrer Wohnung in Neu-Babelsberg bei Berlin durch Mord, der ehemalige Abwehr- und Ministeramts-Chef General v. Bredow wurde auf der Fahrt zum Verhör erschossen. Der Terror regierte, er traf alle, die auch nur in dem Verdacht standen, dem Reichskanzler Hitler, dem „Führer", gefährlich werden zu können. Dieser behauptete später, er sei in dieser Zeit (ohne Gesetz) „oberster Gerichtsherr" der Nation gewesen. Carte blanche aber hatte ihm die Armee, repräsentiert durch Reichenau und Blomberg, gegeben. Und dies war ein irreparabler Fehler!

An diesem Tag weilte der Sohn und Adjutant des Reichspräsidenten in Zivil zu Einkäufen in Berlin. Mit dem Nachmittagszug wollte er nach Neudeck zurückfahren. Die Hindenburgs ahnten von nichts. Wie der damalige Oberst v. Hindenburg fast 20 Jahre nach den Ereignissen erzählt hat, sah er merkwürdige Polizeiaktionen in Berlin, vor allem gegen das Hauptquartier des Stabschefs der SA im Tiergartenviertel. Er ging in die Bendlerstraße zu seinem alten Freund, General Frhr. v. Fritsch, dem Chef der Heeresleitung. In der Bendlerstraße hatten die beiden maßgebenden Offiziere, Fritsch und Beck, sich hinter wohlbewaffneten Posten verschanzt, die den „Zivilisten" Hindenburg gar nicht vorlassen wollten. Fritsch, das Einglas im hochgespannten, mühsam gestrafften Antlitz, erklärte Oskar v. Hindenburg, hier wisse man nichts. Es sei wohl eine Aktion gegen die SA im Gange. Der Befehlshaber im Wehrkreis III Berlin-Brandenburg, Generalleutnant Erwin v. Witzleben – den Hitler ein Jahrzehnt darauf dem Henker überantworten ließ – meinte, als er davon erfuhr, die SS erschieße die verwilderten SA-Führer, das sei ja „prächtig". Oberst v. Hindenburg fuhr nach Ostpreußen zurück und verständigte die nächste Garnison in Pr. Eylau, sie möge eine Kompanie auf Lastkraftwagen bereithalten, um auf telefonischen Abruf nach Neudeck zu fahren. Der Feldmarschall-Reichspräsident ahnte nichts, der Chef der Heeresleitung wußte fast noch weniger als nichts. Der Reichspräsident war nun ein schwerkranker Mann. Heeresleitung und Truppenamt, der Generalstab, hatten sich selbst ausgeschaltet – und waren's zufrieden ...

Als der immer noch amtierende Vizekanzler v. Papen, nach drei Tagen der Internierung, seinen alten Freund General v. Fritsch aufsuchte, denselben Generalstabsoffizier, der 1926 bei der Verabschiedung Seeckts höchst tatendurstig gewesen war, um ihn zum Eingreifen zu bewegen, bedeutete ihm dieser, dies könne nicht ohne einen Befehl von Hindenburg geschehen. Aber der Generalfeldmarschall und Reichspräsident war ein vom Tod gekennzeichneter Mann von fast 87 Jahren. Der mit dem Rang eines Generalobersten verabschiedete Frhr. v. Hammerstein-Equord, die Generale v. Rundstedt und v. Witzleben versuchten, eine Rehabilitierung Schleichers durchzusetzen, der nun der Verschwörung mit Röhm beschuldigt wurde. Hindenburg verlangte eine gerichtliche Untersuchung des Mordes. Hitler versprach alles. Wie lange würde der uralte Herr noch leben?

General v. Reichenau, der andere, ihn wertvoller dünkende Generalstabsoffiziere aus dem ehemaligen Ministeramt, wie den Oberstleutnant Eugen Ott, gedeckt hatte, indem er für ihre rechtzeitige Versetzung gesorgt hatte, erklärte kalt, Schleicher sei seiner politischen Machenschaften halber längst kein Soldat mehr gewesen. Fritsch fand es heikel, für Schleicher, wegen erwiesener Unpopularität im Offizierkorps, einzutreten. Schließlich blieb es nur der privaten „Schlieffengesellschaft" unter Vorsitz des nun gleichfalls uralten Feldmarschalls v. Mackensen, vorbehalten, noch eine Ehrenerklärung abzugeben. Hitler, der am Abend des 30. Juni 1934 von München nach Berlin geflogen war, hat nach dem Zeugnis des ihn begleitenden Stiefsohnes Ludendorffs, des für verläßlich befundenen SA-Brigadeführers Pernet, befürchtet, die von ihm nicht angeordnete Erschießung Schleichers könne Gegenmaßnahmen des Chefs der Heeresleitung auslösen. Nichts geschah!

Reichenau mochte einen Augenblick wähnen, er habe wieder einmal mit leichter Hand eine verzwickte taktische Lage geradezu meisterhaft gelöst. Die SA erholte sich von dem blutigen Schock des 30. Juni niemals mehr. Dafür rückte als bewaffnete paramilitärische Organisation im Parteistaat die SS auf, die schon 1933 begonnen hatte, bei ihren Oberabschnitten im Reich, den höchsten Kommandostellen, bewaffnete Verbände zu formieren. Am 20. Juli 1934 erklärte der „Führer" die „Schutzstaffeln" mit dem Totenkopf an der schwarzen Mütze zur selbständigen Organisation. Die SS begann mit der Aufstellung von „Verfügungstruppen" und übernahm die Bewachung der außerhalb des legalen Strafvollzuges eingerichteten Konzentrationslager.

Am 2. August 1934 starb in Neudeck der Reichspräsident Generalfeldmarschall v. Hindenburg. Der Reichskanzler Hitler präsentierte unverzüglich ein Schubladengesetz über die Vereinigung der Ämter des Reichspräsidenten und des Reichskanzlers unter der amtlichen Bezeichnung „Führer und Reichskanzler". Damit fiel auch das Amt des Obersten Befehlshabers der Reichswehr an den Mann aus dem niederösterreichischen Waldviertel. Wahrscheinlich hat sogar die Zusammenlegung beider Ämter den Vorstellungen Hindenburgs für die erste Zeit nach seinem Tode entsprochen. In einem zweiten Teil seines Testamentes, der nie wieder aufgetaucht ist, hatte er jedoch offenbar Hitler die Wiederherstellung der Monarchie ans Herz gelegt. Wie immer – der neue „Führer" des Reiches hatte es eilig. Bereits am 2. August 1934 ließ er die Reichswehr auf seine Person vereidigen. In späteren Zeiten hat der General Beck, als er hellsichtig geworden war, jahrelang mit sich gehadert, ob er nicht damals den Eid hätte verweigern und gehen sollen. Er hat es nicht getan, niemand handelte so. Künftig band damit der Fahneneid das Offizierkorps an den leibhaftigen Feldherrn Psychologos, den Feldherrn der Massen, dessen Heraufkunft einst der Oberleutnant Hesse in seiner ketzerischen Studie vorausgesagt hatte. In der normalen Spitzengliederung änderte sich Jahre hindurch gar nichts. Der „Führer" war zwar nun in seiner präsidentiellen Eigenschaft höchster Befehlshaber des Reichsheeres und der Reichsmarine. Unter ihm übte jedoch der Reichswehrminister die Kommandogewalt aus – und Hitler ließ die Militärs schalten und walten, ohne sich um interne Auseinandersetzungen zu kümmern.

Als es zu Meinungsverschiedenheiten zwischen Reichswehrstellen und der neuen SS-Verfügungstruppe kam, ergriff Hitler jedoch sehr bestimmt die Partei der Heeresleitung. Auf das Drängen von Blomberg und Fritsch hin wurde nach einigen unliebsamen Vorfällen auch jegliche Überwachung von aktiven Offizieren durch die neue Geheime Staatspolizei und den Sicherheitsdienst (SD) der SS untersagt. Und als diese Material produzierten, wonach sich der Chef der Heeresleitung homosexueller Verfehlungen schuldig gemacht haben sollte, verbot Hitler ärgerlich solche Untersuchungen und ordnete an, das angeblich stichhaltige Belastungsmaterial zu verbrennen.

Nach dem Tode Hindenburgs versuchten Blomberg selbst, vor allem jedoch Fritsch und Beck, mehrfach, General Ludendorff, der sich mit seinem einstigen Chef des Generalstabes überworfen und diesen auch in einem beschwörenden Brief vor der Ernennung Hitlers zum Kanzler gewarnt hatte, wieder mit der Armee auszusöhnen, um gewissermaßen für das ehemalige und das aktive Offizierkorps einen neuen Doyen zu gewinnen. Allein Ludendorff hatte sich völlig in die Idee verrannt, er müsse dem deutschen Volk einen neuen Gottglauben predigen, begriff überhaupt nicht die Aufgabe, die sich ihm noch bot und wies auch den Vorschlag, ihn mit Zustimmung Hitlers als „Feldherrn" der Großen Schlacht in Frankreich 1918 anläßlich seines 70. Geburtstages 1935 zum Generalfeldmarschall zu ernennen, schroff zurück. Er lasse sich nicht von einem Gefreiten zum Feldmarschall machen, erklärte er zornig.

Die militärpolitische Lage veränderte sich nach dem Abbau der Beziehungen zur Roten Armee, der offiziellen Entente mit Polen und dem Liebeswerben Hitlers um die englische Freundschaft und den Abschluß eines beiderseitigen Flottenabkommens zur Begrenzung der Seerüstung völlig. In Moskau suchte man sich dem Völkerbund und Frankreich zu nähern, Paris wiederum trachtete nach festen Abmachungen mit der Sowjetunion und der Wiederbelebung seines ost-, mittel- und südosteuropäischen Bündnissystems der „Kleinen Entente", vor allem was die Tschechoslowakei anbelangte. Mit Polen war kaum noch zu rechnen.

Hitler benutzte die französisch-sowjetischen Verhandlungen über einen Beistandspakt gegen Deutschland zum ersten seiner großen außenpolitischen Coups. Er entschloß sich, in einem einseitigen Akt die deutsche militärische Gleichberechtigung und die Wiederaufrüstung offiziell zu proklamieren. Unähnlich früherer Gepflogenheiten wurden die führenden Soldaten von dieser Absicht erst unmittelbar vor der Aktion in Kenntnis gesetzt. Ihrer Denkweise nach hatten sie in diesem Fall keine Einwände. General v. Fritsch hielt es jedoch für angezeigt, Hitler darauf hinzuweisen, das große Werk der Heeresvermehrung mache eine lange Ruhepause notwendig. Außenpolitische Verwicklungen könne man sich nicht leisten. Der Aufbau des Heeres dürfe auch nicht überstürzt erfolgen. Der künftige Auftrag entsprach jedoch der Grundvorstellung, daß die Armee imstande sein müsse, die Reichsverteidigung zu garantieren.

Am 16. März 1935 gab Hitler in einer seiner wie üblich weit ausholenden Ansprachen an das deutsche Volk die Wiedereinführung der allgemeinen Wehrpflicht, die Bildung einer deutschen Luftwaffe und die Aufstellung eines Friedensheeres in einer Stärke von 12 Armee-Korps mit 36 Divisionen bekannt. Der Aufstellungplan von 1933/34 wurde durch einen neuen, viel umfangreicheren Plan überholt. Das Tempo steigerte sich, nicht zum Vorteil für den inneren Gehalt der neuen Armee.

Die Wehrmachtspitzengliederung erhielt ein neues Gepräge. Aus dem Reichswehrministerium wurde ein Reichskriegsministerium. Blomberg erhielt im Jahre darauf den Rang eines Generalfeldmarschalls, um seine neue übergeordnete Position über die Oberbefehlshaber der drei Wehrmachtteile zu unterstreichen. Der Chef der Heeresleitung erhielt die Bezeichnung „Oberbefehlshaber des Heeres", die Heeresleitung die Bezeichnung Oberkommando des Heeres (OKH). Das gleiche vollzog sich bei der Marine. Mit Wirkung vom 1. Juni 1935 wurde das Truppenamt in „Generalstab des Heeres" umbenannt. Der verbotene Große Generalstab schien Wiederauferstehung zu feiern. Auch die im Versailler Vertrag verbotene Kriegsakademie erstand von neuem. Zerschlissene Fahnen einer ruhmreichen Tradition flatterten noch einmal im Wind.

Am 21. März 1935 wurde ein neues Wehrgesetz beschlossen, das im Mai 1935, mit der Kennzeichnung „Geheim", verkündet und dann niemals in Kraft gesetzt wurde. Das alles gehörte jetzt zu den verschlungenen Maximen Hitlerscher Regierungspraxis. Dem Gesetz zufolge ging im Kriegsfall die vollziehende Gewalt auf den „Führer" über. Ihre Ausübung sollte durch den Reichskriegsminister und die Kommandierenden Generale des Heeres erfolgen. Für die gesamte Kriegswirtschaft war ein „Generalbevollmächtigter" vorgesehen. Der Generalstab des Heeres trat in alter Form als Oberste Heeresleitung dabei überhaupt nicht mehr in Erscheinung. Dafür stieg die Bedeutung des Wehrmachtamtes mit seinen Abteilungen für Landesverteidigung, Ausland/Abwehr, Wehrwirtschaft. Seine Leitung erhielt im Herbst des

Jahres 1935 anstelle des wenig arbeitsamen, unruhig-ehrgeizigen Reichenau ein für seinen Fleiß, seine Organisationsgabe und seine Gewissenhaftigkeit bekannter Offizier, der Generalleutnant Wilhelm Keitel, groß geworden als Generalstabsoffizier in der T 2 des Truppenamtes. Keitel notiert in seinen Aufzeichnungen, Fritsch selbst, den er aus dem Truppenamt gut kannte, habe ihn Blomberg empfohlen. Und das ist sehr wohl möglich, denn in Fritschs und Becks Sicht brauchte der Reichskriegsminister zwar einen ministeriellen Arbeits-, nicht jedoch einen wehrmachtmäßigen Operations-Stab, und als Ministerial-Sachbearbeiter war Keitel der ideale Mann. Die Riesenmaschine der Armee- und Wehrmachtorganisation hat er schließlich virtuos beherrscht, bis zum Ende.

Mit der Existenz eines rein formal übergeordneten Arbeits-Stabes des Reichskriegsministers und dem Vorhandensein zweier Generalstäbe des Heeres und der Luftwaffe – die Marine erhielt keinen Chef des Admiralstabes wie vor dem Krieg wieder –, die untereinander recht wenig korrespondierten, war jedoch bereits eigentlich ein heftiger Meinungsstreit um die künftige, sinngemäße Kriegsspitzengliederung vorgezeichnet. Er beherrschte die ganze kommende Entwicklung, die dunklen Ereignisse des Januar/Februar 1938 sind ohne seine Kenntnis nicht zu begreifen. Und er fand niemals eine wirkliche Lösung. Generalleutnant Beck sah sich 1935 einer großen Aufgabe gegenüber. Mit der formalen Wiederauferstehung des Generalstabes lebte die ganze Gloriole der Tradition wieder auf, der Nimbus des Generalstabsoffiziers, der Mythos vom alleswissenden und alleskönnenden Generalstab war durchaus lebendig, auch Hitler selbst neigte ihm zu. Ludwig Beck, ein sehr historisch interessierter und oft eher historisch als politisch argumentierender Kopf, hat die Aufgabe sehr wohl empfunden und als Verpflichtung angesehen, den Generalstab wieder auf die alte Höhe als geistige Schule des Offizierkorps und Führungszentrale im Krieg zu erheben. Im Gefüge der Spitzengliederung stand er nach dem „Führer", dem Reichskriegsminister und dem Oberbefehlshaber des Heeres an vierter Stelle als eines der Ämter des OKH.

Die neuen Aufgaben, die Heereserweiterung, bedingten eine

erhebliche Verstärkung des Stabes. Aus den vier Abteilungen im Truppenamt wurden 12 Generalstabsabteilungen gebildet. Die Zentralabteilung wurde wieder eingerichtet. Die Ausbildungs- und die Abteilung Fremde Heere wurden in je zwei Abteilungen aufgeteilt. Neu hinzu kamen Abteilungen für Transport, Technik, Nachschub, Landesvermessung, Landesbefestigung und Kriegsgeschichte. Wie in alter Zeit wurden die Abteilungen je nach Sachgebieten unter fünf Oberquartiermeistern zusammengefaßt. Stellvertreter des Chefs des Generalstabschefs wurde wieder der Oberquartiermeister I, seit dem 1. Oktober 1936 Generalmajor Fritz-Erich v. Lewinski gen. v. Manstein, noch einmal, wie die Zukunft lehren sollte, ein Vertreter der klassischen operativen Schule im Geist des älteren Moltke und Schlieffens.

Dem Generalstab zugeordnet waren 18 Militärattachées des Heeres, die Kriegsgeschichtliche Forschungsanstalt des Heeres, der Chef der Heeresarchive, die Heeresbücherei, die Plankammer und die Heeresfilmstelle. Insgesamt bestand der Generalstab aus etwa 190 Offizieren. Nicht ganz ein Drittel von ihnen waren wieder aktivierte sogenannte (E)-Offiziere. Der Stellenbesetzung von 1938 zufolge waren von 187 beim Generalstab des Heeres in Berlin diensttuenden Offizieren fünfzig adeliger Herkunft, ein ungewöhnlich hoher Prozentsatz, bedenkt man die sonst sehr starke Verbürgerlichung des Heeresoffizierkorps, das auch durch bewährte Unteroffiziere der Reichswehr aufgefüllt wurde. Der Gesamtanteil des Adels im Offizierkorps lag unter 10 vom Hundert.

Kam die alte schöne Zeit unter Hitlers Führung wieder? Konnte dies überhaupt der Fall sein? Zunächst galt die alte Regel, daß dem Chef des Generalstabes keinerlei Kommandogewalt über irgendeine Truppe zustand. Der Stellung nach war er der erste Berater des Oberbefehlshabers des Heeres, nicht des Reichskriegsministers. Die Beziehungen zu Blomberg, diesem seltsam undurchsichtigen Mann, der auch ein etwas geheimnisvolles Privatleben führte, blieben kühl, die Beziehungen zu General Keitel, dem Chef des Wehrmachtamtes, waren noch kühler, ja fast feindselig. Beck hatte Keitel niemals leiden können. Aus Anlaß des 125jährigen Bestehens der alten, von Scharnhorst ins

Leben gerufenen, von den Siegermächten verbotenen und nun unter Hitler wiedererstandenen Kriegsakademie hielt General Beck anläßlich der Wiedereröffnung am 15. Oktober 1935 eine Rede, die wie ein stilles Programm wirkte. In Anwesenheit des „Führers", des Reichskriegsministers und der höchsten Generale entwickelte Beck, an Moltke anknüpfend, die Prinzipien der Arbeit des neuen Generalstabes nach herkömmlichen Regeln. Er forderte logisch-systematisches Denken, sorgfältige Erarbeitung der jeweiligen Lage, entschiedenes, verantwortungsbewußtes Handeln und die Vermeidung von „coup d'oeils", von Spontanentschlüssen. Es ist unbekannt, was Hitler nach dieser wohlabgewogenen Rede von seinem Generalstabschef gedacht haben mag. Viel von dem was Beck verlangte, widersprach seiner unsystematischen, halb visionären Natur. Beck hob auch hervor, ungeachtet der technischen Revolution im Kriegswesen habe sich an dessen Grundzügen nichts geändert. Träger der Kriegführung bleibe der Mensch, nicht die Maschine.

Um bei der hastigen Neuorganisation des Heeres nicht den Überblick zu verlieren, schuf General Beck ein besonderes Referat im Generalstab zum Studium der bedeutsamsten, kriegswissenschaftlichen Probleme der modernen Zeit. Da Blomberg seine eigenen Wege ging und Hitler damals gar nicht das Bedürfnis verspürte, den Chef des Heeresgeneralstabes näher kennenzulernen, weil ihn die Außenpolitik mit höchst gewagten „coup d'oeils" in Anspruch nahm, blieb die Arbeit des Referates unbeachtet. Beck gab dem Referatsleiter auch den Auftrag, das Problem der Mitverantwortlichkeit des Generalstabsoffiziers unter modernen Gesichtspunkten zu überprüfen. Der Leiter des Referates gelangte zu dem Schluß, in einem autoritären Staat sei das Prinzip nicht mehr vertretbar. Beck war anderer Meinung. Er verfügte, das Prinzip habe unverändert Gültigkeit. Es war eine These von erheblichen geistigen Auswirkungen auf eine neu heranwachsende Generation von Generalstabsoffizieren. Auf die Mitverantwortlichkeit des Generalstabsoffiziers an den Entschlüssen der Führung beriefen sich später die maßgebenden jungen Verschwörer im Offiziersrock gegen Hitler.

War das Truppenamt die Schule gewesen, durch die fast alle

höheren Befehlshaber späterer Zeit gegangen waren, so sollte in Becks Augen der Generalstab die gleiche Aufgabe übernehmen. Er fand eine Reihe ausgezeichneter Mitarbeiter, voran General v. Manstein, 1935 zunächst Chef der 1., der Operations-Abteilung, dann Oberquartiermeister I, und die Oberquartiermeister II und IV, die Generale Halder und Karl Heinrich v. Stülpnagel. Der letzte war auch an dem Entwurf der neuen, von Beck redigierten Gefechtsvorschrift beteiligt. Auf Insistieren von Fritsch wurde jetzt bewußt die in der Reichswehrzeit notwendige Lehre von der „hinhaltenden Verteidigung" – zufolge Fritsch die „organisierte Flucht" – aufgegeben und durch ein neues offensives Denken ersetzt. Die militärische Entscheidung lag freilich jenseits der Politik. Beide, Fritsch wie Beck, waren keine Verfechter der aggressiven Politik Hitlers, der den Krieg im Grunde als das beste Mittel der Politik betrachtete.

Die stille, kontinuierliche Erziehungsarbeit Becks, die stete Forderung, im Ernstfall müsse dem Heer und damit dem Generalstab die oberste Führung zufallen, die Verteidigung des liberalen Prinzips der Mitverantwortung im totalen Staat mit der These von der absoluten Befehlsgewalt, die keine Kritik, sondern blinde Unterwerfung verlangte, stieß jedoch sehr bald auf Opposition im Kriegsministerium, im Wehrmachtamt und vor allem in der kleinen Abteilung Landesverteidigung. Der hier Dienst tuende Oberstleutnant Alfred Jodl, der spätere Generaloberst und Chef des Wehrmachtführungsstabes, auch Keitel und Blomberg selbst und manch andere Generalstabsoffiziere gelangten zu der Überzeugung, im modernen „Führer-Staat" habe der Generalstab nur noch im Frieden als Zentrale für Planung und Schulung die traditionell maßgebende Rolle, im Kriegsfall habe er als Führungsgremium ausgespielt. Im Kriege müsse sich das „Führer"-Prinzip voll auswirken, die Arbeit des Generalstabsoffiziers entspreche dann nur mehr der eines „Gehilfen" der Führung bei der Anlage und Ausführung von Operationen. Eigenständiges Urteil habe auszuscheiden – eine Maxime, der General Jodl übrigens schließlich selbst gegenüber dem „Führer" bei der Beurteilung der Krise im Kaukasusfeldzug im Spätsommer 1942 nicht gefolgt ist.

Hinzu trat das Generationsproblem. Die Zahl der Offiziere, die noch die alte Generalstabsschule vor dem Ersten Weltkrieg durchlaufen hatten, nahm aus Altersgründen ab. Eine neue Generation, erzogen nur noch in der Reichswehr, auf der neuen Kriegsakademie, rückte nach vorn. In manchen Dingen dachte sie unorthodoxer. Dazu kam die weit geringere Breitenwirkung auch der Persönlichkeit des Generalstabschefs selbst. Die Namen Moltkes, Waldersees, Schlieffens, Hindenburgs und Ludendorffs, auch noch Seeckts waren weit über die Armee hinaus bekannt, waren in aller Munde gewesen. General Beck, im engeren Kreis hochverehrt und dem älteren Offizierkorps noch wohlbekannt, blieb dagegen im Licht der Öffentlichkeit ein Unbekannter. Sein Einfluß beschränkte sich auf das OKH. Das ganze Ringen der Jahre bis zur Fritsch-Krise von 1938 erschöpfte sich im Grunde in einem zähen Positions- und Denkschriftenkrieg zwischen OKH und Reichskriegsministerium über die Frage der Spitzengliederung und die Führungsrolle des Landheeres im Ernstfalle. Es war kein Kampf gegen Hitler, nicht einmal ein Kampf um den maßgeblichen Einfluß auf dessen Person, sondern ein Streit mit dem von Hitler favorisierten Reichskriegsministern und dessen Arbeitsstab.

Im Jahre 1935 waren Fritsch und Beck in ihrer Überzeugung noch im wesentlichen nicht wankend geworden, daß mit Hitler eine sachliche Zusammenarbeit in Sachen der Reichsverteidigung durchaus möglich sei und daß es auch gelingen würde, die Eigenständigkeit des Heeres zu erhalten und seine maßgebende Rolle im Ernstfall durchzusetzen. Dem Oberbefehlshaber des Heeres, mit dem Chef des Generalstabes als entscheidendem und mitverantwortlichem Berater, mußte dann die Operationsführung zufallen. Die anderen beiden Wehrmachtteile besaßen nur die Rolle von Hilfswaffen der Armee. Beck betonte dabei immer wieder, in vollem Einvernehmen mit seinem Oberbefehlshaber, daß künftige Konflikte im Fall Deutschlands überwiegend kontinentalen Charakter tragen würden; der Heeresführung und damit dem Generalstab gebühre daher die Oberleitung der Operationen, auch die letzte Entscheidung über den Einsatz von Luftwaffe und Marine.

Über dieser sachlich-fachlichen Auseinandersetzung gerieten Fritsch und Beck und dessen Stellvertreter Manstein nicht nur in einen scharfen Gegensatz zu Blomberg, mit dem Fritsch sich auch persönlich niemals hatte vertragen können, sondern auch zu dem Oberbefehlshaber der Luftwaffe, Generaloberst Göring, der als Reichsminister dem Rang nach Blomberg gleichgestellt war und damals den Ehrgeiz besaß, gleichsam neben Hitler, wie er dies selbst formuliert hat, der „Zweite Mann im Staat“ zu werden. Hier lag die eigentliche Gefahr. Göring war im Grunde kein Soldat mehr, sondern ein hoher Parteiführer von Hitlers Gnaden.

Der Reichskriegsminister Feldmarschall v. Blomberg hatte dabei, objektiv genommen, das sehr richtige Empfinden, daß im künftigen Krieg jeder Wehrmachtteil die ihm gebührenden Aufgaben zu erfüllen habe, daß man bereits im Frieden versuchen müsse, die heterogenen Wehrmachtteile an eine gedankliche Zusammenarbeit zu gewöhnen und daß er selbst auch eines Wehrmacht-Stabes für diesen Zweck bedürfe. Der Chef des Wehrmachtamtes General Keitel war seiner Natur nach eher dazu geneigt, das Heer mit dem Reichskriegsministerium wieder zu versöhnen. Oberstleutnant Jodl, seit 1935 Leiter der Abteilung Landesverteidigung, war jünger und eine ausgesprochene Kampfnatur. Der Streit ging schließlich bis ins Groteske. Beck verbot zeitweilig seinen Offizieren jeden Verkehr mit Generalstabsoffizieren der „Landesverteidigung“. Und Blomberg mit seinen theoretisch gar nicht unrichtigen Vorstellungen von einer Wehrmachtführung war ein schlechter Mediator für seine Ideen, schwankend in seinen Entschlüssen, unsicher gegenüber seinem Rivalen Göring, voll übertriebener Bewunderung für Hitler und belastet durch eine unselige Privataffäre, die er freilich mit äußerster Sorgfalt Jahre hindurch zu verbergen verstand.

Gelang es Beck, wenigstens innerhalb der Heeres-Generalität und im OKH das Prestige und den geistigen Führungsanspruch des Generalstabes in begrenztem Umfang wiederherzustellen, so ging doch über den Ressortstreit jede einheitliche Schulung in einem neuen Wehrmachtdenken verloren. Der dringend notwendige übergeordnete Wehrmachtgeneralstab kam nicht zustande. Unter der Leitung des ehemaligen Chefs des Truppenamtes, General Adam, der aus der Pionierwaffe hervorgegangen war, wurde zwar neben der Kriegsakademie des Heeres und der Luftkriegsakademie eine „Wehrmacht-Akademie" zur gemeinsamen Schulung von Stabsoffizieren aller drei Wehrmachtteile eingerichtet. Aber dieser Versuch fruchtete nicht viel und wurde schließlich eingestellt, weil man bei ständig steigenden Neuaufstellungen Generalstabsoffiziere brauchte und solche zeitraubenden Abkommandierungen als Luxus erschienen. Tatsächlich war der Mangel an gut und gründlich ausgebildeten Generalstabsoffizieren ein höchst ernstes Problem. Schlimmer noch war etwas anderes, wie die Zukunft bald lehren sollte: Über dem Konflikt um die Spitzengliederung, an dem Hitler keinen Anteil hatte, wohl aber Göring, ging die Einheit des Offizierkorps, selbst im Generalstab, völlig zu Grunde. Faßte man den Entschluß, jemals unter irgendwelchen Umständen überhaupt Front gegen die politische Führung, gegen Hitler, zu machen, so kam dies in praxi nun einer Utopie gleich.

Im übrigen regierte die Überlastung durch das überhastete Tempo der Neuaufstellungen des Heeres, das sich in den Jahren 1935/36 in Rahmenverbände auflöste, die wiederum eine um so intensivere Stabsarbeit forderten. Der regelmäßige Wechsel zwischen Front- und Generalstabsdienst, eine der Stärken des alten Generalstabes, wurde ganz aufgegeben. Das zweite heikle Problem bildete die geistige Adaptierung der neuen Waffengattungen, der Panzer- und der Luftwaffe. Für die Schule des Ersten Weltkrieges stellten sie Hilfswaffen des Heeres dar. General Beck verschloß sich nicht einem Umdenken, war aber von Natur ein sehr gründlicher Denker. Göring verfocht, beraten durch seine höheren Luftwaffen-Offiziere, die operative Verwendung der Luftwaffe als kriegsentscheidendes Kampfmittel im Ernstfall. Bei der Panzerwaffe entwickelten die Generale Guderian und Nehring, angeregt durch das Studium englischer und französischer Theoretiker der Motorisierung, die Idee, große Panzerverbände geschlossen, durch Funk geführt, nach der Art der einstigen Schlachtenkavallerie zur Erzwingung der operativen Entscheidung im Landkrieg zu verwenden.

Im Generalstab dachte man weniger kühn. Man erwog sehr sorgfältig, wie Beck dies verlangte, die Führungs- und Operationsfragen, die Treibstoffergänzung bei großen Panzer-Operationen, die Rüstungsprobleme. Die Fortschritte in der Konstruktion moderner leistungsfähiger, genügend bestückter und genügend schneller Panzer waren nicht ermutigend. Zu lange hatten praktische Erfahrungen gefehlt. Guderians Vorschläge, durch den Einsatz von Panzer-Divisionen, gefolgt von motorisierter Infanterie und Artillerie auf Selbstfahrlafetten und unterstützt durch Nahkampfluftgeschwader, blitzschnell Entscheidungen zu erzwingen, fand dagegen Hitlers Interesse und Beifall, ohne daß dieser sich in praxi in den Gang der Dinge einschaltete. Englische Beurteiler sprachen später von der „Tank-Schule" im Heer. Guderian selbst hat geäußert, erst bei der Generalstabsreise im Frühjahr 1939, bei der zum erstenmal die operative Verwendung großer Panzerverbände durchgespielt wurde, sei „der Groschen richtig gefallen". Er konnte nach dem verlorenen Krieg in hellen Zorn über die orthodoxen Generalstäbler geraten. Aber der Unterschied in der Verwendung der Panzerwaffe war mehr gradueller denn prinzipieller Natur. Der Becksche Generalstab wog nun einmal sehr sorgfältig alle Vor- und Nachteile ab und war jeder impulsiven Intuition, wie Guderian sie auszeichnete, abhold.

Obendrein kreiste alles Denken bei Beck um die – jetzt allerdings angriffsweise zu führende – Verteidigung des Reiches. Weit ausholende große Operationen zeichneten sich dabei nicht ab. Angesichts der Besonderheiten des modernen Wirtschafts- und Koalitionskrieges glaubte er nicht mehr an die Möglichkeit rein zweiseitiger Duelle, an eine Begrenzung eines ernsten Konfliktes. Gegenüber 1914 war die Situation des Reiches noch schlechter geworden. Die Flankendeckung im Südosten war durch den Zerfall der Habsburger Monarchie verlorengegangen. Die stark gerüstete Tschechoslowakei schob sich wie ein Keil in deutsches Reichsgebiet hinein. Der 1914 vorhanden gewesene Vorteil der inneren Linie war durch den modernen weittragenden Luftkrieg in Frage gestellt. Ausgebildete Reserven fehlten dem so hastig aufgestellten neuen Heer. Becks Forderungen an die politische

Führung bestanden daher darin, diese müsse jeden bewaffneten Konflikt vermeiden. Hitlers Schluß in der gleichen Lage war genau der umgekehrte: Man mußte, wenn mögich unter Vermeidung eines Waffenganges, wenn unumgänglich auch mit Gewalt, die ungünstige geographische Situation durch Grenzverschiebungen und Raumgewinnung korrigieren. Es war nur eine Frage der Zeit, wann die beiderseitigen Auffassungen kollidierten und was dann die Folge sein würde.

Die von General Beck ausgearbeiteten Aufmarschpläne waren diktiert vom Geist der Beschränkung angesichts eigener begrenzter Kräfte. Oberstes Gesetz war noch immer die Abwehr. 1937 erschien aus der Feder des späteren Generalfeldmarschalls Ritter v. Leeb das für diese Denkweise bezeichnende, für klassisch angesehene Werk „Die Abwehr". Becks Sicherheitsaufmarsch „Rot" für den Fall von Verwicklungen mit Frankreich sah 1935 die Deckung der Rheinlinie mit zwei bis vier schwachen Armeen vor, während eine weitere Armee und die Verbände des Befehlshabers Schlesien die Deckung gegen Polen beziehungsweise die Tschechoslowakei übernehmen sollten. Daran schloß sich ein zweiter Aufmarschplan an bei Verwicklungen mit Prag, unter dem Stichwort „Grün". Beide Aufmärsche waren reine Defensivmaßnahmen. Im Osten setzte man, diesem Denken entsprechend, den Ausbau der Oder-Warthe-Linie mit ihren Befestigungen fort. Im Westen entstand 1936 der Plan, einen „Westwall" zu bauen. Nichts ließ darauf schließen, daß sich Hitler in den Jahren bis 1937 mit besonderen militärischen Angriffsplänen trug. Das war auch der Eindruck, den Oberst i. G. Hossbach, der militärische Adjutant Hitlers in diesen Jahren, der gleichzeitig Chef der Zentralabteilung des Generalstabes war, Beck vermittelte.

Seit dem Sommer des Jahres 1935 hatte man im Generalstab die Frage bearbeitet, welche Möglichkeiten sich boten, um die laut Versailler Vertrag entmilitarisierte Zone im Rheinland und in Westbaden wieder in die deutsche Wehrhoheit einzubeziehen. Einseitigen Lösungen stand der Pakt von Locarno entgegen. England und Frankreich waren Haupt-Garantiemächte für den „Gottesfrieden" am Rhein. Neben ihnen fungierten Italien und Belgien als Schirmherren des Paktes. Das Verhältnis zwischen

Berlin und Rom, zwischen dem deutschen und dem italienischen Diktator, war höchst komplex. Italiens faschistischer Ministerpräsident war in Hitlers Wunschträumen ebenso wie der König von England ein idealer Bündnispartner für ein Deutschland, das Freiheit im Osten zur Landgewinnung ersehnte. Annäherungsversuche an Mussolini waren gescheitert. Noch hatte dieser erhebliche Interessen im Donaubecken; Ungarn und das klerikal-autoritäre Regime in Österreich, das 1934 einen nationalsozialistischen Putschversuch blutig unterdrückt hatte, erfreuten sich der Patronanz Mussolinis. Alle diese außenpolitischen Verhältnisse wandelten sich grundlegend, als Mussolini, der italienische Imperialist der letzten Stunde, 1935 sich anschickte, das Kaiserreich Äthiopien in Ostafrika zu besetzen, das dem Völkerbund angehörte. Der Kaiser von Äthiopien rief den Völkerbund um Hilfe an. England und Frankreich, die vorübergehend angesichts der deutschen Wiederaufrüstung eine Einheitsfront mit Italien gebildet hatten, wandten sich gegen Mussolini und drohten zumindest mit wirtschaftlichen Sanktionen. Italien, tief in Ostafrika engagiert, verlor das bisherige Interesse an der Donaupolitik. Und Hitler gewährte in dieser Stunde, wie immer in diesen Zeiten ein Virtuose in taktischen Unternehmungen, dem Faschismus Rückendeckung. Obendrein gab Frankreich bekannt, es wolle den 1935 geschlossenen Beistandspakt mit der Sowjetunion ratifizieren.

Hitler sah in diesem Vorgehen eine Handhabe, um die entmilitarisierte Zone im Westen in die Hand zu bekommen, da sich aus dem Beistandspakt zwischen Paris und Moskau auch eine Verletzung des Locarno-Paktes konstruieren ließ, dessen Ziel der ewige Friede zwischen Deutschland und Frankreich gewesen war. Er beschloß, im Rheinland einzumarschieren und verständigte den Reichskriegsminister v. Blomberg von diesen Absichten. Dieser wiederum hielt es angesichts des ewigen Zankes mit dem OKH und dem Generalstab offenbar für untunlich, Fritsch und Beck rechtzeitig von Hitlers Plänen in Kenntnis zu setzen. Wahrscheinlich befürchtete er auch Widerstand von ihrer Seite. Jedes einseitige Vorgehen Berlins in der Rheinlandfrage beschwor die Gefahr eines Zweiten Weltkrieges in Europa. Das

Heer bestand praktisch aus Rahmenverbänden; Krieg zu führen, jedenfalls auf längere Sicht, war unmöglich.

Erst am 6. März 1936 erhielt der Chef des Generalstabes Mitteilung, Hitler beabsichtige am nächsten Tag die entmilitarisierte Zone im Rheinland zu besetzen. Beck und Fritsch, überrascht, beschlossen, im ganzen für das äußerst gewagte Unternehmen eine schwache Division zur Verfügung zu stellen. Nur drei Bataillone sollten über den Rhein gehen. Die Stimmung in der Bendlerstraße war ungeheuer ernst. Im Grunde konnten Frankreich und England diese Aktion nicht hinnehmen. Am 7. März 1936, einem Sonnabend, verkündete Hitler vor dem eilends zusammengerufenen Reichstag die Zerreißung des Locarno-Paktes und den Einmarsch deutscher Truppen im Rheinland, der bereits eingeleitet war. Er hat später gestanden, auch er sei ungeheuer gespannt gewesen, ob seine Ahnung sich bestätigte, nämlich, daß die Westmächte gar nichts unternehmen würden.

Blomberg, Fritsch und Beck verfolgten die Entwicklung mit Beklommenheit. Die Mehrheit des deutschen Volkes war begeistert. Frankreich ordnete eine Teilmobilmachung an und besetzte die Maginot-Linie. Alles hing, für Paris wie für Berlin, von der Haltung der englischen Regierung ab. Die Militärattachés in London und Paris, die Generale Frhr. Geyr v. Schweppenburg und Kühlenthal, sandten pessimistische Berichte. Aber die englische Regierung wie der gerade zur Herrschaft gelangte König Eduard VIII. waren nicht gewillt, sich für den Locarno-Pakt am Rhein zu schlagen. Hitler behielt recht. Er war sehr erleichtert, daß das Abenteuer gut gegangen war. Er gewann neue Zuversicht in die eigene Hellsichtigkeit. Hatte er nicht den Lauf der Dinge richtig vorausgeahnt? Und zum erstenmal war er frappiert über die Unlust seiner Generale, etwas zu riskieren, und über die schwachen Nerven seines Reichskriegsministers, der einen Augenblick erwogen hatte, die Truppen wieder zurückzunehmen.

Das Jahr 1936 wurde ein unruhiges Jahr. Deutschland und Italien rückten nach dem unblutigen Sieg Hitlers im Rheinland und dem blutigen Sieg Mussolinis in Ostafrika enger zusammen. Damit neigte sich die Waage für das klerikal-autoritäre System in Österreich, das sich mit diktatorischer Gewalt gegen die Mehrheit der Bevölkerung im Sattel hielt, die in einer Mischung großdeutscher Sehnsüchte und nationalsozialistischer Sympathien für den Anschluß an Deutschland eintrat, ein Problem, das den Deutsch-Österreicher Hitler stark bewegte.

In Spanien brach der Bürgerkrieg aus. General Franco rebellierte mit Unterstützung von Teilen der Armee und faschistischer wie restaurativ-klerikaler Kräfte und mit Hilfe Hitlers gegen die legitime republikanische Regierung, die ihrerseits sich kommunistischen und anarchistischen Umsturzbewegungen gegenübersah. Italien entschloß sich, ein starkes Expeditionskorps nach Spanien zur Unterstützung Francos zu entsenden. Die Reichsregierung sandte den Oberst Warlimont vom Wehrmachtamt als militärischen Experten nach der iberischen Halbinsel. Das Heer mußte kleinere Ausbildungs- und Instruktionsverbände für die „weiße" Armee Francos stellen, die Luftwaffe ein eigenes Expeditionskorps, die „Legion Condor" mit Flieger- und Flakartillerieverbänden. Die Sowjetunion wie Frankreich förderten die Formierung „Internationaler Brigaden" in Spanien auf Regierungsseite aus freiwilligen Antifaschisten, darunter zahlreichen deutschen Kommunisten. Spanien wurde zum Exerzierplatz des kommenden Weltanschauungskrieges. Auf beiden Seiten fochten Deutsche gegeneinander unter dem Hakenkreuz und dem Sowjetstern. Im OKH betrachtete man dies Schauspiel rein vom militärischen Standpunkt aus mit gemischten Gefühlen. Die Gefahr neuer internationaler Verwicklungen zeichnete sich ab, denen man sich nicht gewachsen fühlte, zum zweiten brauchte man jeden Mann und Offizier für die Ausbildung der eigenen, nicht der spanischen Truppe, von den Lieferungen an kostbarem Rüstungsmaterial ganz zu schweigen.

Im November des Jahres 1936 schrieb General v. Seeckt, der seine Tätigkeit als Militärberater in China aufgegeben hatte und wieder in Berlin lebte, seiner Schwester, er glaube nicht an einen allgemeinen Konflikt, doch sei das Prophezeien für mehr als 24 Stunden sehr schwer geworden. Am 27. Dezember 1936 erlag er überraschend einer Herzlähmung, im 71. Lebensjahr. Es war still um ihn geworden. Hitler hatte einmal noch mit Achtung seine Thesen zur Rußland- und China-Politik angehört, und Seeckt hatte gefunden, er könne gut zuhören. Gefolgt war Hitler ihm nicht. Aber für das ältere Offizierkorps ging jetzt, zu früh, der Mann dahin, der einmal Geist und Form des Korps in bitterer, unsicherer Zeit geprägt hatte. Bei der Beisetzungsfeier erschien auch Hitler selbst, verließ jedoch ostentativ die Trauerversammlung, als der protestantische Feldpropst seine Predigt begann ...

Im Winter 1936/37 erlebte der stille Ämterkrieg zwischen OKH und Generalstab einerseits und dem Reichskriegsministerium andererseits eine Zuspitzung. Blomberg veranstaltete, um die wehrmachtmäßige Denkschule zu fördern, Wehrmacht-Kriegsspiele, über deren Wert man streiten konnte. Der scharfblickende und oft auch scharfzüngige Oberquartiermeister I General v. Manstein hielt die Anlage solcher Sandkastenübungen oft für recht dilettantisch. Im Winter 1936/37 kam es beim Kriegsspiel zu so heftigen Auseinandersetzungen zwischen Fritsch und Göring und Blomberg, daß Fritsch im Januar 1937 seinen Abschied nehmen wollte. Nun lenkte auch Blomberg wieder ein, der sich durchaus im klaren über die hohen soldatischen Qualitäten des Oberbefehlshabers des Heeres war und den offenen Bruch scheute.

Unter dem 24. Juni 1937 erließ Generalfeldmarschall v. Blomberg indes zum Mißbehagen des Generalstabes seine erste Weisung über die Führung der Wehrmacht im Kriegsfalle, womit er seinen eigenen obersten Führungsanspruch ganz klar unterstrich. Die allgemeine Lage wurde als ruhig beurteilt, mit einem Angriff anderer Mächte sei nicht zu rechnen, doch müsse die Wehrmacht in steter Bereitschaft gehalten werden. Angenommen wurden ein Fall „Rot“, Konflikt mit Frankreich als Hauptgegner, dann sollte der Schwerpunkt im Westen liegen. Im zweiten Fall „Grün“, einem Konflikt in erster Linie mit der Tschechoslowakei, war an die Schwerpunktbildung im Südosten gedacht unter massiertem angriffsweisem Vorgehen. Weiter wurden zwei Sonderfälle angenommen: „Otto“, ein Unternehmen gegen Österreich, falls der Bundeskanzler v. Schuschnigg in Wien, ein Anhänger der Restauration der Habsburger, die Monarchie proklamieren würde, und der Fall „Richard", internationale Verwicklungen in Rotspanien. Betont wurde ferner, notwendig sei die Bearbeitung einer Mobilmachung ohne öffentliche Ankündigung (wie sie im nächsten Jahre während der Sudetenkrise im September 1938 zum erstenmal partiell eingeleitet wurde).

Generaloberst v. Fritsch reagierte darauf mit einer Denkschrift vom August des Jahres zur Wehrmachtspitzengliederung und Kriegführung, an der ohne Zweifel die Generale Beck und v. Manstein federführend beteiligt gewesen sind. Er hob mit Nachdruck hervor, in jedem künftigen Konflikt, in den Deutschland verwickelt würde, sei das Heer die kriegsentscheidende Waffe. Weder Marine noch Luftwaffe könnten eine Entscheidung herbeiführen. Daher müsse im Ernstfall die Führung der Operationen aller drei Wehrmachtteile eindeutig beim Heer, das heißt bei dessen Oberbefehlshaber und seinem Generalstabschef, liegen. Die Fronten waren klar. Eine Entscheidung fiel niemals.

Unterdes vollzog sich in der Sowjetunion ein Schauspiel, das zeigte, wie ein mißtrauischer Diktator im totalitären System mit Generalen und Offizieren umzuspringen pflegt, wenn er sich einbildete, diese könnten seiner Macht gefährlich werden. In den gleichen Tagen, in denen in Berlin Blomberg seine Wehrmachtweisung erließ und die Empörung Fritschs und Becks erregte, wurden in Rußland der Marschall Tuchatschewski und eine Reihe anderer führender Kommandeure der Roten Armee, fast sämtlich noch Beteiligte an der einstigen Geheimallianz mit der Reichswehr, wegen einer Verschwörung gegen Stalin und Spionage für den deutschen Generalstab erschossen. Ihnen folgten rund 10 000 Kommandeure und Stabsoffiziere in den Tod. Tausende anderer Offiziere wurden in Haft gesetzt. Über die Beweggründe Stalins bei diesem Vorgehen besitzen wir bis heute kein klares Bild, ebensowenig darüber, ob zuvor der deutsche Geheimdienst der SS sowjetischen Stellen gefälschtes Material über Beziehungen der sowjetischen Kommandeure zu deutschen militärischen Stellen in die Hand gespielt hat, um die Führung der Roten Armee zu lähmen. Auf jeden Fall haben später Hitler wie Himmler mehrfach ihrer Bewunderung für die Handlungsweise Stalins Ausdruck geliehen. Ihrer Meinung nach hätte man in Deutschland mit unzufriedenen oder frondierenden Generalen zur rechten Zeit genauso verfahren sollen.

Im September 1937 fanden die ersten großen Manöver der neuen Wehrmacht in Mecklenburg statt, unter Beteiligung vor allem der Luftwaffe. Blomberg konnte sie als Erfolg für sich buchen. Unter Hitlers Manövergästen befand sich der italienische Staatschef Mussolini, der damals auch das Amt des Kriegsministers bekleidete und sich militärisch höchst sachverständig gab. Hitler und Mussolini hatten sich in Freundschaft gefunden, und deutsche Generalstabsoffiziere meinten, die zur Schau getragene militärische Erfahrung Mussolinis hätte auf den deutschen „Führer" beträchtlichen Eindruck gemacht. Der Staats- und Parteichef, der sein eigener Kriegsminister war, war für ihn offensichtlich ein bemerkenswertes Beispiel. Bei der eigenen Generalität hatte er das Empfinden, daß diese ihn zwar als Staatsoberhaupt respektierte, aber doch als das betrachtete, was er war, ein Laie in militärischen Fragen.

Am 5. November 1937 beschied Hitler den Reichskriegsminister v. Blomberg, den Reichsaußenminister Frhr. v. Neurath und die Oberbefehlshaber der drei Wehrmachtteile, Fritsch, Göring und Admiral Raeder, überraschend in die Reichskanzlei und entwickelte vor ihnen, in Anwesenheit seines militärischen Adjutanten Oberst i. G. Hossbach, seine Ansichten über die militärpolitische und kriegswirtschaftliche Situation. Der größere Teil seiner Ausführungen galt rüstungswirtschaftlichen Problemen, ihr Wortlaut ist nicht überliefert. Hitlers Darlegungen zur Militärpolitik erschienen Oberst Hossbach jedoch so bedeutsam und bestürzend, daß er sie aus dem Gedächtnis nach dem Vortrag in Stichworten zusammengefaßt schriftlich festhielt. Diese Niederschrift wurde später, ohne Wissen des Verfassers, im Nürnberger Kriegsverbrecher-Prozeß als sogenanntes „Hossbach-Protokoll" von der Anklagevertretung als Beweismaterial für Hitlers Kriegspläne verwendet und erlangte weltweite Berühmtheit.

Hitler führte an diesem Nachmittag in der Reichskanzlei aus, zur Lösung der „deutschen Frage" gäbe es nur den Weg der Gewalt. Dafür hatte er sich drei Möglichkeiten zurechtgelegt:

1. Krieg bei Abschluß der deutschen Rüstung, also nicht vor dem Jahre 1943. 2. Innere Verwicklungen in Frankreich, die einen Angriff als aussichtsreich erscheinen lassen könnten. 3. Bindung Frankreichs durch einen Krieg mit einer anderen Macht, etwa Italien, in der spanischen Frage. Voraussetzung für jedes militärische Handeln, erklärte er weiter, sei die Sicherung der Flanke, also die Ausschaltung Österreichs und der Tschechoslowakei. Als Gegengewicht gegen Rußland könne man Japan einsetzen.

Fritsch und wohl auch Blomberg entgegneten, ein Krieg gegen England und Frankreich komme auf keinen Fall in Frage. Die Fälle 2 und 3 hielten sie für ganz unwahrscheinlich. Fritsch, der eine Urlaubsreise nach Ägypten plante, meinte, wenn der „Führer" die Situation als so ernst ansähe, wolle er lieber auf die Reise verzichten. Hitler beschwichtigte ihn: Seine Worte seien nicht so aufzufassen, als ob kriegerische Verwicklungen unmittelbar vor der Tür stünden.

Immerhin hatte diese interne Ansprache deutlich gemacht, daß das Staatsoberhaupt des Deutschen Reiches auf lange Sicht gesehen einen Krieg als das beste Mittel zur Lösung aller Fragen ansah und daß jedenfalls der Oberbefehlshaber des Heeres und auch der Reichskriegsminister klar zu verstehen gegeben hatten, sie wünschten keinen Krieg. Im übrigen scheint Feldmarschall v. Blomberg Hitlers Ausführungen nicht sehr ernst genommen zu haben, obwohl nach Jodls Tagebuch auch im Wehrmachtamt eine Aktennotiz über Hitlers militärpolitische Ausführungen angefertigt wurde, und zwar mit Billigung des Redners. Göring, der Hitler kannte, hat ausgesagt, dieser habe damals nur den Generalen „Dampf machen" wollen, weil ihm die Aufrüstung zu langsam voranginge. Fritsch, Neurath und Hossbach waren jedoch auf das äußerste besorgt. Neurath dachte an Hindenburgs Vermächtnis für ihn, man müsse unter allen Umständen dem deutschen Volk einen neuen Krieg ersparen.

Er begab sich nach der Ansprache zu Fritsch und Beck in die Bendlerstraße, um zu erörtern, was man tuen könne, um Hitler von seinen Plänen wieder abzubringen. Man kam überein, Fritsch solle alles daransetzen, um vom militärischen Standpunkt aus dem „Führer" die Undurchführbarkeit seiner Absichten klarzumachen. Neurath wollte als verantwortlicher Leiter der deutschen Außenpolitik von seinem Ressort aus das gleiche versuchen. Beide kannten Hitler zu wenig. Beide erhielten auch keine Gelegenheit mehr, in dieser Angelegenheit zu interpellieren. Außerdem trat Fritsch seine Urlaubsreise nach Ägypten an. Und Hitler selbst konnte nicht ahnen, wie rasch ihm unvorhergesehene Zufälle, das Verhalten Blombergs und die Entwicklung in Österreich, Möglichkeiten in die Hand spielen würden, die ihm neue Triumphe einbringen sollten. Die Ideen, die er seinem Außenminister und der Generalität vorgetragen hatte, entsprachen Wunschvorstellungen und Eingebungen seiner Phantasie, waren jedoch keine logische Planung, wie sie Generalstabsoffiziere gewohnt waren.

Fritsch ordnete an, man solle im Generalstab den Fall „Grün" als Winterarbeit überprüfen, mit dem Hintergedanken, festzustellen, ob überhaupt ein Angriff auf die Tschechoslowakei mit massierten Kräften, bei Abschirmung der Westgrenze gegen Frankreich, zu dem notwendigen, raschen Erfolg führen könne. Dabei leitete ihn die Hoffnung, eine derartige Operationsstudie könne nur zu dem Ergebnis führen, daß ein derartiges Unternehmen militärisch eine Utopie sei. Auf diese Weise wollte er sich Material für eine Demarche bei Hitler sichern.

Bisher hatte Hitler den Generalobersten als hervorragenden militärischen Fachmann eingeschätzt und hatte ihm freie Hand gelassen. Dabei hatte ihn vermutlich die sehr naive Vorstellung bewegt, der Generalstab sei eine Institution, in der man unentwegt Kriegspläne für jede mögliche Lage schmiede. Jetzt mußte er, nach den für ihn nicht ermutigenden Erfahrungen bei der Besetzung des Rheinlandes, erkennen, daß der Generalstab keineswegs gewillt war, kritiklos alle seine Überlegungen hinzunehmen, ja, daß hier eine völlig andere Gedankenwelt herrschte. Irgendwelche erkennbaren Folgerungen zog er jedoch nicht aus dieser zu vermutenden Einsicht.

Im Dezember 1937 starb General Ludendorff, der Mann, der nicht nur Hindenburg, sondern auch Fritsch einmal vor Hitler gewarnt hatte, dessen unheilvolles Wesen ihm seit dem Münchener Putsch von 1923 deutlich geworden war. Hitler, hatte er

Fritsch gesagt, halte keinem die Treue, er würde auch ihn verraten. Bei der Beisetzungsfeier, zu der Hitler und zahlreiche hohe aktive und inaktive Generale erschienen waren, vertraute Blomberg dem „Führer“ an, er gedenke sich wieder zu verheiraten. Seit 1932 war er Witwer. Blomberg deutete auch an, seine künftige Frau habe „eine Vergangenheit“. Hitler wußte mit dieser Anspielung nichts zu beginnen und gab seine Genehmigung.

Am 12. Januar 1938 vermerkte Oberstleutnant Jodl im Diensttagebuch der Abteilung „Landesverteidigung“, der Generalfeldmarschall (d. h. Blomberg) habe „völlig überraschend“ Fräulein Gruhn geheiratet. Hitler und Göring hatten bei der kurzen standesamtlichen Zeremonie der Trauung als Zeugen fungiert. Niemand, auch General Keitel nicht, dessen ältester Sohn mit einer der Töchter Blombergs verlobt war, wußte, wer Frl. Gruhn war. Bei der polizeilichen Ummeldung der neuen Frau v. Blomberg, geborenen Erna Gruhn aus Berlin-Neukölln, in die neue Wohnung am Tirpitzufer stellte ein Polizeibeamter fest, daß Erna Gruhn, damals Sekretärin beim Reichsnährstand, der Polizei früher ihres Lebenswandels halber nicht unbekannt gewesen war. Blomberg hatte sie vermutlich im Jahre 1934 kennengelernt, diese Liaison aber sorgfältig geheimgehalten, bis er sich – aus nicht bekannten Gründen – zur Heirat entschloß. Er hatte auch Göring bedeutet, seine künftige Frau sei aus einfachen Verhältnissen, aber dieser fand es nur gut, wenn ein adeliger Feldmarschall im „nationalsozialistischen Volksstaat“ ein Kind aus dem Volke zur Frau nahm.

Der Polizeibeamte erstattete pflichtschuldigst Meldung. Der Polizeipräsident von Berlin, Graf Helldorf, begab sich angesichts des drohenden Skandals zum Chef des Wehrmachtamtes, General Keitel, um die Identität der Erna Gruhn auf der polizeilichen Meldekarte mit der neuen Frau v. Blomberg festzustellen. Keitel kannte jedoch die neue Frau seines Ministers nicht, er hatte sie nur einmal tiefverschleiert bei der Beerdigung der Mutter Blombergs gesehen, die vor etlichen Tagen in Eberswalde gestorben war. Die ganze Geschichte erschien ihm ungeheuer peinlich, schon wegen der künftigen Verschwägerung beider Familien durch die

Heirat der Kinder. An diesem Tag, dem 23. Januar 1938 verwies er Helldorf, da der Minister selbst in Eberswalde war, an Göring, mit dem Bemerken, dieser müsse die Dame doch kennen, da er ja Trauzeuge gewesen sei. Helldorf bat ihn, selbst mit Blomberg zu sprechen, wenn dieser zurückgekehrt war. Auch Keitel, dem bei der ganzen mysteriösen Heiratsaffäre nie wohl gewesen war, fürchtete einen ungeheuren Skandal. Fritsch und Beck zu informieren, kam ihm infolge der gespannten Beziehungen zwischen Wehrmachtamt und OKH nicht in den Sinn.

Inzwischen war es Neurath gelungen, noch einmal mit Hitler über dessen Ausführungen vom 5. November zu sprechen. Er trug ihm die Bedenken der Generale vor und suchte ihm verständlich zu machen, bei Geduld ließen sich die wichtigsten Ziele seiner Politik auch auf friedlichem Wege erreichen. Hitler erwiderte dunkel, er könne nicht warten. Neurath sagte darauf unumwunden, zum Mitschuldigen einer solchen Politik wolle er sich nicht machen. Hitler nahm die verschleierte Drohung mit dem Rücktritt hin, ohne sich dazu zu äußern. Immerhin muß er erkannt haben, daß sowohl im Generalstab wie im Auswärtigen Amt eine stille Fronde gegen seine Pläne existierte.

Unterdes nahm der Skandal um Blomberg seinen Lauf. Göring identifizierte nach den polizeilichen Unterlagen die zweite Frau v. Blomberg als die der Polizei nicht unbekannte Dame. Er übernahm es, indem er Graf Helldorf sagte, das sei ja eine Katastrophe, selbst mit Blomberg zu sprechen und verständigte am Abend des 24. Januar auch Hitler. Nach den Bekundungen eines Ziviladjutanten Hitlers, des ehemaligen Hauptmanns Fritz Wiedemann, war Hitler im ersten Augenlbick völlig konsterniert. Er hatte Blomberg zum Feldmarschall erhoben, dieser hatte ihn gebeten, sein Trauzeuge zu sein, überhaupt war ein deutscher Generalfeldmarschall in seinen Augen bis dahin eo ipso ein völlig untadeliger Mann – und nun hatte Blomberg eine Frau geheiratet, die nach ihrem Vorleben unmöglich die Gattin des Reichskriegsministers und Oberbefehlshabers der Wehrmacht sein konnte. Jetzt erschien ihm alles möglich. Und in diesem Augenblick wurde ihm, wahrscheinlich nicht von Göring, sondern von Seiten der SS-Führung, der Fritsch als Schutzpatron der christlich-konservativen Kräfte im Offizierkorps höchst verdächtig war, ein Aktenstück unterbreitet, das er 1935 schon einmal gesehen und das er damals zu vernichten befohlen hatte: Die Akte Fritsch. Sie war rekonstruiert worden. Auf Grund der Aussagen eines mehrfach vorbestraften Erpressers hatte sich danach der Oberbefehlshaber des Heeres 1934 eines Vergehens gegen den Paragraphen 175 des Strafgesetzbuches schuldig gemacht.

Im allerersten Augenblick scheint Hitler die Absicht gehabt zu haben, den Generaloberst v. Fritsch zum Nachfolger Blombergs zu ernennen. Wie gering seine Personalkenntnis unter der höheren Generalität damals war, zeigt seine Weisung, man solle ihm den „General v. Keitel" schicken, als er schließlich den Chef des Wehrmachtamtes hinzuziehen wollte. Nun aber lag die Akte Fritsch auf dem Tisch. Am 25. Januar verständigte er seinen Adjutanten Oberst Hossbach von den Vorwürfen gegen Blomberg und Fritsch und trug ihm auf, unter strenger Ermahnung, Fritsch kein Wort zu sagen, diesen für den nächsten Abend in die Reichskanzlei zu bestellen. Hossbach hatte inzwischen genug von der Intrigenwirtschaft in der Umgebung Hitlers kennengelernt, um nicht sofort zu ahnen, daß hier eine schändliche Gaunerei ins Werk gesetzt worden war, mit dem Ziel, die Spitzen des Offizierkorps moralisch unmöglich zu machen. Er warnte seinen Oberbefehlshaber. Fritschs erste Worte waren: „Erstunken und erlogen". Aber in diesem Augenblick sah er nur den Angriff auf seine persönliche Ehre.

Für Hitler ergab sich jetzt die Situation, daß die beiden führenden Generale der Armee in seine Hand gegeben waren, und daß er sich selbst um die Armee kümmern mußte. Und wie dies bei ihm nicht selten zu beobachten war, vermochte er tagelang keinen Entschluß zu fassen, was nun geschehen solle. Am 26. Januar empfing er Blomberg selbst. Mittags erfuhr Oberstleutnant Jodl durch Keitel, Blomberg sei entlassen. Keitel hat später angegeben, der Reichskriegsminister habe Hitlers Ansinnen abgelehnt, die Ehe sofort wieder aufzulösen. Bei dieser Gelegenheit hat Blomberg – nach Jodl – Göring als seinen Nachfolger empfohlen. Diese Lösung lehnte Hitler rundweg ab.

Blomberg scheint dann, nach seinen eigenen Angaben, den Namen des Generals der Artillerie Walther v. Brauchitsch, lange Zeit Kommandierender General des I. Korps in Ostpreußen, seines Nachfolgers im Jahre 1933, ins Spiel gebracht zu haben. Brauchitsch war jedoch für Hitler kein Begriff. An diesem oder am nächsten Tage, als er sich persönlich bei Hitler abmeldete, muß er aber eine letzte Idee lanciert haben: Hitler solle selbst das Reichskriegsministerium und damit den direkten Oberbefehl über die Wehrmacht übernehmen. In seinen Augen war Hitler ein Genie. Außerdem aber war dies die letzte Revanche für die vielen Querelen mit dem OKH und dem Generalstab. Hitler würde diese Herren, mit denen er niemals fertig geworden war, die alle seine Gedanken abgelehnt hatten, schon zur Räson bringen. Aber Hitler befreundete sich mit dieser Lösung der Krise nur langsam.

Am Abend des 26. Januar 1938 erschien der Generaloberst Frhr. v. Fritsch, begleitet von Oberst Hossbach, in der Reichskanzlei. Eine Mischung von Zorn und völliger Verwirrung erfüllte ihn. Um ihn und mit ihm geschahen Dinge, die sich in Deutschland kein anständiger Offizier jemals hatte vorstellen können. Hitler und Göring erwarteten die beiden Offiziere. Der Freiherr v. Fritsch gab sein Ehrenwort als Kavalier, daß die Anschuldigungen gegen ihn unzutreffend seien. Die beiden obersten Gewalthaber im Reich hatten sich jedoch einen besonderen Bubenstreich ausgedacht. Das Ehrenwort eines Offiziers galt gar nichts. Sie konfrontierten den Generalobersten mit dem Exsträfling, der ihn erpreßt haben wollte, und den sie heimlich in die Reichskanzlei hatten schaffen lassen Der Verbrecher behauptete sofort, der Generaloberst sei der Mann, den er seinerzeit beobachtet und der ihm darauf Schweigegeld gezahlt habe. Damit war für Hitler und Göring der Fall Fritsch vorläufig erledigt. Der Generaloberst mußte gehen, gleich Blomberg. Er war ein Sittlichkeitsverbrecher.

Fritsch verließ die Reichskanzlei, im Grunde ein gebrochener Mann. Was sollte er angesichts solcher Niedertracht tun? Er wußte es nicht. Göring versuchte sich an Hossbach heranzumachen und bat ihn, dieser möge doch dem „Führer“ sagen, er solle ihm, Göring, das Heer geben. Er war willens, jeden Nutzen für sich aus dem zu ziehen, was er gegenüber Graf Helldorf als „Katastrophe" bezeichnet hatte. Auch auf ihn fiel ein merkwürdiges Licht in dieser merkwürdigen Affäre. Noch in der Nacht wurde, auf Oberst Hossbachs Drängen, General Beck, der Chef des Generalstabes, aus dem Bett geholt und in die Reichskanzlei zitiert. Er war fast noch ratloser und verwirrter als Fritsch und begriff im Grunde die Situation in ihrer vollen Tragweite gar nicht. Die von Intrigen und moralischer Bedenkenlosigkeit geschwängerte Atmosphäre des Hofstaates um den Diktator war ihm völlig fremd. Eine Weile war er sogar von Hitlers Anwürfen gegen Fritsch recht beeindruckt. Er verstand auch nicht recht die Gunst der Stunde. Nächst Fritsch, der vom Dienst suspendiert schien, war er der dienstälteste Offizier des Heeres in Berlin. Die Armee war praktisch in seiner Hand. Generale für ein Pronunciamiento nach spanisch-südamerikanischem Muster hatte der Generalstab indes nie erzogen.

Fritsch war jetzt genauso erledigt wie Blomberg. Oberst Hossbach meldete Hitler als aufrechter Mann, er habe gegen sein Verbot gehandelt und den Generalobersten vorher über die Lage ins Bild gesetzt. Damit war auch die Stellung des Vertrauensmannes des Generalstabes in Hitlers unmittelbarer Umgebung erledigt. Die nächste Frage, ob Fritsch Genugtuung vor einem Kriegsgericht oder, wie Hitler und Göring dies wünschten, vor einem „Sondergericht" erhalten sollte, bildete das zweite Stadium der Affäre Fritsch. Dieser beging einen zweiten Fehler nach der Unterlassung des Versuchs, sich zur Wehr zu setzen. Obwohl er als Offizier der Militärgerichtsbarkeit unterstand, unterwarf er sich Verhören durch die Geheime Staatspolizei. Und die höchsten Militärs, die nach ihm im Amt blieben, erhoben keinen Einspruch, als Beamte der Geheimpolizei in den Kasernen nach möglichem Belastungsmaterial zu fahnden begannen, und ehemalige Burschen von Fritsch vernahmen. Offenbar begriff niemand, welch Präzedenzfall damit geschaffen worden war.

Die Krise schleppte sich fort. In Berlin gingen dunkle Gerüchte über die zweite Frau Blombergs um. Bei den Generalkommandos in der Provinz mußte man nichts. Weder Fritsch noch Beck waren auf die Idee verfallen, das Heer in einem Tagesbefehl von den Anschuldigungen gegen seinen Oberbefehlshaber wenigstens kalt und kühl in Kenntnis zu setzen. General Beck schlug vor, den dienstältesten General unter den Korpskommandeuren, General v. Rundstedt, nach Berlin zu rufen. Rundstedt leitete eine Übungsreise in Ostpreußen. Hitler verbot dies und widerrief sein Verbot. Eine zum fünften Jahrestag der sogenannten Machtübernahme am 30. Januar geplante Rede fiel stillschweigend aus.

Der intelligenteste unter den nationalsozialistischen Reichsministern, der Propagandachef Dr. Goebbels, befürchtete in diesen Tagen einen „Streik der Generale“, wenn bekannt wurde, wie Hitler dem allseits bekannten und geachteten Generaloberst mitgespielt habe. Aber der Gedanke an einen Staatsstreich lag Fritsch fern, und Beck war in seinen Überlegungen noch längst nicht so weit gediehen. Zudem befand sich der gesamte Machtapparat, befanden sich alle Nachrichtenmittel fest in der Hand der Regierung. Hitler hatte Millionen Arbeit und Brot verschafft, er stand im Zenit seiner Laufbahn. Und selbst wenn die Kommandierenden Generale auf einen Aufruf von Fritsch geschlossen reagiert hätten, wäre die Truppe ihnen gefolgt? Hätten die Millionen von Anhängern Hitlers sich in dieser Stunde gegen Hitler erhoben, weil seine und die Ehre des Offizierkorps mit Füßen getreten worden war? Hatte ein Mann wie Blomberg diese Ehre höher gestellt als eine Liebesaffäre?

Neben Göring, der sich als Kandidat für den Oberbefehl über die Wehrmacht bereithielt, erschien in Berlin ein zweiter Mann auf der Bühne, General d. Artl. v. Reichenau, Kommandierender General des VII. Korps in München. Reichenau wähnte zum zweiten Mal seine große Stunde gekommen. Und Hitler war bereit, ihn zum Nachfolger Blombergs zu ernennen. Dagegen wandte sich aber nun die gesamte Generalität in Berlin, von General v. Rundstedt bis zum Chef des Wehrmachtamtes, General Keitel. Wie die Zukunft zeigen sollte, war er jedoch wahrscheinlich einer der seltenen hohen Generale, die souverän mit dem schwierigen „Führer“ umzuspringen vermochten.

General Keitel brachte nach seinen Aufzeichnungen für den Oberbefehl beim Heer wieder General v. Brauchitsch ins Spiel, einen sehr ruhig und klar denkenden Mann aus preußischer Generalsfamilie, wie die ganze Gruppe dieser „Artillerie-Schule" im Oberkommando aus der Artillerie hervorgegangen. Er war zur Zeit Oberbefehlshaber der 1937 neugebildeten Heeresgruppe 4 in Leipzig. In Keitels Augen war er der richtige Mann, ein Konservativer aus Garde und Generalstab, gegenüber der Partei strikt neutral. Brauchitsch hatte Bedenken, er war gerade in eine komplizierte Ehescheidungsaffäre verstrickt. Auch wollte er General Beck als Chef des Generalstabes behalten, den Hitler jetzt plötzlich durch einen anderen Mann zu ersetzen wünschte. Schließlich erklärte er sich einverstanden, nach einer Aussprache mit Hitler, in der dieser auch Becks Verbleiben im Amt konzediert hatte.

Damit schien die Frage gelöst, wer die Nachfolge Fritschs antreten solle, obwohl Brauchitsch neue Einwände erhob, als er erfuhr, seine Amtsübernahme solle mit einem weitreichenden Revirement in den höchsten Führungsstellen verbunden werden. Nicht gelöst war das Problem der Nachfolge Blombergs. Göring als Reichskriegsminister lehnte Hitler ab, seinen eigenen Kandidaten Reichenau lehnten die Generale ab. In dieser Situation faßte er den Entschluß, das Reichskriegsministerium überhaupt nicht wieder zu besetzen und, wie Blomberg geraten, selbst den direkten Oberbefehl über die Wehrmacht zu übernehmen. Als Arbeitsstab sollte ihm das zu einem „Oberkommando der Wehrmacht" erweiterte bisherige Wehrmachtamt unter seinem Chef General Keitel dienen. Keitel erfuhr dies von Hitler, der dabei pathetisch erklärte, die Einheit der Wehrmacht sei ihm heilig. Er schrieb später, er habe damals nicht geahnt, welche „Dornenkrone" ihm mit der neuen Stellung als Chef des Oberkommandos der Wehrmacht (OKW) zugefallen sei.

Keitel hatte schon früher Überlegungen angestellt, daß man im Ernstfalle den Reichskriegsminister bei der obersten Führung dadurch entlasten müsse, daß man alle Verwaltungsaufgaben der Wehrmachtführung in einem aus dem Wehrmachtamt entwickelten Arbeitsstab des Oberkommandos zusammenfassen müsse. Diesen zu führen, traute er sich selbst zu. Daneben mußte jedoch, da er von operativen Fragen gar nichts verstand, ein Wehrmachtsgeneralstabschef als Führungsorgan für die Operation aller drei Wehrmachtteile stehen. Von solchem Chef des Wehrmachtgeneralstabes, der auch in Keitels Sicht nur aus dem Heeresgeneralstab kommen konnte, war jetzt jedoch nicht die Rede. Als Hitler sich endlich am 4. Februar 1938 entschloß, das deutsche Volk über alle neuen Regelungen zu informieren, rief er kurz vor der entscheidenden Kabinettssitzung die führenden Generale in Berlin zusammen und gab ihnen einen Überblick über die Krise. Als einziger riskierte der Oberquartiermeiste I General v. Manstein eine Gegenfrage und erkundigte sich, ob es einen Wehrmachtgeneralstabschef geben würde? Hitler wich aus. Dazu sei zu gegebener Zeit der Weg frei, lautete seine Antwort.

Am 4. Februar 1938 erfuhr die völlig überraschte deutsche Öffentlichkeit, daß der Reichskriegsminister und der Oberbefehlshaber des Heeres aus Gesundheitsrücksichten den Abschied erhalten und daß der „Führer" selbst den Oberbefehl über die Wehrmacht übernommen hätte.

Das Stichwort lautete jetzt: Konzentration der Macht und Verjüngung des hohen Offizierkorps. Unbefangene Beobachter mußten den Eindruck gewinnen, daß eine Epidemie in der Generalität ausgebrochen sei. Mit Fritsch und Blomberg schieden aus Gesundheitsrücksichten auch eine beträchtliche Zahl führender Generale aus, fast durchweg Männer der Seecktschen Schule, unter anderem die Inspekteure der Kavallerie und der Nachrichtentruppen, die Generale v. Pogrell und v. Niebelschütz sowie der Chef des Heerespersonalamtes General v. Schwedler, die sich im Sinne Fritschs immer betont von der Partei distanziert hatten. Nachfolger Schwedlers wurde der Bruder Keitels, Generalmajor Bodewin Keitel, behufs größeren Einflusses des OKW auf die Stellenbesetzung im Heer.

Die Armee nahm den Wandel der Dinge schweigend hin. Hitler soll nach der Ansprache an die Generale geäußert haben, nun wüßte er, daß jeder General entweder feige oder dumm sei. Er wie Goebbels hatten nicht einen Putsch befürchtet, wohl aber einen Protestschritt der Kommandierenden Generale des Heeres, eine Erklärung, daß sie insgesamt um ihren Abschied einkommen wollten. Nichts geschah. Fritsch selbst erkannte erst, als alles zu spät war, daß es bei seinem Sturz um sehr viel mehr gegangen war als um seine persönliche Ehre. Im Prozeß gegen Fritsch vor dem Reichskriegsgericht, dem der zum Generalfeldmarschall beförderte Göring präsidierte, deckte Fritschs Verteidiger, Rechtsanwalt Graf v. d. Goltz, wenigstens das makabre Spiel der Geheimen Staatspolizei auf. Er machte den wahren Schuldigen, den der von Hitler und Göring als Kronzeuge benutzte Verbrecher einst erpreßt hatte, ausfindig, einen Rittmeister a. D. v. Frisch. Auf Grund der Ähnlichkeit der Namen Frisch und Fritsch hatte die Geheime Staatspolizei dann die Akte „Fritsch" produziert. Die Öffentlichkeit erfuhr nichts von diesen Dingen. Fritsch wurde stillschweigend rehabilitiert – und niemals wieder verwendet. Männer wie General Beck waren jetzt bereits selbst in die Isolierung gedrängt. Aber Beck glaubte noch, auf seinem Posten ausharren zu müssen. Er hoffte noch immer, dem Chef des Generalstabes könne es gelingen, Hitler von seiner Kriegspolitik abzubringen. Der Kampf richtete sich jetzt nicht gegen das Staatsoberhaupt, sondern galt dem maßgebenden Einfluß auf die politische Führung.

Mit der Übernahme der unmittelbaren Befehlsgewalt durch Hitler ergab sich für die Wehrmacht, nach dem Verschwinden der Ministerialinstanz, eine völlig neue Spitzengliederung in Formen, wie sie höchstens zu Beginn des absolutistischen Systems geherrscht hatten. Das neue OKW übernahm den wesentlichen Teil der Aufgaben des alten Ministeriums, aber auch die Führungsaufgaben einer zentralen Kommandostelle für alle drei Wehrmachtteile, ohne daß diesem Amt die geringste Kommandobefugnis zugemessen wurde. Hitler schuf sich im OKW einen Arbeitsstab, der sich in manchen Zügen mit dem Militärkabinett der alten preußischen Könige und Deutschen Kaiser vergleichen ließ. Daneben richtete er sich eine Adjutantur der Wehrmacht mit einem Chefadjutanten und drei Adjutanten des Heeres, der Marine und der Luftwaffe ein, die an die Generaladjutantur vergangener Zeiten gemahnte.

Die Abteilung Landesverteidigung, in der man in der Ära Blombergs den Kern eines künftigen übergeordneten Wehrmachtgeneralstabes erblicken konnte, erhielt zwar die Bezeichnung Wehrmachtführungsamt – im Kriege dann die Bezeichnung Wehrmachtführungs-Stab –, war jedoch im Grunde nun auch nicht mehr als ein beratendes Büro Hitlers für bestimmte operative oder militärpolitische Probleme ohne klar umrissenen Aufgabenbereich, ohne eine entsprechende hohe Einstufung in der Spitzengliederung. Zu einem guten Teil konnte man das Wehrmachtführungsamt auch als ein Studienbüro Hitlers betrachten. Zu diesem Amt gehörten künftig eine Operationsabteilung, eine Quartiermeisterstelle für alle drei Wehrmachtteile, eine Organisationsabteilung zur Lenkung des Ersatzwesens, Abteilungen für Nachrichtenwesen und Wehrmachtpropaganda, ferner Verbindungsoffiziere zu den Parteiformationen, SA, SS, Hitlerjugend und Reichsarbeitsdienst. 1939 taten etwa 15 Offiziere in diesem Führungsamt Dienst, ihre Zahl erhöhte sich im Kriege auf rund 40. Am Beispiel des Wehrmachtführungsamtes zeigte sich deutlich, wie sehr der neue Oberbefehlshaber der Wehrmacht klare Instanzenzüge umgehen wollte. Er hielt eine Vielzahl von Ressorts mit heftigem Rivalitätsstreit für viel nützlicher, denn dieser förderte seiner Ansicht nach den Arbeitseifer. Gleichwohl setzte sich der Denkschriftenkrieg zwischen OKH/Generalstab und OKW/Wehrmachtführungsamt bis in das Jahr 1939 fort. Brauchitsch verlangte erneut in einer Denkschrift die Bildung eines übergeordneten Reichsgeneralstabes, bei dem das Heer die Führungsrolle innehatte. Keitel ließ in einer von Jodl ausgearbeiteten Denkschrift im März 1939 erwidern, der moderne Krieg sei nicht mehr allein eine strategische Angelegenheit, eine Sache des Aufmarschplanes, sondern beruhe in hohem Maße auch auf wirtschaftlichen und technischen wie propagandistischen Erwägungen. Für die Koordinierung aller Sachgebiete sei das Wehrmachtführungsamt da. Nur daß dies niemals in den Besitz echter Möglichkeiten der Koordination aller Anstrengungen gelangte.

Viel hing jetzt für die Wehrmacht von dem neuen Chef des Stabes des OKW ab, General d. Artl. Wilhelm Keitel. Geboren als Sohn einer ursprünglich streng welfisch gesonnenen hannoversch-braunschweigischen Domänenpächter- und Gutsbesitzerfamilie, von Haus aus wieder Artillerie-Offizier, hatte er im Weltkrieg als I. Generalstabsoffizier beim Marine-Korps in Flandern einige Erfahrungen über die Zusammenarbeit von Heeres- und Marinedienststellen sammeln können. In der T 2 des alten Truppenamtes hatte er sich als gewissenhafter Sachbearbeiter bei Grenzschutzfragen und dann den Fragen des stillen Heeresaufbaues bewährt. Von Militärorganisation und Militärverwaltung verstand er ohne Zweifel viel und war damit vorzüglich geeignet, im OKW den Löwenanteil an ehemals ministeriellen Zuständigkeiten zu übernehmen. Insofern war er das Abbild eines Experten, wie ihn der äußerst unsystematisch veranlagte neue Oberbefehlshaber brauchte. Vor dem Internationalen Militärtribunal in Nürnberg, das ihn zum Tod verurteilt hat, bekannte Keitel, er sei Soldat gewesen und habe mit der gleichen Hingabe dem Kaiser, Ebert, Hindenburg und Hitler gedient. Hitler selbst blieb ihm als Mensch ein Rätsel, er bewunderte ehrlich das, was er bei ihm für genial hielt, und hatte gleichzeitig vor diesem Mann eine Scheu, die ihn wehrlos machte. Was er überhaupt nicht verstand, war die Tatsache, daß Hitler sich schließlich durch den Selbstmord jeder Verantwortung entzog. Er empfand es auch als unnatürlich, daß dieser ihn, der nie im Felde geführt hatte, schließlich zum Generalfeldmarschall erhob. Eins vermochte er jedoch nicht – was zweifelsohne einem Mann wie Reichenau gegeben gewesen wäre –, die Wehrmacht gegen Hitler zu vertreten. Er war und blieb der Chef eines schließlich ungeheuer angeschwollenen Ministerbüros der Verwaltungskriegführung, eine Arbeitslast, die ihm weder den Dank seines Herrn und Meisters noch die Anerkennung seiner alten Kameraden eintrug, die vergebens in den sich steigernden Auseinandersetzungen mit Hitler bei ihm eine Stütze zu finden hofften.

Bei Licht besehen, waren vom Februar 1938 an vier Generalstäbe vorhanden: Das OKW mit dem Wehrmachtführungsamt, die Generalstäbe des Heeres und der Luftwaffe und das Kommandoamt der Marine, das im Kriege die Bezeichnung Seekriegsleitung erhielt. Daneben existierte eine Generaladjutantur, mit jüngeren Offizieren besetzt, die Hitler aufrichtig ergeben waren. General Beck versuchte zunächst, in personeller Hinsicht eine Annäherung zwischen Generalstab und Wehrmachtführungsamt zu erreichen. Dieses wurde mit einem von ihm hoch geschätzten, sehr gut veranlagten Generalstabsoffizier besetzt, dem Generalmajor Max v. Viebahn. Leider war dessen Gesundheit nicht sehr fest. Schon nach wenigen Wochen zeigte er sich dem heiklen Posten nicht gewachsen. Die Führung des Amtes ging an Oberst Jodl über, einem rückhaltlosen Verehrer Hitlers, den er für den Erneuerer der deutschen Nation hielt. Jodl befand, Hitler habe sehr recht, wenn er sage – Ludendorff bei weitem übertreffend –, Politik sei im Grunde genommen immer Krieg. Er war überzeugt, die höchste Pflicht des modernen Generalstabsoffiziers läge darin begründet, Gehilfe eines neuen überragenden Führers zu sein. Zwischen Jodls und Becks Auffassungen von den Aufgaben des Generalstabsoffiziers gab es keine Brücke mehr. Beide fanden schließlich ein furchtbares Ende. Generaloberst Jodl, Chef des Wehrmachtführungsstabes, wurde vom Internationalen Militärtribunal 1946 zum Tode verurteilt und gehängt. Generaloberst a. D. Beck wurde am Abend des 20. Juli 1944 nach zweimaligem vergeblichem Selbstmordversuch von einem unbekannt gebliebenen Feldwebel erschossen.

General Beck brach in der Folgezeit 1938 alle Beziehungen zu Keitel und Jodl ab. Für den Chef des Generalstabes wurde es jetzt entscheidend, welche Unterstützung er bei seinem neuen Oberbefehlshaber Generaloberst v. Brauchitsch fand. Aus schlesischem Uradel stammend, in der Garde und im Generalstab groß geworden, im Grunde jeder Politik abgeneigt, war Brauchitsch kein unbedingter Bewunderer Hitlers. Nur fand er es schwierig, angesichts dessen Machtposition und seines unübersehbaren Ansehens bei den Massen eine eigene feste Position zu beziehen. Er war überhaupt ein Mann, der auch als Soldat schwer zu großen Entschlüssen fand. Oft hielt er es für klüger, unbequeme Fragen offen, schwerwiegende Probleme in der Schwebe zu lassen, nach dem alten Sprichwort: Kommt Zeit, kommt Rat. Daß er seelisch schwer an den bewegenden Fragen trug, über die er zu entscheiden hatte, zeigt schließlich sein völliger gesundheitlicher Zusammenbruch im November 1941 während der Krise in der Schlacht vor Moskau. Eine sichere Stütze jedenfalls hatte General Beck an ihm nicht.

Im März des Jahres 1938 war eine Generalstabsreise in Thüringen anberaumt, an der General v. Brauchitsch und mehrere Oberquartiermeister teilnahmen. Unterdes entschloß sich Hitler, als der österreichische Bundeskanzler v. Schuschnigg in letzter Stunde angesichts steigender nationalsozialistischer Einflußnahme auf Österreich versuchte, dessen Eigenständigkeit durch eine Volksabstimmung zu erhärten, zu militärischen Maßnahmen gegen das ihm verhaßte klerikal-autoritäre System in Wien. Am 10. März 1938, um 18.30 Uhr, wurde überraschend das Armee-Oberkommando 8 mobil gemacht, dessen Befehl General v. Bock übernahm. An der bayrisch-österreichischen Grenze wurden Täuschungsmanöver eingeleitet, um die Regierung Schuschnigg einzuschüchtern.

Unvermutet trat der Fall „Otto" ein, der Einmarsch in Österreich, den Blomberg in der Wehrmachtweisung von 1937 unter anderen Voraussetzungen angeführt hatte. General Keitel erkundigte sich bei Beck in Berlin, welche Maßnahmen für „Otto" vorgesehen seien. Beck erwiderte, man habe „nichts, gar nichts" vorbereitet. Im Generalstab hatte man es abgelehnt, Blombergs Weisung weiter zu bearbeiten. Für die Vorbereitung des Aufmarsches blieben knapp fünf Stunden. Beck gab zu verstehen, man könne nur improvisieren, und verlangte Verhaltungsmaßregeln für den Fall, daß Italien und die Tschechoslowakei bei einem deutschen Einmarsch in Österreich intervenierten. Diese letzte Befürchtung bewegte auch Brauchitsch sehr stark. Im Wehrmachtführungsamt brach der General v. Viebahn völlig zusammen, weil er an einen Zweiten Weltkrieg glaubte. Er schied nach diesen Märztagen aus dem Dienst.

Alles verlief indes völlig anders. In Österreich erhoben sich die Nationalsozialisten. Die tschechische Regierung in Prag ließ sich auf ziemlich plumpe Art beschwichtigen. Paris und London zeigten dem Regime Schuschnigg die kalte Schulter, und Mussolini gab Hitler vollkommen freie Hand. Als die deutschen Truppen, zu denen Hitler selbst gestoßen war, in Österreich einmarschierten, wurden sie von jubelnden Menschenmassen begrüßt. Militärisch stellten sich freilich, vor allem bei der Bewegung der Panzerverbände, noch erhebliche Mängel heraus. Allzuviele Fahrzeuge blieben zunächst liegen. Hitlers Prestige stieg. Österreich wurde dem Reich angegliedert. Das österreichische Bundesheer wurde in die Wehrmacht übernommen. Die erste der halb visionären Überlegungen Hitlers vom 5. November 1937 hatte sich überraschend schnell erfüllt. Jetzt schickte er sich an, die Tschechoslowakei „auszuschalten“, deren strategische Lage zwischen dem von der deutschen Armee besetzten Österreich und der Provinz Schlesien nunmehr hoffnungslos geworden war. Hier wartete für Hitler ein typisch altösterreichisches Problem auf die Lösung, das Schicksal der sudetendeutschen Minderheit in den Randgebieten Böhmens, in Österreichisch-Schlesien. 1918 hatten die für das Selbstbestimmungsrecht der Völker kämpfenden Siegermächte den Anschluß Österreichs und der Sudetengebiete an die deutsche Republik verboten. Jetzt war man vor allem in England bereit, Hitler zu geben, was er verlangte, wenn er mit dem Selbstbestimmungsrecht der Völker aufwartete.

Noch im April 1938 setzten Vorbereitungen zur Lösung der tschechischen Frage ein. Keitel hielt rein militärisch die Aussichten für eine rasche Aktion gegen die Tschechoslowakei, die mindestens Frankreich, vielleicht auch England auf den Plan rufen mußte, für höchst ungünstig. Die Kriegsstärke der tschechischen Armee betrug 43 Divisionen. Die deutsche Armee zählte im April 1938 23 Infanterie- und je eine Panzer-, Kavallerie- und Gebirgs-Division. Alle übrigen Panzer- und Leichten Divisionen mit motorisierter Infanterie und verlasteten Panzern, die die Stellenbesetzung auswies, waren vorläufig Rahmenverbände, an deren Komplettierung noch viel zu tun war. General Beck wurde jetzt von äußerster Besorgnis ergriffen, als er Hitlers Angriffslust gewahr wurde. Lange Jahre hindurch war die Tschechoslowakei für die Offiziere im Truppenamt ein ernstes Problem gewesen. Jetzt war sie es nach der Angliederung Österreichs nicht mehr. Ein Krieg war durch nichts gerechtfertigt. Unglücklicherweise machte man in Prag infolge falscher Nachrichten über deutsche Truppenkonzentrationen zeitweilig mobil, für

Hitler ein willkomener Anlaß, die tschechischen Kriegsgelüste in der ganzen Welt anzuprangern.

General Beck hatte bei dem Revirement vom Februar seinen engsten Mitarbeiter, Genral v. Manstein, eingebüßt. Dieser hatte eine schlesische Division erhalten. Als Nachfolger im Amt des Oberquartiermeisters I war Generalleutnant Halder an seine Seite getreten, ein Mann, der fraglos politisch stärker engagiert war als der sehr aristokratisch-soldatische General v. Manstein. Dies sollte in naher Zukunft von besonderer Bedeutung werden. Beck ordnete anstelle der jährlichen Großen Generalstabsreise eine Bearbeitung der Frage an, ob es möglich sei, vor einem Eingreifen Frankreichs im Westen die tschechische Armee in einem Blitzfeldzug zu schlagen. Angenommen wurde dabei, daß ein deutscher unprovozierter Angriff auf die Tschechoslowakei die Intervention Frankreichs, wahrscheinlich auch Englands, unter Umständen auch der Vereinigten Staaten zur Folge haben würde. Ein Mehrfrontenkrieg war nicht zu gewinnen.

Beck unterbreitete Hitler das Ergebnis der Operationsstudie. Dieser suchte ihn mit der Versicherung zu trösten, er beabsichtige nicht, einen neuen Krieg zu entfesseln. Beck verlangte Garantien dafür. Hitler entgegnete, die Armee sei das Instrument der Politik, sie habe die ihr jeweils gestellten Aufgaben zu lösen und nicht zu diskutieren. General Beck gab zu verstehen, er würde keine Verantwortung für Befehle übernehmen, deren Inhalt er nicht billigen könne. Der Chef des Generalstabes sah sich genötigt, gegen das Primat der Politik Einspruch zu erheben. Beck, erzogen als Soldat jenseits der Politik, beschritt einen Weg der Auflehnung, den keiner seiner Vorgänger angesichts einer moralisch intakten Staatsführung jemals beschritten hatte. Der Entschluß fiel diesem so bedachtsamen Mann außerordentlich schwer.

General Beck wollte nun dem deutschen Volk wie der Weltöffentlichkeit ein Alarmsignal geben. Er wollte die Generalität des Heeres, im Protest gegen einen Angriffskrieg, zu einem Kollektivschritt auffordern. Der „Führer" und Reichskanzler und Oberbefehlshaber der Wehrmacht sollte dadurch gezwungen werden, alle Kriegsvorbereitungen einzustellen, zumindest so lange, wie sich die militärpolitischen Verhältnisse nicht grundlegend geändert hätten. Noch immer dachte er nicht an eine Aktion gegen das Regime, den totalitären Parteistaat, obwohl er den ihm persönlich befreundeten Oberquartiermeister IV (Fremde Heere), Generalleutnant Karl Heinrich v. Stülpnagel, bat, zu prüfen, wie man solchem Kollektivschritt notfalls durch militärische Maßnahmen Nachdruck verleihen könne. Ihm stand zunächst vor Augen, Hitler zu einer Kursänderung zu zwingen, auch in innerpolitischer Hinsicht, durch den Abbau des SS-Apparates mitsamt SD und Verfügungstruppen und dem illegalen Strafvollzugsweg der Konzentrationslager. Sämtliche Oberquartiermeister und Abteilungschefs des damaligen Generalstabes des Heeres billigten seinen Entschluß. Aber der Generalstab konnte nicht einen einzigen Mann in Bewegung setzen – ohne Usurpierung der Macht und der Kommandogewalt.

Die Entscheidung, ob man Becks Ideen in die Tat umsetzen solle, lag beim Oberbefehlshaber des Heeres, Generaloberst v. Brauchitsch. Am 16. Juli 1938 richtete Beck einen Brief an ihn, in dem es hieß: „Die Geschichte wird die höchsten Führer der Wehrmacht mit einer Blutschande belasten, wenn sie nicht nach ihrem fachlichen und staatspolitischen Wissen und Gewissen handeln. Ihr soldatischer Gehorsam hat dort eine Grenze, wo ihr Wissen, Gewissen und ihre Verantwortung die Ausführung eines Befehls verbieten ...“

Brauchitsch, im Grunde im gleichen Geist erzogen wie Beck, war beeindruckt. Aber neigte Beck schon zu sehr langwierigen Überlegungen vor jeder Entschlußfassung, so war Brauchitsch ein ausgesprochener Fabius Cunctator. Und schließlich und endlich war das, was Beck vorschlug, de facto ein halber Staatsstreich. Der Chef des Generalstabes verlangte von seinem Oberbefehlshaber, dieser solle den Brief auf einer vertraulichen Zusammenkunft aller Kommandierenden Generale quasi inoffiziell-offiziös verlesen. Brauchitsch beschied, im Grunde unsicher, die Generale am 4. August 1938 in seine Privatwohnung. In dem Memorandum Becks standen die Worte: „Um unsere Stellung dem Historiker gegenüber in der Zukunft klarzustellen und den Ruf des Oberkommandos des Heeres sauberzuhalten, wünsche ich als Chef des Generalstabes zu Protokoll zu geben, daß ich mich geweigert habe, irgendwelche nationalsozialistischen Kriegsabenteuer zu billigen.“

Doch diese Kundgebung wurde nicht verlesen. Brauchitsch hatte es im letzten Augenblick abgelehnt, Becks Stellungnahme bekanntzugeben. Ein Kollektivschritt der Generale schien ihm bedenklich, er grenzte an Meuterei. Die Überlegung, ob wirklich alle Generale zu solchem Schritt bereit waren, ließ er beiseite. Er gab nur einen Überblick über die Lage und wies auf den peinlichen Ernst der militärischen Situation hin. Natürlich erfuhr Hitler von der Existenz der Beckschen Denkschrift. Seine erste Frage lautete, wer davon Kenntnis habe? Als man ihm bedeutete, es handele sich nur um eine Anzahl Generale, legte er den ganzen Vorfall zu den Akten.

Allerdings hielt er es für angezeigt, die Stimmung des aktiven Offizierkorps zu beeinflussen. Zu diesem Behuf unternahm er ein für seine Denkweise bezeichnendes Manöver. Er mußte versuchen, einen Keil zwischen die Generale und die jungen Generalstabsoffiziere zu treiben. Am 10. August 1938 hielt er den Chefs der Korps-, Armee- und Heeresgruppen-Stäbe eine etwa dreistündige Ansprache, in der er auch auf die Vortrefflichkeit des noch im Ausbau befindlichen Westwalles am Rhein zum Schutz gegen Frankreich hinwies, ein Vorhaben, mit dem er sich persönlich viel beschäftigte. Seine Ausführungen blieben nicht ohne Widerspruch. General v. Wietersheim, Chef des Stabes der Heeresgruppe 2, erklärte kühl, die Befestigungen im Westen könnten bestenfalls drei Wochen gehalten werden. Hitler geriet in Zorn: Die Befestigungen würden nicht drei Wochen, sondern drei Jahre gehalten ... Aber der Versuch des Volkstribuns, die Generalstabsoffiziere zu „überzeugen“, war gescheitert.

Für General Beck ergab sich die Frage, was weiter geschehen sollte oder geschehen konnte, nachdem Brauchitsch refusiert hatte. Er tat das letzte, was einem Offizier der alten Schule in solcher Lage zu tun übrig blieb. Am 18. August 1938 reichte er seinen Abschied ein. Drei Tage später genehmigte Hitler seine Bitte, verbot jedoch, daß der Rücktritt des Chefs des Generalstabes in der Öffentlichkeit bekanntgegeben wurde. Der General der Artillerie Beck, der schließlich mit dem Charakter eines

Generalobersten den endgültigen Abschied erhielt, sollte der Vergessenheit überantwortet werden. Er war politisch verdächtig geworden.

Der Generalstab war ohne Chef. Brauchitsch fragte den Oberquartiermeister I, Generalleutnant Halder, ob dieser die Nachfolge Becks antreten wolle. Halder erbat sich Bedenkzeit. Er wollte mit seinem bisherigen Chef sprechen. Dieser redete ihm zu. Halder teilte seine Ideen. Am 1. September 1938 nahm er offiziell den Dienst als Chef des Generalstabes des Heeres auf.

Sieht man von dem Chef des Truppenamtes General Adam ab, der einer ansbachischen, fränkischen Bauernfamilie entstammte, so wurde mit Franz Halder zum erstenmal ein bayerischer Offizier Chef des einst preußischen und nunmehr deutschen Generalstabes. Wie Fritsch, Beck, Brauchitsch, Keitel und Jodl hatte auch er, Sohn einer bayerischen Offiziersfamilie, seinen Dienst bei der Artillerie begonnen. Hitler nannte ihn später boshaft einen „Studienrat“, und tatsächlich wirkte er mit seinem Zwicker eher wie ein Militärerzieher denn wie ein Offizier des schneidigen Typs versinkender Zeiten. Er besaß wissenschaftliche Interessen, seine Lieblingsgebiete waren Mathematik und Botanik. Im ganzen genommen war er das Abbild des Königlich bayerischen Offiziers guter Tage, der immer einen weit bürgerlicheren und gelehrteren Typ verkörpert hatte, als er droben im Norden in des Reiches Streusandbüchse geschätzt war. Nach dem Zeugnis Oberst Hossbachs hatte Beck Zweifel, ob Halder imstande sein würde, Hitler einen Damm entgegenzusetzen. Halders Weg wurde noch schwieriger als derjenige Becks. Als gläubiger Christ, der Tradition der Familie verbunden, hielt er den Fahneneid für ein Sakrament – und ging dann doch Wege zwischen Eid und Gewissen, ja nahm die Last eines Doppelspiels gegenüber Hitler auf sich. An ihm offenbarte sich der schreckliche Konflikt zwischen Gehorsam und Gewissen, in den Hitler die traditionsbewußten Soldaten gestürzt hatte.

Beck hatte anfangs keine sonderlichen Bedenken gegen die nationalsozialistische Bewegung gehegt. Hitler war ihm kein deutlicher Begriff als Mensch gewesen. Halder hatte jedoch als Generalstabsoffizier bei der 7. Division in München die Anfänge dieses Mannes miterlebt, er war der Präponderanz der SA-Führer in Münster als Chef des Stabes im Wehrkreis VI begegnet. Halder war entschlossen, sich zur Wehr zu setzen, falls Hitler tatsächlich den Krieg vom Zaun brechen würde, sofern es dem Chef des Generalstabes gelang, Truppenbefehlshaber für einen Staatsstreich zu gewinnen.

Vorerst nahm die Bearbeitung des Aufmarsches „Grün" gegen die Tschechoslowakei alle Überlegungen in Anspruch. Kam es zum Krieg, konnte man Hitler nicht an seinem Vorhaben hindern, gebot die normale Pflicht, alles zu tun, um auch unter ungünstigen Umständen einen Erfolg zu sichern. Das Unternehmen „Grün" basierte auf dem Gedanken eines strategischen Überfalles. Mit der Masse der bereitzustellenden Kräfte, vier Armeen mit 10 Korps, vor allem mit Hilfe der gepanzerten und motorisierten Verbände, sollte so rasch wie möglich eine Entscheidung erzwungen werden, bevor Frankreich im Westen zur Offensive antrat. Geplant war, binnen vier Tagen eine Entscheidung herbeizuführen.

Halder lernte einen ihm neuen Hitler kennen, den Oberbefehlshaber der Wehrmacht, der sich persönlich um hundert Details zu kümmern begann, der brennendes Interesse an militärischen Fragen, ja manchmal auch einen gewissen Sachverstand an den Tag legte. Hitler ließ sich genau den Operationsentwurf auseinandersetzen. Er und Halder gerieten darüber in den ersten heftigen Konflikt. Hitler verlangte den geschlossenen Einsatz massierter Panzerverbände zum Stoß auf Pilsen mit Zielrichtung Prag. Halder und Brauchitsch fanden die Idee ungesund (bei Hitler tauchten Guderiansche Weisheiten auf!). Hitler forderte die Abänderung des Aufmarschplanes und schaltete General Keitel als seinen Stabschef ein. Halder lehnte jede Änderung der Operationsbefehle ab. Schließlich bestellte Hitler, der sich zum Reichsparteitag nach Nürnberg begeben hatte, in den ersten Septembertagen Brauchitsch und Halder zu sich. In erbitterter nächtlicher Diskussion erzwang er die Kapitulation der beiden Generale vor seinen Wünschen. Halder war empört und fragte Keitel gereizt, was er, Hitler, denn eigentlich wolle? Keitel seinerseits war nicht zufrieden mit seinem Kandidaten Brauchitsch. Keitel selbst glaubte nicht, daß es zum Krieg kommen würde, und hielt Brauchitsch vor, weshalb dieser so lange mit Hitler gekämpft habe? Dieser verbrauche seine Kräfte zu unrechter Zeit, sagte er ihm, wenn einmal wirklich Not am Mann sei, hätte die Opposition des Oberbefehlshabers des Heeres an Glaubwürdigkeit verloren.

Die tschechische Krise spitzte sich zu. England suchte durch Entsendung eines Sonderbevollmächtigten zu vermitteln. Hitler zog alle Register im Kampf für das Selbstbestimmungsrecht der Völker und wandte alle erdenklichen Mittel an, um die innere Ordnung des tschechischen Vielvölkerstaates in Böhmen und Mähren zu untergraben, nicht nur durch Unterstützung der Sudetendeutschen, die auch ein Freikorps aufstellten, sondern auch durch die Begünstigung der Unabhängigkeitswünsche der Slowaken. Ungarn, das 1919 erhebliche Gebietsteile an den Staat der Tschechen und Slowaken hatte abtreten müssen, glaubte die Stunde für Revisionswünsche gekommen. Polen meldete Ansprüche auf das Olsa-Gebiet an. Frankreich wartete darauf, was England tun würde, aber in London war die Neigung, Hitler mit den Waffen entgegenzutreten, gering.

In dieser Lage entstand neben dem Plan „Grün“ ein ganz anderer politisch-militärischer Aufmarschplan, über den wir nurmehr durch mündliche Aussagen überlebender Teilnehmer informiert sind. General Halder entwarf im Einvernehmen mit seinem ehemaligen Chef einen Plan zur Besetzung des Berliner Regierungsviertels, falls Hitler wirklich sich zum Krieg entschloß. Becks Denkschriftenkrieg gegen den Kriegsplan hatte gar nichts genutzt. General Halder muß seinen Plan sehr ernstgenommen haben. Auf einer Gesellschaft in Potsdam, bei der wieder einmal fürchterlich über Hitler geschimpft wurde, sagte er plötzlich sehr ärgerlich – wohl unter der Last beider Pläne –, er brauche jetzt keine Reden, er brauche Truppen, um zu handeln.

Nach dem Plan, den der Oberquartiermeister v. Stülpnagel ausgearbeitet hatte, sollten das Berliner Regierungsviertel durch Militär besetzt und die maßgeblichen Parteistellen in Berlin ausgeschaltet werden. Hitler wollte man durch einen Stoßtrupp in der Reichskanzlei festnehmen lassen und vor Gericht stellen. Seine gewaltsame Beseitigung war nicht beabsichtigt. Der Berliner Vizepolizeipräsident Graf v. d. Schulenburg, ein Sohn des Generalstabschefs der Heeresgruppe Kronprinz, zuvor begeisterter Nationalsozialist, und wohl auch der Polizeipräsident Graf Helldorf, eine Landsknechtsnatur, waren eingeweiht. Was die „Truppen" betraf, erhielt Halder Zusagen vom Kommandierenden General des III. Korps, General d. Inf. v. Witzleben und dem Kommandeur der 23. Infanterie-Division in Potsdam, Generalleutnant Graf v. Brockdorff-Ahlefeldt. Eingeweiht in diesen Plan der „letzten Stunde" war auch Generalleutnant Erich Hoepner, Kommandeur der 1. Leichten Division. Die Division wurde auf dem Marsch in ihre Bereitstellungsräume für die Offensive gegen die Tschechoslowakei angehalten, um gegebenenfalls der in Süddeutschland befindlichen SS-Leibstandarte „Adolf Hitler" den Weg nach Berlin zu verlegen. Nicht einmal der Stab Hoepners, dem als II. Generalstabsoffizier (I b) der Rittmeister Claus Graf Schenk v. Stauffenberg angehörte, ahnte etwas von Hoepners Aufgabe. Im Zuge des Staatsstreiches sollte der älteste Sohn des Kronprinzen, Prinz Wilhelm von Preußen, der eingeweiht war, die Regentschaft übernehmen, ein junger Mann von dem einfachen soldatischen Geist seines Urgroßvaters, des ersten Kaisers.

Ob die Truppe ihren Kommandeuren gehorcht haben würde, wenn sie Befehle zum Einsatz gegen Hitler erhielt, läßt sich schwer beurteilen. In jedem Fall war ein Krieg um der sudetendeutschen Frage willen, deren Problematik vor allem in Norddeutschland vollkommen unbekannt war, nicht populär. General d. Kav. Knochenhauer, Kommandierender General des X. Korps in Hamburg, hatte indes schon nach der Fritsch-Krise, als ihn einer seiner Generalstabsoffiziere zum Handeln aufforderte, ingrimmig gesagt, dieser solle ihm doch ein einziges Bataillon zeigen, das gegen Hitler marschiere, er würde sich an die Spitze setzen. Das Wehrpflichtheer von 1938 war keine Reichswehr mehr, das Offizierkorps kein geschlossenes Korps mehr.

General Halder wollte ursprünglich den Staatsstreich erst einleiten, wenn der „Führer" den Krieg begonnen hatte, weil er Hitlers Popularität bei den Massen fürchtete. Er ließ sich von seinen Mitarbeitern überzeugen, man müsse unmittelbar zu dem Zeitpunkt handeln, an dem der Krieg sicher war. Halder verständigte auch seinen Oberbefehlshaber Brauchitsch von allen Vorbereitungen. Generaloberst v. Brauchitsch beschränkte sich auf eine seltsam sibyllinische Antwort: Die Vorbereitungen störten ihn nicht.

Zunächst setzten die Verschworenen, zu denen im Hintergrund Beck selbst und maßgebende Offiziere der Abwehr im OKW, deren Chef Admiral Canaris und dessen Chef der Zentralabteilung, Oberst i. G. Hans Oster, gehörten, ferner Kreise im Auswärtigen Amt um den Staatssekretär Frhr. v. Weizsäcker, ihre Hoffnung darauf, die englische Regierung zu energischer Haltung gegenüber Hitlers Wünschen bringen zu können. Verschiedene Emissionäre waren in diesem Sinne in London tätig, Halder selbst schickte einen Vertrauten, den ehemaligen Oberstleutnant Boehm-Tettelbach, in die britische Hauptstadt. Aber die englische Regierung, deren Premierminister Neville Chamberlain überzeugt war, gäbe man Hitler, was Hitler fordere, würde dieser sich zufrieden geben, wußte – was nicht ganz unverständlich war – wenig mit diesen Abgesandten einer für sie nach ihrer Bedeutung nicht einschätzbaren deutschen konservativen Opposition zu beginnen. Chamberlain verglich die deutschen Sendboten mit den „Jacobiten", den Anhängern der Stuarts, die im 18. Jahrhundert in Paris gegen das zur Herrschaft auf der Insel gelangte Haus Hannover intrigiert hatten.

Damit ergab sich das bislang in der preußischen wie deutschen Geschichte völlig ungewohnte Bild, daß der Chef des Generalstabes und der Staatssekretär des Auswärtigen Amtes aus Gewissensbedenken, um einen neuen Weltkrieg zu verhindern, versuchten, mit dem Ausland gegen die Regierung des Reiches zu konspirieren, die Folge davon, daß die messianische Erscheinung Hitlers die traditionsbewußten Offiziere und Beamten in fast unlösbare Konflikte gestürzt hatte. Im September 1938 stieg die Spannung in Europa und im Reich bis aufs Unerträgliche, obwohl der britische Premierminister Chamberlain persönlich eingriff, um mit Hitler über einen Kompromiß zu unterhandeln. Am 8. September 1938 riskierte der Oberquartiermeister v. Stülpnagel einen merkwürdigen Schritt. Er ersuchte Oberst Jodl im Wehrmachtführungsamt, das Oberkommando des Heeres fünf Tage vor Einleitung von „Grün“ schriftlich zu informieren. Das war schon gedacht im Sinne der endgültigen Vorbereitungen für den Militärputsch. Andererseits war diese Frist auch technisch notwendig, um für den Aufmarsch im Endstadium das notwendige Leermaterial der Eisenbahn bereitstellen zu können. Jodl ahnte nichts von der Doppeldeutigkeit dieses Ersuchens.

Hitler ordnete nach einer Besprechung mit Keitel und Brauchitsch an, ab 28. September seien alle Verbände in die „Übungsräume Grün“ hineinzuführen. Am 21. September zeichnete sich scheinbar die Möglichkeit ab, die englisch-deutschen Verhandlungen könnten zur friedlichen Lösung des Konfliktes führen. Infolge neuer Forderungen Hitlers verdüsterte sich der Himmel wieder. Am 27. September 1938 mittags um 13.30 Uhr erhielt General Halder die entscheidende Weisung, am 30. September sollten die Angriffsverbände antreten. Für ihn bedeutete dies, daß man am 30. September in Berlin zur Tat schreiten mußte.

An diesem 27. September befahl Hitler einen Propagandamarsch der Einheiten des III. Korps (dessen Kommandierender General sich Halder zur Verfügung gestellt hatte) durch die Straßen der Reichshauptstadt. Das Ergebnis war makaber für ihn, die Bevölkerung reagierte keineswegs begeistert. Die Berliner wollten keinen neuen Krieg. Hitler sah die Truppen, wie sie durch die Wilhelmstraße marschierten, gewahrte das dumpfe Schweigen der Menschen am Straßenrand. Mit einem solchen Volk könne man keinen Krieg führen, äußerte er verärgert zu Goebbels.

Am 28. September notierte Jodl im Diensttagebuch: „Schwerster Tag.“ Für General Halder war der Tag noch schwerer. Er gab den Befehl für den Staatsstreich. Generaloberst v. Brauchitsch wurde davon in Kenntnis gesetzt und sagte nichts. Er ging dafür ins OKW zu Keitel und Jodl und versuchte ihnen klarzumachen, falls der Angriff auf die Tschechoslowakei begänne, dürfe man keinesfalls über das Sudetengebiet hinaus vorzugehen. Das müsse garantiert werden. Mittags begab sich Brauchitsch in die Reichskanzlei, um Erkundigungen über die Lage einzuziehen. Zu seiner maßlosen Überraschung erfuhr er, der italienische Staatschef Mussolini habe einen Vermittlungsvorschlag gemacht. Der englische und der französische Premierminister hätten sich bereit erklärt, mit Mussolini und Hitler in München zusammenzutreffen. Es würde keinen Krieg geben! Und es gab auch keinen Staatsstreich. General Halder soll damals gesagt haben: „Was sollen wir nun noch tun? Es gelingt ihm ja alles ..."

Am 29. September einigte man sich auf der Münchener Konferenz über die Abtretung der Sudetenlande durch die Tschechoslowakei, deren Regierung nicht einmal zu diesem Beschluß gehört wurde. Jodl vermerkte in seinem Tagebuch, in dem neuen Sieg ohne Gewaltanwendung enthülle sich das Genie des Führers. Es sei zu hoffen, daß die „Ungläubigen, Schwachen und Zweifelnden bekehrt und belehrt" worden seien. In Hitlers Augen hatten die zögernden Generale, der skeptische Generalstab ihr Gesicht verloren. In der Folgezeit fiel sein Wort, er könne nicht erwarten, daß die Generale ihn verstünden, wohl aber, daß sie ihm gehorchten. Am 18. Oktober erhielt General Beck endgültig den Abschied. Am 1. November durfte die Presse darüber eine kurze Notiz bringen. Beck war der Öffentlichkeit kaum bekannt. Nur die wenigsten konnten begreifen, was dies alles bedeutete. Im Dezember besuchte der ehemalige Botschafter in Rom v. Hassell, Schwiegersohn des Großadmirals v. Tirpitz, dem man am gleichen Tag wie Fritsch offiziell den Laufpaß gegeben hatte, den früheren Oberbefehlshaber des Heeres auf. Fritsch hatte sich in ein kleines Haus in der Lüneburger Heide zurückgezogen. Er war zutiefst resigniert. Zu machen sei nichts mehr, sagte er, Hitler sei Deutschlands Schicksal im Guten wie im Bösen.

In einer Denkschrift „Deutschland in einem kommenden Krieg" suchte Generaloberst a. D. Beck die Lage zu analysieren. Er prophezeite, man würde Deutschland nicht angreifen, solange es sich nicht selbst der Gewalt bediene. In einem Krieg setze Deutschland infolge seiner zentral-kontinentalen Lage stets mehr aufs Spiel als andere Mächte. Ein Krieg, den Deutschland begänne, würde auch andere Mächte als nur die angegriffenen auf den Plan rufen. „Bei einem Krieg gegen eine Weltkoalition wird Deutschland unterliegen und dieser schließlich auf Gnade und Ungnade ausgeliefert sein . . .“

DIE GÖTTERDÄMMERUNG

Der Zweite Weltkrieg und das Ende des alten Generalstabes 1939–1945

Die Münchener Konferenz stellte den Höhepunkt der politischen Erfolge Hitlers dar, gleichsam die Krönung und das Ende der von ihm für das Selbstbestimmungsrecht der Deutschen geführten Kampagne, die auf weite Kreise in England so entwaffnend gewirkt hatte. Wie die übrigen Signatarmächte des Münchener Abkommens hatte sich auch die Reichsregierung verpflichtet, die Unabhängigkeit des tschechisch-slowakischen Rumpfstaates zu garantieren. Die Ratifizierung der Garantie wurde verschleppt. Sofern Hitler sich als den Liquidator des Versailler Vertrages betrachtete, so blieb jetzt nur ein Problem zu lösen, die Regelung der Grenzfragen mit dem offiziell befreundeten Polen. Aber Hitler behielt auch ein Problem im Auge, das mit der Durchsetzung des Selbstbestimmungsrechtes gar nichts mehr zu tun hatte, die Zerschlagung der Tschechoslowakei. Und damit überschritt er, bildlich gesprochen, den Rubikon.

Der Glaube, daß er nicht dank seines Kalküls, sondern dank seiner Intuition immer recht behalten würde, stieg. Das hauptsächlichste Kennzeichen dieser Politik wurde, daß er jetzt völlig souverän unter Ausschaltung der herkömmlichen Instanzen, der Diplomatie der Wilhelmstraße und des Generalstabes, handelte. Sie wurden nicht mehr als Berater, sondern als ausführende Werkzeuge angesehen. Für den Generalstab und seinen Chef, General Halder, barg dies Vorgehen die Gefahr, daß alle diejenigen, die als Soldaten auf ihrem Posten ausharrten, um der beschworenen Pflicht willen, oder um zu verhindern, daß ihre Positionen in die Hand radikaler Anhänger des messianischen „Führers" kamen, für mitschuldig an Maßnahmen erklärt wurden, die sie für falsch hielten und doch nicht zu hindern vermochten. Alle diese führenden Offiziere mußten in ein eigentümliches Zwielicht geraten. Sie haben auch dies auf sich genommen. Und zumeist konnten sie, mitten im Strom der Ereignisse, gar nicht fragen, was wohl die Nachwelt sagen würde. Sie konnten im reißend dahinschießenden Strom nur versuchen, den eigenen Kurs unter eigenen Positionslichtern zu halten. Scharnhorst hatte einst den „politischen Offizier“ gefordert, im Dienst der Majestät des Königs. Nach 125 Jahren kehrte sich die Forderung ihrem Sinngehalt nach ins Gegenteil. Wer jetzt politischer Offizier sein wollte, geriet in Konflikt mit dem – man übersehe dies nicht – 1933 legal berufenen Leiter der Politik, der wiederum formal-legal Staatsoberhaupt geworden war.

Lange genug, viel zu lange wahrscheinlich, hatte die These gegolten, der deutsche Offizier habe sich um Politik nicht zu kümmern. Sie war zum Einmaleins des Offizierkorps geworden, das dann seelisch hilflos der Meuterei von 1918, dem wüsten Schwall sogenannter nationaler Erhebung von 1933 gegenübergestanden hatte – oder damals mit naiver Begeisterung einen deutschen Frühling und einen neuen Aufstieg der Nation begrüßt hatte. Seeckt hatte zum letztenmal, in schärfster Form, die unpolitische Haltung des Offizierkorps durchgesetzt (bei eigener und gerade wegen eigener Politik). Er hatte das Offizierkorps dazu erzogen, eine Staatsform zu tolerieren, die er an sich für unbekömmlich hielt. Er duldete keinerlei unbequeme eigene Geister in seinem kleinen Korps. Ohne es ahnen zu können, erzog er jene gegenüber dem geltenden Staat attentistischen Experten im Generalstab, die daran gewöhnt wurden, als Soldaten zu dienen, wer immer den Staat repräsentieren mochte. Vielleicht waren, so hat es General Erfurth formuliert, einst Oberquartiermeister V für Kriegsgeschichte im letzten Halderschen Generalstab und später Chronist der letzten 25 Jahre des Korps, „unbequeme“ Untergebene im Generalstab nie sehr beliebt, auch in früheren Tagen nicht. Aber Seeckt hatte im Grunde nur die „bequemen“, fachlich allerdings hochqualifizierten Offiziere gefördert beziehungsweise aus dem alten Heer übernommen.

Um so schwerer fiel nun, in der Zeit der höchsten und letzten Entfaltung des nationalsozialistischen „Dritten Reiches“, dem einzelnen militärischem Führer, der auf verantwortungsvollem Posten stand, die politische Gewissensentscheidung. Generaloberst a. D. Beck ist ein Beispiel dafür. General Halder ein anderes, weil er sich, nach dem die Chance eines militärischen Staatsstreiches vorübergegangen war, entschloß weiter zu dienen, bei aller Einsicht in die Wesenheit Hitlers, einfach, weil er geglaubt hat, Volk und Vaterland noch etwas nutzen zu können.

Über diesem tragischen Konflikt, der nicht nur Beck und Halder erfüllt hat, ist die Homogenität des Generalstabs-Offizierkorps zu Grunde gegangen, bei aller fachlich noch gleichartigen Denkschule. Generaloberst Jodl, ein Vertreter der jüngeren, nicht mehr von Seecktschem Attentismus beeinflußten Generation, hat sich vor dem Internationalen Militärtribunal in Nürnberg sehr eindrucksvoll über die tiefen weltanschaulichen Meinungsverschiedenheiten geäußert, die im Generalstab geherrscht haben. Bei den jüngeren Offizieren blieb schon rein militärisch die Defensivtheorie Becks nicht unwidersprochen. Jugend neigt nun einmal dazu, die Erfahrungen der Älteren zu verwerfen. Dazu trat der sehr tiefgehende Konflikt über die künftige Kriegsspitzengliederung zwischen den in der Minderzahl befindlichen Offizieren vom Schlage Blombergs, Keitels, Jodls und Kesselrings, denen die Ahnung kam, daß man Kriege nicht mehr allein mit dem Heer gewinnen könne, und den Verfechtern der Tradition, die dem Landheer und seiner Führung im Frieden und im Krieg die Krone sichern wollten. Charakteristisch für dies noch spätpreußische, reine Heeresdenken ist, daß in allen Staatsstreichplänen von 1938 und von 1944 stets nur die Armee den ausschlaggebenden Faktor gebildet hat. Luftwaffe und Marine waren Nebensache. Wer die Armee hatte, gewann auch die Macht ...

Der mühsam verschleierte Dualismus zwischen dem OKW mit der Abteilung „Landesverteidigung“, dem Wehrmachtführungsamt, und dem OKH mit dem Generalstab, war Hitler durchaus bekannt. Er hielt ihn für gesund. Im Wettstreit würde jedes Amt mehr leisten. Ursprünglich sollte die Abteilung „Landesverteidigung“ Operationspläne nur weiterleiten. Halder hat das boshaft als die Tätigkeit eines „Plagiators“ bezeichnet. Wenn Hitler seinen Heeres-Generalstabschef irgendwie als schulmeisterlich empfand, so hielt er die meisten Generalstabsoffiziere für arrogant. Irgendwo spürte er, daß er diese Herren wohl zur Befehlsausführung veranlassen, niemals aber in seinen magischen Bann ziehen konnte. Im Generalstab sprach man dafür verächtlich vom OKW als von der „Schreibstube des Gefreiten Hitler". All dies nutzte nichts. Das OKW, dem Keitel durch die Besetzung des Heerespersonal-Amtes mit seinem Bruder Bodewin auch Einfluß im OKH gesichert hatte, gewann als Büro des „Führers" an Gewicht (so sehr man Keitel als Lakaien verdammte), und Hitler hatte sich durch seine unblutigen Siege ein derartiges Prestige erworben, daß Brauchitsch und Halder einfach in den Hintergrund geschoben waren. Obendrein fand dieser, von Natur militärisch interessiert, Geschmack an der Rolle des Oberbefehlshabers. Beim Ausbau des Westwalls gegen Frankreich, der ihm nicht rasch genug voranging und über dem es bei Einzelprojekten zum Streit mit dem Inspekteur der Pioniere und Festungen im OKH kam, wurden die Militärs sehr bald ausgeschaltet. Hitler übertrug die Leitung des Baues dem Reichsinspekteur des Straßenwesens, der den Bau der Autobahnen geleitet hatte, dem Ingenieur Fritz Todt, einem erprobten Parteigenossen.

Generaloberst v. Brauchitsch protestierte vergebens. Maßnahmen erfolgten, die jegliche Mitverantwortlichkeit des Generalstabsoffiziers überhaupt unmöglich machen sollten. Das Prinzip der Mitverantwortung wurde abgeschafft, der Generalstab auf den normalen Dienstverkehr beschränkt. Das neue Handbuch für den Generalstabsdienst, das im Jahre 1939 erschien, umriß die Aufgaben des Generalstabsoffiziers dahingehend, dieser sei Berater, Helfer und Ausführender von Führungsentscheidungen. Die Verantwortung trüge allein der Truppenführer. Noch wurde immerhin festgelegt, der Oberbefehlshaber des Heeres habe vor operativen Entschlüssen den Rat des Chefs des Generalstabes einzuholen, der letzte habe sich indes auch bei abweichender eigener Meinung voll für die Entschlüsse und Befehle des Oberbefehlshabers einzusetzen.

Für den Winter 1938/39 ordnete Hitler als Oberbefehlshaber der Wehrmacht an, der Generalstab des Heeres habe Führungsvorbereitungen für einen etwaigen Kriegsfall beiseite zu stellen und sich ausschließlich der Organisation und Ausbildung der Armee zu widmen. Becks selbständige Gedankenarbeit war ihm auf die Nerven gegangen. Im Generalstab faßte man allgemein diese Weisung als Beweis dafür auf, daß der „Führer" nicht an kriegerische Entwicklungen denke. Der Plan für den Staatsstreich war merkwürdigerweise unentdeckt geblieben. An Aufmarschplänen wurde turnusmäßig nur ein Entwurf um die Jahreswende 1938/39 bearbeitet, „Rot-17", Abwehr im Westen und Osten.

Die entscheidende Wendung nicht nur für den Generalstab, sondern für Hitler und für Deutschland, brachte Hitlers Entschluß zu Beginn des Jahres 1939, Zwistigkeiten zwischen den Tschechen und Slowaken dazu zu benutzen, um im März 1939 überraschend in Böhmen einzumarschieren, nach brutaler Erpressung der tschechischen Regierung in Prag und die Tschechoslowakei auf der Landkarte zum Verschwinden zu bringen. Böhmen und Mähren wurden, unter landeseigener Regierung und mit deutscher Besatzung, zum „Protektorat" des Reiches erklärt, die Slowakei wurde selbständig, unter Schutzherrschaft des Deutschen Reiches. Der Einmarsch der deutschen Truppen unter persönlicher Führung Hitlers in Prag, den man in London und Paris im Augenblick hinnahm, der neue „unblutige Sieg", kostete Hitler mehr, als er ahnen konnte. Für die deutsche Rüstung, um die es trotz aller Anstrengungen noch immer nicht gut bestellt war, war die Inbesitznahme der leistungsfähigen tschechischen Rüstungsindustrie, die Übernahme des Materials der tschechoslowakischen Armee, die, ohne einen Schuß abzugeben, kapituliert hatte, ein erheblicher materieller Gewinn.

Nach den Erfahrungen, die die tschechischen Staatsmänner hatten machen müssen, hielt es jetzt die kleine Republik Litauen für besser, das Memelgebiet freiwillig an das Deutsche Reich zurückzugeben. Das letzte Problem bildete Polen. Schon bald nach der Münchener Konferenz hatte Hitler versucht, gegenüber dem polnischen Außenminister Oberst Beck die Regelung der Grenzbeziehungen in friedlicher Übeieinkunft anzuschneiden, unter vagen Andeutungen, gegebenenfalls könne Polen mit Gebietserweiterungen im Osten rechnen, wobei für Hitler der große, kommende Kreuzzug gegen den Bolschewismus hinter solchem Wink stand, eine seiner Urideen. Die ersten Angebote Hitlers waren bescheiden, er wünschte verkehrstechnische und wirtschaftliche Erleichterungen für die deutsche Verbindung nach Ostpreußen im polnischen Korridor in Westpreußen, eine Einigung über das Schicksal der Freistadt Danzig, die de jure dem Völkerbund und nicht Polen unterstand. Polen zeigte sich unnachgiebig.

Die Situation komplizierte sich. Von sowjetischer Seite wurden geheimnisvolle Sondierungen in Berlin unternommen, ob sich nicht eine Besserung der deutsch-sowjetischen Beziehungen erreichen lasse. Der amerikanische Präsident Roosevelt forderte Hitler auf, das Reich solle sich verpflichten, künftig die Unabhängigkeit der kleineren Nationen zu achten. In London neigte sich die Waage nach Prag zu Ungunsten Hitlers. Dieser reagierte überscharf: Er kündigte den deutsch-englischen Flottenvertrag von 1935. Die Spannungen zwischen Berlin und Warschau stiegen. Die polnische Regierung glaubte sich der Unterstützung durch die Westmächte sicher zu sein. Hitler wiederum war fest entschlossen, die polnische Frage zu lösen, falls es nicht anders ging, mit Waffengewalt. Innerlich widerstrebend begann er sich mit dem Gedanken zu befreunden, ob man nicht zunächst einmal mit der Sowjetunion, mit Stalin, zu einem Übereinkommen gelangen könne, dann war Polen in die Zange genommen. Im Jahre 1939 wurde obendrein ein Militärbündnis zwischen Deutschland und Italien, richtiger zwischen Hitler und Mussolini abgeschlossen.

Am 3. April erhielt der Chef des Oberkommandos der Wehrmacht, General Keitel, die erste Weisung, Vorbereitungen für einen Angriff auf Polen zu treffen. Das Unternehmen erhielt den Decknamen „Weiß“. Unmittelbar darauf erging die gleiche Weisung an das OKH und den Generalstab. Keitel hielt allein die Munitionsausstattung des Heeres für durchaus unzureichend, um einen größeren Konflikt zu bestehen. Der Bestand an ausgebildeten Reserven war nicht minder unzulänglich. Im Generalstab war man nicht weniger skeptisch. Man wünschte keinen Krieg. Nach der Weisung Hitlers für die Winterarbeit, jegliche Aufmarschpläne nicht zu bearbeiten, kam der neue Befehl völlig überraschend. Das Prestige Hitlers war jedoch inzwischen so unbestreitbar geworden, daß der Gedanke an neuerliche aktive Opposition utopisch war.

Am 23. Mai 1939 beschied Hitler die führenden Militärs, den Chef des OKW, die Oberbefehlshaber von Heer, Marine und Luftwaffe und den Chef des Generalstabes des Heeres in die Reichskanzlei, um ihnen in ähnlich weit ausholender Manier wie am 5. November 1937, einen Überblick über die Lage und die Zukunftswünsche zu geben. Der 1938 zum Chefadjutanten der Wehrmacht ernannte Oberstleutnant Schmundt führte Protokoll, und die Aufzeichnungen, die er sich machte, gingen als „Schmundt-Protokoll“ in das Beweismaterial des Nürnberger Kriegsverbrecherprozesses ein.

Nach den stichwortartigen Notizen Schmundts erklärte Hitler, das Problem sei nicht mehr Danzig, sondern Lebensraum im Osten. Polen müsse isoliert und angegriffen werden, es sei stets der deutschen Sache Feind gewesen. Etwas mysteriös klang eine Andeutung, eine Besserung der Beziehungen zur Sowjetunion sei möglich. Das Studium der schwachen Stellen des Gegners könne man nicht mehr allein dem Generalstab überlassen. Dafür müsse aus Offizieren des Heeres, der Marine und der Luftwaffe ein „Studienstab“ gebildet werden, „zur geistigen Vorbereitung der Operation im höchsten Grade“. Die Offiziere des Stabes müßten Männer „mit großer Phantasie und bestem Fachwissen“ sein. Diese Ausführungen waren sozusagen ein Konkokt dessen, was Hitler von der Idee des Wehrmachtgeneralstabes Blombergischer Provenienz verstanden hatte. Wie stets stellte auch diese Ansprache, mit der der Volksredner agierte, weil er kein anderes Mittel menschlicher Kommunikation kannte und beherrschte als die Volksrede, nicht die Offenbarung eines Planes dar, sondern ein Gewebe von Überlegungen und Wunschvorstellungen, inspiriert von dem Bestreben, die Soldaten für seine Sendung zu gewinnen. Das Hossbach- wie das Schmundt-Protokoll beweisen nur eines, daß die Wehrmacht keinen Oberbefehlshaber mit konkreten Plänen mehr besaß, sondern daß ein missionarischer Apostel an ihrer Spitze stand, gerüstet mit der absoluten Gewalt.

Ende Mai 1939 setzte die Vorbereitung des Aufmarsches gegen Polen ein. Für den Generalstab Halders hieß dies, daß man Soldatenpflichten erfüllen mußte, bei ganz anderen Gedanken über die politische Führung, die das Primat fest in der Hand hatte. Wer den Abschied erbat, hätte sich selbst von allen Möglichkeiten, Teilhaber an der bewaffneten Macht zu sein, entbunden. Die Vorbereitungen für den Angriff – möglicherweise in überfallartiger Form – sollten bis zum 20. August abgeschlossen sein. Strategisch gesehen befand sich Polen jetzt in einer hoffnungslosen Situation. Im Norden konnten die Deutschen von der ostpreußischen Insel aus eine Zangenbewegung ansetzen, von Süden her konnten sie die zweite Zange betätigen, aus dem oberschlesisch-mährisch-slowakischen Raum. Die Grundidee des deutschen Planes bildete ein rascher, blitzartiger Vorstoß der deutschen Kräfte mit der Masse der gepanzerten und motorisierten Verbände über die Grenzen Polens, um die Bereitstellung der polnischen Armee im ersten Zug zu zerschlagen. Dafür wurden zwei Heeresgruppen formiert, „Nord" unter dem Generaloberst v. Bock mit General v. Salmuth als Chef des Stabes in einer Stärke von zwei Armeen in Ostpreußen und Ostpommern, und „Süd" mit drei Armeen in Schlesien unter dem Generalobersten v. Rundstedt mit Generalleutnant v. Manstein als Chef. Die beiden Oberbefehlshaber und die beiden Chefs waren noch im alten Sinn klassisch erzogene Generalstabsoffiziere.

Angesichts der Umklammerung Polens in der tiefen Flanke nahm man die Dinge rein von der militärischen Seite, eine schnelle Offensive bot die besten Erfolgsaussichten. Hitler selbst, mit Leidenschaft Feldherr aus laienhaftem Instinkt, mahnte, man solle die ostpreußische Ausfallposition so stark wie möglich bestücken. Die großen Feierlichkeiten, die aus Anlaß des 25. Jahrestages der Schlacht von Tannenberg auf dem einstigen Schlachtfeld von 1914 zu Ende des Monats August geplant waren, boten einen guten Prätext zur Verschleierung aller Truppentransporte, die im Hochsommer über See nach Ostpreußen gingen. Der Reichsparteitag der NSDAP in Nürnberg im September sollte dafür den Namen „Parteitag des Friedens" erhalten.

Schien der militärische Sieg über Polen, sofern nicht ein Wun-

34. Franz Halder mit dem Generalstabschef
der Kgl. Ungarischen Armee, General v. Werth, und Generalmajor Ott
bei einer Besichtigung

35. Kurt Zeitzler (1895–1963)
1942 Chef des Generalstabes des Heeres

36. Claus Graf Schenk v. Stauffenberg (1907–1944)
1944 Chef des Stabes beim Befehlshaber des Ersatzheeres
(20. 7. 1944 erschossen)

der oder ein Versagen auf deutscher Seite eintrat, leicht, so blieb die Frage, was geschehen würde, nahm Hitler wieder die Zuflucht zu einem einseitigen Akt wie im Rheinland und in Böhmen und griff Polen an. Generaloberst v. Brauchitsch sagte Hitler, er halte einen Sieg über Polen, vielleicht auch noch über England und Frankreich für möglich, die Situation würde jedoch hoffnungslos, entschlösse sich die Sowjetunion zur Intervention in Polen gegen die Wehrmacht.

Brauchitsch konnte damals nicht ahnen, wie sehr seine Äußerung dazu beitrug, Hitler in der Meinung zu bestärken, man müsse, zumindest auf Zeit, mit dem Herrn des Kreml in Moskau, Stalin, zu einem Übereinkommen gelangen. Den ganzen Sommer über liefen englisch-französische Militärbesprechungen in Moskau, um die alte Entente wiederherzustellen und Polen, dessen Unabhängigkeit beide Mächte, England und Frankreich, sichern wollten, Rückendeckung zu verschaffen. Zur gleichen Zeit unterhandelten die Sowjets weiter mit der Hitlerschen Regierung in Berlin. Polen vertraute auf englisch-französische Hilfe, weigerte sich jedoch – aus verständlichen Gründen – hartnäckig gegen das Erscheinen sowjetrussischer Truppen auf polnischem Boden im Kriegsfall und weigerte sich nicht minder standhaft, auf Verhandlungsvorschläge Hitlers einzugehen. Hitler endlich weigerte sich eigensinnig, die Möglichkeit in Betracht zu ziehen, einseitiges deutsches Vorgehen gegen Polen könne zum Zweiten Weltkrieg führen. Die Westmächte, behauptete er, würden niemals ernstmachen, er habe ihre Vertreter in München kennengelernt.

Es kümmerte Hitler auch wenig, daß die Armee, das Instrument seiner Politik, überhaupt nicht kriegsfertig war. Weder das Spiel mit den 90 Milliarden, die man laut Hitler für die Rüstung ausgegeben hatte (eine bewußt zu hoch angegebene Summe), noch die Jongleurkünste mit neuen Waffen und Waffengattungen, Sturzkampfbombern, Fallschirm- und Luftlande-Truppen, konnten über die Mängel der Rüstung, das Fehlen starker, ausgebildeter Reserven, genügender Munitionsausstattung, hinweghelfen. General Warlimont, im Krieg Stellvertretender Chef des Wehrmachtführungs-Stabes, hat später geäußert, niemals sei ein deutsches Heer so schlecht vorbereitet gewesen für einen Krieg wie im Jahre 1939. Es fehlte an schweren Panzern, deren Serienfertigung gerade anlief, an Nachrichten-, Kraftfahr- und Eisenbahntruppen. Fast völlig mangelte es an einem genügend geschulten Reserveoffizierkorps. Der Aufbau der Luftwaffe war beileibe nicht abgeschlossen, der Ausbau der U-Bootwaffe war infolge des deutsch-englischen Flottenabkommens absichtlich hintenan gehalten worden. Die deutsche Kriegsrüstung, die Aufstellung eines riesigen Millionenheeres, glich einer Improvisation.

Der Sommer des Jahres 1939 wurde noch schwüler, als es der Sommer des Vorjahres mit der Sudetenkriese gewesen war. Gegenüber den führenden Soldaten befolgte Hitler eine neue Taktik. Er pflegte jetzt zu erklären, er, Hitler, müsse doch ein „Idiot" sein, wenn er wegen der Korridorfrage „wie die unfähigen Männer von 1914" in einen Weltkrieg hineinstolpern würde. Im August vollzog sich der deutsche Aufmarsch gegen Polen. Die deutsche Presse begleitete ihn mit einem Trommelfeuer von Verdächtigungen gegen Polen. In Warschau sparte man nicht mit antideutschen Parolen. Seltsamerweise gab man sich hier einer eklatanten Unterschätzung der Haltung der deutschen Wehrmacht hin. Der polnische Botschafter in Berlin glaubte allen Ernstes, käme es zum Krieg, würde Hitler gestürzt werden. Das deutsche Volk, dem die Korridorfrage bei weitem nicht so fern lag wie die sudetendeutsche Frage, nahm die Entwicklung in dumpfer Beklommenheit hin. Der einzige Trost war, daß es Hitler bisher gelungen war, noch jede Krise auf unblutige Art zu lösen. Mit äußerster Skepsis verfolgte man dagegen die Entwicklung im offiziell verbündeten Italien. Mussolini wünschte in diesem Augenblick keinen Krieg an Deutschlands Seite.

Zum 20. August sollten die militärischen Vorbereitungen abgeschlossen sein. Einen Tag vorher schlossen die Reichsregierung und die Sowjetunion, zur Überraschung der Welt, ein Handelsabkommen ab. Am 22. August wurde das Zustandekommen eines deutsch-sowjetischen Nichtangriffs-Paktes bekannt gegeben. Hitler hatte sich mit Stalin verbündet. Es war die erste große Wende im Spiel. Polen war politisch ausmanövriert. Es mußte sich Hitler beugen oder kämpfen.

An diesem Tag mittags um 12 Uhr hielt der „Führer" vor

den Heeresgruppenbefehlshabern und den Kommandierenden Generalen und Admiralen auf dem Obersalzberg, seinem Privatsitz, eine Ansprache über die Lage. Nach dem Kriegstagebuch General Halders fielen dabei einige höchst charakteristische und bedenkliche Äußerungen. Naiv unterstrich Hitler die Bedeutung der eigenen Person. Das Nahziel war die „Vernichtung" Polens. An einen großen Krieg glaubte er nicht. Im Gegenteil, er schien überzeugt, er allein habe es in der Hand, die Einzelschläge je nach Wahl zu dosieren. Über die Auslösung des Konfliktes sagte er zynisch, die Mittel seien gleichgültig, der Sieger werde hernach nicht gefragt, ob seine Gründe für den Krieg rechtens gewesen seien.

Das bewegende Ereignis für die Offiziere, auf die Hitlers Ansprache zum Teil einen fatalen, zum Teil einen enthusiasmierenden Eindruck machte, war zunächst der Pakt mit Rußland, sehr bald darauf dann die Tatsache, daß Mussolini, den Hitler eben überschwänglich als die „zweitstärkste Person" im Spiel bezeichnet hatte, abschwenkte und ersichtlich zunächst neutral bleiben wollte. „Führer ziemlich zusammengebrochen", notierte Halder im Tagebuch in trockenem Sarkasmus, nachdem Hitler am 25. August Mussolinis Botschaft erhalten hatte.

Schon einen Tag vorher war Hitler in seiner euphorischen Entschlossenheit, alles auf die eine Karte Polen zu setzen, wankend geworden. Er fürchtete nun, England könne doch eingreifen. Für den 25. August war die Bereitstellung zum Angriff befohlen worden, die Truppen standen in ihren Ausgangsräumen. Jetzt befahl Hitler alle Maßnahmen anzuhalten, eine Aufgabe, die an die Führungstechnik des Generalstabes die höchsten Anforderungen stellte. Der 26. August hatte der „Tag X" werden sollen, Beginn des Krieges ohne Kriegserklärung. General Halder hoffte, man könne jetzt Hitler klar machen, eine so beträchtliche Truppenkonzentration könne unmöglich lange aufrechterhalten werden, man müsse die Vorbereitungen daher abbauen. Generaloberst v. Brauchitsch sagte Hitler, dieser möge ihm acht Tage Zeit geben, dann würden 100 Divisionen bereit stehen. Damit wollte er Zeit für eine Verhandlungspause schaffen . . .

Hitler, unsicher, wie England reagieren würde und offenbar

nicht völlig abgeneigt, auf englische Vermittlungswünsche einzugehen, formulierte jetzt in ultimativer Form Mindestforderungen an Polen. Polen überschätzte die eigene Position restlos. Am 28. August nachmittags um 17.30 Uhr wohnte General Halder einer Besprechung in der Reichskanzlei bei. Hitler erklärte, offensichtlich sehr nervös, würden seine Mindestforderungen in Warschau nicht akzeptiert, „... dann Krieg. Brutal! Er selbst in vorderster Linie... Krieg sehr schwer, vielleicht aussichtslos...“ Die merkwürdige Äußerung fiel, solange er lebe, würde von Kapitulation keine Rede sein. Den Pakt mit Stalin nannte Hitler einen Pakt mit dem Satan, um den Teufel auszutreiben. Halder faßte seinen Gesamteindruck von Hitler in die Worte zusammen: „Persönlicher Eindruck: Übernächtigt, verfallen, stimmbrüchig, zerfahren...“

Hitler wollte jetzt in allerkürzester Zeit eine Entscheidung erzwingen. Polen sollte einen Sonderbevollmächtigten zu Verhandlungen nach Berlin schicken. Polen verkündete die Mobilmachung, die in Deutschland ohne offizielle Verkündung längst angelaufen war. England und Frankreich trafen militärische Vorsichtsmaßnahmen. Die deutschen Angriffsvorbereitungen wurden wieder in Gang gebracht, Termin sollte der 30. August sein, er wurde noch einmal um einen Tag verschoben. Die Bemühungen in London und Paris, in letzter Stunde einen Kompromiß herbeizuführen, hatten in Hitler wieder den Eindruck verstärkt, England und Frankreich sei es nicht ernst mit einer Einmischung in einen deutsch-polnischen Krieg. Und Stalins konnte er jetzt sicher sein!

Am 31. August 1939 erging erneut der Befehl zum Angriff für den 1. September 5.45 Uhr morgens. In der Reichskanzlei wartete man offiziell noch auf das Eintreffen eines polnischen Bevollmächtigten.

Bei der Heeresgruppe Süd waren Rundstedt und Manstein skeptisch geworden angesichts des Befehlswirrwarrs. Sie erkundigten sich bei der Organisationsabteilung des Generalstabes, wann sie mit dem Gegenbefehl rechnen könnten, es sei ja doch wohl wieder nur „Theater“. Allein der polnische Beauftragte erschien nicht, und Hitler hatte sowieso die Geduld verloren. In den ersten Morgenstunden des 1. September, bei herrlichem Spätsommerwetter, brach die Wehrmacht mit 39 Divisionen, darunter 14 Panzer- oder Motorisierten Divisionen, in Polen ein. Die schwache polnische Luftwaffe wurde noch im ersten Ansatz auf ihren Absprungplätzen zerschlagen.

Mussolini versuchte die Lage durch eine englisch-französisch-deutsch-polnische Konferenz unter italienischer Vermittlung zu retten. England war nur bereit, dem Vorschlag zuzustimmen, wenn die deutschen Angriffsverbände in die Ausgangsstellungen zurückgenommen würden. Diese Antwort war in die Form eines Ultimatums gekleidet. Einseitigen Aktionen Hitlers wollte man sich nun auch in London nicht mehr beugen. Die Reichsregierung antwortete nicht. Darauf überreichte der englische Botschafter in Berlin am Sonntag, den 3. September 1939, um 11 Uhr vormittags, die Kriegserklärung Englands. Frankreich folgte dem englischen Beispiel. Der Zweite Weltkrieg, den der Generalstab hatte verhindern wollen, war da. Oberst Jodl traf nach seinen eigenen Worten die Nachricht, England habe den Krieg erklärt, wie „ein Keulenschlag“. Hitler war im ersten Augenblick völlig konsterniert, die eigene Intuition hatte getrogen. General Halder notierte im Tagebuch die Tatsache ohne Kommentar, für ihn war sie keine Überraschung. Der Angriff in Polen war in „gutem Vorschreiten“.

Mit dem Ausbruch des Krieges ergab sich für den Generalstab eine neue Situation. Soldaten hatten stets im Krieg ihre Pflicht getan. Der Fahneneid band das Offizierkorps an den Mann, der den Krieg ohne Kriegserklärung begonnen, der in seiner Reichstagsrede am 1. September unverblümt mit dem Selbstmord gespielt hatte, sofern er nicht als Sieger aus diesem Kriege hervorgehen würde und der sich nun vermaß, den Feldherrn in Person darzustellen. Der Eid auf den Obersten Kriegsherrn, umkleidet noch mit der Heiligkeit des Eides auf den Souverän im nahe zurückliegenden monarchischen Zeitalter, bildete für die Offiziere ein moralisch bindendes Element. Die Einsicht, daß der Eidnehmer vom Eidhalter Unmögliches, ja Verbrecherisches forderte, gedieh nur langsam. Sie war eine persönliche Gewissensentscheidung. Diesen seelischen Kampf mußte jeder für sich allein ausfechten. Und wie es nun einmal in der menschlichen Natur liegt, fand der Einzelne je nach seiner Haltung, seinem eigenen Gesichtskreis, eine individuelle Antwort. Ein Mann wie der Generaloberst Beck, der sein Amt niedergelegt hatte, wünschte keineswegs eine deutsche Niederlage, er fürchtete sie vielmehr als Katastrophe mit allen Folgen, auch mit der Anklage gegen Generalität und Generalstab, bislang auch für Demokraten die Nothelfer in Krisen, sie hätten nicht genug getan, um das Unheil zu verhindern und hätten einem Verbrecher gedient. General Halder hielt es für besser, auf dem Posten zu bleiben, für eine vernünftige Führung zu sorgen und die Möglichkeit nicht außer acht lassen, daß vielleicht der Chef des Generalstabes doch noch in die Speichen des Rades greifen konnte.

Hitler begab sich in einem Befehls-Sonderzug ins Feld. Der Generalstab des Heeres verließ Berlin und bezog auf dem Truppenübungsplatz Zossen das für den Ernstfall vorgesehene Ausweichquartier „Zeppelin". 1939, vor Kriegsausbruch, setzte er sich aus fünf Oberquartiermeistern und 12 Abteilungen zusammen. Chef der Operationsabteilung war Oberst v. Greiffenberg, dessen I. Generalstabsoffizier Oberstleutnant Adolf Heusinger, der von 1931–1934 in der T 1 des alten Truppenamtes seine Lehrzeit absolviert hatte.

Bei Kriegsausbruch trat die Gliederung für den Ernstfall in Kraft. Die Oberquartiermeister II und III wurden eingespart. Bestehen blieben die Abteilungsgruppen des Oberquartiermeisters I, der zugleich Stellvertreter des Generalstabschefs war mit der Zentralabteilung und den Abteilungen für Operation, Organisation und Ausbildung, und der Oberquartiermeister IV mit den Abteilungen Fremde Heere West und Ost, der Attachéegruppe und einer Verbindungssektion zur Abwehr, sowie der Oberquartiermeister V für Kriegsgeschichte und Archivwesen. Der gesamte Nachschub wurde unter einem Generalquartiermeister zusammengefaßt, das Ersatzheer einer neuen Dienststelle, dem „Chef Heeresrüstung und Befehlshaber des Ersatzheeres" unterstellt. Diese Position erhielt der Generaloberst Friedrich Fromm, bislang Chef des Allgemeinen Heeresamtes im OKH, wie der Chef des OKW Generaloberst Keitel aus der T 2 des

Truppenamtes hervorgegangen und mit diesem aus nicht näher bekannten persönlichen Gründen heftig verfeindet, was zu paradoxen Situationen führte, da Keitel auf höherer Ebene sich wiederum um Fromms Sektor zu kümmern hatte.

Einer Idee Brauchitschs zufolge wurden dem OKH im Feld besondere „Waffengenerale" für die einzelnen Waffengattungen zugeteilt, um eine schnelle Auswertung aller Bedingtheiten der einzelnen Waffengattungen und deren Anforderungen an die Versorgung mit Material zu gewährleisten, eine völlige Neuheit. Zum OKH gehörten ferner die Chefs des Heeresnachrichten- und Transportwesens sowie ein General der Luftwaffe als Verbindungsoffizier. Dem Chef des Generalstabes war bis 1942 im Hinblick auf die offiziell außer Kraft gesetzte Mitverantwortlichkeit des Generalstabsoffiziers bei Korps, Armeen, Heeresgruppen und Befehlshaberstellen ausdrücklich eine Sonderstellung zugebilligt: Er war mitverantwortlich für alle Entschlüsse des Oberbefehlshabers des Heeres, ein Recht, das einem eigenwilligen Mann wie Franz Halder sehr wohl bewußt war.

Obwohl die angestrebte große Umfassung beim Feldzug in Polen aus weit getrennten, schwierigen Aufmarschräumen angesetzt war, obwohl die von Hitler gestiftete Unordnung in Befehl und Gegenbefehl unmittelbar vor Kriegsausbruch eine erhebliche Unsicherheit bei der höheren Truppenführung erzeugt hatte, vollzog sich der Einbruch in Polen im allgemeinen nach dem Plan. Der polnische Generalstab befand sich in einer Situation, die auch ein Napoleon schwerlich hätte meistern können. Ziemlich phantasielos war man polnischerseits in drei Gruppen aufmarschiert, im Vertrauen auf die erfolgreiche Offensive der Mittelgruppe bis nach Berlin. Rund 1,3 Millionen deutsche Soldaten standen im September 1939 unter Waffen. Bislang war niemals in der Kriegsgeschichte die Operation großer geschlossener Panzerverbände im Zusammenwirken mit der Luftwaffe erprobt worden. Guderian hatte diese Methode gedanklich entwickelt, jetzt feierte sie ihren ersten Triumph. Binnen Wochen wurde die außerordentlich tapfer fechtende polnische Armee erdrückt.

Als man vor Warschau stand, griff der „Führer" nachhaltig in die Operationen ein. Bislang hatte die Operationsführung beim

Oberbefehlshaber des Heeres und seinem Generalstabschef gelegen. Hitler verlangte die rücksichtslose Bombardierung Warschaus, das der polnische Kommandant zur Festung erklärt hatte. Hitler bewegten politische Überlegungen. Im Generalstab hatte man keine Kenntnis, höchstens eine vage Vorstellung davon, daß zu gegebener Zeit die Sowjetunion in den Konflikt eingreifen würde, um dem „feudal-imperialistischen Polen", das 1919/20 versucht hatte, die Ukraine zu erobern, den Fangstoß zu geben und sich zumindest ostpolnisches Gebiet zu sichern. Warschau mußte daher so rasch wie möglich in deutsche Hand fallen.

Eben dies alles vollzog sich in der zweiten Hälfte des September 1939. Polen erlebte die Vierte Teilung zwischen dem Deutschen Reich und der Sowjetunion, zwischen Hitler und Stalin. Wo sowjetische Truppen einmarschierten, triumphierte, mit nationalsozialistischer Duldung, die bolschewistische Revolution. Flüchtige Überlegungen in Berlin, eine eigene polnische Regierung zu bilden, verblaßten rasch. Unter dem 19. September notierte Halder über das Schicksal des besiegten Polen in verstellt kalter Form: „Flurbereinigung: Judentum, Intelligenz, Geistlichkeit, Adel ..." Das war der Hitler, den Halder kannte ...

Die Entscheidung über den weiteren Verlauf des Krieges mußte nach der raschen Niederwerfung Polens im Westen fallen. Am 3. September 1939 hatte sich Halder in Bezug auf Frankreich ein Stichwort aus höherem Munde notiert: „Feindseligkeiten nicht eröffnen, aber erwidern".

Dazwischen ereignete sich noch eine Tragödie, die Hitlers heimlicher Abneigung gegen alle Generalstabsoffiziere Auftrieb gab. Der ehemalige Generaloberst Frhr. v. Fritsch, dem Hitler kein Kommando mehr hatte anvertrauen wollen und der sozusagen als Beobachter das Artillerie-Regiment 12, zu dessen Chef ihn Hitler ernannt hatte, in den Krieg begleitet hatte, fiel am 20. September 1939 im Feuer polnischer Maschinengewehre vor Warschau. Es war wohl jener Tod, den er längst ersehnt hatte. Einer seiner alten Freunde, der Sohn Hindenburgs, Generalleutnant Oskar v. Hindenburg, damals für kurze Zeit Stellvertretender Kommandierender General im Wehrkreis I Ostpreußen, bewog den Oberbefehlshaber des Heeres, Generaloberst

v. Brauchitsch, ein Staatsbegräbnis für Fritsch durchzusetzen. Hitler wollte dazu erscheinen und sagte dann ab. Weder Oskar v. Hindenburg noch Brauchitsch erfreuten sich des Rufes sonderlicher Zivilcourage. Jetzt tat Brauchitsch ein Übriges und feierte ostentativ den verfemten Mann, dem der Tod an der Front zur letzten Gnade geworden war, als den Schöpfer des neuen Heeres. Hitler vergaß es ihm nicht.

Rund 110 französische Divisionen waren seit Kriegsbeginn an der Maginotlinie und in Nordfrankreich konzentriert. Wie anno 1914 traf ein englisches Expeditionskorps in Nordfrankreich ein. Außer einem örtlich begrenzten Angriffsunternehmen der Franzosen an der Saar geschah nichts. Polen verblutete unterdes mit jenem Heroismus, mit dem polnische Soldaten stets zwar nicht zu siegen, aber zu sterben verstanden haben. Im Sommer 1937 hatte Generaloberst Beck den französischen Generalissimus Gamelin besucht. Beide hatten sich in ihrer Abneigung gegen einen neuen Deutsch-Französischen Krieg wie in der Bevorzugung defensiver Strategie gefunden. Vermutlich ohne vorherige Unterrichtung Hitlers erließ der Oberbefehlshaber des Heeres eine Weisung über den „Abwehrsieg im Westen“.

Oberbefehlshaber an der Westfront war zunächst Generaloberst Ritter v. Leeb mit General v. Sodenstern als Chef. Leeb konnte als der bedeutendste Vertreter der Abwehrtaktik gelten, wie sie im Truppenamt gepflegt worden war. Ihm gegenüber befehligte General Gamelin. Er hielt bei einer Offensive den Sieg in der Hand. Aber jetzt ergab sich, daß beide Oberbefehlshaber im Westen einem Zusammenprall durchaus abgeneigt waren. Auf deutscher Seite gewann man daher unter älteren Generalstäblern vielfach den Eindruck, daß es der französischen Armee, deren Kampfwert und deren Rüstung man sehr hoch einschätzte, wie möglicherweise auch der Staatsführung in Paris nicht recht ernst mit dem Krieg sei, mit anderen Worten, daß noch Möglichkeiten für eine friedliche Beilegung des großen Konfliktes bestünden, nachdem das Streitobjekt, Polen, so rasch und erbarmungslos völlig liquidiert worden war.

Solchen Überlegungen war bei Brauchitsch und Halder bereits die Weisung für die defensive Kampfführung im Westen entsprungen, die Hitlers Zorn und Argwohn erweckte. Der preußische Finanzminister Popitz hatte unmittelbar vor Kriegsausbruch Hitler sagen hören, diejenigen, die ihm auch diesmal in den Arm fallen wollten, sollten sich hüten. Generaloberst v. Brauchitsch klammerte sich dafür an Hitlers wiederholte Äußerungen, wegen Polen werde es nicht zu einem Weltkrieg kommen. Der Oberquartiermeister I v. Stülpnagel meinte damals, man solle jetzt Hitler wegen der Weiterführung des Krieges überhaupt nicht mehr fragen, sondern einfach selbst bestimmen, was zu geschehen habe.

Der rasche Sieg in Polen hatte jedoch in Hitler die Überzeugung erweckt, man könne noch im gleichen Jahre im Westen zur Offensive übergehen und durch eine rücksichtslose Kraftanstrengung in Westeuropa das Vorfeld gewinnen, um England in der Luft und zur See wirksam bekämpfen zu können. Er entschied sich für den zweiten „Blitzfeldzug". Die ersten Andeutungen, er wolle auch im Westen noch angreifen, fielen schon Mitte September. Hitler quasi vor vollendete Tatsachen zu stellen, das war eben einfach nicht mehr möglich, jedenfalls nicht in diesem Stadium des Krieges. Aber er spürte die schwelende Fronde im Generalstab sehr wohl. Die Generale folgten ihm nicht, hat er damals geklagt. Tatsächlich versuchte der Generalstab seinen eigenen Kurs zu steuern. Der Oberquartiermeister I Generalleutnant v. Stülpnagel arbeitete eine Denkschrift über die Defensive im Westen aus.

Hitler entwarf dafür eine eigene große Denkschrift über die Kriegführung im Westen, die am 9. Oktober 1939 fertiggestellt war und die er am folgenden Tag in der Reichskanzlei Göring, Keitel, Brauchitsch, Halder und Admiral Raeder selbst vorlas. Sein Entschluß war klar: Angriff im Westen. Auf Grund der Denkschrift ging am gleichen Tag die Führer-Weisung Nr. 6 hinaus. Halder vermerkte im Tagebuch: „Alles auf die Reise bringen, was möglich ist und zwar in größter Eile! ... Überzeugung, daß Entscheidung erzwungen werden kann, wenn man sich zu vollem Einsatz entschließt ..."

Hitler hatte Schlieffen studiert und hatte dort eine Grundidee für seine Angriffsvorstellungen entdeckt: den Angriff mit sehr starkem rechten Flügel durch Belgien und Holland nach Nordfrankreich hinein. Alles übrige sah anders aus als bei Schlieffen. Das Ziel war auch keineswegs die völlige Ausschaltung Frankreichs, sondern die Gewinnung einer breiten Absprungbasis an der Kanal- und Nordseeküste für den See-Luftkrieg gegen England – England, nach Hitlers „Kampf" einer der Ideal-Bündnispartner, das ihm den Krieg erklärt und sein Angebot vom 6. Oktober, Frieden zu schließen, abgelehnt hatte. Strategisch gesehen bedeutete Hitlers Plan, der dann in den Aufmarschplänen des OKH vom 19. und 29. Oktober unter der Bezeichnung „Fall Gelb" konkrete Formen annahm, nur die Herbeiführung einer Teilentscheidung im Landkrieg gegenüber der Masse der französisch-britisch-holländisch-belgischen Armeen, die man frontal zu schlagen gedachte, indem man mit dem rechten Flügel, in ungenauer Kopierung Schlieffens, vorging.

Der Aufmarschplan des Generalstabes sah vor, daß der Schwerpunkt bei der Heeresgruppe B unter Generaloberst v. Bock mit drei Armeen und einer Armee-Abteilung auf dem rechten Flügel liegen sollte. Hier war auch die Masse der beweglichen Stoßkräfte (9 Panzer- und 4 Infanterie-Divisionen [mot.]) eingesetzt. Der Heeresgruppe A unter Generaloberst v. Rundstedt mit Generalleutnant v. Manstein als Chef war südlich von B im Mittelabschnitt angriffsweises Vorgehen zugedacht. Die Heeresgruppe C (Generaloberst v. Leeb) sollte mit 2 Armeen die lange Südflanke zwischen Luxemburg und der Schweiz decken. Alle Vorbereitungen für die Offensive sollten bis zum 5. November 1939 abgeschlossen sein, so daß dann auf Abruf eine Bereitstellung zum Angriff binnen sechs Nachtmärschen möglich war.

Einem scharfen strategischen Denker, dem letzten großen Zögling klassischer Generalstabstradition, Generalleutnant v. Manstein, dem späteren Feldmarschall, erschien, wie er in seinen Memoiren gesteht, diese Lösung einfach geistig unbefriedigend. Der ganze Aufmarsch war nichts als ein oberflächlicher und nicht zu Ende gedachter Abklatsch Schlieffenscher, umgedeuteter Rezepte. Manstein, voll unterstützt durch den Oberbefehlshaber der H.Gr.A, entwarf mit seinen beiden Mitarbeitern, dem Ia

Oberst Blumentritt und Major i. G. Henning v. Tresckow, ein neues, umwälzendes und sehr kühnes Konzept: Der Schwerpunkt des Angriffes sollte bei der H.Gr.A in der Mitte liegen. Mit der Masse der hier zu versammelnden Panzer- und motorisierten Divisionen gedachte er durch das „Loch in den Ardennen" zum Sichelschnitt bis zur Kanalküste hin anzusetzen. Hier würde der Gegner mit Sicherheit keinen Angriff wegen des unwegsamen Geländes erwarten – obwohl das „Loch in den Ardennen" vor 1914 schon französischen Generalstabsoffizieren Sorgen bereitet hatte. Etwa nach Belgien, wo die H.Gr.B angreifen sollte, vorgehende britisch-französische Kräfte würden durch den „Sichelschnitt" nach Norden abgedrängt werden. Hatte man die Ardennen überwunden, gewannen die Panzermassen über Sedan hinweg günstiges Operationsfeld.

Der Plan – Manstein nennt ihn schlicht den „Neuen Plan" – verriet nicht nur eine hohe Einsicht in die Möglichkeiten moderner Panzerkriegführung, die die Panzerfachleute vom Schlag des hitzköpfigen Generals Guderian bislang immer beim alten Generalstab vermißt hatten, sondern konnte auch politische Vorteile haben. Es war beim „Manstein-Plan" nicht unbedingt notwendig, auch neben der belgischen die holländische Neutralität zu brechen. Aber dieser Plan sollte eine lange Geschichte haben. Er wurde natürlich dem OKH, Brauchitsch und Halder, unterbreitet. Beide wichen ihm lange aus und vermieden es auch, ihn Hitler zur Kenntnis zu bringen, schon deshalb, weil ihnen dessen sich mehrende Beschäftigung mit strategischen Fragen höchst unsympathisch war und wohl auch deshalb, weil sie überhaupt die ganze Offensive nicht nur über den Winter hinaus zu vertagen hofften, sondern im Grunde nicht führen wollten. So wurde die Entscheidung über den „Manstein-Plan" wieder und wieder verzögert, im OKH lehnte man die Grundidee nicht ab, änderte aber auch nicht grundlegend die Aufmarschweisungen, sondern gab schließlich zu verstehen, eine Schwerpunktbildung würde sich endgültig erst nach Anlaufen der Operationen herauskristallisieren. Merkwürdigerweise entwickelte Hitler jedoch nun, laut Manstein damals oft über den „Karten brütend", eine eigene, den Überlegungen Mansteins verwandte Idee: Die

Bildung eines zweiten Angriffsschwerpunktes mit schwächeren gepanzerten und motorisierten Verbänden auf dem linken Angriffsflügel bei der H.Gr.A, um durch die Ardennen vorzu stoßen. Fraglos stammt dieser Gedanke, den er als Laie nicht richtig zu Ende denken konnte. von ihm selbst, er setzte auch die Abänderung des Aufmarschplanes in seinem Sinne durch, sehr zum Mißfallen Halders, der darin wieder eine Verwässerung des bisherigen Planes „Gelb“ erblickte.

Am „Manstein-Plan“ waren zwei Generalstabsoffiziere beteiligt, die noch eine große Rolle spielen sollten, einmal der spätere Generalmarschall Fritz Erich v. Lewinski gen. v. Manstein und zum zweiten als Mitarbeiter der spätere Generalmajor Henning v. Tresckow, der 1944 als Chef des Stabes der 2. Armee nach dem 20. Juli Selbstmord beging. Manstein, Jahrgang 1887, Sohn eines preußischen Generals aus alter westpreußischer Adelsfamilie, in früher Jugend von einem Onkel, dem General v. Manstein, adoptiert, mütterlicherseits ein Neffe des alten Hindenburg, war wie dieser, wie Schleicher und Hammerstein-Equord, aus dem 3. Garde-Regiment hervorgegangen und 1917 Generalstabsoffizier geworden. Unter Generaloberst Beck war er, geschult in der T 1 des Truppenamtes, der führende Mann im Generalstab gewesen. Vielen jüngeren Offizieren, die ihn kennengelernt hatten, erschien er, in Denkweise und Haltung noch ein preußischer Aristokrat, als der ideale kommende Generalstabschef, obwohl er rein menschlich nicht immer einfach zu nehmen war. Aber solche Eigentümlichkeiten hatte Schlieffen auch besessen. Politik war allerdings nach preußischer Soldatenmanier nicht sein Metier. Dem Nationalsozialismus stand er zwar fremd gegenüber und Hitler war sicher in seinen Augen eine höchst merkwürdige Erscheinung, aber er hielt es auch für vollkommen unmöglich, daß die führenden Soldaten, zumal im Krieg, von sich aus mit Gewalt eine Änderung der Verhältnisse im Inneren bewirken könnten. Im Unterschied zu ihm wurde sein Mitarbeiter Major v. Tresckow unter den Erlebnissen des Rußland-Feldzuges zum Motor aller aktiven Opposition gegen Hitler und schrak auch nicht davor zurück, die Ermordung des „Führers“ ins Auge zu fassen. Aber in Tesckow verkörperte sich bereits eine neue Generation von Generalstabsoffizieren, die an ganz alte Scharnhorstsche Traditionen anknüpfte und darüber weit hinaus zu völlig neuen Ufern strebte.

Brauchitsch und Halder, der zudem wohl dem noch sehr preußisch erscheinenden Manstein menschlich immer kühl gegenübergestanden hat, waren aus militärischen wie aus allgemein politischen Gründen Gegner einer Offensive im Westen. Eine Winteroffensive hielt man übrigens auch bei der H.Gr.A für ausgeschlossen. Die Ausrüstung der Panzer-Divisionen war längst nicht beendet, die Neuaufstellung von Reserveverbänden noch in vollem Zuge. Im OKH erregte auch die von Hitler bedenkenlos geplante Überrennung des neutralen Holland und Belgien erhebliche Befürchtungen. Führte man auf diese Weise Krieg, wurde der neue Krieg wirklich zum Weltkrieg. Dem Gesandten v. Etzdorf, Vertreter des Auswärtigen Amtes beim OKH, sagte Halder im Oktober in Zossen, man müsse alles versuchen, um die Westoffensive zu verhindern. Noch einmal tauchten Erwägungen über einen militärischen Staatsstreich auf. General Halder beauftragte einen Generalstabsoffizier, den Oberstleutnant Grosscurth, die Frage zu prüfen, wie weit es möglich sein würde, im Einvernehmen mit dem Heerestransportchef, Generalmajor Gercke, Panzerverbände bei der großen Umgruppierung von Osten nach Westen im Raum Berlin zu konzentrieren. Im Fall eines Putsches sollte Generaloberst Beck in Zossen den Oberbefehl übernehmen. Erwogen wurde auch ein Kollektivschritt der drei Heeresgruppenbefehlshaber im Westen bei Hitler. Generaloberst v. Leeb trug sich mit dem Gedanken, zusammen mit seinen beiden Armee-Befehlshabern Hitler durch sachliche Argumente von dem Plan der Westoffensive abzubringen.

Sämtliche Überlegungen einer militärischen Aktion hingen davon ab, ob man einmal überhaupt dafür Truppen gewinnen konnte, die solchen Einsatz nicht verweigern würden, zum zweiten, auf welche Weise man sich dann mit den Westmächten über die Beendigung des Krieges einigen konnte. In diesem Winter 1939/40 bot sich das merkwürdige Bild, daß in Deutschland gleichsam eine lose formierte Schattenregierung – ohne Armee und ohne irgendwelche innerpolitischen Macht- und Propagandamittel – vorhanden war, die schließlich erfolgreiche Sondierungen bei den Westmächten, vor allem mit England, über einen Vergleichsfrieden zustandebrachte. Die Führer dieser Opposition waren Generaoberst Beck und der ehemalige Reichspreiskommissar und Leipziger Oberbürgermeister Goerdeler. Sie hielt Fühlung mit dem Staatssekretär im Auswärtigen Amt Frhr. v. Weizsäcker, mit dem Chef des Wehrwirtschaftsamtes General d. Inf. Thomas, mit der Abwehr unter Admiral Canaris und Oberst Oster. Von hier liefen die Fäden ins Ausland, bis in den Vatikan. Papst Pius XII. war bereit, der deutschen Opposition Hilfestellung zu geben, soweit dies in seinen Möglichkeiten lag. Diese Gruppe der „Honoratioren" des Widerstandes hielt Ausschau nach der Armee. Im OKH wollte man zumindest wissen, was eigentlich die gegnerischen Mächte bei einem Sturz Hitlers zu bieten hätten. Man hielt Ausschau nach den Politikern. Als die „Honoratioren" aber endlich ihre mühsamen Sondierungen einigemaßen befriedigend abgeschlossen hatten, immer mit dem Hinweis auf die Generale, die handeln wollten, hatten die Kreise im OKH, die im November noch einmal die Möglichkeit eines Militärputsches studiert hatten, aus guten Gründen alle Überlegungen längst eingestellt. Es gab keine Chancen für einen erfolgversprechenden Staatsstreich.

Am 2. und 3. November 1939 besuchten Brauchitsch und Halder die Heeresgruppen im Westen. In Rundstedts Hauptquartier in Koblenz hatte Manstein nicht den Eindruck, daß sie sonderlich an der Offensive interessiert seien. Sie unterrichteten sich gründlich über die, objektiv vorhandenen Mängel in der Ausrüstung der für die Offensive bereitgestellten Verbände. Der Angriff im Westen wurde für den 12. November befohlen. Am 5. November begab sich Generaloberst v. Brauchitsch zu Hitler, um noch einmal den Versuch zu machen, ihm endgültig die ganze Offensive auszureden. Der Generaloberst führte alle möglichen Gründe ins Feld, die schlechte Witterung, den unfertigen Zustand der Truppe und anderes mehr. Hitler geriet in große Erregung, als die zum Teil wenig gefestigte Haltung mancher Truppenteile ins Spiel kam. Durch seine „Hitlerjugend" habe er dem Heer die Soldaten gegeben, belehrte er Brauchitsch.

Brauchitsch, ein sehr wohlerzogener Kavalier, war angesichts solcher Ausfälle Hitlers ganz wehrlos. Hitler sagte ihm auch, er wisse genau, daß die Generale in Wahrheit ganz etwas anderes wollten. In Halders lakonischen Notizen heißt es über diesen Tag: „Zustand der Truppe ... Frage nur militärisch zu lösen (d. h. Entscheidung im Westen). Bei schlechtem Wetter nicht möglich (Auch Anderer leidet unter schlechtem Wetter). Tobt: Es zeigen sich Bilder wie 1917/18 ...“

Tatsache war, daß der Angriff verschoben wurde, was infolge der Wettermeldungen dann nicht weniger als sechzehnmal geschah. Manstein spottet in seinen Erinnerungen darüber, wie Hitlers „Wetterfrösche“ immer die Leiter auf und ab geklettert seien. In praxi erlaubte die Verfassung wie die Ausstattung der Truppe auf gar keinen Fall eine Winteroffensive. Die Umrüstung der sogenannten Leichten Divisionen auf vollgerüstete Panzer-Divisionen brauchte Zeit, der beste schwere Kanonenpanzer IV, den man für große Panzeroperationen brauchte, befand sich noch in der Anlieferung. Als eine sowjetrussische Offfiziersdelegation deutsche Panzertruppen und Fabrikationsstätten besuchte, wollten die stets mißtrauischen Sowjetoffiziere nicht glauben, daß der Panzer IV das Modernste sei, was die Deutschen hätten. Sie glaubten, man verheimliche ihnen die Wahrheit, weil man in der UdSSR an einem besseren Panzer, dem T-34, arbeitete.

Am 23. November 1939 versammelte Hitler die Oberbefehlshaber und Kommandierenden Generale des Westheeres in der Reichskanzlei, um ihnen exemplarisch noch einmal seine Ideen auseinanderzusetzen und sie für den „Gedanken der West-Offensive zu gewinnen, d. h. um sie zu „überzeugen“. Der Tag muß rein physisch für die Zuhörer ermüdend gewesen sein. Um 12 Uhr allgemeine Ansprache, um 14.30 Uhr Vortrag in des „Führers“ Arbeitszimmer über die geplante Operation, um 18 Uhr eine Aussprache mit Brauchitsch und Halder. Auch der Vortragende selbst verausgabte sich an solchem missionarischen Tag. Wieder fiel das fatale Wort von der eigenen Person, dem „letzten Faktor“, in aller Bescheidenheit, wie Hitler taktvoll betonte: „Unersetzbar“. Hitler wünschte die Hebung der An-

37. Generaloberst Guderian (Chef des Generalstabes des Heeres 1944/45) bei einer Lagebesprechung während des Rußlandfeldzuges

38. Innenhof des Reichswehr-Ministeriums in der Bendlerstraße,
Sitz des OKH (Aufnahme ca. 1938/39)
In diesem Hof wurden am Abend des 20. Juli 1944 General Olbricht,
die Obersten i. G. Graf Stauffenberg und Merz v. Quirnheim
und Oberleutnant v. Haeften erschossen

griffsfreudigkeit. Er betonte, daß das Heer ihm und keinem anderen gehorche. Über die Aussprache zwischen Hitler, Brauchitsch und Halder um 18.00 Uhr notierte der letzte knapp: „Geist von Zossen (Krisen-Tag!) . . ."

Der 23. November 1939 bedeutete das Ende aller Überlegungen über irgendeine Gewaltaktion gegen Hitler. Vor allem Brauchitsch, der wohl empfand, wie jedes Eingreifen der Armee angesichts der Verhältnisse und der Tatsache, daß die Armee kein geschlossenes Korps mehr war, im Grunde eine Utopie war, fragte sich, wieviel Hitler eigentlich von dem „Geist von Zossen" wußte? Tatsächlich wußte dieser gar nichts. Er spürte nur die Fronde, das, was er als die „Überheblichkeit" des Generalstabes, der „letzten Freimaurerloge" bezeichnete.

Der Winter verging über dem immer wieder erneut verschobenen Offensivplan, dem Drängen der Heeresgruppe A auf Berücksichtigung des „Neuen Plans". Die Aufmarschweisung wurde auch nicht geändert, als sich am 10. Januar ein Stabsoffizier der 7. Flieger-Division verflog, auf belgischem Boden landete, und Teile des Planes in belgische Hand gerieten.

Im Winter 1939/40 griff die Sowjetunion Finnland an, eine mögliche Verschiebung aller Operationsfelder zeichnete sich ab, sofern die Westmächte Finnland mit einem Expeditionskorps zu Hilfe kommen würden. Das konnte nur über Norwegen und Nordschweden geschehen und gefährdete damit die deutsche Versorgung mit schwedischem Erz, An jenem 5. November 1939, an dem Brauchitsch mit Hitler über die Verschiebung der Westoffensive gesprochen hatte, war noch etwas anderes geschehen. Der Oberbefehlshaber der Marine Raeder hatte Hitler im Hinblick auf den beabsichtigten See-Luftkrieg gegen England darauf hingewiesen, wie wichtig für eine großzügige U-Boot-Kriegführung die Sicherung der dänisch-norwegischen Atlantikküste sein würde, eine Mahnung, die zunächst keinen Widerhall bei Hitler fand.

Der sowjetrussische Angriff auf Finnland, ein Land, das eigentlich auf Deckung durch Berlin gerechnet hatte, erregte die halbe Welt. Stalin war jetzt mit Hitler befreundet. Zugleich enthüllte dieser Krieg eine bedenkliche Schwäche der sowjetischen militärischen Führung, die Folge der radikalen Säuberung des roten Kommandeurkorps in den Jahren 1937/38 durch Stalin. In Moskau sah man sich genötigt, höhere Offiziere, die später große Namen sich erwerben sollten, Konstantin Rokossowski, Malinin, Merezkow, aus dem Gefängnis zu holen, wo sie seit 1938 als „Verschwörer und Diversanten" saßen, um ihnen Kommandostellen anzuvertrauen. Hitler notierte das Versagen der bolschewistischen Führung sehr sorgfältig.

Der Plan der Westoffensive blieb unverändert, trotz aller Vorstellungen Rundstedts und Mansteins, die schließlich in der ausdrücklichen, wie Manstein zugibt, etwas unpreußischen Bitte mündeten, den „neuen Plan" auch dem Führer zu melden. Rundstedt und Manstein waren der Überzeugung, daß im Krieg – führte man schon Krieg – eine rasche, durchschlagende Entscheidung das Beste sei. Diese gewährleistete, alle Risiken eingeschlossen, die jeder Aufmarschplan birgt, nur Mansteins Entwurf. Am 17. Januar 1940 erging dafür der Bannstrahl gegen Manstein. Formal, dem Dienstalter nach, war er an der Reihe, Kommandierender General zu werden. Er wurde als Kommandierender General des neuaufzustellenden XXXVIII. Korps nach Stettin versetzt. Manstein selbst schreibt in seinen Memoiren, er hätte sich des Eindrucks nicht erwehren können, im OKH habe man einen „lästigen Dränger" loswerden wollen.

Inzwischen war noch einiges geschehen, was typisch für die Führungsmethoden Hitlers werden sollte. Nach der Mechelner Affaire, dem unseligen Fehlflug des Stabsoffiziers der 7. Flieger-Division, hatte Hitler nicht nur mit scharfen Maßnahmen gegen den zuständigen Luftflotten-Befehlshaber reagiert, sondern auch mit dem Erlaß des berühmten „Grundsätzlichen Befehls Nr. 1", wonach jeder Offizier nicht mehr wissen dürfe, als das, was für seinen unmittelbaren Aufgabenbereich notwendig sei. Das war ein Schlag gegen jeden, im Generalstab durchaus üblichen, im Grunde indes dem verfemten liberalen Zeitalter angehörenden Gedankenaustausch.

Und noch etwas anderes geschah, was Brauchitsch und Halder nicht vorausberechnen konnten. Bei einem Besuch des Chefadjutanten Hitlers, Oberstleutnant Schmundt, in Koblenz unterrichtete der mit diesem befreundete Major v. Tresckow ihn von der Existenz des „Neuen Plans“, der bislang beim OKH ein Schubladendasein geführt hatte. Oberstleutnant Schmundt, einer der idealistischen Verehrer Hitlers, unterrichtete diesen. Bei einem Empfang neuernannter Kommandierender Generale in der Reichskanzlei in Berlin am 17. Februar 1940, zu dem auch Manstein befohlen worden war, erhielt dieser beim anschließenden Frühstück Gelegenheit, Hitler seinen Plan vorzutragen. Für neue Ideen in der Kontinentalkriegführung hatte Hitler eine Witterung. Außerdem war dies, in voller Generalstabsperfektion, in seinen Augen sein Plan vom Herbst vergangenen Jahres. Er war höchst angetan und machte sich Mansteins Idee derart zu eigen, daß er sie in der Art des Autodidakten sehr bald für den Ausfluß eigener divinatorischer Feldherrngabe hielt. Manstein allerdings wurde nicht weiter mit der Ausführung des Planes befaßt, sondern reiste nach Stettin. Nach Erzählungen eines der militärischen Adjutanten Hitlers hat dieser nach der Unterredung mit dem ihm bislang persönlich unbekannten Manstein so etwa geäußert: „Ein grauslicher Kerl – aber er kann was.“

Die Aufmarschweisung „Gelb“ wurde grundlegend geändert, wobei man im Auge behalten muß, daß General Halder in seiner ablehnenden Haltung schon nach einem Kriegsspiel bei der Koblenzer Heeresgruppe unsicher geworden war, nachdem sich herausgestellt hatte, daß der Ansatz schwacher Panzerkräfte vor den Ardennen nichts fruchten würde, daß jedoch ein Ansatz starker Kräfte hier überraschende Lösungen erbringen könne. Über persönlichen Neigungen oder Abneigungen stand doch die Pflicht.

Im Februar 1940 wurde wenigstens eines sicher: Die große Offensive sollte erst im Frühjahr beginnen. Dazwischen schob sich jetzt ein anderes Problem: Das Unternehmen „Weserübung“, die handstreichartige Besetzung Norwegens, welche die Besetzung Dänemarks als Zwischenglied bedingte, angesichts eines ähnlichen Plans auf englischer Seite. Dies bedeutete die Verletzung der Neutralität zweier skandinavischer Staaten. Der Handstreich, um dem Gegner nicht die Vorhand für sein eigenes Unternehmen zu lassen, setzte die Verletzung der Neutralität voraus und belastete denjenigen, der ihn riskierte, mit dem Odium des Völkerrechtsbruches. Hitler war dies alles gleichgültig: Der Sieger behielt nach seiner Lehre immer recht.

Wie Beck es prophezeit hatte, beschränkte sich der moderne Krieg nicht mehr auf ein zweiseitiges Duell. Was „Weserübung“ betraf, so befaßte Hitler den Generalstab des Heeres, der „Gelb“ vorbereiten sollte, nicht mit der Bearbeitung dieser für deutsche Verhältnisse ungewöhnlichen kombinierten Operation von Land-, See- und Luftstreitkräften. Die Ausarbeitung der Planungen wurde dem Wehrmachtführungsstab anvertraut. Das OKH erhielt nur die Anweisung, sechs Divisionen zur Verfügung zu stellen. Zum ersten Mal wandte Hitler das Verfahren an, einen seiner beiden militärischen Stäbe ausschließlich mit der Bearbeitung eines bestimmten Kriegsschauplatzes zu betrauen, eine Aufspaltung der Befugnisse, die der Generalstab anderthalb Jahre später voll zu spüren bekam.

Der Chef des Wehrmachtführungsstabes, General Alfred Jodl, Bayer und Artillerist wie Halder, rückte damit in der Hierarchie des Führerhauptquartiers einen großen Schritt nach vorn. Ganz unähnlich Beck, Manstein oder Halder blieb Jodl, ein hoch befähigter Generalstabsoffizier, völlig im Bann Hitlers und stand damit im Schatten dieses seltsamen Mannes an der Spitze der Wehrmacht, kein verantwortlicher Berater des Oberbefehlshabers mehr, sondern dessen militärischer Gehilfe. Als er sich jedoch schließlich 1942 aus wohlberechtigtem Grund während der Krise des Kaukasusfeldzuges ein eigenes Urteil erlaubte, büßte auch er Hitlers Vertrauen ein und sollte aus seiner Stellung entfernt werden.

Jodls Diensttagebuch spiegelt wieder, wie stark Hitler eine geraume Zeit hindurch geschwankt hat, welches Unternehmen, „Gelb“ oder „Weserübung“, den Vorrang erhalten müsse. Die allgemeine Lage erforderte zuerst den Sprung über See nach Dänemark und Norwegen am 9. April 1940. Die neue Offensive wurde militärisch gesehen ein voller Erfolg, obwohl Oberst Oster von der „Abwehr“, um Hitlers Plan zu durchkreuzen, vor allem Kopenhagen hatte warnen lassen. Die gesamte Küstenlinie des nördlichen Westeuropa geriet in Hitlers Hand. Die schwachen Überwasserstreitkräfte der Marine erlitten freilich bei der Invasion Norwegens so schwere Verluste, daß sie als ernsthafter Faktor beim angestrebten Seekrieg gegen England nicht mehr ins Gewicht fielen.

Noch bevor die Kämpfe in Nordnorwegen völlig abgeschlossen waren, wurde Anfang Mai die Offensive im Westen befohlen. „Gelb“ lief an. Gemäß dem Manstein-Plan lag jetzt der Schwerpunkt bei der Heeresgruppe A. Zum Stoß durch die Ardennen auf Sedan und die untere Somme wurde hier die größte Panzermasse versammelt, die die Kriegsgeschichte bisher gesehen hatte, drei Panzerkorps unter dem Befehl des Generals d. Kav. v. Kleist, gestaffelt in zwei Blocks, denen ein dritter Block, die motorisierten Infanterie-Divisionen, folgte. Starke Fliegerkräfte, rund 1000 Maschinen, sollten den Angriff gewissermaßen als „fliegende Artillerie“ unterstützen. Für Hitlers lebhaftes Interesse an militärischen Einzelfragen war es charakteristisch und riß unkomplizierte Gemüter wie den General Keitel zu höchster Bewunderung hin, wie sehr er sich um Fragen der Panzerausrüstung oder des Einsatzes der neuen Luftlande- und Fallschirmtruppe gegen feindliche Sperrforts kümmerte.

Am 10. Mai 1940 brach die Offensive los. 136 deutsche standen gegen rund 137 alliierte Divisionen. Am Vortag begab sich General Halder von Zossen nach Bad Godesberg, um von dort im Kraftwagen in das Führerhauptquartier „Felsennest“ bei Münstereifel, eine vorbereitete Bunkeranlage, zu fahren. In den späten Mittagsstunden des 10. Mai konnte er bereits notieren, die Gruppe Kleist scheine „sehr gut“ vorwärtszukommen. Die 6. Armee unter General v. Reichenau, mit dem Generalleutnant Paulus als Chef, erzwang sich den Zugang nach Belgien. Die 18. Armee, unterstützt durch Fallschirm- und Luftlandetruppen, drang in die Niederlande ein. Nach fünf Tagen kapitulierte die holländische Armee. Die Königin und die Regierung gingen nach England.

Der furchtbarste Stoß traf das schwache französische Zentrum, die Ardennen. Unter Abschirmung ihrer sich rasch dehnenden Südflanke setzten die deutschen Panzerkorps, darunter das XIX. unter General Guderian, zum Durchbruch auf die Kanalküste an, um im letzten Augenblick nach Norden einzuschwenken, jene Bewegung, die Churchill später als den „Sichelschnitt" bezeichnet hat. Die Präzision, mit der die Operationen vorläufig abrollten, bezeichnete noch einmal einen Höhepunkt der Führungskunst und -technik des Generalstabes. Die große Operation war immer dessen Stärke gewesen. Militärisch genommen war das Instrument noch auf der Höhe. Den politischen Entscheidungen des Winters gegenüber hatten sich die führenden Soldaten, in ungeheuer verwickelter Situation, ratlos und unschlüssig gezeigt.

Sehr rasch zeigte sich jetzt, gerade angesichts des glänzenden Verlaufes der Operationen der Panzergruppe, die über die Maas auf Abbeville vorstieß, daß Hitler nicht über die vielgerühmten eisernen Nerven verfügte und nicht fähig war, sich den klaren Überblick über die Lage zu bewahren. In Umrissen zeichnete sich bereits das Bild einer großen Kesselschlacht in Artois und in Flandern ab. Zwei französische, die britische und die belgische Armee waren der Umfassung zwischen dem deutschen Panzerkeil und den Armeen der H.Gr. B ausgesetzt. General Halder vermerkte dafür bereits am 17. Mai: „Ein recht unerfreulicher Tag. Der Führer ist ungeheuer nervös. Er hat Angst vor dem eigenen Erfolg, möchte nichts riskieren und daher am liebsten anhalten ..." Von Moltkescher Ruhe oder des alten Hindenburg bärbeißiger Gelassenheit im kritischen Moment der Entscheidung bei Königgrätz oder Tannenberg war nichts zu spüren. Dafür fehlte Hitler die strenge geistige Disziplin des sorgfältig erzogenen Generalstabsoffiziers und die seelische Souveränität, die erst den Feldherrn macht. Hitler glaubte Gefahren für die lang und länger werdende Südflanke des deutschen Angriffskeils zu sehen. Tatsächlich versuchte der Gegner, hier seine Chance zu nutzen, besaß aber bereits nicht mehr die Kraft dafür. Halder notierte trocken dazu, er sähe dort überhaupt keine Gefahr.

Die Panzer-Divisionen des Generals v. Kleist stießen auf Dünkirchen vor, die Engländer versuchten in letzter Stunde, ihre Expeditionsarmee der Umklammerung zu entziehen und sie wieder auf die Insel zurückzuführen. In diesem Moment der großen Schlacht im Artois und in Flandern verlor Hitler gänzlich den Überblick, ähnlich wie ihn der jüngere Moltke 1914 im Scheitelpunkt der Marne-Schlacht verloren hatte, nicht aus einer pessimistischen Einstellung heraus, sondern einfach darum, weil ihn der schwindelhafte Erfolg, an den er in dieser Form vielleicht selbst vorher nicht geglaubt hatte, übermannte.

Am 24. Mai 1940 flog er selbst, begleitet von General Jodl und Oberst Schmundt zum Hauptquartier der H.Gr. A in Charleville. General Halder fand an diesem Tag, die Lage entwickele sich weiter „durchaus zufriedenstellend“, die Widerstandskraft des Gegners ließ nach. Ein Riesenkessel von 80 Kilometer Tiefe und rund 50 Kilometer Küstenbreite zwischen der Mündung der Yser und der Aa stand vor der Schließung. Bei der Heeresgruppe hatte Generaloberst v. Rundstedt die Überzeugung gewonnen, man könne die stark beanspruchten Panzerkräfte anhalten und nur mit der Infanterie weiter angreifen. Hitler war ohnedies der Ansicht, man müsse die Panzerverbände schonen für die weiteren Operationen in Frankreich. Überdies hatte ihm am Vortag Göring versichert, die Luftwaffe sei jetzt imstande, die Endlage im Kessel allein zu bereinigen. Zu seiner Überraschung und Empörung erfuhr Hitler weiter, daß inzwischen Brauchitsch und Halder befohlen hatten, die 4. Armee des Generaloberst v. Kluge, die Rundstedt unterstellt war, der H.Gr. B v. Bock zu unterstellen, damit eine einheitliche Führung in der Endphase der Kesselschlacht gewährleistet sei. Halder ging dabei von der Grundkonzeption aus, bei der Vernichtung der vier eingeschlossenen feindlichen Armeen falle den Kräften der H.Gr. A mit dem Stoßkeil die Rolle des Hammers zu, der in Belgien stehenden H.Gr. B diejenige des Ambosses. Um diese Konzeption besser zur Geltung zu bringen, hatte er eine Änderung im Unterstellungsverhältnis vorgenommen, ohne Hitler zu fragen. Dieser, in schlechter Nervenverfassung, sah im Moment nur noch die Infragestellung seiner militärischen Autorität und befahl daher generell erst einmal das Anhalten der Panzerverbände.

Es war die erste ausschlaggebende Fehlentscheidung im Verlauf des Zweiten Weltkrieges. England gewann die Möglichkeit, seine aktive Armee, wenn auch unter erheblichen Verlusten und der Einbuße des gesamten Materials, der sicheren Vernichtung zu entziehen. Der militärische Sieg wurde verschenkt. Später kam die Vermutung auf, Hitler habe mit seinem Entschluß den Engländern sozusagen eine goldene Brücke bauen wollen. Aber davon war gar nicht die Rede gewesen. Von der Möglichkeit einer Evakuierung irgendwelcher Verbände vom Festland wurde am 24. Mai in Charleville nicht gesprochen. Den Ausschlag gab allein das mangelnde Verständnis Hitlers für die tatsächlichen Erfordernisse in der gegebenen Situation.

Am anderen Tag, 25. Mai, war General Halder zum Vortrag bei Hitler. Halder war höchst ärgerlich, seine Hammer-Amboß-Konzeption war ins Gegenteil verkehrt worden. Hitler pflegte in solchen Situationen gern alle möglichen Ausflüchte zu gebrauchen, er berief sich jetzt zur Begründung des „Halt"-Befehls auf das flandrische Gelände mit den vielen für Panzereinsatz hinderlichen Wasserläufen. „Empfang wie immer, sehr kühl, nahezu gespannt ..." notierte sich Halder nach der Unterredung am späten Nachmittag.

Die Engländer prägten das Wort vom „Wunder bei Dünkirchen". Hitler selbst scheint empfunden zu haben, daß sein Entschluß vom 24. Mai nicht gerade von kühler Überlegenheit Zeugnis abgelegt hatte. Er suchte ihn den Generalen mit allen möglichen Beweggründen plausibel zu machen. General v. Kleist bekam zu hören, er, Hitler, habe die Panzer nicht in die „flandrischen Sümpfe" schicken wollen. Rundstedt und sein Chef General v. Sodenstern vernahmen eine ganz andere Version: Er, Hitler, sei der Überzeugung, man müsse das britische Empire schonen. Er wolle einen Frieden auf ehrenvoller Basis. Das alles diente zum Teil der Bemäntelung des schwarzen Tages von Charleville, zum anderen kamen hier wieder Wunschvorstellungen zum Ausdruck, wie sie für Hitlers unsystematische Denkweise typisch waren.

Außer Frage steht etwas anderes. Selbst wenn die Schlacht im Artois und in Flandern auch die Vernichtung der britischen Armee erbracht hätte – England hätte darum den Krieg nicht aufgegeben. Alles was seit dem 10. Mai 1940 geschehen war und noch geschah, stand unter dem Zeichen eines Regierungswechsels in London. Auf Grund des Fehlschlagens der Pläne, Norwegen vor dem deutschen Zugriff zu sichern, war der Premierminister Neville Chamberlain gestürzt worden. Winston Churchill hatte die Bildung einer Regierung der Nationalen Konzentration übernommen. Er war entschlossen, mit britischer Zähigkeit zu kämpfen, und er konnte auf die moralische und materielle Rückendeckung durch Amerika rechnen.

Zunächst hielt die Serie der deutschen Siege auf dem Festland an. Am 26. Mai wurde der „Halt“-Befehl revidiert. Die belgische Armee mit dem König Leopold III. an der Spitze kapitulierte, die Kanalhäfen wurden genommen. Reibungslos vollzog sich die große Umgruppierung der deutschen Armeen zur zweiten Phase in der Schlacht um Frankreich. Italien beeilte sich jetzt, von Mussolini mitgerissen, in den Krieg gegen Frankreich einzutreten, um seine Gebietswünsche in Savoyen, an der Riviera, in Tunesien durchzusetzen.

Die Dritte Republik in Frankreich erlebte einen völligen Zusammenbruch. Truppen des Generalobersten v. Küchler besetzten Paris ohne Widerstand, die Regierung flüchtete nach Bordeaux. Als Retter in der Not bildete der greise Marschall Pétain, der 1916 die Krise in der Schlacht um Verdun gemeistert hatte, eine neue Regierung, um die Kapitulation zu vollziehen. Am 22. Juni 1940 wurde bei Compiègne in dem gleichen historisch gewordenen Salonwagen, in dem 1918 Marschall Foch die deutschen Unterhändler zur Unterzeichnung des Waffenstillstandes empfangen hatte, von einer französischen Delegation ein Waffenstillstand unterzeichnet. Hitler war Herr über Mittel- und Westeuropa. Der italienische Außenminister Graf Ciano, Mussolinis Schwiegersohn, verglich ihn in diesem Augenblick mit einem Spieler, der die Bank von Monte Carlo gesprengt hatte und sich nun am liebsten mit dem Gewinn in der Tasche aus dem Saale begeben wollte.

Der deutsche Generalstab bezog Quartier in Fontainebleau bei Paris. Halder hielt Besprechungen über die „Friedensorganisation“ des Heeres ab. Als er am 30. Juni wieder in Berlin eintraf, sprach er mit dem Staatssekretär Frhr. v. Weizsäcker vom

Auswärtigen Amt und erfuhr, daß für „eine Friedensbildung“ noch keine „handgreiflichen Unterlagen“ vorhanden seien. Die Frage war, was nun geschehen sollte? England war einstweilen unerreichbar für die deutsche Armee. Im Mittelmeer weitete sich der Kampf aus, nachdem Italien in den Krieg eingetreten war, und griff nach Nord- und Nordostafrika über. Im Osten benutzte die Sowjetunion die Rückendeckung durch den Pakt mit Hitler dazu, Rumänien das ehemals russische Bessarabien zu entreißen und Litauen und die baltischen Republiken Lettland und Estland sich anzugliedern. Auf unblutige Weise gewann Stalin altes Territorium des Zarenreiches zurück. Dabei blieb seine Haltung gegenüber der Reichsregierung völlig korrekt. Während des Westfeldzuges hatte die Sicherung der Ostgrenze aus sieben Divisionen bestanden. Allerdings verstärkten die Sowjets während des Sommers im Zusammenhang mit dem Aufmarsch gegen Rumänien auch ihre Verbände in Ostpolen. Niemand vermochte zu sagen, ob dies mehr als nur Sicherheitsvorkehrungen waren.

In England rüstete man sich zum letzten Kampf, man fürchtete eine deutsche Invasion. Noch waren freilich die Luftwaffe, deren Jagdverbände man in der Schlacht um Frankreich sorgsam geschont hatte, und die Flotte intakt. In Berlin, auch im Generalstab, kursierten Gerüchte von bevorstehenden Friedensverhandlungen mit England. Der Friede sollte in Münster geschlossen werden. Es gab Damen in der Umgebung des „Führers“, die sich ernsthaft Sorgen machten, welche Kleider man bei den Friedensfeierlichkeiten tragen solle. Für die Armee wurden Demobilmachungsweisungen erlassen. Andererseits gab Hitler am 16. Juli dem OKH bekannt, er habe sich zur Landung in England entschlossen. Das Unternehmen erhielt den Namen „Seelöwe“. Drei Tage später sprach er vor dem Reichstag und machte England ein Friedensangebot. Ein italienischer Diplomat bemerkte spöttisch dazu, Hitler habe sozusagen bei Zuchthausstrafe Frieden angedroht.

Aus Anlaß dieser Sieges- und Friedensrede wurden eine Anzahl von Armeeführern, die drei Heeresgruppenbefehlshaber und der Chef OKW zu Generalfeldmarschällen ernannt. Auch Brauchitsch erhielt diesen Rang. Halder wurde Generaloberst.

Göring erhielt den seit den Tagen Prinz Eugens nicht mehr verwendeten prunkenden Titel eines Reichsmarschalls, für einen verabschiedeten Hauptmann binnen sieben Jahren eine schöne Karriere.

Mit den praktischen Möglichkeiten eines kombinierten Angriffsunternehmens über See hatte sich der Generalstab in der Theorie seit dem 1. Juli beschäftigt. Angesichts fehlender Dekkung durch stärkere Überwasserstreitkräfte, fehlenden Transportraumes und der nicht vorhandenen Luftherrschaft über England wurden die Aussichten skeptisch beurteilt. Ende Juli 1940 erörterte General Halder mit dem Operationschef Oberst v. Greffenberg auch die Eventualität eines Konfliktes im Osten. Etwa zur gleichen Zeit erfuhr General Jodl von Hitler auf dem Obersalzberg, ein Konflikt mit Rußland sei durchaus möglich.

Der Generalstab des Heeres sah sich jetzt mit dem Gesetz der Raumausweitung des modernen Krieges konfrontiert, das schon im Ersten Weltkrieg eine so große Rolle gespielt hatte. Nur waren die realen Kräfte des Deutschen Reiches verglichen mit dem Jahr 1914 nicht besser geworden. Das Netz der Bundesgenossen und Satellitenstaaten, das durch den Dreimächtepakt zwischen Deutschland, Italien und Japan im November 1940 seine Krönung erhielt, war noch brüchiger als das alte Dreierbündnis zwischen Berlin, Wien und Rom. Die Stunde nahte, die Generaloberst Beck hatte kommen sehen, die Stunde, in der die Kräfte von Wehrmacht, Volk und Wirtschaft nicht mehr ausreichten, um nach Anfangserfolgen die Probleme des leichtfertig heraufbeschworenen Mehrfrontenkrieges zu meistern.

Eine Weile schwankte Hitler zwischen allen Möglichkeiten, der Uridee des Kreuzzuges gegen den Bolschewismus und des Landerwerbs im Osten, der Invasion Englands oder einer großzügigen Kriegführung unter Aufbietung französischer, italienischer und spanischer Hilfe gegen die englische Position im Mittelmeer, im Nahen Osten und in Nordafrika. Dabei gedachte er den Balkan, die südosteuropäische Staatenwelt, aus dem Geschehen herauszuhalten, die deutsche Einflußsphäre war hier ohnehin gesichert.

Frankreich wäre bei Gewährung eines konstruktiven Friedens

wahrscheinlich bereit gewesen, in die Front gegen England einzuschwenken. Solch Friedensschluß schien Hitler verfrüht. Spanien versagte sich ganz, Italien erlitt in Nordafrika bei einer Offensive gegen Ägypten eine schwere Schlappe und bedurfte sehr bald deutscher Unterstützung mit Panzer- und Luftverbänden in diesem Raum. Das Unternehmen „Seelöwe" wurde zurückgestellt, nachdem es der deutschen Luftwaffe nicht gelungen war, die volle Luftherrschaft über England zu gewinnen. Und endlich verdarb Mussolini die Balkan-Konzeption Hitlers, indem er eigenmächtig von Albanien aus Griechenland angriff, um italienische imperiale Ansprüche auf Epirus und die griechische Inselwelt durchzusetzen.

Zur Stützung Rumäniens, dessen Ölproduktion für die deutsche Treibstoffwirtschaft überaus bedeutsam war, wurde im Herbst 1940 eine Militärmission mit Lehrtruppen, Panzer-, Luft- und Flakverbänden nach Rumänien entsandt. Das Königreich Rumänien unter dem Diktator Marschall Antonescu schloß sich gegenüber dem sowjetischen Druck dem Hitlerschen Satellitensystem an. Finnland, das im Winterkrieg 1939/40 erhebliche Gebiete an die Sowjetunion verloren hatte, suchte gleichfalls Rückhalt in Berlin. Die Frage eines deutsch-sowjetischen Konfliktes verdichtete sich.

Die Vorstellung von der großen Auseinandersetzung mit dem bolschewistischen Rußland hatte immer zu Hitlers Traumbildern gehört. Dem Generalstab und der Generalität gegenüber verwendete er jetzt, um ihnen seine Idee plausibel zu machen, die merkwürdige Version, im Grunde stelle Sowjetrußland den letzten „Festlandsdegen" dar, über den England noch gebiete. Würde man Rußland in einem schnellen Feldzug niederwerfen (den nicht nur Hitler, sondern damals beispielsweise auch amerikanische Generalstabsoffiziere für durchaus möglich hielten), so würde auch England friedenswillig werden. Generaloberst Jodl bekam von Hitler wieder eine andere Version zu hören: Entweder würden die Russen eines Tages eine „eiskalte Erpressung" riskieren oder sie würden angreifen. Niemand weiß bis heute, was damals wirklich in Stalins Kopf vorging, wie er über die Haltung der UdSSR im Fall eines langen kräftezehrenden

Krieges zwischen den faschistischen und den kapitalistischen Mächten gedacht hat. Im Grunde konnte dies dem Gedanken der kommunistischen Weltrevolution nur dienlich sein. Im Gegensatz zu dem mißtrauischen Hitler hat er sich jedenfalls in den kritischen Monaten zwischen dem Sommer 1940 und dem Juni 1941 vielfältigen Warnungen zum Trotz, darauf verlassen, daß Hitler nicht angreifen, wohl aber vielleicht seinerseits jene „Erpressung“ versuchen würde, welche Hitler wiederum Stalin zutraute.

In Anbetracht der zahlenmäßigen Schwäche der deutschen Sicherungskräfte im besetzten Polen und sowjetischen Truppenkonzentrationen in West- und Südwestrußland erging daher zunächst Anfang August 1940 der Befehl, in Polen Vorkehrungen für einen Aufmarsch nach Osten zu treffen.

Da Generalleutnant v. Stülpnagel, bislang Halders engster, auch politisch versierter Mitarbeiter, zur Waffenstillstandskommission für Frankreich kommandiert wurde, trat ein Wechsel in der Stellung des Oberquartiermeisters I ein. Nachfolger Stülpnagels wurde der Generalmajor Friedrich Paulus, 1938/39 Chef des Stabes des XVI. (Panzer-)Korps, darauf Chef unter General v. Reichenau bei der 6. Armee, der ihn außerordentlich schätzen gelernt hatte. Halder wählte sich Paulus als Vertreter der jüngeren Generation, ähnliche Überlegungen bewegten auch das Heerespersonalamt unter dem Bruder Keitels, General Bodewin Keitel. Paulus hatte Erfahrungen in der Operation mit schnellen Truppen, war außerordentlich fleißig und gewissenhaft, kurzum ein idealer Stabschef, der sich sein Urteil stets erst nach sehr gründlicher Überlegung bildete. Seine Hauptaufgabe war es jetzt, Aufmarschpläne für einen Ostfeldzug zu bearbeiten, und zwar unabhängig von Operationsstudien, mit denen Generalmajor Marcks, Chef des Stabes der nach Osten verlegten 18. Armee, beauftragt worden war. Paulus, aus bescheidenen Verhältnissen stammend, mit einer Rumänin aus sehr vornehmer Familie verheiratet, die auch am Hof in Bukarest noch eine Rolle spielte, dachte als Soldat damals in rein soldatischen Begriffen, abseits jeder Politik. Der „Führer“, gleich ob er ihn verstand oder nicht, war sakrosankt als Oberster Befehlshaber.

Noch war sich Hitler nicht sicher, ob er den großen Zug in den Osten antreten solle. Im November 1940 kam der sowjetische Außenminister Molotow nach Berlin. Ziel der Aussprache mit Hitler war die Absteckung der beiderseitigen Interessensphären in friedlicher Übereinkunft. Die Sowjetunion hatte konkrete Vorstellungen. Die alten imperialen Ziele der Zarenzeit tauchten wieder auf. Finnland, der Balkan, die Öffnung der Dardanellen, um einen Ausgang aus dem Schwarzen Meer zu gewinnen. Hitler unternahm dafür den Versuch, den Gesprächspartner auf weitgesteckte Ziele im Mittleren Osten abzulenken und entwarf darüber das Bild einer Teilung der Welt in verschiedene Einflußbereiche. Beide Partner redeten aneinander vorbei. Hitler gewann die fatale Überzeugung, mit Stalin und Molotow könne man überhaupt nicht vernünftig reden. Dann blieb nach Hitler nur der Appell an die Gewalt. Der Blitzsieg im Westen hatte sein Vertrauen in die eigenen Feldherrngaben wie in die Kraft der Wehrmacht außerordentlich gesteigert.

In Hitlers Weisung Nr. 21 vom 18. Dezember 1940 über die schnelle Niederwerfung Sowjetrußlands, die gegebenenfalls noch vor Beendigung des Feldzuges gegen England zu erfolgen habe, tauchte in Erinnerung an die Kreuzzugszeiten als Tarnbezeichnung der Name „Barbarossa" auf. Nach Äußerungen gegenüber seiner engsten militärischen Umgebung neigte Hitler damals mehr und mehr dau, sich als den modernen Nachfahren der mittelalterlichen Kaiser zu sehen. Ihn beschäftigte sehr stark die Gestalt des Kaisers Barbarossa, nur war er jetzt dazu berufen, die deutsche Expansion in die richtige Richtung, nach Osten, zu lenken, nicht mehr nach Süden.

Am 5. Dezember 1940 hielt Generaloberst Halder Hitler Vortrag über den Ostaufmarsch. Er setzte auseinander, daß die geographischen Verhältnisse eine Trennung der Aufmarschräume notwendig machten, da zwischen dem Nord- und dem Südraum der projektierten Front sich die Pripjetsümpfe befanden. Daher schlug er vor, im Norden zwei Heeresgruppen auf Leningrad beziehungsweise Minsk–Smolensk anzusetzen, während eine dritte Heeresgruppe im Süden Kiew und die Ukraine als Operationsziel erhalten sollte. Seine Einstellung zum Plan des Ostfeldzuges war zwiespältig. Er fürchtete die neue große Belastung für die Wehrmacht angesichts des nicht abgeschlossenen Kampfes gegen England im Westen. Er hielt aber auch eine rasche Ausschaltung des sowjetrussischen Westheeres, wie seine Tagesnotizen zeigen, für erreichbar. Und zum dritten war auch er nicht frei von Mißtrauen gegenüber den Absichten der Sowjets. Die Sowjetunion blieb im Grunde genommen die Sphinx des Krieges, niemand vermochte ihre Reserven, ihre wirtschaftliche Leistungsfähigkeit voll und ganz einzuschätzen. Einzelne Warner wie der Militärattaché in Moskau, General Köstring, wurden nicht gehört.

Begeistert von dem Gedanken, Rußland anzugreifen, war unter den hohen Militärs kaum einer, weder Halder noch Brauchitsch, noch Keitel oder Jodl. Als der Feldmarschall Keitel es auf sich nahm, Bedenken bei Hitler anzumelden, bekam auch er sofort Hitlers harte Hand zu spüren.

Im Rahmen der Neugruppierung der deutschen Landstreitkräfte wurden im Herbst 1940 vier Heeresgruppen gebildet, von denen eine sogleich nach dem Osten verlegt wurde. Zwei Heeresgruppen verblieben vorerst im Westen, die vierte wurde im Reich konzentriert. Für den Fall, das „Barbarossa" Wirklichkeit wurde, war der Aufmarsch mit drei Heeresgruppen zwischen der rumänischen Schwarzmeerküste und der Ostsee vorgesehen, während die vierte Gruppe den Westen decken sollte. Eine starke Zentralreserve im Reich war nicht vorgesehen.

Einen der Hauptpunkte für das Gelingen eines neuen Blitzfeldzuges diesmal in den Weiten des Ostens mit ganz anderen Straßen- und Geländeverhältnissen als im zivilisierten Mittel- und Westeuropa, bildete die Frage, ob die hastig aufgebaute deutsche Panzerwaffe für derart weitgespannte Operationen stark und materialkräftig genug war und ob genügend vollmotorisierte Infanterie- und Artillerieverbände vorhanden waren, die den vorpreschenden Panzer-Divisionen rasch zu folgen vermochten. Gelangte man, wie erhofft, wieder zu großräumigen Kesselschlachten, so hing alles davon ab, ob man die Kessel schnell zu schließen und auszuräumen vermochte und darüber hinaus noch frische bewegliche Kräfte zur Verfügung hatte, um die große Offensive in Fluß zu halten. Gegenüber dem Pessimismus, der im Winter 1939/40 vielfach im Generalstab geherrscht hatte, war man jetzt von einigem Zuvertrauen in die eigenen Möglichkeiten erfüllt. Man nahm allgemein an, es würde gelingen, das sowjetische Westheer in Kürze zu zerschlagen und damit den Feldzug vor dem Winter entscheiden zu können, sofern die Offensive früh genug begonnen wurde. Für die Behauptung des dergestalt gewonnenen mittelrussischen und südrussischen Raumes standen dann genügend Kräfte zur Verfügung. Unter diesem Gesichtswinkel wurde auch das Problem der Bereitstellung von Winterbekleidung für die Truppe behandelt. Sie wurde nur für ein Fünftel der eingesetzten Kräfte vorgesehen.

Um die Wende des Jahres 1940/41 sah sich der Generalstab des Heeres der Möglichkeit eines Rußland-, eines Balkan- oder eines Spanienfeldzuges gegenüber. Der nordafrikanische Kriegsschauplatz nahm gleichfalls vor allem bewegliche Kräfte in Anspruch. Die einzige Kampffront bildete im Westen vorläufig der See-Luftkrieg gegen England mit Luftangriffen und dem rücksichtslosen U-Bootkrieg gegen die Versorgungswege der britischen Insel. Noch mußten die englischen Städte, die englische Zivilbevölkerung die Last der Luftangriffe tragen. Die U-Bootwaffe, taktisch äußerst geschickt von ihrem Befehlshaber Admiral Dönitz geführt, errang dank der gegenüber dem Ersten Weltkrieg neuartigen Methode des Angriffs in Gruppen („Rudeln") auf die nach England gehenden Geleitzüge steigende Erfolge. Eine Entscheidung zeichnete sich jedoch nicht ab. England hielt aus.

Dafür wurden Mussolinis Hilferufe dringlicher. Die italienische Offensive im albanisch-griechischen Grenzgebiet war liegengeblieben, die ausgezeichnete griechische Armee ging zum Gegenangriff über. In Nordafrika stand die Lage schlecht, im neuerworbenen Italienisch-Ostafrika war der Zusammenbruch der italienischen Position nur eine Frage der Zeit. Drei Panzer- und motorisierte Divisionen mußten nach Nordafrika entsandt werden. Vorzügliche Verbände unter einem vorzüglichen Panzerführer, dem General Erwin Rommel, fielen für den Osten aus. Auf dem Balkan erwies es sich als notwendig, Kräfte durch

Ungarn nach dem befreundeten Bulgarien zu entsenden, um gegebenenfalls die schwer ringenden Italiener in Albanien entlasten zu könen. Halder stand vor allem der Diversion nach Nordafrika innerlich ablehnend gegenüber. Ließ man sich auf den Feldzug gegen die Sowjetunion ein, von dem er ahnte, daß er schwer werden würde – wenngleich ihm noch nicht klar war, wie schwer er tatsächlich sein sollte –, dann mußte man an einem Schwerpunkt – eben im Osten – alle irgend verfügbaren Kräfte zusammenfassen. Für diese Entscheidung konnte man nicht stark genug sein. Es gab nur zwei Alternativen: Eine entschieden vorangetriebene Mittelmeerlösung – oder die Entscheidung im Osten.

Im Januar und Februar 1941 gingen die Vorbereitungen für „Barbarossa“ in erhöhtem Tempo fort. Der Aufmarschplan wurde endgültig festgelegt. Aus dem rumänisch-galizischem Raum sollte die Heeresgruppe Süd in die Westukraine vorgehen. Aus Nordpolen und Ostpreußen sollten die Heeresgruppe Mitte und Nord nach Mittelrußland und ins Baltikum vorstoßen. Die Teilnahme Rumäniens und Finnlands am Feldzug schien sicher. Unter Vortreiben von Panzerkeilen hoffte man, das sowjetrussische Westheer westlich des Dnjepr-Stromes vernichten zu können. Hitlers Operationsziel war die Erreichung einer gedachten Linie von Astrachan am Kaspischen Meer bis Archangelsk am Eismeer. Von diesem Bereich aus hoffte man dann, mittels der Luftwaffe möglichen weiteren sowjetischen Widerstand jenseits des Ural unter Kontrolle halten zu können. In Halders Sicht konnte man diesen Feldzug nicht nur militärisch, sondern mußte ihn auch politisch führen, in dem man den vielen Völkern der Union der Sozialistischen Sowjetrepubliken das Ziel der Befreiung vom Bolschewismus vor Augen stellte. In Hitlers Sicht bedeutete, in dürren Worten zusammengefaßt, die Vernichtung des bolschewistischen Regimes nur die Gewinnung eines „deutschen Indien“, germanischen Kolonialbesitzes im Osten.

General Marcks, einst Schleichers Reichspressechef, hatte in seiner Operationsstudie einen sehr geistvollen, aber wahrscheinlich auch allzu kühnen Entwurf entwickelt. Bei Verhalten im Norden und in der Mitte sollte der Schwerpunkt des Angriffes bei einer sehr starken Südgruppe liegen, die in großartiger

Schwenkung nach Norden auf Moskau stoßen sollte. Für alle mit der Operation befaßten Generalstabsoffiziere stand es fest, daß die rasche Besetzung der feindlichen Hauptstadt das oberste Ziel der Operationen sein müsse. Feldmarschall v. Brauchitsch und Generaloberst Halder waren genau der gleichen Überzeugung. Moskau war das Zentrum des ganzen sowjetischen Staats- und Parteiapparates, die große Drehscheibe für das Verkehrssystem im europäischen Rußland.

Hitler hatte völlig andere Vorstellungen. Bei einer Besprechung am 3. Februar 1941 mit Brauchitsch und Halder über „Barbarossa" wurde der Oberbefehlshaber des Heeres belehrt, Moskau als Hauptoperationsziel zu betrachten, bedeute, daß man veralteten generalstabsmäßigen Überlegungen huldige. Moskau war nach Hitler eines unter drei Zielen. Leningrad, das er als „Brutstätte" des Bolschewismus bezeichnete, und die Ukraine, das wichtigste Wirtschaftsgebiet, seien ihm viel wichtiger. Hauptsächlichster Sinn des Feldzuges sei die Sicherung neuer Rohstoffgebiete.

Damit erhielt der Aufmarsch in der Theorie Hitlers drei Ziele und damit drei Schwerpunkte. Zufolge Hitler mußte das Schwergewicht auf den Flügeln liegen, nicht im Zentrum. Brauchitsch und weit mehr der weit zähere Generaloberst Halder beharrten jedoch bei der Anlage auf ihrer ursprünglich geplanten Kräfteverteilung. Die Heeresgruppe Mitte mit der Stoßrichtung Minsk–Smolensk–Moskau sollte drei Armeen und zwei Panzer-Gruppen (= Armeen) erhalten, die Flügelgruppen jeweils nur eine Panzer-Armee. Damit erhielt der Gesamtaufmarsch, vergleicht man Operationsziel des Oberbefehlshabers der Wehrmacht und Operationsanlage des Oberkommandos des Heeres, etwas Unausgewogenes, das irgendwann, nach dem Anlaufen aller Bewegungen, zum Konflikt zwischen Halder und Hitler führen mußte. Eben dies nahm Brauchitsch in Kauf. Nach seiner Gewohnheit liebte er es, unangenehme Entscheidungen gegenüber einem so unbequemen und unberechenbaren Mann wie Hitler so lange wie möglich zu vertagen, in der vagen Hoffnung, vielleicht würde sich infolge der nicht vorausbestimmbaren Lage irgendein passabler Ausweg finden lassen. Als Angriffstermin faßte Hitler zunächst Mitte Mai ins Auge – falls er sich überhaupt entschloß, den Angriff auszulösen.

Bisher hatte man beim Generalstab die Überzeugung hegen können, daß auch der Krieg, den Hitler führte, nichts am Wesensgehalt des Soldatentums geändert hatte. Diese Überzeugung wurde am 30. März 1941 zutiefst erschüttert. Der letzte Konflikt zwischen dem traditionalistischen Teil des Offizierkorps und dem totalen Staat begann. An diesem Tag sprach Hitler um 11.00 Uhr vormittags gut zwei und eine halbe Stunde lang vor der höheren Generalität des Heeres in der Reichskanzlei über Anlage und Ziel des geplanten Rußlandfeldzuges. Das Stichwort lautete: „Wehrmacht zerschlagen, Staat auflösen" (Halder). War dies erreicht, gedachte Hitler 50–60 Divisionen in Rußland zu belassen, alle anderen Heereskräfte sollten für den Kampf gegen England und Unternehmungen auf der Iberischen Halbinsel freigemacht oder demobilisiert werden, um Kräfte für die Luft- und Seerüstung freizubekommen. Darüber hinaus proklamierte Hitler den totalen Krieg der Weltanschauungen, den Vernichtungskampf gegen den Bolschewismus, den er als „asoziales Verbrechertum" definierte. Er forderte die Erschießung der politischen Kommissare bei der sowjetischen Armee, die im Rahmen des sowjetischen Führungsapparates als Polit-Offiziere durchaus legitime Aufgaben hatten. Er forderte Härte und abermals Härte, Vermeidung jeder falschen Ritterlichkeit. Das rückwärtige Heeresgebiet sollte der SS und der Geheimpolizei Himmlers unterstellt werden. Für „Sonderaufgaben", von deren wahrem Charakter sich einstweilen niemand ein klares Bild machen konnte, sollten den Heeresgruppen „Einsatzgruppen" des SD zugeteilt werden. Zwischen preußischer Tradition und totalitärem Staat gab es in Zukunft nun überhaupt keine Brücke mehr. Noch begriffen die wenigsten, daß dies nicht ein großer, sondern ein schrecklicher Tag gewesen war.

In der Folge erging der berüchtigte „Kommissar-Befehl", der die Erschießung der sowjetischen Polit-Offiziere, die in Gefangenschaft geraten waren, vorsah, ebenso ein Befehl über die Handhabung der Militärgerichtsbarkeit in den Ostgebieten bei Vergehen gegen die Zivilbevölkerung. Feldmarschall v. Brauchitsch, dem Halder nach dem Tag von Charleville im Vorjahr im stillen vorgeworfen hatte, er nähme immer alles hin, suchte sich zu wehren und erließ einen scharfen Befehl zu absoluter Wahrung der herkömmlichen Manneszucht in den besetzten Ostgebieten. Im Grunde aber war jetzt jeder Truppenführer aufgerufen, vor seinem Gewissen zu prüfen, ob er das verantworten konnte, was möglicherweise geschah. Hitler hatte die Grundregeln zivilisierter Kriegführung bewußt über Bord geworfen.

Vorerst, noch ehe man den allerletzten Entschluß zum Angriff im Osten gefaßt hatte, ereignete sich ein unvorhergesehener Zwischenakt, der die Akzente im Ablauf des Dramas zu Ungunsten des Regisseurs verschob. England hatte keinen Frieden geschlossen, es griff jetzt durch die Landung eines Expeditionskorps auch in Griechenland ein. Spanien hatte keine Lust bezeigt, an Hitlers Seite in den Krieg zu gehen. Mussolini hatte sich als schwacher Bündnispartner erwiesen. Drei Rechnungen waren nicht aufgegangen, nun ließ sich auch die vierte Rechnung übel an. Durch die Einbeziehung Rumäniens, Ungarns Bulgariens und Jugoslawiens in den Dreimächtepakt sollte die Südostflanke auf dem Balkan diplomatisch gesichert werden, bevor das große Kreuzzugsunternehmen anhob. Das Kunststück gelang, den Prinzregenten Paul von Jugoslawien und seine Minister für den Dreimächtepakt zu gewinnen. Kaum war dies geschehen, erhob sich die Armee in Jugoslawien und stürzte die prohitlerische Regierung. Jugoslawien schien auf dem besten Weg, sich England anzuschließen.

Die Bedrohung der tiefen Flanke auf dem Balkan beantwortete Hitler Anfang April mit einem neuen „Blitzfeldzug". Im Verein mit Ungarn und bei wohlwollender Neutralität Bulgariens wurde Jugoslawien überrannt. Deutsche Truppen warfen auch Griechenland über den Haufen. Binnen vier Wochen stand der gesamte Balkan direkt oder indirekt unter deutscher oder italienischer Kontrolle.

Im Grunde bedeutete diese Tatsache jedoch nur eine neuerliche gefährliche Überdehnung aller Kräfte. Verbände, die für die Ostoperationen vorgesehen gewesen waren, hatten ihre Kraft anderweitig verbraucht. „Barbarossa", der Kreuzzug, verschob sich um mindestens einen Monat. Mit der Eroberung Kretas durch ein Luftlande-Unternehmen großen Stiles, wie es die Kriegsgeschichte bisher nicht gekannt hatte, und der Zerschlagung des englischen Expeditionskorps in Griechenland zeichnete sich noch einmal die Möglichkeit ab, den Krieg auf breiter Front ins Mittelmeer und in den Vorderen Orient zu verlagern, statt sich im Osten zu verrennen – gegen eine Macht, die zwar erhebliche Sicherungsvorkehrungen an ihrer Westgrenze getroffen hatte, deren Staatschef sich jedoch bis zur letzten Stunde weigerte, zu glauben, sein Vertragspartner von 1939 würde ihn schließlich ohne wirklichen Anlaß mit Gewalt anfallen.

Das Prestige Hitlers in der Wehrmacht war in diesem Frühjahr 1941 zweifellos auf dem Höhepunkt angelangt, so unheimlich auch älteren Offizieren seine Ausführungen vom 30. März erscheinen mochten. Aktiven Widerstand gab es nicht. Der alte Generalstab hatte in Hitlers Augen erheblich an Prestige verloren, seit er sich im Vorjahr so gründlich in der Beurteilung der französischen Armee und des Wertes der Maginotlinie geirrt hatte. Und die sorgfältig meist hinter guten Formen verborgene Kritik und Obstruktion Brauchitschs und Halders gegen viele laienhafte Anordnungen Hitlers hatten sein Mißtrauen gegen die steifen zugeknöpften Herren vom OKH noch gesteigert. Zum Mißvergnügen Hitlers, der alles haßte, was mit Pferden zusammenhing, ließen die meisten hohen Offiziere des Generalstabslagers auch ihre Reitpferde ins Hauptquartier kommen, um sich über der ewigen Karten- und Büroarbeit frisch zu halten.

Das deutsche Ostheer, das sich nun seit dem Mai endgültig in seinen Aufmarschräumen versammelte, war unzweifelhaft nach vier glänzenden siegreichen Feldzügen in Polen, Skandinavien, Frankreich und den Balkanländern noch einmal eine Armee, die sich sehen lassen konnte und die gegenüber der 1939 vielfach bei der unerfahrenen Truppe zu beobachtenden Unsicherheit ein ganz neues Selbstbewußtsein gewonnen hatte, nicht zuletzt durch den Volksführer Hitler an ihrer Spitze, den der einfache, ihm weit entrückte Mann an der Front vollkommen anders sah als die Generalstabsoffiziere, die Armee- und Heeresgruppenbefehlshaber und die Offiziere in den höchsten Stäben. Diesen Faktor darf man bei der Beurteilung der Chancen späterer Staatsstreichpläne im OKH, die der Truppe ganz fremd waren, nicht übersehen.

Im Juni 1941 standen 118 Divisionen zum Angriff bereit, darunter 17 Panzer- und 13 motorisierte Infanterie-Divisionen. Generaloberst Halder konnte sich auch nach dem Kriege nicht darüber klarwerden, wann eigentlich bei Hitler der Entschluß, den großen Streich zu führen, wirklich unumstößlich festgestanden hat. Offenbar ist dieser auch ihm schwergefallen. Um so verbissener klammerte er sich dann an den anderen Entschluß, den Kampf bis zur Vernichtung zu führen. Mutmaßlich fiel die letzte Entscheidung bei ihm nach dem erfolgreichen Abschluß des Balkanfeldzuges, bei dem der Generalstab ein Musterstück an Improvisationskunst geliefert hatte.

Die letzten Angriffsvorbereitungen wurden getroffen. Wie sich Hitler für den Feldzug gegen Frankreich vorzügliche Befehlsstände zu schaffen verstanden hatte, gegen jede Überraschung gesicherte Bunker- und Barackenanlagen, so war auch in Ostpreußen im Görlitzer Wald bei Rastenburg mit erheblichem Kostenaufwand eine teilweise unterirdische Anlage gebaut worden, die nach dem Spitznamen Hitlers aus den frühen Tagen der NSDAP, „Wolf" oder „Wölfchen", den Decknamen „Wolfsschanze" erhielt. Generaloberst Jodl, der Chef des Wehrmachtführungsstabes, hat sie später bissig als eine Mischung von Kloster und Konzentrationslager bezeichnet, als er vor seinen Richtern in Nürnberg stand. Der Generalstab, der nicht mehr unmittelbar dem Führerhauptquartier zugeordnet war, bezog ein eigenes Hauptquartier, ungefähr eine Autostunde entfernt, das den Decknamen „Mauerwald" erhielt. Hier amtierten General Halder, sein Stellvertreter Generalleutnant Paulus, die Operationsabteilung unter Oberst Adolf Heusinger, die Organisationsabteilung unter dem Major Claus Graf Schenk v. Stauffenberg, einem jungen, aus der Kavallerie hervorgegangenen Generalstabsoffizier, den einer seiner Lehrer, der Kriegshistoriker Professor Elze, für den kommenden Generalstabschef neuer Zeit hielt, und die Ausbildungs- und die Abteilungen für Fremde Heere West und Ost. Der Großteil des OKH blieb mit den Ämtern für die Heeresverwaltung in der Bendlerstraße in Berlin und mit dem Apparat des für das Nachschubwesen zuständigen Generalquartiermeisters, General d. Artl. Eduard Wagner, im Zossener Lager. In der Bendlerstraße residierte auch der Chef Heeresrüstung und Befehlshaber des Ersatzheeres Generaloberst Fromm.

Am Sonntag, den 22. Juni 1941, begann Generaloberst Halder mit einer neuen Markierung der Tage in seinen Notizen. Es hieß nun für den 22sten „1. Tag“. Er brachte es in dieser Tagesrechnung auf 460 Tage, dann wurde er entlassen. Eine seltsame Beklommenheit drückte sich in dieser Tabellierung aus. Er begann, die Tage zu zählen, es mußte doch gutgehen, in Tagen, in Wochen, in Monaten? Es ging nie mehr vollkommen gut! Noch keinen deutschen Generalstabschef hatte vor einer Offensive solche Besorgnis erfüllt wie ihn.

An diesem Sonntag begann in den frühen Morgenstunden der Vormarsch der deutschen Armeen nach Rußland, für den Gegner trotz seines großen Sicherungsaufmarsches völlig überraschend. Stalin hatte auf keine Warnung hören wollen. Von Norden aus trat Generalfeldmarschall Ritter v. Leeb mit der 16. und 18. Armee und der Panzergruppe 4 unter General Hoepner aus dem ostpreußischen Raum an, im Zentrum Generalfeldmarschall v. Bock aus dem Raum Warschau mit der 4. und 9. Armee und den Panzergruppen 2 und 3 unter den Generalen Guderian und Hoth, im Süden Generalfeldmarschall v. Rundstedt mit der 6., 11. und 17. Armee und der Panzergruppe 1 unter General d. Kav. v. Kleist aus dem galizisch-rumänischen Bereich. Jeder Heeresgruppe war eine Luftflotte zugeteilt. Den Kriegsschauplatz im äußersten Norden mit der Operation gegen Murmansk hatte Hitler bereits dem Generalstab entzogen und dem Wehrmachtführungsstab unterstellt. Der Generalstab des Heeres war nur eines unter mehreren Führungsmitteln, die ihm zu Gebote standen. Halder beurteilte den ersten Tag günstig, der Gegner zeigte keine Neigung zu einem großen strategischen Rückzug, er stellte sich, wo er durch den Überfall gestellt wurde, die russische Führung bezeichnete er als schwerfällig. Im Mittelabschnitt, meinte er, sei den schnellen Kräften bereits der Weg geöffnet.

Mit den Heeresgruppen unter einem bayrischen Feldmarschall, dem der Kgl. Militär-Max-Josephs-Orden den persönlichen Adel eingetragen hatte, und zwei noch ganz königlich preußisch erzogenen Feldmarschällen zogen die düsteren Zugvögel mit dem Totenkopf an der Mütze mit. Den Heeresgruppen folgten die Einsatzgruppen des SD mit Mordbefehlen gegen die Juden und die Kommissare, kurzum das „bolschewistische Untermenschentum". Mit den Verbänden des Heeres und der Luftwaffe marschierten zum erstenmal Divisionen der Waffen-SS, formiert aus den Gliederungen einer paramilitärischen Parteiformation, die niemals offiziell den Status eines vierten Wehrmachtteils erlangte, die jedoch zum vierten Wehrmachtteil sich entwickelte, die zur letzten Garde unter den bewaffneten Streitkräften wurde, dank militärischer Leistung, und die bald, soweit es sich um die wirklichen Frontsoldaten handelte, wieder dem Gesetz des Soldatentums folgte und einen Geist beschwor, den mindestens der Reichsführer SS niemals hatte beschwören wollen. Eben weil dies alles ein ungeheuer kompliziertes Gewebe von soldatischer Kriegführung nach herkömmlichen Regeln und dem von Staats wegen befohlenen Mord aus Motiven des sogenannten weltanschaulichen Kampfes wurde, fiel zumindest auf die führenden Soldaten des OKW, den Feldmarschall Keitel und den Generaloberst Jodl das Odium, daß sie Befehle unterzeichneten oder guthießen und weitergaben, im Namen des „Führers", die ihnen selbst nie in den Sinn gekommen wären und die sie nun doch letzten Endes verantworten mußten, vor ihrem Gewissen, schließlich vor dem Militärtribunal der Sieger, als Hitler sich aus dem Leben gestohlen hatte und sein „Drittes Reich" zerbrochen war.

Hitlers Angriff auf Rußland, dem sich Mussolini, sehr zum Mißvergnügen des Königs von Italien und des italienischen Volkes, anschloß, dem Rumänien und Finnland und die Slowakei wie das unabhängige Kroatien folgten, schließlich auch sehr widerwillig Ungarn, hatte den Abschluß eines Bündnisses zwischen Churchill und Stalin zur Folge. Wenn Hitler gesagt hatte, der Pakt mit Stalin sei das Mittel, um mit Hilfe des Teufels den Satan zu überwinden, so erklärte Churchill später, gegen Hitler hätte er sich auch mit dem Teufel verbündet. Die erste unmittelbare Konsequenz aus dem deutschen Angriff auf Rußland war der gemeinsame Einmarsch sowjetischer und anglo-indischer Truppen in Iran, dessen Kaiser deutscher Sympathien verdächtig war, um eine Landbrücke für die Materialhilfe an die Sowjetunion zu sichern. Englische Angebote, ein Hilfskorps nach dem Kaukasus zu entsenden, lehnte Stalin mißtrauisch ab. Das Bündnis zwischen den großen Demokratien des Westens und der Sowjetunion war auf andere Art so merkwürdig wie das Bündnis zwischen Hitler und Stalin.

Im übrigen konnte England aufatmen. Die deutsche Luftoffensive verebbte. Der Ostfeldzug absorbierte im Verein mit der Kriegführung im Mittelmeer fast alle Kräfte der deutschen Luftwaffe. Im Osten schien in den ersten zwei Wochen der Feldzug mit jener Präzision zu verlaufen, die die Weltöffentlichkeit nun schon bei „Blitzfeldzügen" Hitlers gewohnt war. Ohne einheitliche Schwerpunktbildung marschierten die drei Heeresgruppen in ihren drei Stoßrichtungen, auf Leningrad, Moskau und Kiew. Dabei kam die Heeresgruppe Süd langsamer voran als die beiden anderen Gruppen. Halder rechnete mit zwei Phasen des Feldzuges, der Zerschlagung des sowjetischen Westheeres und der Sicherung der wichtigsten Produktionsgebiete diesseits des Ural, vor allem in der Mittel- und Ostukraine. Bei Minsk zelebrierte die Heeresgruppe Mitte Ende Juni die erste der riesigen Kesselschlachten, mit denen man gerechnet hatte. Das sowjetische Westheer, überrascht, taktisch von der damaligen Führungsgeneration ungewandt geführt, erlitt fürchterliche Einbußen. Die Reaktion der Truppe war sehr uneinheitlich. Zum Teil leistete sie ungeheuer zähen Widerstand, bis zur Vernichtung, zum Teil erlag sie einfach der Panik, zum dritten Teil zeigten sich Auflösungserscheinungen, ganze Einheiten kapitulierten. In Massen nahten Überläufer. Noch war das Regime nicht so gefestigt, daß alle Grausamkeit der ersten zwei Jahrzehnte vergessen war. Aber die Russen, die auf die Befreiung von der Herrschaft der roten Kommissare hofften, konnten nicht wissen, daß im Gefolge der deutschen Truppen die braunen und die schwarzen Kommissare in der Uniform der Partei und der SS nahten.

Am 3. Juli 1941 „(12. Tag)“ trug Generaloberst Halder in seinem Tagebuch ein: „Im ganzen kann man also schon jetzt sagen, daß der Auftrag, die Masse des russischen Heeres vorwärts Düna und Dnjepr zu zerschlagen, erfüllt ist. Ich halte die Aussage eines gefangenen russischen Kommandierenden Generals für richtig, daß wir ostwärts von Düna und Dnjepr nur noch mit Teilkräften zu rechnen haben, die allein stärkemäßig nicht in der Lage sind, die deutschen Operationen noch entscheidend zu hindern. Es ist also wohl nicht zuviel gesagt, wenn ich behaupte, daß der Feldzug gegen Rußland innerhalb 14 Tagen gewonnen wurde. Natürlich ist er damit noch nicht beendet ...“ Generaloberst Halder war der letzte bedeutende Chef des einst königlich preußischen Generalstabes. Nun trug ihn, am „12. Tag“ die eigene, sorgsam verhohlene Beklommenheit weit fort.

Mitte Juli 1941 hielt der Generalfeldmarschall v. Bock, Oberbefehlshaber Mitte, die Chance für gegeben, in rascher, rücksichtsloser Auswertung aller Erfolge mit den Panzerspitzen bis nach Moskau durchzubrechen. Bald nach seiner optimistischen Lagebeurteilung vom 3. Juli hatte Halder jedoch wieder Anlaß, „Großzustand“ im Führerhauptquartier zu notieren. Hitler wurde, wie im Mai 1940, nervös, weil ihm die Fähigkeit zu souverän gelassener Gesamteinschätzung der Lage fehlte, weil er wieder Furcht vor dem eigenen Riesenerfolg empfand. Im Norden, im Baltikum, war freilich Feldmarschall v. Leeb erst im Aufschließen auf Leningrad begriffen und hatte sich sowjetischer Gegenangriffe zu erwehren. Im Süden hing die Heeresgruppe Rundstedt noch weit zurück.

Hitler glaubte, mit der Führer-Weisung Nr. 33 vom 19. Juli 1941 dieser Situation Rechnung tragen zu müssen. Er befahl Bock sowohl Kräfte nach Norden wie vor allem schnelle gepanzerte Kräfte nach Süden abzudrehen, um zu verhindern, daß hier der noch starke und kampfkräftige Gegner über den Dnjepr nach Osten auswich. Moskau war ohnedies in seinen Augen ein Ziel zweiter Ordnung. Auch war es denkbar, daß bei einem weiteren Vormarsch der H.Gr. Mitte der Gegner Verbände nach Norden in die Flanke des deutschen Vormarsches warf. Die große Operation kam zum Stillstand.

Im August ergab sich, daß der Gegner keineswegs geschlagen war, geschweige denn, daß er sich geschlagen gab. An dem gleichen „12. Tag“, an dem Halder seine Prophezeiung getroffen hatte, hatte Stalin einen Aufruf erlassen zum totalen Krieg, indem er nicht mehr in erster Linie an die Partei, die Doktrin, sondern an die bedrohten Güter des heiligen Rußland appelliert hatte. In der Ukraine setzte die gewaltige Verlagerungsaktion der sowjetischen Rüstungsindustrie hinter den Ural ein, eine kriegswirtschaftliche Maßnahme, die niemand im deutschen Generalstab in ihrer vollen Bedeutung damals erkannt hat, wohl auch kaum erkennen konnte. Im gewonnenen rückwärtigen Heeresgebiet zeigten sich die ersten Auswirkungen der rücksichtslosen deutschen „Kolonialpolitik“. Im Spätsommer traten die ersten sowjetischen Partisanen auf. Fortan sahen sich die deutschen Heeresgruppenbefehlshaber im Grunde zwischen zwei Fronten. Sie mußten den Krieg führen, nach ihren soldatischen Regeln, sie mußten sich mit dem Partei- und SS-Regime im Hinterland auseinandersetzen oder abfinden, und sie sahen sich einer neuen Kriegführung mittels Partisanen gegenüber, für die die alten Regeln nicht ausreichten.

Sieg war in Rußland auf Sieg gefolgt. Die völlige Vernichtung des sowjetischen Westheeres westlich des Dnjepr war nicht erreicht worden. Mit dem Gros stand der Oberbefehlshaber der Mittelfront, Marschall Timoschenko, rittlings der historischen Heerstraße nach Moskau, zur Verteidigung der Hauptstadt bereit. Im Süden behauptete sich der Oberkommandierende Marschall Budjenny, der aus dem Bürgerkrieg als Kavallerieführer berühmte exkaiserliche Dragonerwachtmeister, gegenüber Feldmarschall v. Rundstedt. Noch befahl die alte Generation roter Bürgerkriegskommandeure, im Grunde genommen nicht sehr gewandt in großer Operationsführung.

Aber nun, im August, kam die Unausgewogenheit des deutschen Aufmarschplanes, die innere Differenz zwischen Ziel und Anlage, zum Tragen. Feldmarschall v. Brauchitsch und Halder waren überzeugt, man müsse alles daran setzen, um rasch vor dem Winter, Moskau zu nehmen. Hitler sah die Südflanke, sah auch die Möglichkeit eines neuen gewaltigen Teil-Kesselsieges über die große sowjetische Gruppe in der Ukraine. Brauchitsch wurde jetzt vor die Entscheidung gestellt, die er stets hatte vertagen wollen. Er unterbreitete Hitler ein Memorandum zu Gunsten des Marsches auf Moskau. Hitler antwortete mit einem eigenen Memorandum. Die Zeit verrann.

Am 21. August 1941 erging Hitlers Weisung Nr. 34. Das wichtigste Ziel war im Moment, vor Einbruch des Winters, nicht mehr Moskau, sondern die Gewinnung der Rohstoffgebiete und Industriebezirke der Ukraine. Halder, der nach dem Zeugnis General Guderians tief erschüttert war, und Feldmarschall v. Bock gaben noch nicht auf. Halder beschloß, den Oberbefehlshaber der Panzergruppe 2, General Guderian, der mit seinen Kräften nach Süden gehen sollte, der Hitler schätzte und den auch Hitler hoch einschätzte, als Prellbock bei Hitler zu benutzen. Guderian, ein sehr gerader und zornmütiger Mann, wurde ins Führerhauptquartier befohlen. Feldmarschall v. Brauchitsch hatte seine Sache bereits verloren gegeben. Guderian indes trat freimütig für die Fortführung der Operationen auf Moskau ein. Er erlebte zum erstenmal den „Führer", wie dieser wirklich beschaffen war, hörte sein brüskes Wort: „Meine Generale verstehen nichts von Kriegswirtschaft" und wurde zu seiner Erbitterung gewahr, daß ihm, angesichts der Haltung Hitlers, in dieser Situation niemand mehr sekundierte, auch Halder nicht. Sein Zorn gilt noch in den Memoiren eher Halder als Hitler. Der Marschall Georgij K. Shukow, der im Oktober 1941 den Befehl vor Moskau erhielt und schließlich die Schlacht um die Hauptstadt Rußlands gewann, erzählt in seinen Erinnerungen, wie ihm Stalin, sein Oberster Befehlshaber, eines Tages vollkommen sinnlose Vorwürfe wegen des Verlustes einer Stadt gemacht hat, die keine Stadt, sondern nur ein kleiner, von einer Schlucht durchfurchter Weiler war. Stalin hatte die Dinge beim Kartenstudium durcheinander gebracht. Shukow fügt trocken hinzu, bei solchen Gelegenheiten sei es sinnlos gewesen, „ihm" zu widersprechen. Guderian machte im Ende August 1941 seine erste Erfahrung, daß es in bestimmten Augenblicken sinnlos war, Hitler zu widersprechen. Er begriff dies nur niemals völlig. Es widersprach seiner Natur.

Hitlers endlich verwirklichte Weisung, Kräfte der H.Gr. Mitte, vor allem die Panzergruppe Guderians, nach Süden abzuzweigen, führte zwischen dem 17. und 19. September 1941 zu einem neuen gewaltigen Sieg in einer neuen Teil-Kesselschlacht im Raum von Kiew. Rund 600 000 Mann sowjetischer Truppen gingen in Gefangenschaft. Kiew wurde erobert. Hitler zog daraus den Schluß, nunmehr sei die Kraft der Sowjetarmee gebrochen und glaubte den Beweis in der Hand zu haben, daß er selbst ein Feldherr sei, der unglücklicherweise über kümmerliche, schwachköpfige Generale und einen schulmeisterlich arroganten Generalstabschef verfüge.

Alles erschien jetzt, im zu Ende gehenden Spätsommer Rußlands, noch möglich. Bereits am 6. September 1941, bevor noch die in der Ukraine eingeleiteten Operationen zum Ausreifen gelangen konnten, erließ Hitler die Weisung Nr. 35. Generalfeldmarschall v. Bock sollte nun mit der H.Gr. Mitte auf Moskau stoßen, das von Süden und Norden her in weitausgreifender Zangenbewegung umfaßt werden sollte. Der H.Gr. Nord wurde die Panzergruppe 4 des Generalobersten Hoepner genommen und Bock unterstellt. Guderians Panzergruppe 2 sollte wieder nach Norden schwenken und über Tula auf Moskau gehen. Im Süden erhielt Feldmarschall v. Rundstedt Befehl, das Donezbecken mit seiner Industrie zu nehmen und auf Rostow am Don und weiter bis an den Rand des Kaukasus vorzustoßen.

Die neue große Offensive im Mittelabschnitt erhielt den Decknamen „Taifun". Wie ein Wirbelsturm sollte sie die letzten Kräfte des Gegners hinwegfegen. Feldmarschall v. Bock standen dafür nun drei Panzergruppen zur Verfügung. „Taifun" begann am 2. Oktober 1941, an Halders „103. Tag", bei herrlichem Herbstwetter. Halder konnte bald vermerken, daß sich ein großer Erfolg anbahne. Bei Wjasma an der napoleonischen Straße nach Moskau, bei Briansk entwickelte sich eine abermalige gewaltige Kesselschlacht. Die drei sowjetischen „Fronten" (Heeresgruppen), die Moskau decken sollten, wurden auseinandergeschlagen. Für fast zwei Wochen war, wie der Marschall Shukow in seinen Erinnerungen zugibt, der Zugang nach Moskau praktisch ohne Sicherungen. Mitte Oktober erhielt Shukow den Oberbefehl über die gesamte „Westfront" vor Moskau. In der Hauptstadt brach eine Panik aus. Der Großteil der obersten Behörden und Parteistellen wurde evakuiert. Stalin blieb im Kreml und fing mit eiserner Faust die Panik ab. In diesem Moment erwies sich, daß die deutschen Panzerkräfte zu schwach waren, um einmal den Kessel zu schließen und gleichzeitig zum zweiten die Offensive weiter vorzutragen. Fern im Führerhauptquartier in Ostpreußen stürzte Generaloberst Halder beim Morgenritt mit dem Pferd und renkte sich das Schlüsselbein aus. Er kam ins Lazarett, für einige Wochen wurde General Paulus als sein Stellvertreter Leiter der Operationen.

Das schöne Wetter erlosch, die Schlamm- und Regenperiode des Herbstes setzte ein, für die deutschen Befehlshaber und die Truppe ein Phänomen, das alle Bewegungen lähmte. Shukow fragt in seinen Aufzeichnungen mit grimmigen Spott, was sich die deutschen Generale eigentlich eingebildet hätten, ob sie geglaubt hätten, auf guten Straßen nach Moskau weiterrollen zu können? Seinem Urteil zufolge brachte für ihn, für den Wiederaufbau einer Abwehrfront, für die die letzten Reserven herangekarrt wurden, Kavallerie, Ski-Verbände, Marine-Infanteriebataillone, das zum Teil sehr zähe Ausharren der im Kessel steckenden sowjetischen Einheiten den erwünschten Zeitgewinn. Er meint auch, die Deutschen hätten die Flügelgruppen die von Südwesten und Nordwesten auf Moskau marschieren sollten, zu schwach gehalten.

Hitler verkündete in diesen Wochen bei der Eröffnung des Winterhilfswerkes in Berlin, der Gegner sei zu Boden geschlagen und würde sich nicht mehr erheben.

Das Blatt wendete sich. Vor Leningrad blieb Feldmarschall v. Leeb stecken. Mit der Einnahme von Rostow an der Mündung des Don ins Schwarze Meer und der Eroberung von Charkow erreichte die Offensive im Süden den Scheitelpunkt. Die Krise in der Laufbahn des Gewaltherrschers nahte, der Augenblick, in dem sich die von ihm herausgeforderte und ausgenutzte Gewalt gegen ihn kehrte. Wenn Moskau falle, werde die Welt erbeben, hatte er prahlerisch verkündet: „Und die Welt gehört uns ..."

Feldmarschall v. Leeb hat später einmal geäußert, Hitler habe in Rußland so geführt, als ob er mit den Russen im Bunde gewesen sei. Zunächst waren Hitler, Brauchitsch und Halder, diesmal eines Sinnes, gewillt, beim Einsetzen der Frostzeit, des Endes der Schlammperiode, die Offensive auf Moskau weiter vorzutreiben. Am 13. November erörterte der von seinem Reitunfall wiederhergestellte Generaloberst Halder die Lage mit den Chefs der Armeen in Orsha. Tatsächlich kam der Angriff wieder in Gang. Von Süden her fraßen sich die deutschen Panzerspitzen bis an Tula heran – das nicht mehr genommen wurde. Arbeitermilizen und Sowjettruppen hielten dieses Rüstungszentrum. Von Nordwesten her stießen Hoepners Panzer im Raum Wolokolamsk und des Istra-Staubeckens auf Moskau. Noch einmal wurde, wie Shukows Aufzeichnungen verraten, der Herr des Kremls sichtlich nervös, zumal es im Moment der Roten Armee noch an Panzern gebrach. Der Mann der Stunde auf sowjetischer Seite wurde der Marschall G. K. Shukow, einst Schüler des Truppenamtes.

Die Truppe verbrauchte sich in ungeheuren Anstrengungen, in verbissenem Angriffswillen. Der Generalfeldmarschall v. Bock, der Generalfeldmarschall v. Brauchitsch, Generaloberst Halder empfanden dies sehr wohl. Brauchitsch erlitt Ende November einen Herzanfall, sehr bald notierte Halder, die Herzattacken seien von einer Art, die es den Ärzten zufolge kaum wahrscheinlich erscheinen ließe, daß der Feldmarschall im Amt bliebe. Nahezu vier Jahre des undankbaren Ringens mit Hitler um die Vernunft rächten sich. Für solche Situationen reichte die Erziehung in der Garde und im Generalstab nicht mehr aus.

Vor Moskau blieb die deutsche Offensive im Schnee des mit großer Gewalt einsetzenden Winters liegen. Der Gegner holte auch Divisionen aus Sibirien heran, nachdem man im Kreml eingesehen hatte, daß der japanische Generalstab die vermutete Offensive im Fernen Osten nicht riskieren würde. Feldmarschall v. Rundstedt mußte das eben genommene Rostow wieder aufgeben. Er dachte an die Zurücknahme der Heeresgruppe auf eine verkürzte Stellung am Mius-Fluß.

Vor Moskau setzte Marschall Shukow zum Gegenstoß an. Im Führerhauptquartier studierten besorgte Gemüter die Berichte über den Rückzug der napoleonischen Armee anno 1812. Die Krise breitete sich aus. Feldmarschall v. Bock meldete sich krank und wurde durch den Oberbefehlshaber der 4. Armee, Feldmarschall v. Kluge, ersetzt. Im Süden verlangte Feldmarschall v. Rundstedt den Rückzug. Hitler löste Rundstedt ab. Feldmarschall v. Reichenau trat an seine Stelle. Er war souveräner im Umgang mit dem schwierigen Mann in Ostpreußen, vollzog die Rücknahme der Heeresgruppe in die Miusstellung und teilte dies Hitler quasi als Erfolgsmeldung mit, mit der Begründung, er habe genau in seinem Sinne gehandelt. Bei solchem Verfahren verschlug es dem vulgären Obersten Kriegsherrn des 20. Jahrhunderts stets die Sprache.

In dem ungewöhnlich strengen Winter, der auch dem Gegner Kopfzerbrechen bereitete, kam die sowjetische Gegenoffensive trotzdem zum Tragen. Winterbekleidung für die deutschen Verbände fehlte in ausreichendem Maße. Als der Oberquartiermeister I Paulus Hitler in den Wochen vor dem Beginn von „Barbarossa“ noch einmal auf die Möglichkeit eines Winterfeldzuges angesprochen hatte, war ihm der Mund verboten worden. Laut Hitler gab es keinen Winterfeldzug, diese Dinge solle Paulus nur ihm, Hitler, überlassen. In der Führer-Weisung Nr. 39 vom 8. Dezember 1941 begründete Hitler nun die Einstellung der Angriffsoperationen mit dem überraschend früh eingebrochenen strengen Winter und dementsprechend eingetretenen Versorgungsschwierigkeiten. In praxi war dies ein rigoroser „Halte“-Befehl. Kein irgendwie wichtiger Raum sollte aufgegeben werden. In diesen Dezembertagen muß ihn die dunkle Furcht beherrscht haben, die von dem „Gefreiten“ usurpierte Befehlsgewalt über die Armee könne ihm entgleiten. Der große Rückzug in der Art Napoleons wurde verboten.

General Warlimont, Stellvertretender Chef des Wehrmachtführungsstabes, ein sarkastischer Geist, hat später geäußert, Hitler habe in diesem Krieg nur zwei große strategische Entscheidungen getroffen, die richtig gewesen seien: Die Verstärkung des nördlichen Flügels in Ostpreußen vor dem Polenfeldzug und die Übernahme des Manstein-Planes vor der Westoffensive. Tatsächlich traf er jetzt seine dritte – und die letzte –

richtige Entscheidung ganz großen Stils, indem er die begrenzte Zurücknahme der Heeresgruppe Mitte auf die fiktive Linie Ostashkow–Rhsew befahl und größere Eigenentscheidungen einzelner Oberbefehlshaber damit unterband. Cum grano salis genommen war der Halt-Befehl richtig, durchgeführt wurde er mit einer völlig sinnlosen schematischen Brutalität. Und im Detail bedeutete all dies die völlige Diskriminierung jener Tugend des preußischen Generalstabsoffiziers, die einstens der Prinz Friedrich Karl in die Worte gekleidet hatte: „Herr, Sie sind Stabsoffizier geworden, damit Sie wissen, wann Sie nicht zu gehorchen haben."

Die Krise kostete Opfer. General Guderian, der vor Tula schließlich die Panzergruppe 2 zurückgenommen hatte, wurde nach Hause geschickt, nicht ohne eine heftige Szene im Führerhauptquartier, in deren Verfolg der hervorragende Panzerführer der deutschen Armee, Schöpfer einer neuen Panzertaktik, Hitler ins Gesicht sagte, er möge doch die Herren aus den Stäben im OKW und OKH einmal an die Front schicken, und Hitler grimmig zurückfragte, ob denn Guderian glaube, daß Friedrichs des Großen Grenadiere gern für diesen gestorben seien. Feldmarschall v. Brauchitschs Herzleiden verschlimmerte sich. Halder hat gemeint, im Grunde habe man den Oberbefehlshaber des Heeres wie einen „Briefträger" behandelt. Brauchitsch, dem nun alle möglichen Vorwürfe angelastet wurden, war ein gebrochener Mann. Am 7. Dezember reichte er seinen Abschied ein. Zwölf Tage später wurde ihm dieser bewilligt. Generalleutnant v. Lossberg, Sohn des großen Chefs des Ersten Weltkrieges, Vertreter des Heeres beim Wehrmachtführungsstab, schlug Generaloberst Jodl vor, den General v. Manstein, Oberbefehlshaber der 11. Armee – deren Vormarsch auf der Krim ins Stocken geraten war –, Hitler als Chef eines einheitlichen Wehrmachtgeneralstabes beizugeben, um jetzt sämtliche Kriegsanstrengungen und operativen Maßnahmen zu koordinieren. Jodl winkte ab. Manstein und Hitler seien zu verschiedene Persönlichkeiten – womit er de facto nicht einmal Unrecht hatte, allzumal Manstein die bittere Erkenntnis gewann, daß man „mit Diktatoren nicht verhandeln könne".

Das Strafgericht über „Rückzügler" nahm noch zu. Wunderlicherweise traf es Generale, die irgendwann, zum Teil noch als Reichswehroffiziere, sich in irgendeiner Form dem Nationalsozialismus abgeneigt gezeigt oder gar entgegengestellt hatten. Auf der Halbinsel Kertsch befahl der Kommandeur der 46. Infanterie-Division, Generalleutnant Reichsgraf v. Sponeck, in eigener Verantwortung, als er sich der Gefahr des Abgeschnittenwerdens gegenübersah, den Rückzug. Die Folge waren Absetzung, Todesurteil vor dem Reichskriegsgericht und Begnadigung zu Festungshaft. Bei der Heeresgruppe Mitte erreichte den Kommandierenden General des V. Korps, General d. Inf. Geyer, einen der besten jüngeren Offiziere der Truppenamts-Generation und der alten 3. OHL, das gleiche Schicksal. Geyer war 1931 Standortältester und Bataillonskommandeur in Braunschweig gewesen, als der Reichswehrminister General Groener angesichts des Aufmarsches von rund 120 000 Mann SA in Braunschweig die Truppe alarmiert und angewiesen hatte, bei Zwischenfällen rücksichtslos durchzugreifen – in der leisen Hoffnung, Zwischenfälle würden nicht ausbleiben. Am 8. Januar 1942 traf der Bannstrahl den nächst Guderian und neben Hoth hervorragendsten Panzerführer des Heeres, Generaloberst Hoepner, den Mitwisser des Staatsstreiches von 1938. Er hatte Teile der Armee zurückgenommen, um sie vor der Einschließung zu bewahren. Auch er wurde in die Wüste geschickt. Um die gleiche Zeit reichte Generalfeldmarschall v. Leeb schlichtweg sein Rücktrittsgesuch ein. Die Begründung für das Ersuchen um die Gewährung des Abschiedes lautete: Er könne und wolle die Verantwortung nicht mehr tragen. Das betraf nicht nur die operativen Entscheidungen. Er hatte Kenntnis von entsetzlichen Taten der in seinem Heeresgruppenabschnitt eingesetzten SD-Einsatzgruppe erhalten, die ihn zutiefst erschüttert hatten, weil er sie nicht hindern konnte. Nach dem verlorenen Kriege beging General Geyer Selbstmord in amerikanischer Gefangenschaft, der Feldmarschall wurde als Kriegsverbrecher angeklagt. Leeb und Halder, beides bayrische Offiziere, kannten sich gut. Als Leeb ging, wollte auch Halder gehen, Leeb beschwor ihn zu bleiben.

Am 18. Dezember 1941 schied Feldmarschall v. Brauchitsch

aus dem Amt, krankheitshalber, wie Halder notierte. Es war sein, Halders, „181. Tag". „Überall Angriff" (des Gegners) vermerkte er. Er solle die militärischen Geschäfte des Oberbefehlshabers weiterführen, während Feldmarschall Keitel die ministeriellen Geschäfte übertragen wurden. Hitler eröffnete am Mittag dieses Tages Halder, den Oberbefehl über das Heer wolle er selbst übernehmen. Zwei Fehler seien gemacht worden. Man habe den Begriff „rückwärtige Stellungen" in die Truppe hineingetragen. Man habe keine Vorsorge für den Winter getroffen. Schuld war unausgesprochen Brauchitsch. Hitler bedeutete Halder auch brüsk, es gäbe nur eines: „Halten ohne Angst vor Flankenbedrohung." Am nächsten Tag hörte Halder aus dem Mund Hitlers die nächste Weisung: „Durchstoßen (des Gegners) müssen wir ertragen ..." Es scheint, als habe Generaloberst Halder einen Augenblick lang gehofft, die Zusammenarbeit zwischen ihm und Hitler würde sich einfacher gestalten – ohne das Medium Brauchitschs. Die Hoffnung trog.

Für die Position des Generalstabschefs des Heeres bedeutete die Übernahme des Oberbefehls durch Hitler das Erlöschen der Mitverantwortlichkeit. An die Stelle preußischen Gehorsams in Freiheit trat die Unterwerfung unter Befehle. Die Situation wurde im Grunde schon damals explosiv. Der Generalstab war ein Kind des liberalen Zeitalters. Die Kollision mit dem totalitären Staat und dem Gläubigkeitsanspruch des charismatischen Führers konnte nicht ausbleiben. Jeder Zögling des alten und auch des neuen Generalstabs war nun gefordert. Jeder reagierte anders. Ein Mann wie der Generalfeldmarschall v. Kluge, der sich stets eigene Gedanken gemacht hatte, hielt es beispielsweise für unmöglich, den eigenen – und richtigen – Entschluß seines Armeeführers Hoepner, von dem er vorher verständigt worden war und den er persönlich gebilligt hatte, vor dem „Führer" zu decken. Auf der anderen Seite duldete er die oppositionelle Aktivität seiner Stabsoffiziere.

Im Zug der großen Umbesetzungen innerhalb der führenden Persönlichkeiten bei den Heeresgruppen und Armeen gab Halder seinen Lieblingsschüler, Generalleutnant Paulus, ab. Dieser erhielt den Oberbefehl über die 6. Armee, nachdem sein früherer

Oberbefehlshaber Reichenau eine Zeitlang noch Heeresgruppe und Armee gleichzeitig geführt hatte. Nachfolger von Paulus wurde Generalleutnant Blumentritt, ein Mann wieder der alten Schule. Der Generalstab, der nun unmittelbar Hitler unterstellt war, wurde auf die Geschäftsführung im Ostfeldzug beschränkt. Alle anderen Kriegsschauplätze wurden dem Wehrmachtsführungsstab zugewiesen. Noch immer mochte Generaloberst Halder die Hoffnung nicht aufgeben, daß man aus der Winterkrise die notwendigen Folgerungen zog.

Die Ostfront hielt. Marschall Shukow sah den Hauptirrtum Stalins darin, daß dieser nun den Angriff nicht nur im Zentrum, sondern auf allen Fronten befahl, was wieder die eigenen, sowjetischen Kräfte überstieg. In diesem Winter 1941/42 verwandelte sich der Weltkrieg in Europa in den Globalkrieg. Japan griff Amerika an – nicht die Sowjetunion. Das Deutsche Reich erklärte Amerika den Krieg, als Bundesgenosse Japans. Jetzt erwies sich allmählich, daß nicht mehr, wie alle Denkschriften Fritschs und Becks im Memorandenkrieg von 1936/37 zu beweisen versucht hatten, das Heer, die Landstreitkräfte, der allein ausschlaggebende Faktor im modernen Krieg waren. Die ersten Entscheidungen fielen auf kriegswirtschaftlichem Gebiet und im Luftkrieg der Alliierten gegen das deutsche Heimat- und Produktionsgebiet. Zwei Selbstmorde kennzeichnen diese Entwicklung. Im Frühjahr 1940 erschoß sich der Chef des Heereswaffen-Amtes, General d. Art. Prof. Dr. Becker, weil eine einheitliche Rüstungslenkung nicht zu erzielen war. Im dunklen November 1941 erschoß sich der für die Luftrüstung verantwortliche Generalluftzeugmeister Generaloberst Udet, weil eine einhellige Entscheidung Hitlers über die Führung des Luftkrieges, den Aufbau einer neuen Fernkampfluftwaffe oder die Erstellung einer starken Jagdwaffe zum Schutz des Heimatkriegsgebietes, nicht zu erzielen war.

Hitler verkündete nach der verebbenden sowjetischen Winteroffensive 1941/42, nunmehr sei der Gegner endgültig erledigt. Die große Sommeroffensive wurde ins Auge gefaßt, die Operation „Blau“; die Entscheidung sollte nurmehr im Süden der Ostfront, jedenfalls im ersten großen Takt, gesucht werden, in der

Gewinnung der Wolgalinie, des Rüstungs- und Verkehrszentrums Stalingrad und der Ölfelder des Kaukasus. Designierter Leiter der Operation war der Generalfeldmarschall v. Reichenau. Am 15. Januar 1942 erlitt er im Hauptquartier der Heeresgruppe Süd in Poltawa einen schweren Schlaganfall. Zwei Tage darauf war er tot. Reichenau war ein brutaler Denker gewesen. Er hatte als Oberbefehlshaber der 6. Armee einen der widerlichsten „Härte-Befehle" für den Kampf gegen das sogenannte jüdisch-bolschewistische Untermenschtum erlassen. Er stand im Begriff, eine ebenso brutale Umkehr zu vollziehen. Nachfolger wurde der gesundheitlich wiederhergestellte Feldmarschall v. Bock. Er fand im Nachlaß Reichenaus eine für Hitler bestimmte Denkschrift, die eine völlige Umkehr in der Politik in den besetzten Gebieten forderte, die anständige Behandlung der Zivilbevölkerung, die Formierung russischer Freiwilligenverbände zum Kampf gegen den Bolschewismus (für die sich Hunderttausende von Freiwilligen fanden), die Berücksichtigung der Wünsche der Nationalitäten. Reichenau, der Hitlers Vertrauen genoß, weil dieser sich einbildete, er hätte ihn überzeugt, hätte möglicherweise Hitler zur Einkehr bewegen können – oder aber er hätte sich gegen diesen gewandt. Er war nun tot.

Für die Operation „Blau", die große Südoffensive, standen dem neuen Oberbefehlshaber Generalfeldmarschall v. Bock die 2., 6., 11. und 17. Armee und die 1. und 4. Panzerarmee unter den Generalen v. Kleist und Hoth zur Verfügung. Zunächst geschah etwas ganz anderes. Der sowjetische Oberkommandierende Marschall Timoschenko stieß im Mai 1942 in den, vom Gegner durchaus erkannten, deutschen Aufmarsch mit sehr starken Kräften hinein. Die große Abwehrschlacht und die aus der Hinterhand angesetzte Gegenoffensive war im Grunde allein Halders Schlacht, der von Ostpreußen aus führte, unter Überwindung Hitlerscher Kritik und Ausschaltung Bockscher Bedenken. Die 6. Armee unter seinem vertrauten Mitarbeiter Paulus mußte im Raum von Charkow etliche Tage sozusagen den Amboß für den aus tiefer Flanke geführten Hammerschlag der Panzerverbände abgeben. Paulus zog aus den Erfahrungen der Zweiten Schlacht um Charkow Lehren in dem Sinne, daß im modernen Krieg, bei intakten Fernnachrichtenverbindungen, sehr wohl ein Armeeführer sich nach den Weisungen eines räumlich weit entfernten Oberkommandos richten müsse, weil dies die größere Übersicht besaß.

Die Operation „Blau", an der auch eine italienische, eine rumänische, eine ungarische Armee und slowakische Divisionen sowie kroatische Verbände beteiligt waren, sollte sich in vier Staffeln vollziehen: I. Sicherung des Raumes Woronesh nördlich des Don zur Abschirmung der Flanke. – II. Einkesselung und Vernichtung der noch westwärts des großen Donbogens befindlichen sowjetischen Kräfte. – III. Wegnahme von Stalingrad nach Überschreiten des Donbogens, der Riesenstadt am Wolgaknie mit ihren Verkehrsverbindungen und Rüstungsfabriken. – IV. Vorstoß zum Kaukasus auf Batum am Schwarzen und Baku am Kaspischen Meer. Schon dies alles bedeutete, bei verhältnismäßig schwachen Kräften, eine Riesenoperation, die schließlich nicht in einem Schwerpunkt, sondern in diametral auseinanderstrebenden Zielen mündete, dem Lauf der Wolga und dem Kaukasus. Wie vor der Westoffensive der Mechelner Zwischenfall die Tatsache, daß sich ein Generalstabsoffizier der Luftwaffe verflogen hatte, eine peinliche Nebenrolle gespielt hatte, so ereignete sich vor „Blau" ein anderer ähnlicher Zwischenfall. Der I. Generalstabsoffizier einer der für die Phase I vorgesehenen Panzer-Divisionen verflog sich mit dem Fieseler-Storch und wurde zwischen den Linien von sowjetischer Flak abgeschossen. Teile der Befehle für die Phase I/Blau fielen in sowjetische Hand. An den deutschen Plänen änderte sich nichts mehr. Wohl aber zogen die Sowjets aus den erbeuteten Papieren des toten Generalstabsoffiziers den Schluß, der Gegner wolle über Woronesh nach Norden auf Moskau vorstoßen und nahmen daher Umgruppierungen vor, die die Abwehr im großen Don-Bogen schwächten.

Am 28. Juni 1942, schon spät im Jahr, verzögert durch Timoschenkos Gegenstoß, lief das Unternehmen „Blau" an. Die 11. Armee unter General v. Manstein nahm die Krim und die Festung Sebastopol. Manstein wurde Generalfeldmarschall, eine späte Anerkennung. Eine Weile schien alles nach Plan und abgesteckten Phasen zu verlaufen, trotz bald sich einstellender Nachschubschwierigkeiten. Dann riß Hitler, abermals den Überblick verlierend, Mitte Juli 1942 den ganzen Operationsplan auseinander. Generalfeldmarschall v. Bock wurde des Oberbefehls enthoben, die Heeresgruppe Süd in zwei Heeresgruppen B (Generaloberst Frhr. v. Weichs) und A (Generalfeldmarschall List) unterteilt. Mit der Weisung Nr. 45 vom 23. Juli 1942 wurde endgültig klar, daß Hitler, der inzwischen in der Westukraine bei Winniza ein vorgeschobenes Führerhauptquartier „Werwolf" bezogen hatte, die zeitliche Staffelung der Operationen preisgab und die beiden H.Gr.B und A in divergierende Richtungen zur gleichen Zeit auf die beiden Ziele der alten Phasen III und IV, Stalingrad und den Kaukasus ansetzen wollte. Die H.Gr.B. sollte mit der 6. Armee Stalingrad nehmen, unter dem Befehl des zum General der Panzertruppen beförderten ehemaligen Oberquartiermeisters I Paulus, die Gruppe B mit der 17. Armee und den beiden Panzer-Armeen sowie rumänischen und slowakischen Verbänden die kaukasischen Ölfelder erobern. Vor der Offensive hatte Hitler bei einem Besuch im Hauptquartier der H.Gr. Süd in Poltawa, wie immer in solchen Fällen übertreibend, nach dem Zeugnis von Paulus erklärt, würde man das kaukasische Öl nicht gewinnen, sei der Krieg verloren.

Die Deckung der Nordflanke am Don, die sich in weitem Bogen nach Nordwesten rückwärts bog, übernahmen die 8. italienische, die 2. ungarische und die 2. deutsche Armee, zu denen dann noch später die hier eingesetzte 3. rumänische Armee trat, in der unmittelbaren linken Flanke der 6. Armee, die keilförmig auf Stalingrad marschierte. Im Verlauf dieser Operation wurde die 4. Panzer-Armee unter General Hoth von Süden wieder nach Norden gezogen, um die 6. Armee zu unterstützen. Die 11. Armee, die ursprünglich von der Krim nach dem Kubangebiet übergeführt werden sollte, wurde abgezogen. Hitler beschäftigten noch andere Ideen, vor allem die Inbesitznahme von Leningrad und die Durchschneidung der Murman-Bahn nach dem Eismeer im Norden.

Alles sollte jetzt auf einmal, gleichsam in einem letzten Anlauf, erreicht werden. Deutsche Truppen standen in diesem Spätsommer am Nordkap und auf Kreta, zwei Drittel des westlichen, mittleren und südlichen Rußland waren in Hitlers Hand. In Nordafrika schickte sich die Panzer-Armee Feldmarschall Rommels mit deutschen und italienischen Verbänden an, auf Alexandria in Ägypten und den Suezkanal vorzustoßen. Das Bild einer riesigen Zangenoperation von Südrußland über den Kaukasus und von Ägypten her in den Vorderen Orient zeichnete sich ab. Als der Feldmarschall v. Manstein im Frühherbst im Führerhauptquartier weilte, mußte er konstatieren, daß Aufmarschplanungen bis nach Iran und Afghanistan hin bearbeitet wurden.

Ende August 1942 erreichten Verbände der 6. Armee und der 4. Panzer-Armee Stalingrad. Im ersten Moment schien es, als ob hier der Gegner von einer Panik überwältigt würde. General Lopatin, der die Stadt verteidigen sollte, gab sie verloren. Er wurde abgelöst. Härtere neue Kommandeure traten auf. Die Schlacht um Stalingrad fraß sich in dem weit gedehnten Stadtgebiet auf dem rechten Ufer der Wolga fest. Bis zum Beginn ihrer Gegenoffensive behaupteten die Sowjets, vor allem die legendäre 62. Schützen-Armee des Generals W. J. Tschuikow, einen kleinen Brückenkopf im Stadtgebiet. Das „Verdun“ des Zweiten Weltkrieges begann, die „Hölle“ von Stalingrad.

Die Offensive hatte sich in Stalingrad festgefahren. Sie fuhr sich auch am Rand des Nord-Kaukasus fest. Den sowjetischen „Fronten“ Nordkaukasien und „Transkaukasien“ unter dem alten Marschall Budjenny und General Tulenew, die sich ungeheuer zäh verteidigten, kam in dieser Kriegswende eine nicht minder große Rolle zu als den an Wolga und Don eingesetzten „Fronten“ der Generale Eremenko, Rokossowskij und Watutin. Der Gegner hatte nach den Niederlagen von 1941 viel und rasch gelernt. Die sowjetische Rüstungsproduktion steigerte nach der erfolgreichen Umlagerungsaktion von 1941 ihre Erzeugung in erstaunlichem Tempo, aus Amerika und England kam reiche Hilfe an Material aller Art.

Als Feldmarschall List im Westkaukasus nicht weiter kam, erwirkte Generaloberst Jodl die Erlaubnis Hitlers, selbst eine

Frontreise zu unternehmen. Er sprach List und konnte nur feststellen, daß dieser im Recht war, wenn er die Einstellung der Offensive in diesem Raum verlangte. List hatte sich als Kommandeur der Infanterieschule in Dresden in den dreißiger Jahren scharf gegen die Verbreitung nationalsozialistischer Ideen unter den Fähnrichen gewandt. Hitler hatte es nicht vergessen. List wurde abberufen, eine Zeitlang versuchte Hitler indirekt die H.Gr.A von Winniza aus zu führen, dann erhielt Generaloberst v. Kleist, der Panzerführer des „Sichelschnittes“, den Oberbefehl. Der ganze Zorn Hitlers entlud sich jedoch auf Jodl. Die gemeinsame Mittagstafel im Führerhauptquartier mit den Offizieren wurde aufgehoben. Jodl sollte als Chef des Wehrmachtführungsstabes abgelöst und durch General Paulus ersetzt werden, sobald die Schlacht um Stalingrad abgeschlossen war.

Unterdes zog eine noch schlimmere Krise herauf. Die beiden Heeresgruppen im Raum Staligrad und vor dem Kaukasus klafften nun weit auseinander, waren durch hunderte von Kilometern getrennt, hingen von ganz dünnen Hauptnachschublinien ab. Die 6. Armee hatte sich, gleich einem sich an der Spitze wieder breit verfächernden Keil in Stalingrad festgebissen. Die überlange dünne Nordflanke der H.Gr.B am Lauf des Don war ungenügend durch die schlecht gerüsteten verbündeten Armeen der Rumänen und Italiener gedeckt, die Südflanke durch die 4. Panzer-Armee und eine im Oktober eintreffende zweite rumänische Armee. Generaloberst Halder wies immer wieder auf die ganz und gar unhaltbar gewordene Lage vor allem an der Wolga hin. Hitler entließ jetzt auch ihn, nach heftigen Auseinandersetzungen. Am 24. September 1942 („460. Tag“), heißt es in Halders Tagebuch: „Nach dem Lagevortrag: Verabschiedung durch den Führer (meine Nerven verbraucht, auch seine Nerven nicht mehr frisch. – Wir müssen uns trennen. – Notwendigkeit der Erziehung des Gen.Stabes im fanatischen Glauben an die Idee. – Entschlossenheit, auch im Heer seinen Willen restlos durchzusetzen ...“

Mit der Verabschiedung Generaloberst Halders endete die letzte Ära der noch in klassischem Geist geführten Arbeit des ehemals preußischen Generalstabes. Die Nachfolger, Zeitzler und Guderian, beide in ihrer Art ausgezeichnete Soldaten, der zweite ein hervorragender Truppenführer, ein „Marschall Vorwärts", für den seine Soldaten durch's Feuer gingen, waren nicht mehr in der Form, wie Halder es gewesen war, dem traditionellen Generalstabsdenken verbunden. Und mit Halders Ausscheiden ging infolge der Verschiebung der Kräfteverhältnisse in der Welt etwas anderes für immer zu Ende, die kurze Epoche der vom Generalstab entworfenen „Blitzfeldzüge", deren Erfolg auf dem Zusammenwirken großer Panzermassen mit starken Kampfflieger- und Jagdfliegerverbänden beruht hatte, mit anderen Worten auf der offensiven Ausnutzung des Verbrennungsmotors zu Land und in der Luft. Jetzt glitt das Gesetz des Handelns auf den Gegner über. Ausschlaggebend für die nächsten anderthalb Jahre wurde zunächst die Tatsache, daß der Gegner Zug um Zug in das Vorfeld der Festung Deutsches Reich eindrang, seine großen Luftbasen vorschob und schließlich im Luftkrieg über dem deutschen Heimatkriegsgebiet absoluter Sieger wurde.

Nachfolger Halders wurde auf Vorschlag des Chefadjutanten Hitlers, General Schmundt, Generalleutnant Kurt Zeitzler, ehemals Generalstabsoffizier im Wehrmachtsführungsamt, dann Chef der Panzergruppe Kleist und zuletzt Chef des Oberbefehlshabers West. Zeitzler, dieser rundliche, kleine, behende, oft Funken sprühende Mann, der den Spitznamen „der Kugelblitz" führte, galt als ein Mann der Tat. Hitler hatte Halders „Schulmeisterei" gründlich satt bekommen. Damals hegte General Zeitzler keine Zweifel an der Bedeutung und den Feldherrngaben Hitlers. Nicht ganz acht Wochen im Führerhauptquartier reichten aus, um den geistig – im Gegensatz zu Halder – weit unkomplizierteren Mann dazu zu veranlassen, unter oft heftigem Temperamentsaufwand, seine eigenen Ideen bei Hitler durchzusetzen, was sich als völlig vergeblich erwies. Zeitzler scheiterte viel rascher an Hitler als Halder.

Endgültig wurde jetzt bestimmt, daß der Generalstab des Heeres sich ausschließlich nurmehr um die Bearbeitung des Ostkriegsschauplatzes zu bekümmern hatte. Die Organisation wurde vereinfacht, die letzten Oberquartiermeisterstellen eingespart. Zeitzler führte direkt mit der Operationsabteilung, den Abteilungen für Organisation und Ausbildung und für Fremde Heere. Alle anderen Kriegsschauplätze fielen unter die Betreuung des Wehrmachtführungsstabes, den vorläufig Generaloberst Jodl weiterleitete, mit Generalleutnant Warlimont als Stellvertreter und dem Generalmojor Frhr. Treusch v. Buttlar-Brandenfels als Chef der Operationsabteilung. Hitler fand diesen Dualismus zwischen seinen beiden Führungsstäben sehr nützlich. Alle entscheidenden Befehle gingen sowieso von ihm aus. Mitdenken in Führungsfragen war verpönt. Auch die Form Hitlerscher Befehlsfassungen verlor, wie General Blumentritt konstatierte, die altübliche Zucht und Klarheit, die Abgewogenheit und Knappheit im Ausdruck. Die verfeinerte Nachrichtentechnik mit drahtlosem Funkverkehr gab der obersten Führung auch für die entlegensten Kriegsschauplätze ungeahnte Einwirkungsmöglichkeiten. Sie gestattete es, auch einzelne Heeresgruppen und Armeen gleichsam persönlich aus sicherem Port zu führen. An oberster Stelle hatte die Technik verheerende Folgen, was den Machtwahn betraf, bei den unteren Stellen konnte sie verantwortungsschwächend wirken. Moltke hatte einst den Feldherrn bedauert, der noch einen Draht im Rücken habe ...

Die große Peripetie begann. Anfang November 1942 wurde Generalfeldmarschall Rommel, der die Panzer-Armee Afrika bis vor die Tore von Alexandria geführt hatte, in Ägypten geschlagen und wich nach Lybien zurück. Alliierte Verbände landeten in Marokko und schickten sich zum Vormarsch nach Algerien und Tunesien an. Hitler befahl die Besetzung ganz Frankreichs, auch jenes Teils, der bisher von der offiziell befreundeten Regierung des französichen Staatschefs Marschall Pétain verwaltet worden war.

Die Lage im Süden der Ostfront, im Raum von Stalingrad an der Wolga, wie tief im Süden am Terekfluß in Nordkaukasien wandelte sich. Für die sowjetische Führung ergab sich die Idee eines Zangenangriffes nach Schlieffenschem Muster gegen die in Stalingrad im Kampf verbissene und langsam sich verschleißende 6. Armee quasi von selbst. Der Marschall Andrei I. Eremenko, Bauernsohn, Unteroffizier des Zaren und roter

Kavalleriekommandeur im Bürgerkrieg und in der Sowjetarmee, die längste Zeit über alleiniger Oberbefehlshaber der „Stalingradfront", der Heeresgruppe, die mit der Verteidigung der Wolgametropole beauftragt war, hat sich in seinen 1960 erschienenen Erinnerungen die Uridee der umfassenden Gegenoffensive zugemessen. Sein nächster Mitarbeiter war das Mitglied des Frontkriegsrates, der höchste Polit-Offizier, der vor dem Chef des Stabes rangierte, N. S. Chrustchew, der spätere Ministerpräsident. Noch alle führenden Machthaber der UdSSR, mit Stalin begonnen, haben sich die Hauptrolle bei der „Stalingrader Schlacht" zugemessen. Und Eremenko schrieb in Chrustchews Blütezeiten.

Wie immer, Eremenko war ein hoch befähigter Natursoldat, und ohne Genehmigung Stalins und der „Stawka", des höchsten Generalstabshauptquartiers, konnte nichts geschehen. Es kann wohl sein, daß der damalige Armee-General A. I. Eremenko, in der üblichen „kollektiven" Zusammenarbeit mit seinem Ersten Frontkriegsrat, den Anstoß zum Entschluß für die Gegenoffensive bei Stalingrad gegeben hat, vor der Generaloberst Halder gewarnt hatte. Beteiligt an der endgültigen Entschlußbildung waren in der „Stawka" Marschall Shukow und der Chef des Hauptstabes, Generalleutnant Wassiljewski. Für die Sowjets wie für die deutsche Seite bedeute der Entschluß zum Gegenstoß bei Stalingrad die entscheidende moralische, nicht die militärische Wende. Für die sowjetische Seite hatte im Grunde Shukows erfolgreicher Gegenstoß westwärts Moskau militärisch genommen schon die Wende angekündigt, die Wiederbelebung des Selbstvertrauens.

Am 19. November 1942 begann im Raum Stalingrad, zunächst in der linken Flanke der 6. Armee, vor der 3. rumänischen Armee, die sowjetische Gegenoffensive. Beteiligt waren die Truppen der Südwest- und der Don-„Front" unter den Generalen N. F. Watutin und K. K. Rokossowskij und im Süden die Verbände der Stalingrad-„Front" unter General A. I. Eremenko, der den alleinigen Oberbefehl hatte abgeben müssen. Die sowjetische Überlegenheit an Panzern und Artillerie war erheblich. Die schwere Stunde für General Paulus und seinen Chef, Generalmajor Arthur Schmidt begann. „Erfahrene Truppenführer, die vor unlösbare Aufgaben gestellt" worden seien, so lautet das faire Urteil des späteren Marschalls Eremenko über die beiden deutschen Generale, beide Zöglinge der letzten Generation des Generalstabes Beckscher und Halderscher Prägung, Paulus mehr vom skeptisch prüfenden Geist Becks, Schmidt im Grunde genommen noch vom souveränen Kalkül der Seecktschen Schule bestimmt. Die Schlacht um Stalingrad, die heute noch die deutschen Gemüter beschäftigt, die die sowjetische, so unsichere Seele mit Stolz erfüllt, begann in ihrer zweiten und letzten großen tragischen Phase. Sie bildet, zum guten Teil, den Abgesang generalstabsmäßiger Führungskunst, in ihr verkörpert sich der schier unauflösbar gewordene Gordische Knoten aller Führung im 20. Jahrhundert.

Zwischen dem 19. und 22./23. November 1942 vollzog sich, nach Zerschlagung der 3. und 4. rumänischen Armee und dem Druchbruch der sowjetischen Panzer bei der 4. Panzer-Armee, die Einschließung der deutschen Verbände zwischen der großen Donschleife und dem Wolga-Knie bei Stalingrad. Teile der 6. Armee, vor allem Versorgungsdienste- und Ersatzeinheiten, standen noch westlich des Don. Das Gros der 6. und Teile der 4. Panzer-Armee, drei Panzer-, drei motorisierte Divisionen, 14 deutsche, zwei rumänische Infanterie-Divisionen und eine rumänische Kavallerie-Division wurden, zunächst in lockerer Form, bei Stalingrad in einem Riesenkessel eingeschlossen, der Iststärke nach noch etwa 250–260 000 Mann.

General Paulus und sein Chef waren in dieser Stunde überzeugt, daß man sich im ersten Moment „einigeln" müsse, um nicht sozusagen von rückwärts erdrückt zu werden, um dann den Ausbruch nach Südwesten zu vollziehen und die Fühlung mit den Kräften der H.Gr.B. wiederzugewinnen. Das brauchte einige Tage Zeit für die notwendigen Umgruppierungen im Kessel, der etwa 48 mal 50 Kilometer Durchmesser hatte. Alle Kommandierenden Generale waren für den Ausbruch. Am heftigsten plädierte General d. Artl. v. Seydlitz-Kurzbach vom LI. Korps an der verhältnismäßig ruhigen Nord- und Nordostfront dafür. Um dem Armeeoberkommando seinen Willen aufzuzwingen veranlaßte er eigenmächtig im einsetzenden Winter die Räumung gut ausgebauter Stellungen, was zu peinlichen Einbußen führte.

General Paulus und sein Chef wollten in dieser schwierigen Lage nichts auf eigene Faust entscheiden. Außerdem wußte Paulus aus dem vergangenen Winter sehr wohl, wie empfindlich Hitler reagierte, wenn ein Armeeoberbefehlshaber eigene Entschlüsse faßte. Im Führerhauptquartier, das sich damals auf dem Obersalzberg befand und dann wieder nach Ostpreußen ging, versuchte der neue Chef des Generalstabes, General Zeitzler, die Genehmigung zum Ausbruch der 6. Armee zu erlangen. Hitler entschied sich anders, nachdem ihm der Reichsmarschall Göring zugesichert hatte, man könne die eingeschlossene Armee einstweilen bis zum Entsatz durch eine Gegenoffensive aus der Luft versorgen. Paulus hielt es für unverantwortlich, in solcher Lage, die er im Ganzen nicht übersehen konnte, auf eigene Faust zu handeln. Später schrieb er, solch Vorgehen hätte einer „Anarchie in der Führung“ entsprochen.

Hitler hatte sich, wie so oft die Belange des Volkstribuns mit den Pflichten des Obersten Kriegsherrn vermischend, in öffentlicher Rede in Berlin auf die Behauptung Stalingrads festgelegt. Er verbot der Armee den Ausbruch. Gleichzeitig, mißtrauisch wie stets, betraute er den General v. Seydlitz in besonderer Form mit der Behauptung der Nordfront und des Wolgaabschnittes, das heißt derjenigen Frontabschnitte, die bei einem Ausbruch zuerst hätten aufgegeben werden müssen. Seydlitz hatte durch seinen Chef des Stabes, den hernach in sowjetischer Gefangenschaft verstorbenen Oberst Clausius, eine Denkschrift für Paulus zugunsten des raschen Ausbruches verfassen lassen. Als sie am 25. November 1942 vorlag, war auch Hitlers Sonderauftrag für ihn eingetroffen, ohne daß formell etwas an den Unterstellungsverhältnissen geändert wurde. General Paulus, ein leiser, höflicher Vorgesetzter, überreichte Seydlitz diese Weisung und sagte lächelnd, nun könne Seydlitz ja machen was er wolle. Seylitz erwiderte, es handle sich um einen „Führer-Befehl“.

Die 6. Armee blieb, wo sie stand. Ende November erhielt

Generalfeldmarschall v. Manstein den Oberbefehl über die neugebildete Heeresgruppe Don, der alle Kräfte zwischen der Wolga und dem Unterlauf des Don unterstellt wurden. Man besann sich auf den schärfsten Kopf des alten Generalstabes. Mansteins große Stunde kam. Die Lage war verzweifelt, sofern es nicht gelang, die 6. Armee wieder freizuschlagen, sie wäre in praxi noch verzweifelter geworden, hätte die 6. Armee nicht ausgehalten und sehr starke Kräfte des Gegners gebunden, obwohl die versprochene Luftversorgung sich bald als völlig unzureichend herausstellte. Zwischen den beiden Heeresgruppen Don und A tief im Süden klaffte eine breite Lücke. Drohte der 6. Armee bereits auf die Länge der Zeit die Vernichtung, so zeichnete sich eine noch größere Katastrophe ab, wenn der Gegner seine Chance wahrnahm und mit seinen Panzer-Korps in die Lücke hineinstieß und die Abschnürung der H.Gr.A vor dem Kaukasus vollzog, deren Zurücknahme Hitler strikt verweigerte.

Paulus fühlte sich in dieser Situation nun an Manstein gebunden, dem bereits ein legendärer Ruf vorausging. Der Feldmarschall versuchte im Dezember mit Panzerkräften den Ring um Stalingrad aufzubrechen.

Die neue Operation „Wintergewitter" kam eine Weile gut voran. General Paulus wartete jetzt auf das Zeichen zum Ausbruch. Noch war der Kampfgeist der Armee nicht gebrochen, wenngleich ihre Bewegungsfähigkeit bereits gelitten hatte. In den Weihnachtstagen 1942 fielen die Würfel über das Schicksal der Armee. Im Norden am Don brach die 8. italienische Armee unter einem neuen sowjetischen Großangriff völlig zusammen. Sowjetische Panzerkräfte stießen in Mansteins tiefe Flanke. In seinen Memoiren vertritt Manstein die Ansicht, er habe Paulus genügend klar gemacht, dieser müsse nun selbst handeln und den Ausbruch wagen, wobei ihn die Heeresgruppe decken würde, auch gegen Hitler. Aber auf die klare Anfrage von Paulus an Manstein, ob er „Donnerschlag", den Ausbruch, befehlen könne, lautete Mansteins Antwort nur, Handlungsfreiheit könne er noch nicht geben.

Er konnte sie auch nicht geben, nur ist ihm dieser Entschluß wohl so ungeheuer schwer geworden, daß er ihn selbst niemals klar wiedergegeben hat. Tatsächlich kam nun alles darauf an, daß die 6. Armee ausharrte, solange die Kräfte reichten, unter furchtbaren Entbehrungen – solange, bis es Manstein gelungen war, die zersplitterte Südfront wieder zu reorganisieren und sich mit den Kräften der H.Gr.A zu vereinigen, deren Zurücknahme Hitler endlich, zu spät, aber nicht vollkommen zu spät, Ende Dezember freigegeben hatte. Wir wissen heute aus den Erinnerungswerken führender sowjetischer Militärs bei Stalingrad, vor allem aus den Niederschriften des Hauptmarschalls der Artillerie Woronow, wie groß bis zuletzt die Zahl der sowjetischen Verbände gewesen ist, die durch die 6. Armee gebunden worden sind. Die sowjetischen Generale wollten bis zuletzt nicht glauben, daß die Armee längst immobil geworden und nur noch, bei erlahmender Kraft, zur Verteidigung imstande gewesen war.

Ende Januar 1943 ging die Kraft der 6. Armee zu Ende. Die Südfront hatte neue Festigkeit gewonnen. Manstein selbst gab jetzt die Kapitulation frei. Am 30. Januar 1943 ernannte Hitler noch den General Paulus zum Generalfeldmarschall. Zwei Tage später streckte Paulus die Waffen. Im Führerhauptquartier paraphrasierte Hitler an diesem Tag über den Selbstmord. Er verzieh es Paulus nicht, daß dieser sich nicht erschossen hatte. Und mißtrauischer denn je stellte er bereits Mutmaßungen darüber an, wie Leute wie die Generale Schmidt und Seydlitz nun wohl im sowjetischen Radio auftreten und sich gegen ihn wenden würden.

Die Opfer der 6. Armee, die durch eine falsche strategische Entscheidung der obersten Führung in eine überaus gefährliche Lage gebracht worden war, dann jedoch, vom Armeeoberbefehlshaber bis zum letzten Soldaten, in dieser Lage das noch einzig Richtige getan hatte, was ihr blieb, auszuharren bis zum letzten Mann, wurde von der Nation nicht mehr honoriert, sondern nur noch als verbrecherischer „Verrat" gebrandmarkt, weil der Krieg insgesamt verlorenging und damit alle Kriegsanstrengungen verdammungswürdig wurden. Zwei der besten Soldaten des letzten Generalstabes waren in sie verwickelt, Manstein mit seinen ausgesprochenen Feldherrngaben, der in dieser Stunde erst lernte, wie man unter Hitler an der Front zu führen hatte, und Paulus,

Prototyp des idealen Stabschefs, gewiß kein mitreißender Truppenführer. Ein Mann hatte schließlich in der Tragödie von Stalingrad gar keine Rolle mehr gespielt, der Chef des Generalstabes des Heeres im Führerhauptquartier. Es war schon weit gekommen, verglichen mit den Tagen des älteren Moltke.

Ein Generalfeldmarschall, 24 Generale und noch rund 91 000 Mann gingen bei Stalingrad in Gefangenschaft. Die Sowjets empfanden die Schlacht als geradezu berauschenden Sieg nach fast zwei Jahren voller tödlicher Sorge. In Deutschland, mehr noch unter den Satellitenstaaten Hitlers, war die moralische Wirkung der Niederlage ungeheuer. Moralisch, noch nicht militärisch, hatte die Wehrmacht die erste furchtbare Niederlage seit den siegreichen Blitzfeldzügen erlitten.

Unmittelbar nach dem Abschluß des Dramas in Stalingrad holte Mitte Februar 1943, angesichts einer neuen sowjetischen Großoffensive, Generalfeldmarschall v. Manstein, jetzt auf der Höhe seiner Führungskunst, in der dritten Schlacht um Charkow mit frischen Panzerkräften zu einem gewaltigen Schlag aus. Er ließ den Gegner weit durchbrechen, bewog Hitler, der selbst an die Front gekommen war, mit dem Hinweis auf durchgebrochene sowjetische Panzerspitzen zum Abflug und brachte dem Gegner, aus der Rückhand wieder angreifend, eine sehr verlustreiche Niederlage bei. Beim Westfeldzug hatte er zwar den Plan entworfen, aber nicht selbst führen dürfen. Jetzt zeigte er, welch große Gaben in ihm lagen.

Die Kraft des wieder reorganisierten Ostheeres, dessen Panzerwaffe der endlich zurückgerufene Generaloberst Guderian noch einmal als Generalinspekteur auf die alte Höhe brachte, erlahmte erst im Sommer 1943. Die letzte große Offensive, das Unternehmen „Zitadelle“, eine neue Zangenoperation diesmal schon auf engstem Raum, um den sowjetischen Frontvorsprung zwischen Kursk und Belgorod abzuschneiden, blieb unter schweren Verlusten liegen, schließlich wurde die Schlacht, die zum Stehen gekommen war, auf Befehl Hitlers abgebrochen.

Der Zusammenbruch des faschistischen Systems in Italien machte die Entsendung von Kräften der Ostfront nach der Apeninnenhalbinsel notwendig.

Seitdem ging das Ringen um die Führungsmethode im Osten nurmehr um eine Kardinalentscheidung: Behauptete man starr jeden Fußbreit eroberten Bodens gegen alle sowjetischen Offensiven, oder entschloß man sich, wie Manstein und Kleist im Süden der Front dies wollten, wie in der dritten Schlacht um Charkow zu elastischem Ausweichen und zum Angriff aus der Rückhand, gab man die Manövrierfähigkeit selbst auf oder nicht? Nach Hitler jedoch verstanden die „Generalstabsgenerale" vom Schlage Mansteins nicht genug von Kriegführung.

Die Kunde von Stalingrad, vom scheinbar sinnlosen Opfer der 6. Armee, weckte aber noch ganz andere Überlegungen. Die Stunde der Verschwörung im einst preußischen Generalstab brach an, die Todesstunde für die alte Tradition, für viele der besten Offiziere der letzten Generation.

In den Wochen, in denen sich für den kleinen Kreis der Eingeweihten, aber auch für diejenigen, die den Wehrmachtbericht mit der Karte in der Hand zu lesen verstanden, klar wurde, daß die 6. Armee bei Stalingrad nicht nur eingeschlossen, sondern wahrscheinlich auch dem Untergang überantwortet war, bevor eine neue Entsatzoffensive im Februar 1943 zum Zug kommen konnte, erörterte man in Berlin im Kreis des Generalobersten Beck die Idee einer „Aktion der Generalfeldmarschälle", das heißt der Heeresgruppenführer im Osten, um Hitler mindestens zur Abgabe des unmittelbaren Oberbefehls zu zwingen. Wie im November 1918 zeigte sich jedoch, daß Front-Armeen praktisch immobil für innenpolitische Aktionen sind. Es war eine Utopie, darüber nachzusinnen, ob die in schwerem Kampf stehenden Oberbefehlshaber der Heeresgruppen im Osten, gegenüber einem Gegner, der kaum bereit gewesen wäre, in uneigennütziger Form solche Abkehr von der Front zu tolerieren, irgendeinen Einfluß auf die Geschicke im Reich nehmen konnten. Manstein hat dies sehr wohl gewußt, der Generalfeldmarschall v. Kluge, Oberbefehlshaber Mitte, gegenüber Hitler ein Skeptiker, aber auch ein Cunctator, hat sich ernsthaft mit solcher Planung befaßt und sie wieder fallengelassen, weil sie schon rein militärisch unmöglich war. Und der Oberbefehlshaber Nord, der Nachfolger Leebs, Generalfeldmarschall v. Küchler, liebte es, in engstem Kreis über

Hitler weidlich zu schelten, war aber ein Feldsoldat, der nur die Aufgabe vor Augen hatte, den Krieg an seiner Front zu führen.

Der Untergang der 6. Armee in Stalingrad, den die nationalsozialistische Propaganda als eine „Leonidas-Tat“ auszuschlachten versuchte (was nichts ändert an der effektiven Bedeutung des Ausharrens der Armee um des Wiederaufbaues der Ostfront und der Bindung feindlicher Kräfte willen), belebte aber auch noch einmal die Erörterungen über die Schaffung eines Wehrmachtgeneralstabes in den Führungsspitzen des Ostheeres wie des OKH und des Generalstabes. Kandidaten waren in erster Linie Feldmarschall v. Manstein; auch Feldmarschall Frhr. Wolfram v. Richthofen, Oberbefehlshaber der Luftflotte 4 im Raum von Stalingrad und auf dem nordkaukasischen Kriegsschauplatz wurde genannt, einer der ungewöhnlichsten Offiziere der alten Armee, hervorragend begabt, schroff im Wesen, von vernichtend souveränem Urteil.

Manstein und Hitler vertrugen sich rein menschlich nicht. Richthofen, der größte Sohn dieser alten schlesischen Adelsfamilie, aus der der weltberühmte Flieger des Ersten Weltkrieges stammte, wäre vielleicht – ähnlich wie Reichenau – imstande gewesen, einem Menschen vom Schlage Hitlers Respekt einzuflößen, wie dies einmal Hindenburg oder Ludendorff gelungen war. Alle Überlegungen, Hitler zur Einsetzung eines Wehrmachtgeneralstab-Chefs oder wenigstens zur Abgabe der persönlichen Operationsführung an der Ostfront zu bewegen, scheiterten an einer Grundsatzfrage, deren Bedeutung jedenfalls Hitler, vielleicht nur instinktiv, erfaßt hatte: In einer totalitären Alleinherrschaft ohne Doktrin unterlag der „Führer“ dem Gesetz der Kumulation der Macht auf allen Gebieten.

Auf diese Weise, dem quasi inneren Gesetz folgend, hatte Hitler allmählich alle höchsten Funktionen, Staatsführung, Oberbefehl über die Streitkräfte, Oberbefehl schließlich über die Armee – analog der Geschichte der Partei mit politischer und mit der Führung der SA, der politischen Para-Armee – an sich gezogen. Stalin, sein gewaltigster Gegner, hat das Gleiche getan und einige Befugnisse wieder delegiert, gedeckt durch eine, objektiv gesehen, abstruse Doktrin. Hitler konnte dies nicht. Aus der vergeblichen Diskussion über eine vernünftige Kriegsspitzengliederung – und sei es auch nur auf dem östlichen Kriegsschauplatz – fanden dann viele hohe Militärs, und zwar gerade Generalstabsoffiziere, den Weg in die aktive und schließlich konspirative Opposition.

Diese Opposition beherrscht, über allen Leistungen des Truppengeneralstabes bis zur letzten Stunde an der Front, das letzte Kapitel der Geschichte des Großen Generalstabes.

Sie hat sich in zwiefältiger Form geäußert. Im Sommer 1942 haben sich sowjetische Generale, an der Spitze der ehemalige Kommandeur der 2. Stoß-Armee, Generalleutnant Andrei A. Wlassow, unter dem Schock der Gefangennahme und des offenbaren Zusammenbruches des Sowjet-Regimes, bereit erklärt, an der Seite der Deutschen für ein nationales, sozialistisches Rußland gegen Stalin zu kämpfen. Unter dem Schock der Niederlage bei Stalingrad, des offenbaren Zusammenbruches des Hitlerischen Systems, haben sich in der Kriegsgefangenschaft deutsche Generale und Generalstabsoffiziere der 6. Armee, nach einigem Zögern an der Spitze General v. Seydlitz, Träger eines berühmten preußischen Namens, dann nach sehr langem Zögern auch Generalfeldmarschall Paulus, bereit erklärt, an der Seite Stalins, im Bund mit den deutschen kommunistischen Emigranten, die Stalins Säuberungen in der Sowjetunion überlebt hatten, im „Bund Deutscher Offiziere", der dem kommunistischen „Nationalkomitee Freies Deutschland" angegliedert wurde, nicht für Stalin, sondern für ein freies, gleichsam schwarzweißrotes Deutschland zu kämpfen. Hitler hat die Ideen Wlassows sehr spät mit der Aufstellung bewaffneter Verbände honoriert. Die sowjetische Führung hat die Gedanken deutscher, zum Teil ex-preußischer Offiziere hinter Stacheldraht nur damit honoriert, daß man den Offiziersbund als Mittel zur Zersetzung der Moral der deutschen Armeen im Osten benutzte. Als dies sich als Fehlschlag herausstellte, war seine Rolle im Grunde erledigt, obwohl er in der Gefangenschaft viel Zulauf erhielt und sich noch mit vielen alten guten preußischen Namen schmücken konnte.

Wlassow wie Seydlitz waren Phänomene einer neuen Form des Krieges, die alle nationalen Grenzen sprengte.

Der innerdeutschen Militäropposition, der Resistance aus preußischer oder, bei der entscheidenden Gestalt, aus reichsritterlicher Überlieferung, stand im Grunde wohl ein ähnliches Ziel vor Augen wie den gleichsam gefesselten Generalen und Generalstabsoffizieren hinter Stacheldraht: Ein freies, rechtliches Deutschland unter kaiserlichen, schwarzweißroten Farben, erfüllt mit neuem sozialem Gehalt im Zeitalter der Massen. Eine neue Generation von jungen Generalstabsoffizieren, mit verhohlener Abneigung gegen die alten Herren mit hohem Rang und vielen Bedenken, meldete sich zu Wort.

Zwei Offiziere sind hier als typisch zu nennen: Der ehemalige Mitarbeiter Mansteins beim „Neuen Plan", nunmehr I. Generalstafsoffizier der H.Gr.Mitte, Oberst v. Tresckow und der Gruppenleiter für Neuaufstellungen in der Organisationsabteilung des Generalstabes Major Claus Schenk Graf v. Stauffenberg – der erste Abbild letzter preußischer Erziehung und Junker-Tradition, der zweite Sproß schwäbisch-bayerischen Uradels und letzter Schüler des aristokratischen Philosophen Stefan George, der das Ideal des „Führers" verherrlicht hatte, freilich in gänzlich anderen Formen, als sich dies manifestiert hatte.

Tresckows Oberbefehlshaber Feldmarschall v. Kluge, ein Skeptiker, der stets zwischen Bewunderung und Verachtung für den plebejischen „Führer" schwankte und darüber niemals einen Ausweg fand, empfing in seinem Hauptquartier bei Smolensk auch den Sprecher der konservativen Fronde, Dr. Goerdeler, und konferierte mit ihm. Tresckow faßte darüber den letzten, tödlichen Entschluß: Man mußte den „Führer" töten, um eine radikale Änderung der Lage zu bewirken. Das sollte mit Hilfe einer Zeitzünderbombe geschehen, die man nach einem Frontbesuch Hitlers bei der Heeresgruppe in sein Flugzeug schmuggelte. Die Bombe zündete nicht. In Anbetracht der Tradition des preußischen Adels und des Offizierkorps war dies eine ungeheuerliche Tat. Um das Recht wiederherzustellen, bedurfte es jetzt des Mordes, des schwersten Rechtsbruches. Tresckow beging nach dem 20. Juli Selbstmord, damals Chef des Stabes der 2. Armee im Osten. Er glaubte, man dürfe vor keinem Mittel mehr zurückschrecken, um zu beweisen, daß es ein anderes Deutschland gäbe...

Wieder anders geartet war der Major Graf Stauffenberg, 1907 geboren als Sohn eines hohen württembergischen Hofbeamten, Kavallerieoffizier der Reichswehr zum Mißvergnügen seiner Familie, weil der süddeutsche hohe Adel den Dienst im „republikanischen“ Heer nicht honorieren wollte. Stauffenberg, von außergewöhnlicher soldatischer wie allgemein geistiger Begabung, Generalstabsoffizier mit höchsten Qualifikationen, hatte sich sehr langsam zu der Erkenntnis durchgerungen, daß das ganze chimärische Dritte Reich nur zum Unheil für Deutschland ausschlagen konnte. Als er sehend geworden war, setzte er seine ganze Leidenschaft für den Sturz Hitlers ein. Zum ersten und zum letzten Male verfügte der einstige Große Generalstab nun über eine Persönlichkeit, die statt der Vornehmheit, Redlichkeit und politischen Hilflosigkeit der älteren Generation von Fritsch und Beck bis zu Halder über politischen Willen, politische Einsichten und die fanatische Überzeugung gebot, daß es ihm, dem Generalstabsoffizier, beschieden sei, das Schicksal des Deutschen Reiches in die Hand zu nehmen und zu wenden.

Graf Stauffenberg hat es schließlich auf sich genommen, den Mord an dem Tyrannen selbst zu vollziehen, mit allen Konsequenzen. Von der Seite der Mutter her, einer Gräfin Uexkuell-Gyllenband, war er ein Ururenkel Gneisenaus, er empfand dies als eine besondere Verpflichtung. Auch Gneisenau hat einmal mit dem Gedanken gespielt, um der Armee und des Vaterlandes willen müsse man auch den König von Preußen majorisieren. In der um die Jahrwende 1942/43 von Woche zu Woche, von Monat zu Monat bedrückender werdenden Atmosphäre des Führerhauptquartiers in Winniza, auf dem Obersalzberg, in Ostpreußen hat es Stauffenberg, der alles Kommende sah und doch als Generalstabsoffizier nichts ändern konnte, nicht gehalten. Er ging an die Front, auf freiwillige Meldung hin, als Oberstleutnant und I a der 10. Panzer-Division in Tunesien. Bei einem Tieffliegerangriff wurde er schwer verwundet, verlor das linke Auge, die rechte Hand und die beiden letzten Finger der linken Hand.

Noch vor dem Zusammenbruch der deutschen Front in Nordafrika wurde er in die Heimat zurückgebracht. Im Lazarett in

München besuchte ihn unter vielen anderen auch der Chef des Generalstabes, Generaloberst Zeitzler. Hier, noch auf dem Krankenlager, fiel gegenüber seiner Frau das Wort, nun müsse doch er wohl noch das Reich retten, für einen Oberstleutnant des Generalstabes ein vermessenes Wort, entstanden noch aus dem Lebensgefühl der alten Reichsritterschaft, die nie die Landesfürsten, sondern stets nur das Reich anerkannt hatte.

Einer der Männer um Generaloberst Beck, General d. Inf. Olbricht, Chef des Allgemeinen Heeresamtes im OKH, erbat sich den halbinvaliden Oberstleutnant als Chef des Stabes. Olbricht wollte Stauffenberg in eine Schlüsselposition im Heimatheer bringen. Und hier entwickelte Stauffenberg den Plan, mit Hilfe des Unternehmens „Walküre", das den Einsatz des Ersatzheeres bei inneren Unruhen, Fremdarbeiteraufständen oder feindlichen Luftlandungen vorsah, durch einen Staatsstreich die Macht zu gewinnen. Voraussetzung für jedes Handeln war die Beseitigung Hitlers. Der Graf Stauffenberg übernahm schließlich nicht nur die Leitung des Staatsstreiches, sondern auch die Ausführung des Attentates – weil niemand außer ihm mehr die Gelegenheit hatte und den Willen aufbrachte, das Schreckliche zu vollziehen.

Das Jahr 1943 wurde ein Jahr der Niederlagen, das Jahr 1944 ließ sich nicht besser an. Schritt um Schritt drückten die Gegner das Vorfeld der Riesenfestung zwischen Atlantik und Don, Nordkap und Sizilien ein. Im Osten begann der große, bitter umkämpfte Rückzug, die Alliierten landeten in Italien, Mussolini wurde gestürzt und richtete mit Hitler als Protektor in Norditalien ein Schattenregime auf. Die alliierten Bombergeschwader errangen die Luftherrschaft über dem Reichsgebiet. Der Generalstabschef der Luftwaffe, Generaloberst Jeschonnek, erschoß sich, als die englische Luftwaffe Hamburg fürchterliche Schläge versetzt und die Produktionsstätten für neuartige Fernraketen in Peenemünde angegriffen hatte.

Im Generalstab, im Oberkommando des Heeres, bei den Militärbefehlshabern Belgien/Nordfrankreich und Frankreich in Brüssel und Paris, dem einstigen Generalberater Chinas, General d. Inf. v. Falkenhausen und General v. Stülpnagel, einst

Mitarbeiter Becks und Halders, in der Abwehr, endlich auch im Stab der zur Invasionsabwehr eingesetzten Heeresgruppe B in Nordfrankreich mit Generalfeldmarschall Rommel als Oberbefehlshaber und Generalleutnant Speidel als Chef, entstand ein weitverzweigtes Netz militärischer Opposition, ein Netz von Generalen und Generalstabsoffizieren ohne Truppen, ja auch ohne die Gewißheit, ob Truppen, die sie in den Griff bekamen, sich jemals für ihre Ziele schlagen würden. Im Generalstab zählten die Chefs der Operations-, der Organisations- und der Abteilung Fremde Heere West, Generalmajor Heusinger, Generalmajor Stieff und Oberstleutnant Frhr v. Roenne zu den Mitwissern, ferner der Chef der Heeresnachrichtenverbindungen, General Fellgiebel.

Die Grundidee der Verschwörung, die Inbesitznahme der Macht mit Hilfe der Kommandostellen des Ersatzheeres, der Stellvertretenden Generalkommandos in den Wehrkreisen und Militärbefehlshaberbereichen, durch Usurpierung des Belagerungszustandes inmitten des Reiches, das seit 1933 unter permanentem Ausnahmezustand regiert wurde, beruhte darauf, daß nach der Ermordung Hitlers Generaloberst Beck zunächst als Reichsverweser, Carl Friedrich Goerdeler als Reichskanzler und der 1942 krankheitshalber ausgeschiedene Generalfeldmarschall v. Witzleben die provisorische Gewalt übernehmen sollten – bei Aufrechterhaltung der Ostfront und Einleitung von Waffenstillstandsverhandlungen im Westen mit England und Amerika. Ob dies alles möglich war, stand dahin. Im Januar 1943 hatten die westlichen Alliierten, im Einvernehmen mit Stalin, die bedingungslose Kapitulation Deutschlands, Italiens und Japans als Kriegsziel aufgestellt, im Spätherbst 1943 war auf der Konferenz von Teheran von Stalin, dem englischen Premierminister Churchill und dem amerikanischen Präsidenten Roosevelt die völlige Besetzung Deutschlands und dessen Aufteilung in drei Besatzungszonen vereinbart worden. Die mehrfachen Versuche der deutschen Opposition, mit den westlichen Alliierten ins Gespräch zu kommen, waren keineswegs erfolgversprechend verlaufen. Für diese mehr oder weniger konservativ-militärische Opposition besaß vor allem Präsident Roosevelt kein Verständnis. Für die maßgebenden amerikanischen Kreise meldete sich hier gewissermaßen das „kaiserliche“ Deutschland zu Wort, und dies war nicht besser gewesen als das Deutschland Hitlers.

Die größte Schwäche des Staatsstreichplanes aber lag darin, daß die Verschwörer zwar viele Ansatzpunkte in hohen Stäben und viele Querverbindungen unter militärischen Stellen hatten, aber keinerlei Einfluß auf die Besetzung entscheidender Kommandostellen in den Wehrkreisen, beim Berliner Wachbataillon und in den um die Reichshauptstadt konzentrierten Waffenschulen, den bewaffneten Verbänden für die militärische Aktion, nehmen konnten. Und zudem war es kein Geheimnis, daß die Stellvertretenden Generalkommandos oft mit Generalen besetzt wurden, die den Anforderungen der Front nicht mehr gewachsen, die kränklich oder überaltert waren. Im Grunde bestanden auch tiefe politische Unterschiede in den Anschauungen der jungen, gewissermaßen jungtürkischen Opposition der Generalstabsoffiziere, und dem Kreis der Honorationen um Beck und Goerdeler, die viel konservativer dachten als die jungen Offiziere, von denen nicht wenige anfangs begeisterte Nationalsozialisten gewesen waren. Goerdeler wiederum hatte es verstanden, einen weiten Kreis von Persönlichkeiten aus allen ehemaligen Parteien, auch aus Gewerkschaftskreisen, um sich zu scharen. Politiker, die zumeist wieder nicht in die unmittelbare Verschwörung der Soldaten eingeweiht waren und mit der geplanten Tat, dem Mord, nicht immer sympathisierten. Im sogenannten Goerdeler-Kreis waren jedoch noch einmal alle Elemente der unter der Diktatur ausgeschalteten politischen Führungsschichten der wilhelminischen und Weimarer Zeit vereinigt, vom preußischen Junkertum und süddeutschen fürstlichen Standesherren bis zu sozialdemokratischen und katholischen Gewerkschaftsführern. Für den Fall eines Attentates auf den „Führer“ hielt man bei den Leitstellen der Geheimen Staatspolizei Listen bereit, um alle jemals verdächtig gewordenen Personen von der „Reaktion“ bis zu den „Marxisten“ sofort verhaften zu können. Das Stichwort für die Aktion lautete „Gewitter“. Als das Attentat erfolgt war, wurde bürokratisch-schematisch „Gewitter“ ausgelöst und der Kreis der Verhafteten wuchs damit noch über den Goerdeler-Kreis hinaus.

Am 1. Juli 1944 wurde Graf Stauffenberg, zum Oberst befördert, Chef des Stabes beim Befehlshaber des Ersatzheeres und der Heeresrüstung, Generaloberst Friedrich Fromm. Damit gelangte jener Generalstabsoffizier, der nach seiner Wesensart, dem hochfliegenden Willen vereint mit schier unbesieglicher Energie und politischem Instinkt für neue soziale Lebens- und Gesellschaftsformen, allein imstande war, den Gegenspieler für Hitler abzugeben, an die entscheidende Schaltstelle des Heimatheeres. Sein Oberbefehlshaber Generaloberst Fromm, wie sein Rivale Feldmarschall Keitel aus der T 2 des Truppenamtes hervorgegangen, war eine merkwürdige, fast wallensteinisch verhüllte Natur. In seiner Position wußte er sehr gut, daß dieser Krieg verloren war, ja daß man ihn kaum hätte je gewinnen können. Als altem Reichswehroffizier aus der Ära Seeckts war ihm das Reservatdenken der Armee geläufig. Hitler hielt er für ein Übel, Keitel für den schlimmsten Liebediener des größenwahnsinnig gewordenen „Gefreiten". Irgendwelches Handeln hielt er dagegen für ausgeschlossen, solange Hitler lebte. Und zu Staatsstreich und Mord fühlte er sich nicht erzogen. Dies mußten andere besorgen. So duldete er viel, ja alles, was Stauffenberg tat und beschränkte sich im übrigen auf die zynische Formel: „Wenn Ihr Euren Putsch macht, vergeßt mir den Wilhelm Keitel nicht." Fromm war begeisterter Jäger. Beim Fürsten Putbus auf Rügen pflegte er sich während der Hirschjagd äußerst sarkastisch über die Verrücktheiten des „Führers" zu äußern. Für ihn waren die Kamingespräche im Jagdhaus in der Prora ein Ventil, den Fürsten zu Putbus kosteten sie nach dem 20. Juli das Leben durch den Hungertod im Konzentrationslager.

Inzwischen umzog sich der Himmel mit noch düstereren Wolken. Am 6. Juni 1944 landete die englisch-amerikanische Invasionsarmee an der Küste der Normandie. Die neue Westfront wurde Tatsache. Infolge der Zerfahrenheit der Obersten Führung war der Streit über die Taktik der Invasionsabwehr zwischen dem Oberbefehlshaber der H.Gr. B, Feldmarschall Rommel, und dem höchsten Befehlshaber im Westen, Feldmarschall v. Rundstedt, nie mehr entschieden worden. Rommel, der Praktiker, trat dafür ein, den Gegner mit allen Mitteln unmittelbar an der Küste abzufangen, Rundstedt plädierte dafür, ihn ruhig ins Hinterland hineinstoßen und dann mit den starken vorhandenen Panzerkräften in der Bewegungsschlacht zu vernichten. Daß der Gegner sehr bald die absolute Luftherrschaft erringen würde – daran dachte Rundstedt nicht. Feldmarschall Rommel und sein Stab hatten im Einvernehmen mit dem Militärbefehlshaber Frankreich geplant, heimlich Waffenstillstandsverhandlungen mit den westlichen Gegnern einzufädeln. Jetzt machte die große Schlacht in Frankreich solche Überlegungen illusorisch. Der Krieg forderte wieder sein Recht.

Im Osten brach Ende Juni in der „Großen Schlacht in Weißruthenien“ die noch weit nach Osten vorgeschobene H.Gr. Mitte unter einer gewaltigen sowjetrussischen Zangenoffensive völlig zusammen. Die Rote Armee näherte sich der Grenze Ostpreußens. Die Parteistellen in Berlin gaben die Parole aus, die Generale hätten versagt. Hitler hatte die sowjetische Großoffensive im Süden vorhergesagt und die H.Gr. Mitte in ihren ungünstigen Stellungen belassen. Jeder hatte dort zu halten, wo er stand, lautete seine letzte Maxime. Die Kunst der Führung verlosch. Offiziere wie die beiden Feldmarschälle v. Manstein und v. Kleist, die diese Kunst noch nutzen wollten, waren bereits im Frühjahr verabschiedet worden. Hitler hatte Manstein bedeutet, jetzt brauche er „Steher“ ... Über dem Heimatkriegsgebiet beherrschten die alliierten Luftgeschwader die Situation. Die englische Luftwaffe flog ihre nächtlichen Terror-Flächenangriffe auf die Großstädte, die amerikanische Luftwaffe ihre Tagesangriffe auf „Punktziele“, Produktionsstätten und Verkehrsknotenpunkte. Der Generalluftzeugmeister Udet und der Generalstabschef der Luftwaffe Generaloberst Jeschonnek hatten nicht umsonst Selbstmord begangen ...

Der Krieg war verloren. In allen Überlegungen Fritschs und Becks vor dem Krieg über die Spitzengliederung hatte die These dominiert, das Heer, die Armee sei der ausschlaggebende Faktor im kommenden Krieg. Sie hatte sich nicht mehr bewahrheitet. Die These kehrte jetzt noch einmal in den Überlegungen der politischen Fronde wieder. Nur die Armee konnte noch helfen, wie sie in allen Vorstellungen deutscher Politiker Helfer in der

Not gewesen war. Der Staatsstreich der Armee, bewirkt durch den Generalstab, war die letzte Hoffnung. Die immerhin zahlenmäßig im Reich sehr starken Luftwaffenverbände, die Marine spielten bei diesen Berechnungen keine Rolle.

Die Tat, die der Oberst Graf Stauffenberg am 20. Juli 1944 beging, stellte die letzte, konsequenteste Auslegung des alten Prinzips der Mitverantwortlichkeit des Generalstabsoffiziers dar, nunmehr einmündend in der Absicht, die volle Verantwortung an sich zu reißen. Die militärische Vorbereitung des Staatsstreiches konnte nicht perfekt sein, dazu gab es zu viele Unsicherheitsfaktoren, mußte zuviel Vorsicht geübt werden, um den Kreis der Eingeweihten nicht unnötig weit zu spannen. Sie beruhte im Grunde auf dem Automatismus militärischer Befehlsgebung durch Auslösung des „Walküre“-Alarms nach dem Attentat auf Hitler. Indem Stauffenberg beides auf sich nahm, den Mord und die Führung, vereinte er die Rolle eines Brutus und eines Marc Antonius bei der Ermordung Cäsars.

Das Attentat auf Hitler konnte nur im Führerhauptquartier erfolgen, ohne daß der Attentäter danach fragen konnte, ob stille Mitwisser der Verschwörung, die in die Einzelheiten nicht eingeweiht waren, etwa Generalleutnant Heusinger oder der I. Generalstabsoffizier der Operationsabteilung Oberst Brandt, dabei in Mitleidenschaft gezogen wurden – eine wahrhaft düstere Situation.

Möglichst wollte man einen Zeitpunkt für das Attentat abpassen, zu dem auch der Reichsmarschall Göring, de jure bestallter Nachfolger Hitlers, und der Reichsführer SS Himmler an einer Lagebesprechung teilnahmen. Darauf sollten die Stellvertretenden Kommandierenden Generale und die Militärbefehlshaber im Reich und in den besetzten Gebieten einen vorbereiteten Befehl erhalten, wonach sie die vollziehende Gewalt übernehmen und sämtliche Partei- und SS-Funktionäre festsetzen sollten. Die meisten dieser Generale waren nicht eingeweiht und kaum auf solches Handeln innerlich vorbereitet. Man verließ sich auf die Schockwirkung des Todes von Hitler.

Ende Juni 1944 legte General Zeitzler die Geschäfte des Generalstabschefs nieder und meldete sich krank, des ewigen fruchtlosen Streites mit dem „Führer“ überdrüssig. Hitler führte die Geschäfte des Heeres-Generalstabes mit dem Chef der Operations-Abteilung, Generalleutnant Heusinger, einem der heimlichen Opponenten, weiter. Auf die Länge der Zeit gesehen, dachte er daran, den Chef des Heeresstabes beim OKW, General d. Inf. Buhle, einen Experten für Wirtschafts- und Versorgungsfragen, an die Spitze des Generalstabes zu stellen. Buhle, ein etwas derber, knorriger Schwabe mit Sachverstand für Rüstungsprobleme, war in seinen Augen ein bequemer Sachwalter.

Es wird erzählt, Hitler habe, als ihm bei einer Lagebesprechung Anfang Juli 1944 zum erstenmal durch Feldmarschall Keitel der neue Chef des Stabes des Ersatzheeres, Graf Stauffenberg, präsentiert wurde, groß, schlank, imponierend und düster mit der schwarzen Augenklappe über dem toten Auge, hernach mit seiner merkwürdigen Witterung für ihm feindselig gesonnene Personen, geäußert: „Welch unheimlicher Mensch!“ Er vergaß ihn wieder. Am 20. Juli mußte ihn Keitel, als er Stauffenberg zum Vortrag meldete, daran erinnern, wer dieser Oberst des Generalstabes sei.

Stauffenberg konnte das Attentat nur mit Hilfe einer Zeitzünderbombe ausführen, die er im Lagerraum plazierte. Eine Pistole konnte er mit seiner zerschossenen Hand nicht mehr mit der notwendigen Präzision handhaben, auch hing alles davon ab, daß er selbst vor der Detonation der Bombe den Raum wieder verließ, um in Berlin die Leitung des Staatsstreiches selbst zu übernehmen. Das Material für die Bombe lieferten Offiziere der Abwehr aus englischen Beutebeständen. Einer von den Mitverschworenen in der Abwehr, der baltische Oberst Baron Freytagh-Loringhoven, hat freilich melancholisch lächelnd gemeint, die Reichsdeutschen verstünden sich nun einmal nicht auf den Zarenmord. Zu seinen Vorfahren hatte der Graf v. d. Pahlen gehört, einer der Verschwörer, die 1801 in Petersburg den wahnsinnigen Zaren Paul I. erwürgt hatten.

Mitte Juli 1944 glaubte Graf Stauffenberg die Stunde für das Attentat gekommen. Das Führerhauptquartier befand sich noch in Berchtesgaden. In Berlin löste der General Olbricht, Chef des Allgemeinen Heeresamtes vorsorglich Alarm für die Waffenschulen aus, angeblich um „Walküre" zu erproben. Das Attentat wurde vertagt, weil Göring und Himmler nicht anwesend waren, der Alarm wieder abgeblasen. Die Situation verschlechterte sich weiter, der designierte Reichskanzler Dr. Goerdeler mußte sich einer drohenden Verhaftung durch die Flucht entziehen.

Am 20. Juli 1944 wurde Oberst Graf Stauffenberg wiederum zu einem Vortrag in das inzwischen nach Ostpreußen verlegte Hauptquartier befohlen. Er entschloß sich, an diesem Tag zuzuschlagen. Die Hauptverschworenen in Berlin, Generaloberst Beck und General Olbricht, die in der Umgegend Berlins lebenden designierten Oberbefehlshaber der Wehrmacht und des Ersatzheeres, Feldmarschall v. Witzleben und der 1942 davongejagte Generaloberst Hoepner, wurden verständigt. Für rasch verfliegende Stunden erlangte die jahrelange Planung Gestalt und Wirklichkeit. Vor dem angesagten Vortrag über Neuaufstellung von Heeres-Divisionen plazierte Stauffenberg bei der Mittagslage in der „Wolfsschanze" eine in einer Aktentasche verborgene Zeitzünderbombe unter dem Tisch der Sommerbaracke, in der wider Erwarten die Besprechung stattfand, da die gewöhnlich benutzte Bunkeranlage wegen Umbauten nicht benutzbar war. Darauf entfernte er sich wieder unter dem Vorwand, er müsse ein eiliges Ferngespräch mit Berlin führen.

Gegen 12.42 Uhr mittags, als der meist etwas grimmige General Buhle sich gerade erkundigte, wo denn eigentlich der Oberst Stauffenberg geblieben sei, dessen Vortrag gleich beginnen mußte – General Heusingers Lagebericht über die Ostfront näherte sich dem Ende –, detonierte die Bombe. Sie hatte verheerende Wirkungen. Einer der Stenographen war sofort tot, der Chefadjutant General Schmundt, der Generalstabschef der Luftwaffe Generaloberst Korten und Oberst Brandt von der Operationsabteilung erlitten schwere Verletzungen, denen sie bald darauf erlagen. Die meisten anderen Teilnehmer an der „Mittagslage", darunter Generalleutnant Heusinger – wie Oberst Brandt Mitwisser der allgemeinen Verschwörung – wurden verletzt –, nur Hitler trug bis auf einige Prellungen und einen leichten Schock keinen Schaden davon.

Stauffenberg beobachtete noch aus einiger Entfernung die

Detonation und nahm die Überzeugung mit, Hitler sei tot. Er hatte Mühe, durch die sich sofort schließenden Sperrkreise des Führerhauptquartiers zu seiner Maschine auf dem Flugplatz zu gelangen, um nach Berlin zurückzukehren und die Leitung des Staatsstreiches zu übernehmen.

In Berlin zögerten General Olbricht und der mit ihm befreundete Generaloberst Hoepner, der in der Bendlerstraße erschienen war und wieder seine Uniform anlegte, mit der Auslösung von „Walküre", da sie ohne klare Nachrichten waren. Schließlich ergriff Olbrichts Chef des Stabes, Oberst Merz v. Quirnheim, der Sohn des einstigen Präsidenten des Reichsarchivs und Vertrauten Hindenburgs, ein sehr energischer Mann, die Initiative, verständigte den eingeweihten Stadtkommandanten, Generalleutnant v. Hase und ließ das Wachbataillon alarmieren, um das Regierungsviertel abriegeln zu lassen. Dessen Kommandeur, Major Remer, befolgte zunächst den erhaltenen Befehl.

Am frühen Nachmittag traf Stauffenberg in Berlin ein, brachte die Nachricht, Hitler sei ohne Zweifel tot, und stellte fest, daß noch nichts Entscheidendes veranlaßt war. „Walküre" mit den Zusatzbefehlen wurde endlich in Gang gesetzt. Generaloberst Fromm, der nicht glauben wollte, daß Hitler tot sei, der viel, ja eigentlich alles toleriert hatte und daher Stauffenberg aufforderte, sich sofort zu erschießen, weil das Attentat mißlungen sei, wurde in seiner Privatwohnung in der Bendlerstraße interniert. Auch der widerstrebende Stellvertretende Kommandierende General im Wehrkreis III Berlin-Brandenburg, General v. Kortzfleisch, wurde festgenommen.

In der Bendlerstraße erschien Generaloberst Beck, nach einer schweren Operation im Vorjahr kein vollkommen gesunder Mann mehr, am frühen Abend traf auch Feldmarschall v. Witzleben ein. Alles hing jetzt davon ab, wann die Waffenschulen in Berlin eintreffen würden. In der Bendlerstraße erfuhr man nichts davon, daß am Nachmittag befehlsgemäß eine motorisierte Kampfgruppe der Infanterieschule Döberitz den Riesenbau des Reichsrundfunks in der Masurenallee besetzte, daß die Panzer aus Krampnitz auf Berlin rollten. Inzwischen wechselte der Kommandeur des Wachbataillons die Front, nachdem ihm der Reichspropagandaminister Dr. Goebbels persönlich ein Telefongespräch mit Hitler im Führerhauptquartier vermittelt hatte, wo man sich rüstete, den angesagten Besuch des italienischen Staatschefs Mussolini zu begehen.

Generaloberst Beck meinte in diesen Stunden, ganz gleich ob Hitler nun am Leben oder tot sei, der Staatsstreich müsse nun zu Ende geführt werden. Aber er glaubte, warten zu müssen, bis die Truppen aus Döberitz und Krampnitz zur Stelle waren. Der Feldmarschall v. Witzleben fuhr mißmutig wieder ab, der Putsch schien nicht recht in Gang zu kommen.

Unterdes mühten sich Stauffenberg und eine Handvoll ihm ergebener jüngerer Generalstabsoffiziere, Oberst Merz v. Quirnheim, Oberstleutnant Bernardis, Major v. Oertzen, Hauptmann Klausing, verzweifelt, die Aktion über Fernsprecher und Fernschreiber im Reich zum Anlaufen zu bringen. Auf der anderen Seite der Nachrichten-Apparatur mühte sich der Feldmarschall Keitel, der das Attentat überhaupt nicht begriff, voll Zorn und Eifer, jede Aktion zu unterbinden.

An drei Stellen führte draußen im Reich und im besetzten Gebiet die Aktion zu einem Teil – oder vorübergehend zu vollem Erfolg. In Prag besetzte der Stellvertretende Kommandierende General in Böhmen und Mähren, General der Panzertruppen Schaal, die wichtigsten Punkte der Stadt, verlegte sich dann allerdings auf Verhandlungen mit den höchsten SS-Führern, um der tschechischen Bevölkerung nicht das Bild einer Auseinandersetzung zwischen Militär und SS-Verbänden zu bieten. In Paris ließ der Militärbefehlshaber Frankreich, General v. Stülpnagel, einst Oberquartiermeister I im Generalstab, durch das Wachregiment I Groß-Paris im Einvernehmen mit dem Stadtkommandanten Generalleutnant v. Boineburg-Lengsfeld die SS und den SD entwaffnen und verhaften. In Wien setzten der Stellvertretende Kommandierende General im Wehrkreis XVII, General der Panzertruppen Frhr. v. Esebeck und sein Chef des Stabes Oberst Kodré, ein ehemaliger österreichischer Generalstabsoffizier, sämtliche hohen Partei- und SS-Funktionäre fest.

Generalfeldmarschall v. Kluge, der für den am 17. Juli bei

einem Tieffliegerangriff schwerverwundeten Feldmarschall Rommel den Befehl über die H.Gr. B an der Invasionsfront übernommen hatte, lehnte freilich jede Teilnahme am Staatsstreich ab. In den meisten Wehrkreisen kam der sehr lange, umständlich zu entschlüsselnde Befehl aus Berlin viel zu spät an. Inzwischen stellte sich heraus, daß Hitler lebte. Der „Führer" sprach im Rundfunk zum deutschen Volk. In Berlin brach die Aktion in der Bendlerstraße zusammen, als hitlertreue Offiziere eine Gegenaktion auslösten. Generaloberst Fromm versuchte die Zügel wieder in die Hand zu nehmen, bevor die SS eingriff. Er fürchtete jetzt für seinen eigenen Kopf und beraumte eilends ein Standgericht an. General Olbricht, der es ablehnte, zu flüchten, Graf Stauffenberg, Merz v. Quirnheim und Stauffenbergs Adjutant Oberleutnant v. Haeften wurden zum Tod durch Erschießen verurteilt, das Urteil im Hof um Mitternacht durch einen Zug des Wachbataillons, das inzwischen den Bendlerblock besetzt hatte, vollstreckt. Generaloberst Hoepner, dem Fromm den Selbstmord antrug, weigerte sich, er meinte, was er getan, wolle er vor Gericht verantworten. Generaloberst Beck dagegen versuchte sich zu erschießen, verwundete sich mit dem zweiten Schuß schwer, aber nicht tödlich und wurde schließlich von einem Feldwebel durch einen Gnadenschuß beseitigt. Graf Stauffenberg, der bei einer Schießerei mit hitlertreuen Offizieren vor dem Ende noch leicht verletzt worden war, soll mit dem Ruf gefallen sein: „Es lebe das freie Deutschland!"

Als der sogenannte chirurgische Begleitarzt Hitlers, Dr. v. Hasselbach, diesen unmittelbar nach dem Attentat am Mittag des 20. Juli in seiner Bunkerunterkunft auf Verletzungen untersuchte, war er entsetzt über das Gebaren des „Führers". Auf seinem Bett sitzend empfing er ihn lachend und wiederholte mehrmals: Jetzt habe er die „Clique" ... Noch wußte auch Hitler nicht, wer das Attentat vollführt hatte, aber irgendwie muß er in diesem Moment an den Generalstab, an die „Reaktion" gedacht haben.

Das große Strafgericht begann. Noch am 20. Juli wurde der Reichsführer SS, militärisch völlig ahnungslos, mit dem Befehl über das Ersatzheer betraut und Generaloberst Guderian zum neuen Chef des Generalstabes ernannt. Guderian war niemals Generalstäbler gewesen, für Hitler war dies die größte Empfehlung.

Hitler selbst sprach am Abend im Rundfunk von einer ganz kleinen Clique verbrecherischer, dummer und feiger Offiziere, die versucht habe, ihn zu beseitigen. Noch ahnte er nicht, wie groß die „Clique" war. Um die Offiziers-Verschwörer vor einen „Volksgerichtshof", ein politisches Gericht, bringen zu können, mußte man sie erst aus der Wehrmacht entfernen. Zu diesem Behuf wurde ein „Ehrenhof" gebildet. Die Verwirrung der Gemüter wurde vollkommen. Dem „Ehrenhof" traten Generalfeldmarschall v. Rundstedt und Generaloberst Guderian bei. Rundstedts böser Spott über den „Oberösterreicher" war notorisch. Hitler hatte ihn gerade wieder einmal für unfähig befunden und als Oberbefehlshaber West zu Gunsten des Feldmarschalls v. Kluge abgelöst. Guderian hatte seine Erfahrungen mit Hitler hinter sich und war mehrfach konsultiert worden, ob er sich nicht dem Staatsstreich anschließen wolle. Er hatte solche Gespräche niemals gemeldet und saß nun doch zu Gericht über seine Kameraden. Überdies erließ er als erstes den Befehl, jeder Generalstabsoffizier habe künftig gläubiger, konsequenter Nationalsozialist zu sein, mithin ein nationalsozialistischer Polit-Offizier, wie Hitler diese 1943 der Truppe mit der Schaffung der „Nationalsozialistischen Führungsoffiziere" (NSFO) – insgeheim nach sowjetischen Vorbildern – verordnet hatte.

In den folgenden Wochen und Monaten wurden hingerichtet: der Generalfeldmarschall v. Witzleben, der Generaloberst Hoepner, die Generale v. Hase (Stadtkommandant von Berlin), Frhr. v. Thüngen (kurze Zeit Stellvertretender Kommandierender General im Wehrkreis III am 20. Juli), Karl Heinrich v. Stülpnagel (Militärbefehlshaber Frankreich, nachdem er sich bei einem Selbstmordversuch blind geschossen hatte), General Fellgiebel und sein Stabschef Generalleutnant Thiele (Wehrmachtnachrichtenverbindungen), v. Rabenau (Chef der Heeresarchive und Biograph Seeckts), Reichsgraf v. Sponeck (in Festungshaft in Germersheim wegen angeblich falscher Rückzugsbefehle befindlich), Helmut Stieff (Chef der Organisationsabteilung im Generalstab) und Hans Oster (1943 als Stabschef der Abwehr verabschiedet).

Selbstmord begingen der Generalfeldmarschall v. Kluge, als er an der Westfront abgelöst und zur Rechtfertigung in die Heimat befohlen wurde, Generalfeldmarschall Rommel (als er vor die Wahl gestellt wurde, den Tod oder die Verurteilung vor dem Volksgerichtshof und die Verhaftung seiner Familie auf sich zu nehmen), General d. Art. Eduard Wagner, Generalquartiermeister des Heeres, Generalmajor v. Tresckow, der Waffengeneral der Artillerie im OKH General d. Art. Lindemann. Auch den Generaloberst Fromm bewahrte das von ihm veranstaltete Standgericht am Abend des 20. Juli nicht vor dem Henker. Der General Heistermann v. Ziehlberg, Kommandeur der 8. Jäger-Division an der Ostfront, wurde zum Tod verurteilt, als sein I. Generalstabsoffizier Major Kuhn, der früher in der Organisationsabteilung des Generalstabes Dienst getan hatte und in die Beschaffung von Sprengstoff verwickelt war, zu den Sowjets überlief (übrigens der einzige bekanntgewordene Fall im Generalstab!). Generalmajor Herrfurth, Chef des Stabes im Wehrkreis III, wurde gehängt, weil er sich von dem Major i. G. v. Oertzen hatte bewegen lassen, die „Walküre"-Befehle weiterzuleiten. Oertzen selbst beging am Abend des 20. Juli in der Bendlerstraße Selbstmord.

Auf den Hinrichtungslisten des 20. Juli finden sich die Namen von 17 höheren Generalstabsoffizieren, darunter diejenigen des Oberquartiermeisters West, Oberst i. G. Eberhard Finckh, des Chefs der Abteilung Fremde Heere West, Oberstleutnant Alexis Frhr. v. Roenne und des Chefs des Stabes beim Militärbefehlshaber Frankreich, Oberst v. Linstow. Verhaftet wurden Generaloberst Halder, der ehemalige Reichswehrminister Geßler, der General Frhr. v. Esebeck und sein Chef Oberst Kodré, Rommels Stabschef Generalleutnant Speidel, der Militärbefehlshaber Belgien-Nordfrankreich General v. Falkenhausen, General Schaal in Prag, um nur die markantesten Beispiele zu nennen.

Der 20. Juli 1944 bedeutete die Peripetie in der Geschichte des preußisch-deutschen Generalstabes. Viele seiner besten Offiziere hatten den höchsten Einsatz gewagt. Nicht umsonst finden sich unter ihnen und anderen, nicht dem Generalstab angehörenden Offizieren die alten Namen Preußens, die Witzleben, Tresckow, Blumenthal, Schwerin, Lehndorff, Lynar, Stülpnagel, Esebeck, v. d. Lancken. Dazu kam der süddeutsche Adel, die Grafen Stauffenberg, Uexkuell-Gyllenband, Drechsel, Marogna-Redwitz. In Wien verhaftete der Rittmeister Prinz Arenberg den Leiter des SD, der sich der von General v. Esebeck trügerisch anberaumten Abendbesprechung der höchsten Partei- und SS-Funktionäre im Generalkommando, bei der man der Parteispitzen habhaft werden wollte, nicht hatte fügen mögen. Der deutsche Adel lehnte sich auf gegen einen plebejischen Volksverderber. Adelige Offiziere haben die aktive Verschwörung getragen, abseits von jenem niemals erlahmenden kommunistischen Widerstand im Untergrund seit 1933, der völlig andere Ziele mit großer Zähigkeit und rücksichtsloser Einsatzbereitschaft verfolgte und dessen auch SD und Geheime Staatspolizei niemals Herr geworden sind.

Als im Mai 1940 der damalige Oberst Hans Oster, Stabschef der Abwehr, in der Meinung, um Hitler zu beseitigen oder wenigstens moralisch durch Fehlschläge ad absurdum zu führen, sei jedes Mittel rechtens, dem niederländischen Militärattaché in Berlin, Oberst Sas, den Angriffstermin für „Gelb“ zuspielte und dieser dies pflichtgemäß nach Holland weitergab, meinte der Chef der niederländischen Abwehr, ein Admiral, die Nachricht könne nicht stimmen, denn ein deutscher Generalstabsoffizier begehe keinen „Verrat“ – Zeichen unbedingter Hochachtung und Zeichen völliger Unkenntnis der Situation, in die unter Hitler der „politische Offizier“ Scharnhorsts geraten war. Osters Handlungen sind kein Beispiel und keine Methode. Sie sind Ausdruck einer einmaligen Ausnahmesituation. Der Staatsführer betrachtete den Rechtsbruch als Mittel der Politik.

Damit rundet sich der Kreis. Der Krieg ging auch nach dem 20. Juli weiter. Der Generalstab an den Fronten hat seine Pflichten erfüllt. In der Schlacht um Weißruthenien haben Generalstabsoffiziere mit der Waffe in der Hand bis zum Tod ihre Gefechtsstände verteidigt. Auch das hat es gegeben. Kennzeichen der letzten Ära des Generalstabes war die zahlenmäßig starke

Ausdehnung des Korps bis auf rund 4000 Offiziere, die wieder wie im Ersten Weltkrieg flüchtig werdende Ausbildung, die anbefohlene und doch nie recht zum Zug kommende Fanatisierung durch Hitler, die neue Methode, auch Reserveoffiziere in den Generalstab zu übernehmen – endlich die schematisierende Gepflogenheit, einmal aufgestellte Heeresgruppen-Stäbe mit ihrem ganzen komplizierten Führungs-, Nachrichten- und Quartiermeisterapparat sozusagen als eigene ständige Einheiten zu betrachten, die man in Reserve hielt oder wieder einsetzte, auch wenn zunächst die Truppenunterstellung noch offenstand. Für die internen Führungsmethoden hatte die dauernde direkte Einwirkung Hitlers die Entwicklung eines zweiten Dienstweges zur Folge, eines „Schleichpfades“, um wenigstens Reste von Vernunft bei der Sorge um die Truppe zu erhalten.

Der letzte Chef des Generalstabes des Heeres, Generaloberst Guderian, war über aller Ausweglosigkeit im politischen Urteil ein zu gerader und zu anständiger Mann, um nicht in der letzten und tödlichen Krise, als der Gegner von allen Seiten 1945 in das Reichsgebiet einbrach, an Hitler zu scheitern. Er wurde in die Wüste gejagt, als er Hitler im März 1945 zum Frieden riet, nachdem dieser zuvor die führenden Offiziere der Operationsabteilung wegen angeblicher Falschmeldungen ins Konzentrationslager hatte bringen lassen.

In der allerletzten Phase des Krieges wurde der Generalstab des Heeres mit dem OKW zum „Gesamtstab“ OKW zusammengelegt. Die letzte verantwortliche Führungskunst der Generalstabsoffiziere mündete darin ein, die Kapitulation in hoffnungsloser Lage zu bewirken. Der alte Generalstab erlosch. Symbol war die Besetzung der Führungslager in Ostpreußen und in der Mark bei Zossen durch die Rote Armee, die Eroberung der Bendlerstraße durch sowjetische Truppen in der letzten Schlacht um Berlin, der Selbstmord des letzten, nurmehr mit der Führung der Geschäfte beauftragten Chefs des Generalstabes des Heeres, General Krebs, in der Reichshauptstadt. Die Form ging unter, der Geist hat die Chance, in anderer Zeit, unter anderen Sternen, in einer neuen Armee weiterzuleben, in zeitgemäßer neuer Form.

Die Richter des Internationalen Militärtribunals in Nürnberg haben jedenfalls 1946 den „Generalstab“ von der Anklage, er sei eine verbrecherische Organisation gewesen und habe maßgeblich zur Entfesselung des Zweiten Weltkrieges beigetragen, freigesprochen. Über manchem Irrtum in der Beurteilung deutscher Soldaten haben sie hier über deutsche Soldaten ein faires Urteil gefällt.

DIE GENERALSTABCHEFS

(Seit der offiziellen Einführung der dienstlichen Bezeichnung)

11. 1. 1821 – 21. 1. 1829	Generalleutnant Karl Freiherr v. Müffling gen. Weiss
29. 11. 1829 – 13. 5. 1848	General der Infanterie Wilhelm Johann v. Krauseneck
13. 5. 1848 – 7. 10. 1857	General der Kavallerie Karl Friedrich Wilhelm v. Reyher
29. 10. 1857 – 10. 8. 1888	Generalfeldmarschall Helmuth Graf v. Moltke
10. 8. 1888 – 7. 2. 1891	General der Kavallerie Alfred Graf v. Waldersee
7. 2. 1891 – 1. 1. 1906	General der Kavallerie Alfred Graf v. Schlieffen
1. 1. 1906 – 14. 9. 1914	Generaloberst Helmuth v. Moltke d. J.
14. 9. 1914 – 29. 8. 1916	General der Infanterie Erich v. Falkenhayn
29. 8. 1916 – 3. 7. 1919	Generalfeldmarschall Paul v. Hindenburg
29. 8. 1916 – 26. 10. 1918	General der Infanterie Erich Ludendorff (Erster Generalquartiermeister)
30. 10. 1918 – 15. 7. 1919	Generalleutnant Wilhelm Groener (Erster Generalquartiermeister)
1. 10. 1919 – 26. 3. 1920	Generalmajor Hans v. Seeckt (Chef des Truppenamtes)

28. 3. 1920 – Febr. 1923	Generalmajor Wilhelm Heye
Febr. 1923 – Okt. 1925	Generalmajor Otto Hasse
Okt. 1925 – Dez. 1926	Generalmajor Georg Wetzell
Januar 1927 – 30. 9. 1929	Generalmajor Werner v. Blomberg
1. 10. 1929 – 31. 10. 1930	Generalmajor Kurt Freiherr v. Hammerstein-Equord
1. 11. 1930 – 30. 9. 1933	Generalmajor Wilhelm Adam
1. 10. 1933 – 31. 10. 1938	General der Artillerie Ludwig Beck
31. 10. 1938 – 24. 9. 1942	Generaloberst Franz Halder
24. 9. 1942 – 20. 7. 1944	Generaloberst Kurt Zeitzler
21. 7. 1944 – 28. 3. 1945	Generaloberst Heinz Guderian (beauftragt)
29. 3. 1945 – 30. 4. 1945	General der Infanterie Hans Krebs (m. d. Führung beauftragt)

NACHWORT

Zweifelsohne war es anno 1948 ein Abenteuer von besonderem Reiz, sich an die Aufgabe zu begeben, sozusagen nach dem Ende aller Tage eine Geschichte des preußisch-deutschen Generalstabes zu schreiben. Schon die Quellenbeschaffung kostete nicht unbeträchtliche Mühe. Es ist hier nicht der Ort noch ist die Zeit gekommen, um die Entstehungsgeschichte solcher historischen Arbeit zu schildern. Damals, 1948/49, war kein Gedanke daran, daß es wieder einmal deutsche Generalstabsoffiziere geben würde.

Aber der Generalstab, aus preußischem Geist entstanden und unter Hitler zugrunde gegangen, blieb ein erregendes, nicht nur militärisches, sondern auch soziologisches und politisches Phänomen. In der Weltöffentlichkeit war er längst zu einer von jenen „geheimen Mächten" geworden, die in der Vorstellung vieler Menschen hinter den Kulissen die Geschicke der Völker lenken. Die Amerikaner begannen, nachdem der deutsche Generalstab als Kriegsverbrecher-Organisation in Nürnberg angeklagt und freigesprochen worden war, die Methoden des Scharnhorstschen Stabes als Muster für die Stabsorganisation im Management der Wirtschaft zu studieren. Preußische Prinzipien der Mitverantwortlichkeit bei der Bildung und Ausführung von Führungsentschlüssen feierten in einer ganz anderen, modernen Umwelt ihre Auferstehung.

Im Herbst des Jahres 1950 erschien in Frankfurt die erste Fassung dieser Untersuchung unter dem Titel „Der deutsche Generalstab. Geschichte und Gestalt." Eine zweite, gekürzte und revidierte Auflage folgte. Übersetzungen kamen vor allem im angelsächsischen und spanisch-südamerikanischen Sprachbereich heraus. Der deutsche Verlag in Frankfurt schloß seine Pforten. Jahr um Jahr kamen Anfragen an den Autor, ob es den „Generalstab" noch gäbe? Die Arbeit an dem großen Stoff ging weiter, immer neue Quellen konnten erschlossen, neue Zeugenaussagen gewonnen werden. Die Idee verdichtete sich, auf Grund des neuen, überreichen Materials die Arbeit völlig neu zu fassen. Diese Absicht des Autors traf auf Pläne des alten, gut dreieinhalb Jahrhunderte mit Berlin verbundenen Verlages Haude & Spener, eine Geschichte des preußisch-deutschen Generalstabes herauszugeben in einer Zeit, in der es wieder deutsche Generalstabsoffiziere gibt, wenn auch die alte Zentralorganisation für die Armee nicht wieder erstanden ist, in einer Zeit aber auch, in der man überall in Wirtschaft, Politik und Gesellschaft nach Stabsarbeit verlangt.

So mag denn der neue „Generalstab" hinausgehen. Es ist ein neues Buch geworden. Der Dank des Autors gebührt dem Verleger, der die Arbeit ermöglicht hat. Vor allem aber gilt sein Dank den zahlreichen ehemaligen Offizieren, die in langen Jahren, in Aussprache und Korrespondenz, die Arbeit gefördert haben und dem Bundesarchiv/Militärarchiv in Koblenz, das die Benutzung des Nachlasses des Generalleutnants Tappen ermöglicht hat.

Hamburg, im Sommer 1967 Walter Görlitz

ÜBERSICHT

über die wichtigste benutzte Literatur

Bauer, Max: Der große Krieg in Feld und Heimat. Erinnerungen und Betrachtungen, Tübingen 1921

Beck, Ludwig: Studien. Herausgegeben von Hans Speidel. Stuttgart 1955

Benoit-Méchin, J.: Histoire de l'Armée allemande 1918–1938 Tome I–II. Paris 1943

Bergh, Max van den: Das Deutsche Heer vor dem Weltkrieg. Berlin 1934

Beckmann, Walther: Ludendorff als Mensch und Feldherr. Berlin 1935

Bircher, Egon: Die Schlacht an der Marne. Bern 1918

Blank, Herbert: Die Halbgötter. Geschichte, Gestalt und Ende des Generalstabs. Nordwestdeutsche Hefte III–IV 1947

Blaschke, Richard: Carl v. Clausewitz. Berlin 1934

Bronsart v. Schellendorf, Paul: Der Dienst des Generalstabes. Teil 1–2. Berlin 1875/76

Brüning, Heinrich: Brief an Dr. Rudolf Pechel. Deutsche Rundschau VII/1947

Clausewitz, Carl v.: Hinterlassene Werke über Krieg und Kriegführung Teil 1–10. 1832

Cochenhausen, Friedr. v.: Von Scharnhorst bis Schlieffen 1806–1906 Berlin 1933

Craig, Gordon A.: The politics of the Prussian army 1640–1945 Oxford

– Königgrätz. Wien Hamburg 1966

Cron, Hermann: Geschichte des Deutschen Heeres im Weltkrieg 1914–18 (Bd. V. d. Gesch. d. Kgl. Pr. Armee u. d. Dt. Reichsheeres). Berlin 1927

Delbrück, Hans: Ludendorff, Tirpitz, Falkenhayn. Berlin 1920

Demeter, Karl: Das deutsche Offizierkorps in seinen historisch-soziologischen Grundlagen. Berlin 1930

– Das deutsche Offizierkorps in Gesellschaft und Staat 1650–1945. Frankfurt 1962

Direnberger, Erwin: Die Beziehungen zwischen Oberster Heeresleitung und Reichsleitung 1914–18. Diss. Berlin 1936

Ehrenrangliste: Ehrenrangliste des ehemaligen Deutschen Heeres, 1936

Elze, Walter: Clausewitz. Berlin 1934

Erfurth, Waldemar: Die Geschichte des deutschen Generalstabes 1918 bis 1945. Göttingen 1957

Falkenhayn, Erich v.: Die Oberste Heeresleitung 1914/16. Berlin 1919

Fick, Heinz Erich: Der deutsche Militarismus der Vorkriegszeit. Potsdam 1932

Foerster, Wolfgang: Graf Schlieffen und der Weltkrieg. Berlin 1921

– Aus der Gedankenwelt des deutschen Generalstabes. Berlin 1931

– Der Feldherr Ludendorff im Unglück. Wiesbaden 1952

– Generaloberst Ludwig Beck. Sein Kampf gegen den Krieg. München 1953

Foertsch, Hermann: Schuld und Verhängnis. Die Fritsch-Krise. Stuttgart 1951

Freyttagh-Loringhoven, Hugo v.: Menschen und Dinge, wie ich sie in meinem Leben sah. Berlin 1923

Geayl, E. v.: General v. Schlichting und sein Lebenswerk. Berlin o. J.

Geyr v. Schweppenburg, Leo Frhr. v.: Erinnerungen eines Militärattachées 1933/37. Stuttgart 1949

Goltz, Colmar Frhr. v. d.: Denkwürdigkeiten. Berlin 1929

Griewank, Karl: Gneisenau. Ein Leben in Briefen. Leipzig 1939

Groener, Wilhelm: Das Testament des Grafen Schlieffen. Berlin 1927

– Der Feldherr wider Willen. Berlin 1930

Groener-Geyer, Dorothea: General Groener. Soldat und Staatsmann. Frankfurt 1955

Guderian, Heinz: Erinnerungen eines Soldaten. Heidelberg 1951

Halder, Franz: Hitler als Feldherr. München 1949

– Generaloberst Halder – Kriegstagebuch. Bd. 1–3. Bearb. v. H. A. Jacobsen u. A. Philippi. Stuttgart 1962 f.

Hart, Liddell: The other side of the hill. Germanys generals 1939–45. London 1948

Hiller v. Gaertringen, Friedrich Frhr.: Wilhelm Groener. Lebenserinnerungen. Göttingen 1957

Hitler, Adolf: Hitlers Lagebesprechungen. Die Protokollfragmente seiner militärischen Konferenzen 1942–1945. Hrsg. v. Helmut Heiber Stuttgart 1962

Hindenburg, Paul v.: Aus meinem Leben. Leipzig 1920

Hoffmann, Max: Die Aufzeichnungen des Generalmajors Max Hoffmann. Bd. 1–3. Hrsg. v. K. Nowak. Berlin 1929
Höhn. Reinhard: Scharnhorsts Vermächtnis. Bonn 1952
– Die Armee als Erziehungsschule der Nation. Das Ende einer Idee. Bad Harzburg 1963
Hossbach, Friedrich: Zwischen Wehrmacht und Hitler. Wolfenbüttel 1949
– Die Entwicklung des Oberbefehls über das Heer in Brandenburg, Preußen und im Deutschen Reich 1655–1945. Würzburg 1957
Hubatsch, Walther: Der Admiralstab und die obersten Marinebehörden in Deutschland 1848–1945. Frankfurt 1958
– Hindenburg und der Staat. Aus den Papieren des Generalfeldmarschalls und Reichspräsidenten von 1878 bis 1934. Göttingen 1966
Jacobsen, Hans Adolf: Fall Gelb. Der Kampf um den deutschen Operationsplan zur Westoffensive 1940. Wiesbaden 1957
– Dünkirchen. Ein Beitrag zur Geschichte des Westfeldzuges 1940. Neckargemünd 1958
Keim, August: Erlebtes und Erstrebtes. Lebenserinnerungen. Hannover 1925
Kessel, Eberhard: Generalfeldmarschall Graf Alfred Schlieffen. Briefe. Göttingen 1958
Kesselring, Albert: Gedanken zum Zweiten Weltkrieg. Bonn 1955
Kuhl, Hermann v.: Der deutsche Generalstab in Vorbereitung und Durchführung des Weltkrieges. Berlin 1920
Lehmann, Max: Scharnhorst. Bd. 1–2. Leipzig 1886/87
Lenski, Franz v.: Lern- und Lehrjahre in Front und Generalstab. Berlin 1939
Lossberg, Bernhard v.: Im Wehrmachtführungsstab. Hamburg 1949
Ludendorff, Erich: Meine Kriegserinnerungen 1914/18. Berlin 1919
– Kriegführung und Politik. Berlin 1922
– Mein militärischer Werdegang. Berlin 1933
– Der totale Krieg. München 1935
Mackensen, August v.: Briefe und Aufzeichnungen. Leipzig 1938
Manstein, Erich v.: Verlorene Siege. Bonn 1955
– Aus einem Soldatenleben. Bonn 1958
Meinecke, Friedrich: Das Leben des Generalfeldmarschalls Hermann v. Boyen. Teil 1–2. Leipzig 1896 ff.
Meisner, Heinrich: Denkwürdigkeiten des Generalfeldmarschalls Alfred Graf v. Waldersee Bd. 1–3. Stuttgart–Berlin 1923

Militärgeschichtliches Forschungsamt: Die Generalstäbe in Deutschland 1871–1945. Stuttgart 1962
Moser, Otto v.: Die obersten Gewalten im Weltkrieg. Stuttgart 1931
Moltke, Helmut v.: Gesammelte Schriften und Denkwürdigkeiten Bd. 1–8. Berlin 1891/93
Moltke, Helmut v. (d. J.): Erinnerungen, Briefe, Dokumente. Stuttgart 1922
Müffling, K. F. v.: Aus meinem Leben. Teil 1–2. Berlin 1851
Nicolai, Walter: Nachrichtendienst, Presse und Volksstimmung im Weltkrieg. Berlin 1920
Phelps, Reginald H.: Aus den Groener-Dokumenten. Deutsche Rundschau VII–XII/1950 u. I/1951.
Pertz, Georg Heinrich: Das Leben des Feldmarschalls Neithardt v. Gneisenau Bd. 1–5. Berlin 1864 ff.
Priessdorff, Kurt v.: Soldatisches Führertum Bd. 1–10. Hamburg o. J.
Prozeß: der Prozeß gegen die Hauptkriegsverbrecher, ed. S. P. A. Joosten. Vol. I–XXXXII. Nürnberg 1947 ff.
Rangliste: Rang- und Quartierliste der Kgl. Preuß. Armee 1821–1914 Berlin 1821 ff.
– Rangliste des Deutschen Reichsheeres. Berlin 1923 ff.
Rassow, Peter: Geheimes Kriegstagebuch 1870–71 von Paul Bronsart v. Schellendorf. Bonn 1954
Ritter, Gerhard: Der Schlieffenplan. Kritik eines Mythos. München 1956
– Staatskunst und Kriegshandwerk Bd. I–III. München 1954 ff.
Scherbening v.: Die Reorganisation der preußischen Armee nach dem Tilsiter Frieden. M. e. Beitrag z. Gesch. d. Gen. Stabes Bd. 1–2. Berlin 1862
Schlieffen, Alfred Graf v.: Gesammelte Schriften. Bd. 1–2. Berlin 1913
Schmidt-Bückeburg, R.: Das Militärkabinett der preußischen Könige und Deutschen Kaiser 1787–1918. Berlin 1933
Schwertfeger, Bernhard: Die großen Erzieher des deutschen Heeres. Potsdam 1936
Seeckt, Hans v.: Aus meinem Leben 1866–1917 u. Aus seinem Leben 1918–1936. (Bd. 1/2) Hrsg. v. Fr. v. Rabenau. Leipzig–Berlin 1950 f.
Stellenbesetzung: Stellenbesetzung des Heeres 1938
Wohlers, Günther: Die staatsrechtliche Stellung des Generalstabes in Preußen und im Deutschen Reich. Diss. Bonn–Leipzig 1921.

ANMERKUNGEN ZUM QUELLENVERZEICHNIS

Der Autor hat folgende Arbeiten veröffentlicht, die mittelbar oder unmittelbar der vorliegenden „Kleinen Geschichte des deutschen Generalstabes“ vorausgehen oder mit diesem Thema eng verbunden sind:

Der deutsche Generalstab. Geschichte und Gestalt 1657–1945. Frankfurt/Main 1950. 2. gekürzte Auflage Frankfurt/Main 1953. (Übersetzungen in englischer, amerikanischer, spanischer und argentinischer Ausgabe).

Der Zweite Weltkrieg. Band I/II. Stuttgart 1951/52.

Hindenburg (Auf Grund erstmaliger Erschließung des Nachlasses.) Bonn 1953.

Die Schlacht um Stalingrad 1942–1943 (in „Entscheidungsschlachten des Zweiten Weltkrieges“, herausgegeben von H. A. Jacobsen u. J. Rohwer). Frankfurt/Main 1960. (Übersetzungen in englisch-amerikanischer und italienischer Ausgabe.)

Als Herausgeber zeichnet der Autor für die nachstehend aufgeführten Bücher:

Regierte der Kaiser? Aus den Kriegstagebüchern des Chefs des Marinekabinetts im Ersten Weltkrieg, Admiral Georg Alexander von Müller. Göttingen 1959. (Übersetzung in englischer Ausgabe.)

Paulus: Ich stehe hier auf Befehl. Lebensweg und Nachlaß des Generalfeldmarschalls. Frankfurt/Main 1960. (Übersetzungen in englisch-amerikanischer, französischer, spanischer und italienischer Ausgabe.)

Keitel. Verbrecher oder Offizier. Erinnerungen, Briefe und Dokumente des Chefs OKW. Göttingen 1961. (Übersetzungen in englisch-amerikanischer und mexikanischer Ausgabe.)

Der Kaiser ... Aus den Tagebüchern des Chefs des Marinekabinetts Admiral Georg Alexander von Müller (Die Ära Wilhelms II.). Göttingen 1965. (Übersetzung in englischer Ausgabe.)

BILDQUELLEN-NACHWEIS

Archiv Görlitz: 1, 7, 9, 10. Archiv Wiechmann, Hamburg: 2. Historisches Porträt-Archiv: 3, 4, 6, 8, 15. Staatsbibliothek, Berlin: 11, 12, 13, 14, 16, 18, 19, 20, 21. Ullstein-Bilderdienst: 17, 22, 23, 24, 25, 26, 27, 28, 29, 30, 32, 33, 34, 35, 36, 37, 38. Archiv Die Welt: 31. Archiv Haude & Spener: 5.

PERSONEN-REGISTER

Dolchstoß S. 221
Keitel S. 329 f.